PODRÓŻ

PODRÓŻ
albo
Rzeź niewiniątek

Pamiętnik pół wieku trwającej
znajomości z polską, czeską
i niemiecką historią 1939–1995

pióra
Charlesa Merrilla

poświęcony
Jamesowi Merrillowi
i Jackowi Woźniakowskiemu

PRZEKŁAD
Andrzej Pawelec

SŁOWO WSTĘPNE
Czesław Miłosz

POSŁOWIE
Julie Boudreaux
Alicja Derkowska

Wydawnictwo Znak • Kraków 2018

Tytuł oryginału
The Journey. Massacre of the Innocents
Copyright © Julie Boudreaux

Projekt okładki
Michał Pawłowski

Grafika wykorzystana na okładce
Arka, Krzysztof Skórczewski

Opieka redakcyjna
Marta Anna Zabłocka

Łamanie
ABRAND, Sebastian Stachowski
Irena Jagocha

Copyright © for the translation by Andrzej Pawelec
Copyright © for the translation by Mieczysław Godyń
© Copyright for this edition by SIW Znak sp. z o.o., 2018

W posłowiu wykorzystano przemowy wygłoszone podczas Memorial for Charles E. Merrill, Jr., January 6, 2018 przez Marian Wright Edelman, Amy Merrill, Bernata Rosnera, Billa Whartona oraz Henryka Woźniakowskiego. Wybór ilustracji na podstawie wyboru Charlesa Merrilla z wyd. 2004, uzupełniony przez redakcję.

Wydawca dołożył wszelkich starań, by skontaktować się z właścicielami praw autorskich do fotografii wykorzystanych w niniejszej książce przed oddaniem jej do druku. Ewentualnych pominiętych dysponentów praw wydawca prosi o kontakt.

ISBN 978-83-240-5426-8

znak

Książki z dobrej strony: www.znak.com.pl
Więcej o naszych autorach i książkach: www.wydawnictwoznak.pl
Społeczny Instytut Wydawniczy Znak, 30-105 Kraków, ul. Kościuszki 37
Dział sprzedaży: tel. (12) 61 99 569, e-mail: czytelnicy@znak.com.pl
Wydanie III, Kraków 2018. Printed in EU

Głos namiętności lepszy jest niż głos rozumu,
Gdyż beznamiętni zmieniać nie potrafią dziejów.

Czesław Miłosz, *Dziecię Europy*

Historyk jest wrogiem patrioty.

PODRÓŻ

Czesław Miłosz
SŁOWO WSTĘPNE

Od jednego z profesorów historii na Uniwersytecie Kalifornijskim w Berkeley dowiedziałem się o ogromnej zmianie w orientacji studentów. Oto do niedawna wybierali oni jako dziedzinę swoich studiów historię Ameryki albo Europy Zachodniej, teraz natomiast powstał prawdziwy pęd do historii naszej części Europy, tej między Niemcami i Rosją: teren prawie nie znany, obfitujący w problemy i dlatego ponętny.

Jeżeli tak jest (a zdaje się, że to zjawisko ogólnoamerykańskie), Charles Merrill, odwiedzający Polskę i Czechosłowację niezliczoną ilość razy, zafascynowany tymi krajami, zasługuje na miano prekursora.

Kilka danych o osobie. Czy raczej o rodzinie, bo to nie bez znaczenia. Ameryka nie jest krajem wszelkich możliwości, ale jest nim pewnie bardziej niż inne kraje. Ojciec Charlesa był ubogim młodzieńcem, który zamiast studiować w college'u, zaczął pracę na Wall Street i miał poniżej trzydziestki, kiedy zarobił pierwszy milion. Charles rósł jako syn multimilionera, współwłaściciela słynnej firmy maklerskiej Merrill Lynch. Zarówno on, jak jego młodszy brat James otrzymali staranne wykształcenie, oczywiście na Uniwersytecie Harvarda. James Merrill stał się jednym z wybitnych poetów amerykańskich (wybór jego wierszy w przekładzie Stanisława Barańczaka ukazał się nakładem „Zeszytów Literackich") i z jego autobiografii można dowiedzieć się, czym było dzieciństwo w wiejskiej posiadłości bardzo bogatych rodziców. Konserwatywni, głosujący na republikanów, mający wstręt do mniejszości, nienawidzący demokratów, a zwłaszcza Roosevelta, nie spodziewali się, że synowie tak stanowczo obrócą się przeciwko nim. Charles Merrill wcześnie stał się demokratą i liberałem, więcej, bo radykałem, James Merrill – poetą i gejem.

Pierwszą podróż do Europy, niezwykłą, odbiegającą od rutyny, bo nikt prawie z Amerykanów nie miał wtedy na taką ochoty, Charles odbył latem 1939 roku w wieku lat osiemnastu – Niemcy, Polska, Czechosłowacja, Austria. Odtąd dzieje tych krajów przestały dla niego być wieścią znikąd. Powrócił do nich po wojnie ze świadomością praw Amerykanina do przejmowania się ich losem. Jako żołnierz na froncie włoskim pamiętał kampanię zimy 1943/44 i poległych kolegów. W świadomości polskiej zaciekłość oporu niemieckiego jest ograniczona do Monte Cassino, ale była to krwawa kampania i pułk Merrilla poniósł ciężkie straty.

W powojennej Polsce i Czechosłowacji Merrill czerpał wiedzę o systemie od kilku nowo pozyskanych przyjaciół, m.in. Jacka Woźniakowskiego, i starał się pomagać finansowo instytucjom, które wskazali, na przykład Uniwersytetowi Katolickiemu w Lublinie. Jego liczne pobyty w Polsce, w różnych jej politycznych fazach, obfitują w rysy komiczne. Ten filantrop z powołania zdawał się czerpać przyjemność z wyglądania i zachowywania się jak biedak. Toteż woźni nie dopuszczali go nieraz przed oblicze osób kierujących instytucjami, którym pomagał, a lekcję o pazernej Polsce po upadku komunizmu otrzymał w świeżo odnowionym Hotelu Francuskim w Krakowie: starszy kelner złapał go za kark i wyprowadził – nie dla takich chudzin te nasze wspaniałości. Sam o tym opowiada z humorem.

W swoich upodobaniach artysty, cygana i radykała Merrill kierował się protestem przeciwko dobrze myślącym, ślepym na krzywdę ludzką pod rządami pieniądza w Ameryce. Chciał zostać pisarzem, ale wreszcie odkrył pedagogię jako swoje prawdziwe powołanie. Założył w Bostonie wzorową szkołę średnią dla wyjątkowo uzdolnionej młodzieży, The Commonwealth School, i kierował nią przez kilka dziesięcioleci. Szkoła dotychczas prosperuje, chociaż jej założyciel dyrektor odszedł na emeryturę.

Poznałem go bodaj wiosną 1956, kiedy przyjechał do miasteczka Brie-Comte Robert pod Paryżem, gdzie wtedy mieszkałem z ro-

Czesław Miłosz SŁOWO WSTĘPNE

dziną. Był tak ciekaw wszystkiego, co mogłem mu opowiedzieć o Polsce, że – jak przyznałem mu się później – sądziłem, iż mam do czynienia z wywiadowcą CIA. Ta znajomość, mimo pewnej mojej początkowej nieufności, miała zaowocować. Paryska „Kultura" parę razy otrzymywała od niego sporą finansową pomoc, poza tym The New Land Foundation, jedna z fundacji Merrillów, przyznała mi nieduże stypendium, które w 1960, natychmiast po moim przyjeździe do Berkeley, odziedziczył na moją prośbę mieszkający w Paryżu Aleksander Wat. Lista polskich artystów, od których Merrill kupował ich prace, szkół i innych ośrodków polskiej kultury, którym pomagał, byłaby pokaźna. Oto więc skutki współczującej ciekawości historycznej.

Jego książka jest, zaiste, ogrodem nie plewionym dwudziestowiecznych dziejów Europy, komentowanych przez podróżnika-obserwatora. Czytelnik znajdzie tutaj wiele relacji o wypadkach dobrze mu znanych, ale nie ten zasób wiedzy przesądza o czytelności książki, notabene, obficie inkrustowanej cytatami z wierszy współczesnych poetów. Wydaje mi się, że polski czytelnik może z niej dowiedzieć się wiele o tym, jak pracuje umysł amerykański, ściślej, umysł Amerykanina-liberała czy radykała, które to terminy mają inne niż w Europie znaczenie. W Ameryce znaczą one gotowość do zaangażowania się w obronę *underdog*, czyli człowieka gnębionego, w jakimkolwiek kraju i ustroju. Merrill współczuje obywatelom demokracji ludowych i nie ma żadnych złudzeń co do komunizmu. Zarazem, potępiając okrutne imperia totalitarne, ciągle pamięta o swojej Ameryce, bo wie o niej dużo, zarówno o jej polityce zagranicznej, jak o jej wewnętrznych sprawach. Osądza ją z pozycji moralisty, toteż potępia jej interwencje w innych krajach w obronie swojej „strefy wpływów". Surowo ocenia obalenie przez CIA rządu Arbenza w Gwatemali (w korespondencjach Andrzeja Bobkowskiego w paryskiej „Kulturze" z 1954 roku można znaleźć wściekłość na ten rząd, importujący ludzi i bibułę propagandową z demokracji ludowych). Ubolewa nad zmajstrowaniem przewrotu, który obalił prezydenta Allende w Chile. Piętnuje popieranie Contras przeciwko rewolucyjnej Nikaragui, choć przyznaje się, że idealizując sandinistów, trochę się mylił. I oczywiście, należał do tych, którzy byli przeciwni wojnie w Wietnamie. Tutaj trzeba zatrzymać się nad czymś, co czytelnikowi polskiemu jest nie znane. Liczba poległych Amerykanów w Wietnamie wynosi 58 000. Ale przewyższa ją liczba żołnierzy, którzy po powrocie do Stanów popełnili samobójstwo. Nawet jeżeli odliczymy sporo na urazowe schorzenia psychiczne, jest to liczba, która nie świadczy dobrze o łatwości przystosowania się do codziennej walki o pieniądz, zwanej „szczurzym wyścigiem". Zresztą Merrill, pisząc o wojnie w Wietnamie, zna prawdę o tym, kto w niej walczył: nie klasy wyższe, których synowie łatwo dostawali odroczenia, ale ubodzy biali, Murzyni i Latynosi.

Natykamy się tutaj na zasadniczą trudność bycia człowiekiem sprawiedliwym. Wszyscy jesteśmy skłonni osądzać wydarzenia polityczne z perspektywy własnego kraju, opierając się na tym, co wiemy o nim, i jego dobro, tak jak je pojmujemy, mając na celu. Nie umiemy siebie o to winić, przyjmując, że należy to do porządku rzeczy. Dla Amerykanów pokroju Merrilla wielkim człowiekiem był Roosevelt, bo dbał o *underdogs* i zrobił „*The New Deal*", dla Polaków natomiast pozostaje człowiekiem, który zrobił Jałtę. Można też rzec, że akcje amerykańskiego rządu na kontynencie amerykańskim, podejmowane w obronie swoich interesów, były aprobowane przez Polaków, skoro w warunkach zimnowojennych przeszkadzały konkurencyjnemu imperium w zakładaniu swoich przyczółków. Dla Merrilla natomiast te akcje sprzeciwiały się demokratycznemu powołaniu Ameryki, jako że prowadziły do przymierza z prawicowymi dyktaturami. Nietrudno też było zauważyć w Polsce sympatie do Partii Republikańskiej, mającej opinię większej stanowczości w polityce zagranicznej, stąd też niemal kultu Reagana, który dla Merrilla był szkodnikiem, bo za jego prezydentury bogaci wzbogacili się, ubodzy zubożeli. Zważywszy na rysy legendarnej Ameryki w Polsce, mentalność tamtejszych liberałów i radykałów, stale krytykujących swój kraj, jest mało zrozumiała. O co im chodzi? Jednakże literat, artysta, naukowiec, nawet jeżeli – jak Merrill – jest milionerem, świadomy cierpień tych na dole, należy do znanych postaci literatury amerykańskiej; przecie pamiętamy Jacka Londona, Uptona Sinclaira, Sinclaira Lewisa. Te tradycje tłumaczą pewną słabość, jak się to mówi, liberałów do ustroju sowieckiego, który zdawał się przeciwieństwem twardych praw kapitalizmu, oraz wykorzystywanie ich naiwności przez służby policyjne zaprawione w pokazywaniu potiomkinowskich wiosek. Klasycznymi przykładami pozostaną na zawsze kandydat na prezydenta w 1948 roku Henry Wallace, który odwiedził Kołymę i stwierdził, że więźniowie żyją tam w znakomitych warunkach, oraz pani Roosevelt, której wizytę w gułagu wyśmiał krwawo Sołżenicyn. Niestety, przykro jest myśleć, że ofiarą tych policyjnych spektakli padali ludzie dobrej woli, nie różni w swojej moralistycznej postawie od Merrilla.

Na szczęście, Charles Merrill odznacza się ogromną chęcią rozumienia i jednym z jego celów, jako pedagoga, było zapoznawanie uczniów z pogmatwaną historią naszej części Europy. Na pewno wniósł też swój wkład do obecnego zwrotu w zainteresowaniach amerykańskich historyków. Jego książkę można czytać jako zapowiedź wielu gruntownych rozpraw, studiów i przyczynków pisanych o naszym dziwacznym zakątku świata.

luty 1996

PODRÓŻ

CZYM JEST *PODRÓŻ*?

„Autorzy amerykańscy opisali w szczegółach 165 sposobów spółkowania, lecz wykazują mniejszą inwencję, gdy idzie o analizę egzystencji jednostki w zmieniających się dekoracjach historii" – stwierdzenie Czesława Miłosza, które słyszałem w połowie lat pięćdziesiątych.

Mówiąc najprościej, ta książka to spojrzenie jednego człowieka w przeciągu ponad półwiecza, w zmieniających się dekoracjach Historii – na sprawy Europy Wschodniej, a zwłaszcza Polski i Czechosłowacji.

Latem 1939 roku razem z moim najlepszym przyjacielem wynajęliśmy w Paryżu auto, żeby pojechać do Berlina i Warszawy. Skończyłem właśnie pierwszy rok studiów na Harvardzie, gdzie uczęszczałem na znakomite wykłady poświęcone faszyzmowi i komunizmowi; teraz chciałem przekonać się na własne oczy, jak wygląda świat Hitlera. Ponieważ mój ojciec był bogatym bankierem – dzielił przesądy swojej klasy i epoki – chciałem też zobaczyć ostateczny rezultat tego automatycznego antysemityzmu, który był czymś naturalnym wśród gości bywających w jego pięknym domu w Southampton na Long Island. Następnym przystankiem miał być kraj, w którym dotąd nie postawił stopy żaden z członków naszej rodziny – co oznaczało zignorowanie gniewnych ostrzeżeń, że postępuję absolutnie nieodpowiedzialnie, i zamanifestowanie poczucia niezależności osiemnastolatka.

Znałem już *Trylogię* Sienkiewicza: brałem udział w bitwach naszych z Tatarami, Szwedami i Turkami (pół wieku temu chłopcy wszystkich narodowości czytali o wiele więcej niż dzisiaj), a na Harvardzie podsunięto mi takich żydowskich pisarzy jak Izrael Singer (*Bracia Aszkenazy*, o Łodzi) i Szalom Asz (*Trzy miasta*), którzy z kolei skłonili mnie do spoglądania z większym dystansem na Polskę i Polaków. Głównym celem tej przygody miał być jednak Berlin z wszystkimi atrybutami tyranii: hitlerowskie pozdrowienia, buciory, swastyki; milczący, stojący w bezruchu w tasiemcowej kolejce przed ambasadą amerykańską Żydzi. Po dniach spędzonych w Berlinie pobyt w Warszawie był czymś szczególnym. Cały świat, z moją ojczyzną włącznie, był pełen ludzi rozprawiających – rozsądnie, gniewnie, trwożliwie – o niemieckiej agresji, ale tylko Polacy będą walczyć. Na ulicach mijali mnie kawalerzyści powiewający biało-czerwonymi proporczykami na lancach. Wszystkie racjonalne argumenty, kwestionujące skuteczność w walce tych wojaków z lancami na pięknych rumakach, były nieważne. Chodziło o coś zupełnie innego. Potem był Wiedeń i żółta wśród setki zielonych ławka w deszczowym Stadtparku, na której siedziało czterech milczących Żydów, co przypomniało osiemnastolatkowi o tygodniu spędzonym w stanie Missisipi (gdzie jego ojciec miał plantację bawełny na trzech tysiącach akrów i gdzie też były osobne ławki dla Murzynów). A jeszcze później Praga z esesmanami w czarnych mundurach, których obraz powróci do niego po pięćdziesięciu latach na widok nastoletnich żołnierzy izraelskich patrolujących arabską dzielnicę Jerozolimy.

Przez dwa lata wojny sam byłem żołnierzem, brałem udział w inwazji na południowe Włochy (moja wojna była jednak niczym przy tym, co musieli przejść polscy żołnierze). Po wojnie uczyłem w Austrii w ramach programu Fulbrighta, później mieszkałem z żoną i pięciorgiem dzieci w Paryżu, gdzie – jak wszyscy Amerykanie – napisałem powieść. Tu spotkałem Czesława Miłosza, którego *Zniewolony umysł* był dla mnie kopalnią wiedzy na temat realiów komunizmu. Niebawem jego dom w Brie-Comte Robert – w małej wiosce na wschód od Paryża – stał się celem moich pielgrzymek. Słuchałem tam opowieści gospodarza o wszechobecnych, ale często niewidzialnych mackach Systemu i o tym, jak wbrew okolicznościom udawało się ocalić własne człowieczeństwo. To właśnie te rozmowy skłoniły mnie do odwiedzenia Warszawy w 1957 roku

Czym jest *Podróż?*

(po prawie dwudziestu latach) przed powrotem do Stanów i do podjęcia decyzji o założeniu własnej szkoły. Wizyty w miastach Polski i Czech były zawsze krótkimi odwiedzinami gościa, może nawet turysty. Niemniej jednak podczas dobrego tuzina pobytów od 1945 roku mogłem odwołać się do wymiaru czasu, uświadamiając sobie zmiany we własnej percepcji, tym bardziej że zacząłem postrzegać tło lokalne również oczami poznanych tu przyjaciół, a potem również ich dzieci. W jaki sposób prawie totalna władza policyjna dławiła – za gotycką, barokową i secesyjną fasadą – miasto tak piękne jak Praga? Pod jakimi względami – i dlaczego – komunizm był bardziej znośny w Warszawie i Krakowie? Jakie były symptomy ewolucji komunizmu od nastroju „a jutro cały świat" do defensywnego, coraz bardziej zbiurokratyzowanego i skorumpowanego paraliżu? A gdy nadeszło upragnione, wymarzone wyzwolenie, czemu rzeczywistość okazała się tak odmienna od oczekiwań?

Coraz bardziej zaczęła mnie intrygować kwestia przetrwania. Jak pod taką presją ludzie potrafili mimo wszystko zachować poczucie tożsamości, wytrwać przy swoich zasadach? Dwóch przyjaciół dało mi osobisty przykład, co to oznaczało. J a c e k W o ź n i a k o w s k i : redaktor-profesor-historyk z Krakowa, wzór polskiego intelektualisty, ostrożny – bez wątpienia – lecz obdarzony taką siłą moralną, że policyjni cenzorzy woleli trzymać się na dystans. J i ř i K o ř i n e k , którego poznałem jako trzynastolatka wymieniającego suweniry z obcokrajowcami pod hotelem „Palace" w Ołomuńcu – nauczyciel rysunku technicznego (koniec końców, nie istnieje marksistowski sposób projektowania sieci centralnego ogrzewania). Mimo swych schludnych sklepów, kasztanowców, łabędzi i habsburskiego parku miejskiego otoczonego rzędami pelargonii, Ołomuniec był bardziej niebezpiecznym miejscem niż Kraków. Scena była tylko z konieczności mniejsza, lecz stawka równie wysoka. W jaki sposób ludziom udawało się przeciwstawić zewnętrznym siłom konformizmu i bezwładu, by wykształcić w sobie trzeźwą ocenę, poczucie realizmu, samodyscyplinę, które trzeba przekazać swoim dzieciom?

Innym tematem książki stało się poszukiwanie historycznych i kulturowych korzeni oraz analogii do tego współczesnego drama-

15

Czym jest *Podróż*?

tu. Jacy są bohaterowie tego wątku? Józef II, metodyczny brat niemądrej Marii Antoniny i (nie doceniany) mentor wszystkich autorytarnych reformatorów naszego stulecia: Atatürka, szacha Iranu, Nehru, Lenina. Franciszek Józef i jego „kumpel" Ronald Reagan – ojcowie swego ludu, Masaryk – reformator moralny, Piłsudski – siła żywiołu. Naprawdę, miałem wiele trudności z powstrzymywaniem tych skojarzeń. Polscy ziemianie na Ukrainie, stawiający kamienice w stylu włoskim w Lublinie i Lwowie – łaskawi i okrutni – przywoływali na myśl plantatorów bawełny z Missisipi. Opowieści o czeskich i węgierskich donosicielach przypominały o Amerykanach spotykanych w Arabii Saudyjskiej i Iranie pod rządami szacha, którzy gotowi byli zgodzić się na wszystko, czego tylko od nich zażądano. Dyskusja na temat socjalizmu i terroru policyjnego w Polsce przywodziła na myśl obrazy widziane w Nikaragui i Brazylii, wskazywała na ich związki z amerykańską polityką imperialną.

„Kiedy sobie uświadamiam, że Bóg jest sprawiedliwy, i że Jego cierpliwość musi się kiedyś wyczerpać, drżę o swój kraj" – te słowa dotyczące niewolnictwa wypowiedział pod koniec życia Thomas Jefferson. Te szlachetne słowa winny być mottem każdego uczciwego historyka, po obu stronach wszak obowiązują te same standardy moralne. Historiografia musi się zasadzać na dążeniu do sprawiedliwości, na odmowie tuszowania niesprawiedliwości za pomocą wiarygodnych słów. Zrzucanie napalmu na wietnamskie wioski przez amerykańskich pilotów nie różni się wiele od mordowania żydowskich dzieci przez Niemców. Cynizm i hipokryzja amerykańskiej polityki w Ameryce Łacińskiej są zadziwiająco podobne do postępowania Rosjan w Europie Wschodniej. Odór strachu unoszący się nad państwami komunistycznymi – który nie docierał do nozdrzy uniwersyteckich marksistów – przypomina nam o woni kapitalizmu: czy wyrzucą mnie z pracy? czy moja firma zbankrutuje?

Historyk jest wrogiem patrioty. Albo próbuje opowiedzieć prawdę o swojej drużynie, tak jak ją widzi, albo jest po prostu najemnikiem, współsprawcą. Jego niewygodne fakty, nieoczekiwane statystyki i grubiańskie dowcipy mogą wystarczająco poirytować czytelnika, by zmusić go do nieprzyjemnych myśli. Taki cel posta-

16

Czym jest *Podróż?*

wił sobie autor niniejszego dzieła: stary człowiek mamroczący coś do siebie podczas pieszych wędrówek Krakowskim Przedmieściem, ulicą Nerudovą czy Floriańską; uśmiechający się do dziecka, które bawi się z psem; przystający na chwilę, by przyjrzeć się detalom pięknego portalu, który mijał już wiele razy; odwracający głowę za ładną dziewczyną z gołymi nogami i w kwiecistej spódnicy; głęboko wdzięczny za piękno, serdeczność i przyjaźń, które znalazł w tych miastach – tak odległych od jego domu.

Moim najważniejszym nauczycielem w tej części świata był Jacek Woźniakowski; jednym z powodów napisania tej książki była chęć wyrażenia wdzięczności za to wszystko, czego mnie nauczył, oraz okazania szacunku dla jego intelektualnej i moralnej prawości. Chciałbym też dedykować tę książkę mojemu bratu, Jamesowi, który zmarł w lutym tego roku i który – jako „Mozart amerykańskiej poezji" (moje ulubione określenie) – posiadał ten sam rodzaj arystokratycznego humoru i wiedzy, okazywał identyczną pogardę dla konformizmu, wulgarności i pretensjonalności.

W każdym rozdziale dołączyłem do tekstu kilka cytatów – od Audena i Brechta po wiersz poetki z Bośni przełożony przez moją dawną uczennicę – żeby oświetlić scenę pod innym kątem i bardziej intensywnie. Żaden inny język nie opisuje pełniej cierpień naszej epoki – zmarnowanego życia, lęku, mdłości wywołanych dietą kłamstw – niż język polski. Nauczyłem się wiele od piszących w tym języku poetów, w większości nie znanych żadnemu amerykańskiemu czytelnikowi. Są wśród nich: Miłosz, Ważyk, Herbert, Zagajewski, Różewicz, Kamieńska, Szymborska i przede wszystkim Stanisław Barańczak – obecny zarówno swoimi wierszami, jak i wspaniałym plonem tłumaczeń poezji polskiej na angielski.

Na koniec chciałbym wyrazić swoją wdzięczność Wydawnictwu Znak oraz tłumaczowi za danie mi szansy odpłacenia choć w części – przez czytelników tej książki – za to wszystko, co dane mi było poznać i przeżyć podczas moich wizyt w Polsce. A więc za: jej architekturę – kościoły mariackie w Toruniu i Gdańsku, rynek w Zamościu i Krakowie, ratusz w Poznaniu, pełną splendoru ulicę Złotą w Lublinie; życie toczące się na ulicach Warszawy i Krakowa, po których spacerowałem, mając lat 18 i 74, i stosy faktów oraz refleksji, które wtedy nagromadziłem; brzmienie pięknego języka, którego nigdy nie zdołałem się nauczyć; uprzejmość przypadkowo spotkanych ludzi; a przede wszystkim za nie kończące się rozmowy, które prowadziłem z moimi przyjaciółmi przez wiele, wiele długich lat.

Charles Merrill
Boston, luty 1996

PODRÓŻ

PODZIĘKOWANIA

W pierwszej kolejności chciałbym wyrazić wdzięczność Czesławowi Miłoszowi, którego opowieści – wysłuchane w jego podparyskim domu w Brie-Comte Robert – o życiu w okupowanej i powojennej Polsce skłoniły mnie do odbycia tych podróży, a w rezultacie doprowadziły do napisania tej książki. Jestem również szczerze zobowiązany Jiřiemu Kořinkowi z Ołomuńca oraz rodzinie Woźniakowskich z Krakowa i Grocholskich z Warszawy, dzięki którym z czasem zrodziło się we mnie przekonanie, że oglądam ich świat od wewnątrz. A oto osoby, z którymi przez ostatnie czterdzieści lat miałem okazję rozmawiać o kwestiach ważnych i mniej ważnych: Ralph Freedman, Josef Jarab, Richard i Irene Pipes, Edward Keenan, Krzysztof Kowalski, Krzysztof Skórczewski, Anna Kulczycka, Candida Mannozzi, Romana Vysatova, Nell Znamierowska.

Pora teraz podziękować tym dobrym ludziom, którzy z przyjemnością wzięli do ręki manuskrypt wiekowego autora, aby wyłapywać błędy logiczne, faktograficzne, gramatyczne, stylistyczne, a także błędy w pisowni. Najbardziej wymagającym – i najbardziej pomocnym – redaktorem była, jak zwykle, moja żona Mary, która wzięła w karby i wyostrzyła mój język, zwracając mi uwagę na to, co zbędne i pretensjonalne. Dziękuję również moim byłym uczniom: Lynn Nyhart, Müge Galin, Jacqueline Veal, Amy Ansara, także mojemu bratu Jamesowi. Stanisław Barańczak jako redaktor, tłumacz i poeta w jednej osobie, był moim przewodnikiem po poezji polskiej, która stanowi przebogate źródło wiedzy o stosunkach

Podziękowania

międzyludzkich, wojnie, policji, polityce, obawie i nadziei. Dzięki sprawności Judith Lessard, która przepisywała po wielekroć mój rękopis, męki twórcze były bardziej znośne.

Jeśli natomiast idzie o sam proces produkcji, to w osobie Henryka Woźniakowskiego, prezesa Znaku, znalazłem pomocnego i tolerancyjnego wydawcę, w Andrzeju Pawelcu zaś – rozsądnego tłumacza i spegliwego rzecznika autora. W cyzelowaniu wersji amerykańskiej wiele pomogła mi redaktorka Alwynne Wilbur. Jestem szczególnie wdzięczny losowi, że zesłał mi wydawcę w osobie Briana Keneta, który specjalizuje się wprawdzie w podręcznikach dermatologicznych, lecz w nieoczekiwanym przypływie natchnienia postawił na mój rękopis. Z prawdziwą przyjemnością będę wspominał współpracę z wydawcą tak profesjonalnym, praktycznym i uprzejmym.

Tuzinom redaktorów, którzy odrzucili mój manuskrypt, mam do powiedzenia tylko tyle: na przeprosiny jest już za późno. Miłego dnia.

Charles Merrill

CZĘŚĆ PIERWSZA

POZNAWANIE NIEMIEC

PODRÓŻ

Rozdział pierwszy

BERLIN 1939, 1960

Zaprawdę, świat, w którym żyję, jest ponury.
Niewinne słowo jest głupotą. Gładka brew
Oznaką niewrażliwości. Śmiejący się
Po prostu nie otrzymał jeszcze
straszliwej nowiny.

A jednak wiemy dobrze:
Nawet nienawiść do podłości
Wykrzywia twarz.
Nawet gniew na niesprawiedliwość
Prowadzi do chrypki. Cóż, my,
Którzy chcieliśmy przygotować grunt pod dobroć
Sami nie mogliśmy być dobrzy.

Brecht

Die Amerikaner lieben die Deutschen, aber nicht die Nazis.
Jak często, w jak wielu wariantach padała w tamtych latach ta prosta odpowiedź? Chłopak na jakiejś stacji benzynowej przy granicy z Luksemburgiem, gdzie spędziliśmy noc, zadał sakramentalne pytanie. Udzieliłem mu standardowej odpowiedzi – moja pierwsza lekcja w stosunkach międzynarodowych.

Potem zatrzymaliśmy się w pensjonacie w Berlinie. Właścicielka, zachwycona tak dobrze ułożonymi młodymi gośćmi jak Bruce i ja, rozpromieniona pokazała nam w gazecie zdjęcie Hermanna Goeringa otoczonego wianuszkiem swojej uroczej rodziny.

– Jakie ładne.

Byliśmy w samym sercu krainy Oz, w dzielnicy willowej, i rozglądając się za tanią restauracją, niecierpliwie czekaliśmy, w jaki sposób po raz pierwszy objawi się Imperium Zła. I oto – obok czarnej gwiazdy Dawida – żółta wizytówka dentysty na furtce przed domem: „Dr Oskar Nehemiasz Weintraub, Zahnarzt". Tak, wszystko się zgadzało. Nawet środkowe imię z Biblii.

23

No i, ma się rozumieć, każde spotkanie rozpoczynało się i kończyło obowiązkowym *Heil Hitler.* W oczach osiemnastolatka ze Stanów było to żałośnie komiczne: od *hajtla* gospodyni domowej na zakupach, po całkowicie formalne pozdrowienie z salwą obcasów prawdziwego wyznawcy – czy mówił to, całując mamusię na dzień dobry? Sto razy w ciągu dnia przypominano ci, gdzie i kim jesteś. Jeśli ten gest napawał cię obrzydzeniem, za każdym razem rzucano ci w twarz twoją własną bezradność. Ale było to też źródłem łobuzerskiej frajdy dla młodego obcokrajowca, który chroniony magiczną tarczą swojego paszportu, mógł wejść do sklepu, trzymając odważnie ręce w kieszeniach, powiedzieć *Guten Tag* i rzucić wyzwanie całemu systemowi.

Mundury we wszelkich kombinacjach brązu, czerni, szarości i letniej bieli; swastyki na flagach i opaskach; marszowy krok, do którego para czarnych oficerek zmuszała każdego umundurowanego mężczyznę – ich Niemcy otaczały nas ze wszystkich stron. Zatrzymaliśmy się przy jednej z małych ceremonii – nietrudno było na nie trafić – żeby obejrzeć paradę tercetu żołnierzy składających wieńce na płycie. To było ekscytujące, prawie jak wizyta na planie filmowym. Nie oszczędzano na niczym, żeby tylko dochować wierności realiom.

Bruce i ja znaleźliśmy się w Berlinie w wyniku złożonego rozumowania. Jako liberalni intelektualiści – cóż, że młodociani – czuliśmy się osobiście zagrożeni przez nazistów. Milczący konformizm naszego życia w Akademii Deerfield pod rządami jej uprzejmego despotycznego władcy, Franka Boydena, czy bojowy duch podczas szkolnych zajęć sportowych mogły przypominać Niemcy. Rodzicami naszego kolegi Fritza byli żydowscy muzycy ze świata Monachium, Wiednia, Pragi i Zurychu; podczas niedzielnych obiadów, na które zapraszali nas do swojego domu w Northampton, słuchaliśmy ich opowieści. Ich świat, wyłączając Zurych, legł w gruzach, i każde kolejne odwiedzane przez nas miasto przypominało nam o tej stracie.

Berlin, choć nie tak bezpośrednio, był też związany z domem ojca na Long Island. „Sad" był najpiękniejszą rezydencją, jaką poznałem w życiu. Adamaszkowe zasłony, wypolerowane antyki, srebro i porcelana obok wina sauternes i reńskiego, służąca Emma układająca gladiole w kolorze pomidorowym w wielkiej chińskiej wazie, ogromnie rozległe trawniki, jabłonie, aromat bukszpanu

Berlin 1939, 1960

– doskonała elegancja, zdecydowanie ponad miarę całkiem zwyczajnych ludzi, którzy tam mieszkali. Porzucenie tej scenerii dla Berlina – w drodze do Warszawy – tak jak kolegowanie z Żydami na Harvardzie i nazywanie siebie ateistycznym socjalistą było z mojej strony nieszkodliwym wyzwaniem, przejawem kompleksu Edypa, a dla ojca źródłem irytacji.

Charles E. Merrill był osobą panującą. Kiedy przybył do Amherst College z małego miasteczka na Florydzie – 165 cm wzrostu, puste kieszenie, południowy akcent, towarzystwo mamy – był nic nie znaczącym młodzieńcem, który utrzymywał się z handlu starą odzieżą i z zarządzania pensjonatem. Po dwóch latach, niezdolny pogodzić się z własną biedą w tak szanującej się instytucji, porzucił szkołę. Ale to zbyt odległa przeszłość. Agresywny, nie oszczędzający się młody człowiek, który potrafił być uroczy, umiał przeprowadzić jasną, błyskawiczną analizę skomplikowanych problemów finansowych i podejmować stanowcze decyzje. Nie rozpamiętując błędów, zrobił karierę na Wall Street i został milionerem przed trzydziestką.

Jego żona Hellen uczyniła z „Sadu" sprawnie funkcjonujący mechanizm, nie sprawiający mu żadnych problemów, więc mógł oddawać się przyjmowaniu eleganckich gości, którzy grali w brydża, w golfa i śmiali się z jego anegdot. W West Palm Beach, skąd pochodził, ojciec był półprofesjonalnym baseballistą; ani mój brat, ani ja nie potrafiliśmy łapać, rzucać czy odbijać piłki. To kalectwo pomogło Jamesowi zostać poetą, a mnie demokratą. Czasem w puste popołudnia zaglądałem do sypialni ojca, zaintrygowany dwoma tabu – symbolami jego władzy: zwitkiem dwudziestodolarówek wielkości pięści na komodzie i monstrualnym, automatycznym koltem kaliber 45 w szufladzie stolika przy łóżku. Moja pasja obserwowania Władzy we wszystkich jej przejawach, przy próbach maskowania się i samoułudy – a także poznawania jej ograniczeń, byłem tam wszak, kiedy ojciec umierał – wiązała się z tym pięknym domem i jego panem.

Wrogiem numer jeden gości „Sadu" był prezydent Roosevelt, gdyż zagrażał ich fortunom i ich statusowi, lecz ta ich nienawiść – co nieuniknione – brała się po części z nienawiści, jaką czuli do Żydów. Wszyscy oni, rzecz jasna, mieli żydowskich „przyjaciół" i lubili opowiadać historyjki o tym, jak tych przyjaciół poniżano, gdy pukali zbyt natarczywie do niewłaściwych drzwi. Nowy Jork zapełnił się

25

POZNAWANIE NIEMIEC

wtedy wygnanymi przez Hitlera z Europy Żydami, którzy pracowali w suterenach domów towarowych albo zajmowali największe apartamenty w hotelu „Carlyle".

Psychiatrzy w definicji naszego lekarza domowego: „Mośki o brudnych myślach".

Po konformizmie szkoły w Deerfield Harvard okazał się szokiem. Zbyt wielu moich kolegów było bystrzejszych, bardziej radykalnych ode mnie, a ostrość ich sądów sprawiała, że czułem się przy nich ostrożny i lękliwy. Tak jak pierwsze zetknięcie z Freudem otwiera przed studentem drzwi do magicznego realizmu seksu, tak mój pierwszy kurs na temat faszyzmu i komunizmu dał mi klucz do politycznej analizy „Sadu".

Nie nazwałbym bywalców przyjęć w „Sadzie" sympatykami nazizmu, którymi byli podobni im ludzie w Londynie i Paryżu. Ojciec czuł instynktowną niechęć do Niemców – pozostałość z 1918 roku, kiedy odbywał w Teksasie szkolenie pilota bojowego – żywił natomiast szczery szacunek dla Anglików i Francuzów. Hitler był prostakiem, może trochę jak Roosevelt – ale mimo skamłania, ta niemiecka zgraja nie była zapędzona do rogu na tyle, by musiała pójść za nim tak radykalną drogą. Czułem się jednak zobowiązany, żeby zobaczyć na własne oczy, dokąd prowadzi przesąd, który wszyscy wokół mieli we krwi.

***

W lipcu 1939 roku znaleźliśmy się w Berlinie. Powody, dla których Bruce zdecydował się na tę przygodę, były odmienne od moich. Jego ojciec był pionierem nowej Madison Avenue[1] – tak jak mój nowej Wall Street, odbudowując po krachu firmę Merrill Lynch i S-ka na większą skalę, stosując jawną księgowość i demokratyczny, masowy marketing. Pan Barton zrewolucjonizował reklamę, tak aby kreowała i lansowała pragnienia – napisał nawet książkę, w której przedstawił Jezusa w roli komiwojażera Pana Boga – aż zdobył wystarczającą fortunę i pozycję, żeby rozpocząć karierę polityczną; został republikańskim kongresmanem we wschodnim Manhattanie. Jego poglądy ekonomiczne były tak samo konserwatywne jak mojego ojca, ponieważ jednak w jego okręgu mieszkało wielu

---

[1] Siedziba licznych biur reklamy i synonim tej branży.

Żydów, pan Barton ku swojemu zdziwieniu stał się żarliwym obrońcą interesów wygnańców z Europy Hitlera. Wyjazd Bruce'a z przyjacielem do Berlina i Warszawy stanowił dowód, iż jego cała rodzina przejęła się tą straszliwą tragedią. Formalnym powodem, dla którego ja pojechałem do Berlina, było otrzymanie zgody gestapo na odwiedziny Pragi. To miasto było dla mnie tragicznym symbolem – zdradzone przez sojuszników po to, żeby Zachód, wraz ze mną, mógł zachować pokój przez parę miesięcy dłużej. Słyszałem, jak prezydent Beneš przemawiał w Bostonie. Wpatrywałem się w zdjęcia wież i wieżyczek Pragi, jej zamek wznoszący się wysoko nad Wełtawą. A więc pierwsza rzecz: trzeba pójść do ambasady amerykańskiej po list dla gestapo. Oficer, którego tam spotkaliśmy, nie emanował życzliwością: „Narobicie sobie tylko masę niepotrzebnych kłopotów, a potem będziecie chcieli, żeby was z nich wyciągać".

Przed ambasadą ciągnęła się w nieskończoność nieruchoma kolejka Żydów zamierzających złożyć podanie o wizę imigracyjną, której termin mógł przypaść, powiedzmy, w 1984 roku. Po drugiej stronie ulicy, na dużym, drewnianym pudle wyprostowany strażnik Arbeitsfrontu w brunatnej koszuli trzymał szpadel i obserwował kolejkę. Co chwila obracał głowę na boki, jak nakręcona maszyna. Miał Żydów na oku. Nigdzie mu nie uciekną.

W Londynie Bruce dostał skądś adres żydowskiego krawca. Mieliśmy go odszukać – może moglibyśmy mu pomóc. Odnaleźliśmy dom i nazwisko w spisie przed wejściem: Teich, *Schneider* (krawiec). Herr Teich z żoną i synem w naszym wieku mieszkali w zupełnie pustym mieszkaniu. Sprzedali wszystkie meble, żeby kupić wizę kubańską, ale okazało się, że wiza była fałszywa – świstek, kawałek papieru. Teraz nie mieli nic. Rozmawialiśmy naszym łamanym niemieckim – ich syn znał zaledwie kilka angielskich słów – szepcząc, w pokoju bowiem mógł być podsłuch. (Czy naziści – tak jak później komuniści – mieli ochotę i środki, żeby umieszczać mikrofony w każdym pokoju i słuchać wszystkich rozmów w Berlinie, Warszawie i Pradze?)

– Dostanę się do Anglii i wstąpię do armii angielskiej.

Czy Frau Teich poczęstowała nas kawą? Nie pamiętam. Czy powinniśmy byli zaproponować jej pieniądze? Nie byłem wtedy przyzwyczajony do tego gestu. Prócz tego już codziennie badaliśmy z Bruce'em nasze rachunki i czeki, żeby sprawdzić, czy wystarczy nam gotówki na podróż do Bukaresztu, Pragi i powrót do Paryża. Byli skazani. Nie mieli żadnych szans. Chłopak nigdy nie dotrze do Anglii. Nawet my to rozumieliśmy.

Z czasem, podróżując, poznałem pół tuzina miast w komunistycznej Polsce i Czechosłowacji, ale nigdy nie natknąłem się na taki widok jak ta kolejka Żydów – też skazanych – rozciągnięta dookoła ambasady amerykańskiej i nigdy nie byłem świadkiem tragedii osobistej, choć wiedziałem, że takich nie brakowało, równie beznadziejnej jak przypadek rodziny Teichów.

Niech sobie ma to miasto dziesięć milionów dusz,
Jeden mieszka w pałacu, drugi pod mostem – cóż:
Nie ma tu miejsca dla nas, skarbie, nie ma tu miejsca dla nas.

Odwiedziłem komitet; poprosili wpierw, żebym siadł,
A potem – żebym znów zajrzał, najlepiej za parę lat;
Lecz dokąd pójdziemy dzisiaj, skarbie, lecz dokąd pójdziemy dzisiaj?...

Pudla w kurteczce z zapinką widziałem właśnie w tych dniach,
Kota, któremu ktoś otwarł drzwi, by go wpuścić pod dach;
To nie byli niemieccy Żydzi, skarbie, to nie byli niemieccy Żydzi.

W. H. Auden, *Blues uchodźców* (tłum. S. Barańczak)

Jaka jest różnica między nazistami a komunistami? Jacek Woźniakowski, mój przyjaciel z Krakowa, wskazał na obłudę: „Naziści powiedzieli, że nas zniszczą, i zrobili wszystko w tym kierunku. Komuniści oświadczyli, że przychodzą jako przyjaciele, a zachowywali się podobnie".

Jeśli pominiemy całą symbolikę i retorykę, to dojdziemy do wniosku, że naziści starali się zniszczyć „element obcy", podczas gdy najgorsze zbrodnie komunistów były wymierzone we własnych obywateli i własne grupy społeczne. Jeśli nie byłeś Żydem, Cyganem, homoseksualistą, komunistą, abstrakcjonistą, Polakiem, nieugiętym chrześcijaninem, otępiałym starcem albo umysłowo chorym (których tamtej jesieni – dla oszczędności – po cichu usypiano) czy pozbawioną biustu feministką w kolorowych pończochach i rogowych okula-

Berlin 1939, 1960

rach – i jeszcze wykazywałeś roztropność w słowach i uczynkach – to antyinteligenckość nazistów stwarzała ci szansę na spokój. Karol Marks, w odróżnieniu od zaczadzonych mitologią ojców faszyzmu, był intelektualistą. Setki godzin spędzone na lekturze w bibliotece British Museum stanowiły spadek, który jego spadkobiercy powielali w nieskończoność. Głównym celem komunistów było wytępienie nie tyle elementów wrogich klasowo, ile heretyków. To stwierdzenie jest, oczywiście, fałszywe: pięć milionów opornych chłopów, nazywanych kułakami, którzy zginęli podczas kolektywizacji Ukrainy, stanowiło taką klasę. Wystarczyło mieć rodziców inteligentów. Wystarczyło być – jak zwykle – Żydem, choć atakowanie Żydów było przejawem antysemityzmu, faszyzmu; należało ich karać jako syjonistów. Niemniej jednak przy kolejnych zmianach linii partii wyszukiwano jednego dnia rewizjonistów, drugiego dogmatyków; łapano tych, którzy opowiadali dowcipy o wąsach albo nie chwalili wierszy o „Orle Kaukazu"; prześladowano tych, którzy nie rozumieli, że wczorajszą prawdę trzeba po cichu dostosować do dzisiejszej rzeczywistości; słowem, heretyk stawał się zdrajcą i musiała go spotkać zasłużona kara. Im wyżej ktoś się wspiął, tym groźniej jawiły się potencjalne odchylenia.

Niemieccy urzędnicy celni na granicy z Luksemburgiem przepuścili z dobroduszną pogardą książkę Freuda *Mojżesz a monoteizm*, przewożoną przez Bruce'a. Komunista z elementarnym poczuciem odpowiedzialności na pewno by ją skonfiskował.

Czy śmierć z głodu i wyczerpania w Workucie albo w Karagandzie była lepsza czy gorsza od śmierci w komorze gazowej Oświęcimia albo Majdanka? Czy intelektualista z Harvardu, Oksfordu, Sorbony, który przymykał oczy na tę pierwszą, był bardziej czy mniej winny od gościa w domu ojca, który przymykał oczy na tę drugą?

Razem z Bruce'em znaleźliśmy właściwe biuro w centrali gestapo, gdzie otrzymaliśmy list do ich ekspozytury wiedeńskiej z poleceniem wydania nam trzydniowej wizy na odwiedziny Pragi. Pamiętam plakat, na którym uprzejmy policjant pomaga starszej pani i parce blondynków przejść przez ulicę, a w tle jego kolega dmie w gwizdek, żeby zatrzymać podejrzanego, chudego, ciemnowłosego wyrostka, uciekającego z pakunkiem pod pachą.

Potem wsiedliśmy do naszego renault i wyruszyliśmy do Gdańska.

PODRÓŻ

Rozdział drugi

DANZIG/GDAŃSK 1939, 1968

Die Fahne hoch! Die Reihen dicht geschlossen.
SA marschiert in ruhig festem Schritt.
Kameraden, die Rotfront und Reaktion erschossen,
Marschieren im Geist in unseren Reihen mit.
(Sztandar w górę! Nasze szyki zwarte.
SA idzie równym, stanowczym krokiem.
Towarzysze zastrzeleni przez czerwonych i reakcję
Maszerują duchem w naszych szeregach).
Horst Wessel Lied

Bruce i ja przeliczyliśmy się, jeśli idzie o zapas marek. Nie wystarczyło nawet na najtańszy hotel. Z Berlina jechaliśmy przez sosnowe lasy i piaszczyste pola kartoflane północno-wschodnich Prus, mijaliśmy nieciekawe miasteczka z bielonej cegły, ale kiedy zmierzch powoli ustąpił nocy, byliśmy już zbyt zmęczeni, żeby podróżować dalej, więc niedaleko przed polską granicą zaparkowaliśmy przy drodze.

Renault nie jest najlepszą sypialnią – Bruce zwinął się na tylnym siedzeniu, a ja okręciłem się dokoła kierownicy – ale zasnęliśmy na tyle, że dopiero o świcie obudził nas stukot butów i piosenka marszowa kolumny żołnierzy. Nasze miejsce postoju okazało się skrajem wojskowego parkingu, spotkał nas zatem zaszczyt obserwowania, jak jednostka Wehrmachtu spełnia swoje poranne obowiązki. Żołnierze znali przydzielone im zadania: sprawdzili sprzęt, włączyli silniki, bez najmniejszego zamieszania ruszyli na komendę sierżanta i cała kolumna z rykiem motorów odjechała sprawnie na jakieś ćwiczenia wzdłuż polskiej granicy. Gdyby wtedy zamiast dwóch zziębniętych, odrętwiałych, głodnych i nie umytych nowojorskich młokosów siedzieli w tamtym renault francuscy i angielscy oficerowie sztabowi, mogliby dowiedzieć się czegoś pożytecznego.

Danzig/Gdańsk 1939, 1968

W końcu zobaczyliśmy czerwono-biało-czarną flagę ze swastyką przed budynkiem strażnicy, gdzie ubrany na czarno, wąsaty urzędnik obejrzał nasze auto.
– Francuskie. Chyba nie najlepsze? – i podstemplował dokumenty.
(O ileż łatwiej było wjechać i wyjechać z hitlerowskich Niemiec niż z Deutsche Demokratische Republik). Z dumą wskazał na zalegające obok trociny ze środkiem antyseptycznym dla polskiego bydła, żeby nie roznosiło chorób pyska i racic.
– Czemu chcecie odwiedzać taki kraj?
Pięćdziesiąt, sto metrów dalej łopotała biało-czerwona flaga. Po drugiej stronie drogi żołnierz w mundurze polowym, rogatywce i z karabinem przewieszonym przez ramię pilnował szlabanu w biało-czerwone prążki. Odebrało nam mowę. Po to tu przyjechaliśmy: dla białego orła na czerwonej tarczy, portretów arystokratycznego prezydenta i spiżowego Marszałka na ścianie, dla polskich dźwięków i liter, a nawet staroświeckich maszyn do pisania. Polacy byli narodem, który pójdzie do walki. Żadnych kompromisów. Żadnego wycofywania się. Móc jechać tą drogą obok mężczyzn w podniszczonych kapotach, przysadzistych kobiet, dzieci o włosach jak len, bohaterskich żołnierzy – to był zaszczyt dla nas, dwóch pielgrzymów.
Parę tygodni wcześniej trafiłem w Londynie na długi artykuł w „Timesie" o polskiej armii, łączący analityczne podejście z optymizmem. Zgoda, są źle wyposażeni, nie mają nawet dosyć karabinów dla piechoty, ale nadrabiają to dzielnością – potrafią maszerować 50 kilometrów dziennie, więcej nawet niż ludzie Stonewall Jacksona[2]. Może i Polacy opierają się na wątpliwych założeniach: niemieckie czołgi są zrobione z tektury i nie mają rezerw paliwa, a po wrześniowych deszczach ich gąsienice ugrzęzną w błocie, co pozwoli kawalerii na skuteczne kontrataki. Może i polscy kawalerzyści nie będą za sześć tygodni kłusować na przedmieściach Berlina, ale... Ta kawaleria pokonała w 1920 roku Rosjan (o tej wojnie wszyscy już zapomnieli) i, rzecz jasna, zmasowana, ale rozsądna

---

[2] Generał wojsk Południa w wojnie secesyjnej, podczas pierwszej bitwy w Bull Run w 1861 roku rozkazał swoim żołnierzom z pospolitego ruszenia stać przy nim niczym „kamienny mur" – stąd przydomek (przyp. tłum.).

POZNAWANIE NIEMIEC

ofensywa francuska na froncie zachodnim – Verdun już się nie powtórzy – zwiąże większość sił Wehrmachtu.

Po powrocie do Paryża, 14 lipca, razem z Bruce'em wiwatowaliśmy podczas ostatniej parady o zachodzie słońca: *chasseurs alpins* z nartami, algierscy *spahis* w białych, zwiewnych szatach, ciężko krocząca kompania Legii Cudzoziemskiej, Senegalczycy (*bravo les noirs!*), grenadierzy, marynarze z Royal Navy, nad nami lotnicy z RAF-u, ociężałe czołgi równie niezgrabne i niewiele szybsze od plażowych koszy, prości piechurzy podobni do tych z Verdun.

... Wy w kity piór strojne,
I wy poważne, w pancerz kute hufce,
Co pychę w cnotę zmienicie...

Rżące rumaki, grzmiące trąby,
Ducha trzeźwiące, wy rozgłośne flety,
Świetne proporce z wszelkimi przybory
I przepychami właściwymi wojnie.

Otello, akt 3, sc. 3 (tłum. Józef Paszkowski)

W Gdyni – w świetlanej, nowej Polsce, która zmartwychwstała do życia w 1918 roku – zjedliśmy śniadanie. Już masło i dżem, które rozsmarowywaliśmy na bułkach, świadczyły o rolnym bogactwie tego kraju[3]. Na drzwiach do toalety widniały napisy „Panie" i „Panowie". Wybrałem niewłaściwe. Nic nie szkodzi, taka jest cena przygody.

W południe dotarliśmy do Gdańska. To miasto miało trudny do zrozumienia status prawny. W zasadzie było „wolnym miastem", które emitowało własne znaczki pocztowe, przyjmowało częściowy, biurokratyczny nadzór Ligi Narodów i zarazem znajdowało się pod zwierzchnictwem (cokolwiek to znaczyło) Rzeczypospolitej. Jego ulicami rządził jednak narodowy socjalizm. Wprawdzie Berlin był oficjalnym centrum potęgi Niemiec, lecz linia frontu przebiegała tutaj – w Gdańsku. Tu zacznie się wojna, która zmiażdży tego marnego wroga: „Wyobraźcie sobie, że Meksykanie spróbo-

---

[3] W przeciwieństwie do hitlerowskich Niemiec, gdzie racjonowano żywność (w tym i w większości innych przypisów opieram się na wyjaśnieniach Autora – przyp. tłum.).

32

wali podbić Teksas!'". W Gdańsku mówiło się głośniej. Każda para butów wydawała dumny, niemiecki stukot. Hitlerowskie pozdrowienia były jeszcze bardziej falliczne niż w Berlinie, oczy kobiet bardziej płomienne, ich biusty obfitsze. Poprzedniej zimy przeczytałem *Buddenbrooków*. Gdańsk był takim samym kupieckim miastem hanzeatyckim jak Lubeka Tomasza Manna. Jego budowle odznaczały się identyczną trzeźwością ceglanych kantów i schodkowych szczytów, symbolizując niemiecki *Fleiss*. Pilność, pracowitość, staranność, gorliwość to znaczenia słownikowe, ale znaczenie *Fleiss* wykracza poza nie i obejmuje punktualność, czystość, pełen szacunku (ale nie służalczy) ukłon wobec przełożonych, po którym następuje reprymenda udzielana podwładnym, schludność, porządek, poważne podejście do jedzenia, szacunek dla samego siebie, kompletną kartotekę, dobrze naoliwione narzędzia. Lęki? Człowiek na szczycie naszej drabiny zostaje wymieniony. Bank w Rio, z którym prowadzimy interesy, bankrutuje. Nasza córka zakochuje się w muzyku.

Gdańsk funkcjonował, mając oparcie w polskim zapleczu: eksportując ziarno – które przypłynęło Wisłą na barkach z Lublina, gdzie przeładowywano plony aż z Ukrainy – drewno z Karpat, bursztyn, granat. Jego siłę roboczą stanowili Kaszubi – klasa niższa, pół- -Polacy, pół-Niemcy, przedstawieni z sentymentem w *Blaszanym bębenku* Günthera Grassa – z których rekrutowali się przekupki, wozacy, służba, prostytutki, robotnicy portowi.

Te szczegóły nie pojawiły się w polu świadomości Bruce'a i moim, bo usunęły je w cień flagi i swastyki – oznaki nadchodzącej wojny. 1 września. Nadeszła. Garstka żołnierzy amatorów podjęła samobójczą próbę obrony Poczty Gdańskiej. W filmie *Blaszany bębenek* jest scena, kiedy budynek Poczty znajduje się pod gradem ognia z karabinów maszynowych, zanim jeszcze Niemcy nie podtoczyli sporego działka, żeby wywalić wejście, a urzędnik pocztowy pędzi z bronią w ręku przez biuro i zatrzymuje się, żeby podnieść arkusz znaczków. Po kapitulacji obrońcy zostają rozstrzelani. Może to oni należeli do szczęśliwców.

Deszcz nie pada. Czołgi są ze stali, a nie tektury, i mają dość paliwa. Piękne konie giną od kul. Wszystkie punkty obrony są zgniatane przez bombowce nurkujące. Opór Gdańska – twierdza We-

POZNAWANIE NIEMIEC

sterplatte na zakrzywionym skrawku wybrzeża za portem – trwa proporcjonalnie tak długo jak opór całej polskiej armii. Co pewien czas działa Westerplatte odpowiadają na ogień starego, ciężkiego krążownika „Schleswig Holstein", który systematycznie ostrzeliwał posterunek dzień po dniu. Warszawa wytrwała do 28 września, nadając w kółko polonezy Chopina. Jakże wielką radość wojna musiała przynieść gdańskim mieszczanom. Jaka szkoda, że nie mogli śledzić jej w telewizji, ale były za to kroniki filmowe: maszerująca piechota, zerwane mosty i płonące miasta, stukasy zgrabnie nurkujące nad swoimi celami, nie kończące się szeregi powłóczących nogami jeńców. Polacy na zawsze znajdą się w stosownej dla nich roli helotów: hodowców kapusty i górników. Polak z odrobiną wykształcenia może uczyć w szkole powszechnej albo pracować na poczcie, ale byłoby niebezpiecznie – jak w przypadku Murzynów, których spotkałem w 1941 roku w Missisipi – mierzyć wyżej. Księży tolerowano, jeśli głosili posłuszeństwo, które, ma się rozumieć, zostanie wynagrodzone w niebie.

W prowincjach Hohenzollernów na zachód od Gdańska – na Pomorzu i w Poznańskiem – naziści zintensyfikowali dawną politykę Bismarcka, polegającą na rugowaniu Polaków i przekazywaniu ich ziemi Niemcom. (Historia narzuca niestosowne porównania: trzydzieści, czterdzieści lat później izraelska policja i osadnicy przepędzali Arabów z ziem, które Bóg Abrahama zarezerwował dla Żydów. Arabscy robotnicy, których widziałem w Jerozolimie, byli potrzebni do robót drogowych i czyszczenia toalet).

Jestem pewny, że niemieccy gdańszczanie z dumą wstępowali do Wehrmachtu i brali udział w błyskawicznych zwycięstwach po klęsce Polski: nad Danią i Norwegią, Holandią i Belgią, Francją przede wszystkim, nad armią brytyjską (podobnie Amerykanie, którzy cieszyli się z upadku marksistowskiego reżimu na Grenadzie – co uczcili znaczkami pocztowymi z Myszką Miki i Kaczorem Donaldem, z detronizacji skorumpowanego dyktatora Panamy i klęski armii irackiej, po której powłóczący nogami jeńcy szli w szeregach równie długich jak te w Polsce).

Pierwsze tygodnie po napaści na Rosję 22 czerwca 1941 roku musiały się im wydawać potwierdzeniem historycznego prawa Niemiec do całkowitego zwycięstwa. W całych dziejach nie było piękniejszego początku kampanii wojennej. Mapy dygotały, gdy opancerzone fallusy parły coraz głębiej w Rosję i Ukrainę.

W którym momencie każdy pojedynczy Niemiec, wpatrując się w sufit o trzeciej nad ranem, doszedł do osobistego wniosku, że to jego strona, bez względu na liczbę odniesionych zwycięstw, musi przegrać? Czy było to wtedy, gdy na wojska Wehrmachtu w letnich mundurach (mundury zimowe oznaczałyby dłuższą wojnę) spadł pierwszy rosyjski śnieg? Gdy Ameryka przystąpiła do wojny? Gdy 6 Armia skapitulowała pod Stalingradem? Gdy Hamburg został starty z powierzchni ziemi?

Rachunek za dobre czasy został wyrównany z Gdańskiem w marcu 1945 roku. Armia Czerwona parła wtedy naprzód prawie tak szybko jak Wehrmacht w 1941 roku. Wojska Rokossowskiego dotarły na przedmieścia i triumfalna wojna zamieniła się w zażarte walki uliczne o każdy dom, gdy tymczasem mieszkańcy miasta, skuleni w piwnicach, zastanawiali się, jak spalić swoje swastyki, gdzie się załatwiać, jak obciąć włosy dziewczętom i pomazać ich twarze popiołem, żeby nie padły ofiarą gwałtu[4].

***

W marcu 1968 roku pociągiem z Poznania przyjechałem po raz drugi do Gdańska. Fascynuje mnie polska architektura, tak słabo znana prowincjonalnym historykom sztuki na Zachodzie. Ciekawi

---

[4] Osobliwym szczegółem było upodobanie żołnierzy rosyjskich do wyrzucania przez okno pianin. W ostatnich miesiącach II wojny, po wyzwoleniu Gdańska, Poznania czy Wrocławia, dowódca Armii Czerwonej dawał swoim ludziom dwa dni wolnego na pijaństwo, gwałty i demolowanie. Szczytem szczęścia było znaleźć w ograbianym budynku pianino; pchając, ciągnąc, postękując, zalewając się potem, wtaszczyć je na ostatnie piętro, wepchnąć do któregoś mieszkania, wywalić kolbami framugi i wyrzucić pianino przez okno, żeby rozbiło się o chodnik. Jeśli potrafisz, Czytelniku, wyobrazić sobie upadek pianina z czwartego piętra: eksplozja w momencie uderzenia, niewiarygodny huk roztrzaskującego się drewna i pękających w stu różnych tonach strun. Jeśli spotkałbyś osobę, której dusza doświadczyła czegoś tak ekscytującego, wiedziałbyś, że ona też wie, i może postanowilibyście zrobić coś razem, żeby przeżyć to jeszcze raz – rewelacyjny trans narkotykowy, rewelacyjny orgazm, rewelacyjny koncert rockowy – czego profani nie byliby w stanie zrozumieć nawet za tysiąc lat. Jedna nieporównywalna chwila stworzenia i zniszczenia, jednego w drugim, przeżycie znane umysłowości Wschodu, ale niepojęte dla Zachodu, spętanego przez sterylny racjonalizm, aż do rewolucji studenckiej w latach sześćdziesiątych.

mnie, gdzie przejawiają się w niej wpływy niemieckie i rosyjskie, nawet francuskie i włoskie, a która z jej cech – czy może z fantazji: sterczące wieżyczki kościelne, niepowtarzalność każdej wieży ratuszowej, kolory szlacheckich kamienic w mieście – jest absolutnie swoista. W jaki sposób Poznań – tak jak Wrocław – zdradza swój hohenzollernowski klimat? Mijając ponure budynki z ciężkiego, brunatnego piaskowca, można wyczuć zapach piwa i papierosów, usłyszeć odległe dudnienie i fanfary maszerującego regimentu, szelest nakrochmalonych fartuchów pielęgniarek ze szpitala i gwizd ekspresu z Berlina, wjeżdżającego na peron, zgodnie z rozkładem, równo o 1.13. Jeśli w ogóle Polakom można wpoić pruską punktualność, oszczędność, schludność – w granicach wyznaczonych przez ich spaczoną genetykę – w Poznaniu Hohenzollernów to się udało.

Miasto Poznań było po części twierdzą wzniesioną dla obrony wschodnich szlaków cesarskich Niemiec przed carską inwazją i faktycznie odpierało ataki Armii Czerwonej aż do lutego 1945 roku. Istnieje legenda, iż tajne fragmenty fortecy zostały wykonane w 1871 roku przez francuskich jeńców wojennych, których nagrodzono wspaniałą ucztą, a następnie po cichu rozstrzelano.

W powojennej Polsce Poznań stał się ważnym ośrodkiem przemysłowym; miasto odbudowano – przede wszystkim wspaniały gotycko-renesansowy ratusz – a doroczne targi międzynarodowe miały pokazywać klientom z Zachodu, co polski przemysł jest w stanie wyprodukować. Było to też pierwsze miasto, gdzie w czerwcu 1956 roku wybuchły gwałtowne protesty (jak w 1953 roku w Berlinie Wschodnim), świadczące o odrzuceniu komunizmu przez proletariat. Ponieważ do rozruchów doszło podczas targów, nie dało się ich ukryć, i nowy rząd Gomułki podjął ryzyko przeprowadzenia otwartych procesów, na które wpuszczono zachodnich dziennikarzy. Naczelnym priorytetem państwa komunistycznego miała być taka edukacja, żeby młodzież wyrosła na zdyscyplinowanych pracowników i lojalnych obywateli. Jednak opowieści ponurych wyrostków w sądzie ujawniły prawdę o zupełnie innym wychowaniu: ojciec albo nie żyje, albo jest tak wyczerpany robotą czy tak rozpity, że o niczym nie decyduje; matki nie ma w domu dziesięć, dwanaście godzin, bo jest w pracy albo stoi w kolejce. Jeśli ktokolwiek zajmował się dziećmi, to babcia. Z reguły dzieci biegały samopas.

Wydarzenia poznańskie wymusiły liberalizację w takim stopniu, w jakim Gomułka chciał ryzykować. Taka sytuacja mogłaby doprowadzić do zmian strukturalnych, gdyby rewolucja węgierska nie napędziła strachu wszystkim aparatczykom, a angielsko-francusko-izraelski atak na Kanał Sueski nie odwrócił uwagi świata od Polski.

***

Pociąg dojechał rankiem do deszczowego, szarego Gdańska w którąś niedzielę lutego 1968 roku. W Polsce należy podróżować w lutym albo w listopadzie, kiedy paskudna pogoda odpowiada rzeczywistości. Zniknęły podekscytowane tłumy heilhitlujących Niemców w oficerkach. Miasto było całkiem dobrze odbudowane po 1945 roku, kiedy stało się areną walk, a następnie zostało spalone przez Wehrmacht lub Armię Czerwoną – możesz sobie wybrać, Czytelniku. Starówce przywrócono dawną godność i świetność. I choć nie takie wzorce przyświecały nowemu miastu, jednak znalazłem pusty, czysty hotel i dużą restaurację dla turystów z obowiązkowym schabowym. Szybka i kulturalna obsługa klienta wydawała się nie leżeć w niczyim interesie, tylko czasami mój polski język wzbudzał uśmiech.

Po południu trafiłem do małego muzeum, gdzie eksponowano elegancką makietę dorzecza Wisły od Karpat po Bałtyk. Na granicy ze Związkiem Sowieckim – niewiele kilometrów na północny wschód od Gdańska – wszystko stawało się białą plamą, tabu, jakby to była druga strona Księżyca. Stalinizm sprawił, że granice pomiędzy państwami socjalistycznymi stały się nieprzepuszczalne. Łatwiej było pojechać z Warszawy do Paryża niż do Wilna czy Pragi. Nie należało zachęcać podróżujących do nawiązywania kontaktów ani dzielenia się wrażeniami.

Muzeum starało się udowodnić, iż Gdańsk został założony przez Polaków, a potem brutalnie zgermanizowany. Niemcy zaś twierdzili, że Polacy byli ludem rolniczym, a jedynie Germanie posiadali rozwiniętą strukturę społeczną, umiejętności budowlane i wystarczającą dyscyplinę, żeby wznosić w Europie Wschodniej miasta. Miesiąc później jechałem autem z żoną i dwoma synami po wybrzeżu Dalmacji, gdzie piękne, białe miasta – Zara/Zadar, Spalato/Split, Ragusa/Dubrownik – stanowiły przedmiot podobnego sporu: czy założyli je

POZNAWANIE NIEMIEC

Wenecjanie czy Chorwaci? Przychodzą na myśl słowa Platona w *Kritonie*: wybieram teorię, która wydaje mi się najbardziej sensowna, a potem dobieram fakty, które ją potwierdzają.

Owego lutowego poranka, jeszcze na chwiejnych nogach po podróży z Poznania, poszedłem na mszę do wielkiego kościoła Panny Marii wzniesionego z cegły ze szlachetną krzyżacką prostotą. To ona nadaje mu godność, która wyróżnia go wśród wszystkich znanych mi kościołów gotyckich. W rodzinnym mieście rzadko chodzę do kościoła. Zapewne za granicą jest łatwiej, kiedy człowiek, oddzielony barierą języka i pozostawiony samemu sobie, może oddać się refleksjom na temat społeczeństwa czy też własnego świata moralnego. Potęga architektury w połączeniu ze swoistą choreografią nabożeństwa przy odległym ołtarzu, jednomyślność wiernych wypełniających kościół, z którymi posłusznie razem wstawałem, siadałem i klękałem, dawały ochronę przed zabłoconymi ulicami i mechanizmami komunistycznego państwa na zewnątrz.

Dwanaście lat później Gdańsk stał się sławny jako kolebka „Solidarności", ruchu robotników, zjednoczonego w Stoczni im. Lenina pod przewodnictwem młodego elektryka Lecha Wałęsy, który upierał się, że związek zawodowy ma reprezentować robotników, a nie państwo. Do tego prostego przesłania dołączono natychmiast inne żądania, co przejściowo doprowadziło do przejęcia władzy przez generała Jaruzelskiego, a w końcu do prezydentury dawnego elektryka, który tymczasem stał się już jakby innym człowiekiem.

Po raz ostatni zetknąłem się z tym nadbałtyckim miastem w 1980 roku na wystawie skarbów Gdańska w nowojorskim Muzeum Żydowskim. Na początku 1939 roku, kiedy Gmina wiedziała już, że jej los jest przypieczętowany, sprzedano za psie pieniądze ziemię, na której stała synagoga i znajdował się cmentarz, spakowano wszystkie przedmioty kultu (w tym także tablicę dla uczczenia lojalnych żołnierzy, którzy oddali życie za swój *Vaterland* w latach 1914–1918) i wysłano je do Żydowskiego Seminarium Teologicznego na przechowanie. Wśród tor i tałesów były tam albumy wypełnione zdjęciami z życia sztetlu, z dorocznych leśnych pikników „synów Syjonu" i z nowej jesziwy w Białymstoku rabina Myersohna, której trzynastoletni uczniowie mieli twarze chłopców i dziewcząt z mojej szkoły.

PODRÓŻ

Rozdział trzeci

NORYMBERGA 1939, 1945

Und so werden wir marschieren,
Wenn alles in Scherben fällt,
Denn heute gehört uns Deutschland
Und morgen die ganze Welt!
(A więc będziemy maszerować,
Gdy wszystko rozpada się,
Bo dziś należą do nas Niemcy,
A jutro cały świat)
Adolf Hitler

Na swój sposób Norymberga była również po drodze do Warszawy, choć dotarliśmy do niej z Bruce'em pod koniec naszej wyprawy, już po wyjeździe z Pragi. W Dreźnie zjedliśmy lunch w ładnej restauracji z widokiem na pałac Zwingerów za Łabą. Ciągle patrzyliśmy na zegarek, obawiając się nadejścia wojny, i nie mogliśmy tam – niestety – zostać dłużej. Później drezdeńczycy łudzili się, że istnieje swoiste, ciche porozumienie: „My nie bombardujemy Oksfordu, oni nie zbombardują nas", było to wszak urocze miasto bez większego znaczenia militarnego, jeszcze na początku lutego 1945 roku zatłoczone uchodźcami z frontu pod Wrocławiem. Generał Harris, dowódca jednostek bombardujących RAF-u, nie widział jednak powodu, by gdzieś nie zabijać Niemców, więc w 24-godzinnym nalocie dywanowym brytyjskie i amerykańskie samoloty starły miasto z powierzchni ziemi.

Do mojej następnej wizyty w Dreźnie doszło pod koniec listopada 1989 roku, kiedy to zatrzymałem się w hotelu „Newa" – standardowym hotelu w stylu sowieckim z Restauracją Leningradzką i Salą Śniadaniową Puszkina. Rankiem widok z mojej sypialni na bezkształtną aleję Pragerstrasse zmusił mnie do zastanowienia się nie zwyczajnie nad tym, w którym stuleciu się obudziłem, ale na jakim kontynencie: Pittsburgh? São Paulo? Singapur?

39

W 1939 roku spędziliśmy z Bruce'em noc w Lipsku, nie pozostającym w pamięci mieście, w którym wieczorem poszliśmy na *Bal maskowy* Verdiego, a rankiem pojechaliśmy autostradą na południowy zachód do Norymbergi. Nadchodząca wojna była powodem odwołania Parteitagu (setki tysięcy butów oficerskich i tyleż samo hitlerowskich pozdrowień), ale i tak miasto było wypełnione tłumem podnieconych turystów. Pamiętam zakończone szczytami domy z piaskowca z zielonymi i białymi okiennicami, stoliki w restauracjach z obrusami w czerwono-białą kratę i z ludowymi kuflami, sklepy z zabawkami i zegarami, łabędzie pływające w fosie przed murami zamku. Każda skrzynka na kwiaty za oknem była pełna różowych i białych pelargonii. Nie było żołnierzy ani SS-manów – wszyscy stacjonowali na granicach – ale ich ojcowie nosili mundury partii albo *Lederhosen*, ich młodsi bracia brunatne koszule Hitlerjugend[5], a ich siostry i matki wesołe „dirndle". Wszyscy byli czyści, higieniczni, tryskali zdrowiem i energią – nic więc dziwnego, że wielu Francuzów i Anglików zazdrościło Niemcom ducha, którego nie mieli ich krajanie.

Duchowym przywódcą Norymbergi był Hans Sachs. Ten prosty, bezpośredni, szesnastowieczny szewc ze średniowiecznego cechu był bohaterem *Die Meistersinger* – ulubionej opery Hitlera – i ucieleśnieniem wiecznych Niemiec, nareszcie odrodzonych. Wszystkie wątpliwości i cienie odłożono na bok. Każdy chłopak w koszuli i butach Hitlerjugend mógł teraz wyrosnąć – najlepiej jak potrafił – na Hansa Sachsa. Każda z tych kształtnych, roześmianych dziewcząt w dirndlach oddałaby mu się z ochotą.

Drugim autorytetem Norymbergi była „Żelazna Panienka", najważniejszy instrument izby tortur na zamku. Była to pomysłowa machina podniecająca mężczyzn i przerażająca kobiety. Pacjenta przymocowywano w środku, nakręcano sprężyny i – stuk, stuk, stuk – trzy pary kolców wbijały się powoli w oczy, piersi i krocze. Tak, Niemcy to dobroduszny i szczodry naród, ale spróbujcie tylko wejść im na odcisk.

---

[5] Wiele lat później spotkałem Polaka, którego znajomy należał do Hitlerjugend na Śląsku i opisał mu ceremonię inicjacyjną: trzeba było m. in. zabić gołymi rękami królika albo kota, żeby nauczyć się ślepego okrucieństwa.

Bruce chciał kupić „medal matki" dla swojej mamy, więc weszliśmy do sklepu z patriotycznymi pamiątkami na wystawie. Pani Barton miała co prawda tylko trójkę dzieci – najniższa kategoria medalistek – ale wszyscy koledzy jej synów bardzo ją lubili i niewątpliwie zasługiwała na ten zaszczyt. Sklepikarce jednakże nie spodobały się nasze amerykańskie akcenty albo niegodne zaufania twarze, więc nie zgodziła się nam go sprzedać. To może w zamian zdjęcie Hitlera? Były w pełnym asortymencie: w błyszczącej zbroi z chorągwią na koniu – patrzącego przed siebie jak bohaterowie Schillera, poszukujący Ideału, Prawdy aż do Śmierci; z wiernym psem; łaskawie przyjmującego bukiet od dwóch dziewczynek; w geście pozdrowienia wpatrującego się prosto w ciebie, tak że nie będziesz śmiał nawet pomyśleć o czymś dwuznacznym. Kupiłem bagnet.

Gdańsk był ekscytujący, jak spacer ulicami Madison tuż przed meczem z Michigan[6], ale Norymberga podniecała erotycznie. Dziś mamy randkę nie z tą blondynką z Sigma Chi[7], ale z wojną, kiedy Wehrmacht w obronie własnej napadnie na Polskę. Nie trzeba być freudystą, żeby wiedzieć, co oznaczały te pozdrowienia, czołgi i bombowce. Ale gratka!

Wróciłem do Norymbergi po sześciu latach w składzie specjalnej jednostki straży eskortującej Obergruppenführera Wolffa – byłego głównego dowódcę SS we Włoszech – do siedziby Trybunału Zbrodni Wojennych. 88 Dywizja Piechoty, z kwaterą główną nad jeziorem Garda, miała obowiązek pilnować i nadzorować repatriację wszystkich niemieckich jeńców wojennych, a ta wycieczka była nagrodą dla dwudziestki wysłużonych poborowych.

Na lotnisku ustawiliśmy się tak, żeby obejrzeć naszego jeńca: wysoki, hardy, bardziej arogancko żołnierski niż nasi generałowie, bez śladu skruchy, w nienagannym mundurze, chociaż kurtka była podziurawiona w miejscach, w których oderwano medale i baretki. Obok niego stał Żyd, piechur z 10 Dywizji Górskiej, pochodzący – jak nam powiedział – z wioski w południowo-zachodnich Niem-

---

[6] Meczem futbolowym drużyn uniwersyteckich, rozpalającym lokalne uczucia patriotyczne (przyp. tłum.).

[7] Typowa nazwa amerykańskiego klubu studenckiego, w tym przypadku – żeńskiego (przyp. tłum.).

czech, gdzie otoczona murem milczenia mieszkała jego rodzina, jedyni Żydzi w okolicy. W niedziele jeździł na rowerze z paroma innymi Żydami do pobliskiego miasteczka, żeby pograć w pingponga. Teraz był tłumaczem i strażnikiem generała Wolffa.

Nasz samolot przeleciał nad Alpami przez przełęcze, gdzie czubki skrzydeł prawie ocierały się o sosny, nad Monachium, które wydawało się nie tknięte, dopóki nie zwróciło się uwagi na fakt, że żaden dom nie miał dachu, i wylądowaliśmy pod Norymbergą. Generała zabrano. Nas, włoskich turystów, ulokowano razem z oddziałem należącym do kwatery głównej w zakładach urządzeń elektrycznych Siemensa. Po kolacji wyruszyłem na inspekcję centrum. Miasto znajdowało się na wzgórzu, w środku wielkiej, bawarskiej równiny, dlatego też każda eskadra aliantów, która nie dotarła do zamierzonego celu, zrzucała w drodze powrotnej bomby nad Norymbergą. Była pełnia – stosy gruzu, które były niegdyś kamienicami i zamkiem, mogły równie dobrze być kraterami na Księżycu. A ponieważ były to Niemcy, kamienie na obrzeżach ulic zostały równo ułożone. W Neapolu i Mediolanie, a potem w Londynie, przemierzałem ulice, gdzie co przecznicę widziałem budynek zrównany z ziemią. Ale tutaj całe odcinki ulic były ogołocone z domów, chociaż w oddali migały światełka oznaczające szałasy z kawałków blachy falistej.

Na skrzyżowaniu dzielącym na czworo wzgórza gruzu, oświetlone poświatą księżyca, dwie gospodynie mówiły sobie „dobranoc" za pomocą całego zestawu niemieckich formułek towarzyskich, jak gdyby w ozdobionym fikusami i firankami domu wspólnej znajomej spędziły wieczór przy kawie, ciastkach i radiu. Żałosne, nakręcane lalki czy tragiczne bohaterki cywilizacji? W miarę upływu lat było mi coraz bardziej żal tych kobiet i tego, co straciły.

O wiele później zrozumiałem, jaka jest najlepsza metafora dla Norymbergi – Disneyland. W oczach Hitlera Norymberga b y ł a Niemcami bardziej niż jakiekolwiek inne miasto. Berlin miał zboczeńców, Hamburg – czerwonych, Monachium – artystów, Frankfurt – Żydów, Norymberga, na Jowisza, miała Niemców! Hans Sachs i meistersingerzy stanowili zarazem rzeczywistość i mit. Symbol przebudzonych Niemiec, tysiącletniej Trzeciej Rzeszy bez zbędnych ludzi czy idei, które tylko mąciłyby obraz. Siła naszych żołnierzy

Norymberga 1939, 1945

i ich broni, czystość naszych dziewcząt i różowo-białych pelargonii. Jeśli naziści nie występują w roli sadystycznych i tępych strażników obozowych albo oficerów o lodowatym sercu, dręczących piękne pół-Żydówki o imieniu Anna, Amerykanom zaprawdę trudno pojąć, czemu ten system był taki zły. Góry, wiejskie kościółki, orkiestry symfoniczne, sprawni policjanci, schludne i grzeczne dzieci, jeszcze te pelargonie – co w tym było takiego złego? Drugi charyzmatyczny twórca mitologii, Ronald Reagan, sprzedawał Disneyland jako Amerykę. Nie cofał się wprawdzie do średniowiecza, ale jeśli idzie o jego wizję historii, zbyt wiele się od tamtej nie różniła: orkiestra maszerująca główną ulicą, chłopak i dziewczyna, trzymając się za ręce, wychodzą z fontanny wody sodowej, ojciec we flanelowej koszuli, matka z torbą na zakupy, uprzejmy gliniarz, żadnych Żydów, para pogodnych Murzynów gra na banjo na parostatku, i te same pelargonie przed domem.

Naturalnie, Myszka Miki, głowa rodziny, nie miała moralnej siły Hansa Sachsa, a charakter jego żony Minnie był całkiem odmienny od „Żelaznej Panienki”. Niemniej jednak obie pary wyrażały w możliwie najgłębszy sposób prawdziwego ducha swojej rasy – nie tkniętego przez nagłówki dzisiejszych gazet i krytykę kosmopolitycznych jajogłowych. Niemieccy chłopcy sprali tych niechlujnych Polaków w dwa tygodnie, tak jak amerykańscy chłopcy przyłożyli tym Irakijczykom. Nikt nie przyglądał się twarzom ich ofiar.

Ten rozdział o Niemczech nie powinien się jednak skończyć w tym miejscu.

Kiedy następnego wieczora dotarliśmy do Monachium, w głowie nierozsądnego dziewiętnastolatka zrodziła się myśl, że oczekiwanie na wojnę w Niemczech może być świetnym pomysłem, zwłaszcza że odwlekłoby się spotkanie z ojcem, na które młodzieniec nie miał zbyt wielkiej ochoty. Jedyny kłopot polegał na tym, że nasz renault miał francuską rejestrację, a nie chciałem skamlać w paryskiej wypożyczalni, że Niemcy skonfiskowali nam ich auto. Ponieważ, według pogłosek, granica z Francją była już zamknięta, razem z dwoma amerykańskimi studentami, na których trafiliśmy przypadkiem, pojechaliśmy w kierunku Zurychu. „Trzymajcie się z dala od autostrady, będzie zablokowana przez konwoje” – ktoś nas ostrzegał.

43

Jadąc bocznymi drogami, mijaliśmy kolumny smutnych, ciężkich koni roboczych, prowadzonych do punktów mobilizacji. (Dzisiaj nie pamięta się już, jak znaczna część transportu wojskowego w tej wojnie odbywała się przy użyciu koni; pierwszy rosyjski żołnierz, który pojawił się w Grazu, w południowo-wschodniej Austrii, gdzie uczyłem, też przyjechał konno). Tuż przed szwajcarską granicą zatrzymaliśmy się na kolację. Czemuż by nie wydać naszych ostatnich marek?

Przy stoliku obok nas siedział chudy młodzieniec, sądząc z walizki stojącej przy jego krześle – rezerwista, i jadł w milczeniu. Naprzeciwko siedziała jego żona – nie była w stanie tknąć jedzenia, popłakiwała tylko w chustkę do nosa. Nadeszła wojna.

Gniew i trwoga jak fale
Wdzierają się w zmierzch czy świt
Okrywający tę ziemię
I w każdy prywatny los;
Smród śmierci, choć milczy się o nim,
Obraża wrześniową noc.

W. H. Auden, *1 września 1939* (tłum. S. Barańczak)

PODRÓŻ

Rozdział czwarty

WOJNA I, 1941–1943

Jaki dzwon ma pożegnać ginących jak bydło?
Tylko ryk rozjuszonych dział nad polem bitwy.
Wilfred Owen, *Hymn dla młodych, skazanych na zgubę*
(tłum. S. Barańczak)

Wish me luck as you kiss me goodbye
Cheerio, here I go, on my way.
Give me a smile I can keep all the while
In the years I'm far from you.
(Daj buziaka na pożegnanie i życz mi szczęścia,
bywaj, czas mi w drogę.
Daj mi uśmiech, który będę pamiętał
Przez wszystkie lata rozstania).
Piosenka z 1939 roku

Missisipi 1941

Być żołnierzem w czasie wojny to trochę tak, jak być gościem w jakimś nieznanym mieście – z obcą architekturą i obcym językiem.

Miałem kłopoty z wytłumaczeniem swoim dzieciom i uczniom, że całe moje dzieciństwo popychało mnie w stronę wojska. Moją pierwszą „dorosłą" powieścią było *Na Zachodzie bez zmian* Remarque'a – opowieść o życiu i śmierci niemieckiego piechura. Przez całe lata, bawiąc się z kolegami w wojnę w Central Parku, byłem „Niemcami". Kiedy miałem dziesięć lat, ojciec zabrał mnie na wstrząsające przedstawienie *Końca drogi*, rozgrywające się w ziemiance, w której angielscy oficerowie oczekują w 1918 roku na ostatnią niemiecką ofensywę. Wiele lat później spotkałem młodego człowieka, który służył w Brygadzie Abrahama Lincolna[8]. Czemu uro-

---

[8] Jednostka amerykańskich ochotników-komunistów walczących w Hiszpanii przeciw Franco w latach 1937–38 (przyp. tłum.).

dziłem się za późno, żeby walczyć o hiszpańską demokrację? (Mój ojciec też biadoli, że nie mógł walczyć na Kubie).

Kiedy w ostatnich dniach sierpnia wróciłem z Bruce'em do Paryża, czy było moim obowiązkiem (i sposobem na uniknięcie spotkania z ojcem, który był wściekły z powodu mojego samowolnego wyjazdu) wstąpić do armii francuskiej? Przyjaciel ojca, którego zapytałem o radę, znał właściwą odpowiedź: zapewne niedługo skończy się prawdziwa walka, a na całym świecie nie ma nic nudniejszego od życia we francuskich koszarach. Młodzi ludzie są bardzo spragnieni okazji, żeby rozstać się z życiem. Teraz już nie tak bardzo.

Gdy wojna pustoszyła Europę, zdałem sobie z czasem sprawę, że nie robię nic pożytecznego w Harvardzie, więc wczesnym latem 1941 roku wybrałem się do punktu rekrutacyjnego piechoty morskiej w Nowym Jorku. Ale grupa czekających tam dziewiętnastolatków była tak obdarta – zupełnie nie moja klasa – że wyjechałem. Prawdopodobnie do końca 1942 roku 80% z nich już nie żyło. Napisałem nawet do kwatery głównej armii polskiej w Kanadzie o papiery rekrutacyjne.

Potem zdecydowałem się walczyć z faszystowską agresją, pracując w kołchozie chrześcijańskich socjalistów w Missisipi. Prowadziłem tam księgowość dla mleczarni i spółdzielczego banku kredytowego, a w sklepie sprzedawałem – otrzymując 10 centów za godzinę pracy – mąkę, tabakę, naboje do strzelb, marynowane nóżki wieprzowe w galarecie i damską bieliznę.

– Zdają mi się duże, kapitanie.

– Skurczą się, psze pani.

– Cosik małe, kapitanie.

– Rozciągną się, psze pani.

Pewnego dnia przyszedł do naszego sklepu Murzyn z okaleczoną ręką, którą wciągnął pas transmisyjny w tartaku. Brygadzista powiedział: – Masz pecha, chłopcze – wręczył mu piętnaście dolców i odesłał do domu. W tamtych czasach nie było jeszcze w Missisipi obowiązkowych ubezpieczeń od wypadku dla robotników, przymusowej odpowiedzialności pracodawców, systemów opieki zdrowotnej dla ubogich. Ręka wykrzywiła się i wyschła, więc biedak nie miał szans na żadną pracę. Myślę o nim, kiedy słyszę biadania, jak to socjalistyczne prawodawstwo krępuje i dusi nowoczesne społeczeństwo.

Sam Franklin, mój szef – jedyny człowiek w gminie z biblioteką, pianinem, toaletą z bieżącą wodą i bez sztucera – był wcześniej prezbiteriańskim misjonarzem w Japonii, aż wyrzucili go za spotkania dyskusyjne z młodzieżą studencką i prowadzenie domu dla koreańskich i tajwańskich dzieci ulicy. Tragedia Missisipi – mawiał – była zimna, powolna i niegramatyczna. Jeszcze gorsza od biedy była obawa przed stłumioną agresją, gotową wybuchnąć, gdyby któremuś z białych puściły nerwy. Wiadomość o japońskiej napaści na Pearl Harbor podano przez radio w niedzielne popołudnie – w dzień przyjazdu mojej narzeczonej z Chicago na naszą farmę Providence („Opatrzność”), gdzie miała zamieszkać. Przybyła tuż przed naszym cotygodniowym nabożeństwem, bojkotowanym przez bardziej rygorystyczne białe rodziny, gdyż odprawialiśmy je w małym baraku, w którym w soboty odbywały się tańce (tańce, ściskanki i przytulanki). Sam wygłosił kazanie o chrześcijanach, z którymi pracował w Japonii, a zakończył nabożeństwo modlitwą za Amerykanów i Japończyków, którzy mieli tak tragicznie cierpieć, zanim będą mogli się pogodzić.

* * *

Mary i ja wzięliśmy ślub w saloniku jej rodziców, nasz miodowy miesiąc spędziliśmy na Kubie, a potem wyjechałem do Toronto. Służba w armii kanadyjskiej miała podkreślić internacjonalistyczny charakter walki z nazistami, który wydawał mi się ważny. Mieli też tam bardziej eleganckie mundury. Podczas zasadniczego szkolenia pod Chatham – mieściną sto kilometrów na wschód od Detroit – wydano nam karabiny z 1902 roku, zapasy z wojny burskiej, z których, brytyjskim zwyczajem, wyciągaliśmy na noc zamki, żeby chodzący na bosaka Afgańczycy nie wśliznęli się do koszar i nam ich nie ukradli. Nasz instruktor od walki na bagnety – angielski kapral, który służył nad Sommą – opowiadał nam, że promienie porannego słońca, odbijające się w tych stalowych ostrzach, przerażą Niemców, tak że rzucą swoje karabiny maszynowe i uciekną. Ćwiczyliśmy długie marsze, znośne tylko dzięki staroświeckim piosenkom (amerykańscy żołnierze śpiewali rzadko), z których ulubiona, na niewinną szkocką melodię, mimo humoru nie nadawała się do druku: *Nelly put your belly up to mine* (Nelly, oprzyj swój brzuszek o mój).

POZNAWANIE NIEMIEC

Po paru miesiącach w Chatham zostałem wysłany na szkolenie artyleryjskie do Petawawa – pokrytych papą baraków pośród piasków i sosen nad rzeką Ottawa. Bateria F nosiła nazwę przeciwpancernej, ale ponieważ Kanada była zbyt biedna albo zbyt bezmyślna, żeby kupować broń w czasie pokoju, ćwiczyliśmy na sprzęcie z drewna. Kiedy działowy pociągał za wyimaginowany spust, wrzeszczeliśmy „bum!".

Wojska kanadyjskie dotarły do Wielkiej Brytanii za późno, żeby wziąć udział w klęsce pod Dunkierką. Największym wydarzeniem 1942 roku był zmasowany atak na Dieppe – przetestowanie niemieckich sił obronnych i alianckich technik napaści – który skończył się masakrą Kanadyjczyków, choć na dłuższą metę miał ten pozytywny skutek, że przekonał Niemców, iż do ostatecznej inwazji dojdzie nad kanałem La Manche w rejonie Calais, a nie w Normandii, jak się okazało. Żołnierze, z którymi służyłem, prawdopodobnie walczyli i zginęli w składzie 8 Armii na niewiarygodnie długim wybrzeżu Adriatyku, a potem przy wyzwalaniu Holandii.

Zapisałem się na kurs oficerski i zostałem przyjęty do kadry instruktorskiej w stopniu bombardiera (dwie belki), a po paru miesiącach zacząłem mówić o Amerykanach „oni". Pryczę obok zajmował zamknięty w sobie, starszawy bombardier, który przy czyszczeniu broni zwykł nucić:

There'll always be a Ningland
And Ningland shall be free
If Ningland means as much to you
As Ningland means to me.
(Anglia nigdy nie zginie,
Anglia zawsze będzie wolna,
Jeśli Anglia znaczy dla ciebie tyle,
Ile Anglia znaczy dla mnie).

Jeśli idzie o słowa i melodię, był to najbanalniejszy na świecie kawałek „muzyki", ale oddawał przeświadczenie niektórych żołnierzy, zrodzone tamtego straszliwego lata po Dunkierce, że Brytania – wraz z oddziałami kanadyjskimi i australijskimi oraz garstką Francuzów i Polaków – może polegać tylko na sobie. Rosja i Ame-

48

ryka siedziały na trybunach. Przyszłość świata przez chwilę spoczywała wyłącznie na barkach Brytyjczyków, a ta nudna pioseneczka wyciskała łzy.

Nic nie pozostaje takie samo. Po wojnie pamięć o tej samotnej odwadze – gdy wszyscy się poddali – powstrzymywała Wielką Brytanię przed przewodzeniem w próbach zjednoczenia Europy. „Anglia nigdy nie zginie" stało się hymnem chuliganów-piwoszy, śpiewanym na stadionach Brukseli i Amsterdamu dla podniesienia ducha przed bójkami z tubylcami.

Jako bateria szkoleniowa – stopniowo wyposażana w prawdziwe armaty i zapas amunicji, który pozwalał na jeden albo dwa wystrzały w miesiącu – co dziesięć tygodni przyjmowaliśmy nową grupę rekrutów. Czasami miałem wrażenie, że przyglądanie się z tak bliska cudzemu krajowi jest niestosowne: rozpaczliwie biedne wioski Nowej Szkocji i miasteczka górnicze w północnym Ontario, fatalne szkolnictwo.

When this bloody war is over,
Oh how happy I will be.
When I get my civvy clothes on,
No more soldiering for me.
> *No more risking at reveille,*
> *No more asking for a pass.*
> *We will tell the sergeant major*
> *to shove his passes up his ass.*
(Kiedy się skończy ta wojna krwawa,
Szczęście to będzie nie lada.
Ubiorę się w cywilne lachy,
W wojsku zostaną patałachy.
> *Koniec z ryzykiem przy pobudce,*
> *Koniec z prośbami o przepustkę.*
> *Nasz starszy sierżant dostanie lupę:*
> *Wsadź sobie swoje przepustki w chustkę!)*

Na melodię: *Jakim przyjacielem jest dla nas Jezus...*

Regularnie dostawaliśmy grupę frankofońskich rekrutów z Quebecu. Pobór był powszechny, ale francuscy posłowie w parlamencie

POZNAWANIE NIEMIEC

zażądali, żeby nikogo nie wysyłać za ocean bez jego zgody. Żołnierze mieli też prawo nosić na ramieniu znak Kanady. Tych, którzy go nie nosili, nazywano „zombie". Nikt nie próbował wyjaśnić tym dwóm grupom urażonych, niewykształconych mężczyzn stanowiska przeciwnej strony. Facet, który zajmował górną pryczę obok mnie, jadł w łóżku sardynki i spluwał na podłogę.

– *Eh, vous, ne crachez pas sur le plancher!*
– *Va te faire foutre!*[9]

Jak szeroko należy otwierać okna? Każdy Francuz dobrze wie, że nocne powietrze jest zabójcze. W kwestii okien grupa anglojęzyczna mogła przeciągnąć na swoją stronę Ukraińców z Manitoby albo Saskatchewan, ale stała obsługa koszarowa – zajmująca się sprzątaniem latryn i paląca w piecu – była francuska, więc kiedy wszyscy zasnęli, zamykali wszystkie okna i budziliśmy się ciężko dysząc w musztardowych oparach.

Moja żona wynajmowała pokój w wiosce u francuskiej rodziny – gospodarz pracował jako stolarz w koszarach. Jeśli wojna potrwa wystarczająco długo – wyjaśniła Madame – będą w stanie spłacić hipotekę. Mary zaprzyjaźniła się z żoną oficera mieszkającego w sąsiedztwie. Odwiedzaliśmy ich w niedzielę, a ja i on zdejmowaliśmy kurtki mundurów, żeby różnica rangi nie rzucała się w oczy. Można by sądzić, że jako student Harvardu i syn właściciela wspaniałego domu w Southampton uważałem się za równego tym nieopierzonym podporucznikom z uniwersytetu w Toronto, ale było inaczej.

She's goty hair between her knees
Like the branches of the trees,
Nelly put your belly up to mine.
(Między kolanami rosną jej włosy
Długie jak kukurydzy kłosy,
Nelly, oprzyj swój brzuszek o mój).

***

Ponieważ moje nadzieje na stanowisko kanadyjskiego oficera – z wąsami i laseczką – nie spełniały się, kiedy nadeszło ostatnie ob-

---

[9] „Ej, kolego, nie pluj na podłogę", „Odpieprz się" (przyp. tłum.).

50

Wojna I, 1941–1943

wieszczenie, że służący jeszcze w armii kanadyjskiej Amerykanie mogą prosić o przeniesienie, zgłosiłem się i w styczniu wylądowałem w Fort Knox (Kentucky) na szkoleniu czołgistów. Przejść drugi raz szkolenie zasadnicze to jak zobaczyć dwukrotnie kiepski film. Mieszanka etniczna była inna: Włosi, Irlandczycy i Żydzi z miast, krewcy wiejscy chłopcy z miasteczek Południa. Szafy grające dawały płaczliwy repertuar:

Low and lonely, sad and blue,
Always thinking of little you.
Always trying
To keep from crying...
(Smutny, samotny, serce mi pęka,
Tylko o tobie myślę, maleńka.
Stale próbuję
Powstrzymać łzy).

Albo *Siedem piw nie z tą kobietą*, które słyszałem po raz pierwszy z szafy w „Blue Moon Cafe" w Webers Falls (Arkansas), kiedy latem 1940 roku podróżowałem autostopem przez kraj.

Nasze wyposażenie i ilość zużywanej amunicji były imponujące w porównaniu do standardów kanadyjskich, a przebieg szkolenia o wiele bardziej profesjonalny: „Lewą ręką przekręć zawleczkę 45 stopni przeciwskrętnie, wysuwając jednocześnie kryzę osiownika o pół cala". Cała reszta świata była od nas gorsza – nie była to z pewnością mentalność kanadyjska. Wielką radością było pędzić czołgiem z otwartymi włazami – jak Niemcy przetaczający się przez Rosję – ale kiedy musieliśmy je zamknąć, cierpiałem na straszliwą klaustrofobię: płomienie, spaliny, eksplodująca amunicja, a w końcu zapalony bak i cała maszyna wylatuje w powietrze niczym ognista kula.

Dostałem przepustkę na wyjazd do Chicago, żeby zobaczyć swoją córeczkę Catherine, a Mary kazała mi ją przewijać, żebym wiedział, że mam dziecko. Potem pojechałem pociągiem do Camp Campbell na granicy z Tennessee – nasz punkt zborny – gdzie miałem dzień szkolenia bojowego: czołganie się przez druty kolczaste pod ostrzałem, zakopywanie odchodów, dawanie podskórnych zastrzyków pomarańczom, żeby umieć wstrzyknąć morfinę rannemu

51

POZNAWANIE NIEMIEC

kumplowi, wykład o tym, żeby nie bać się walki, bo statystyki dowodzą, iż zadziwiająco niewielki procent żołnierzy faktycznie ginie w boju.

***

There's a star-spangled banner waving someplace
In a distant land that's many miles away
(Gwiaździsty sztandar łopoce gdzieś
W odległym kraju, wiele mil stąd).

Piosenka, 1942

Nasz statek transportowy wypłynął z Newport News i krętym kursem (łodzie podwodne) dotarł do Casablanki. Po mniej więcej tygodniu zapakowano nas do muzealnych wagonów towarowych – 8 *chevaux*, 40 *hommes*[10] – i wyruszyliśmy w powolną podróż przez Maroko do Oranu. Senegalscy żołnierze strzegli mostów kolejowych, dysponując zabytkowymi karabinami Hotchkissa, arabski szejk w szkarłatnym płaszczu przygalopował, żeby zobaczyć, jak mijamy jego czarne namioty, z przeciwnego kierunku przetaczały się pociągi pełne wesołych jeńców włoskich z Tunezji: „Hej, Joe, daj adres swojej dziewczyny!".

36 Dywizji wyznaczono punkt zborny w Arzew – algierskim mieście leżącym około trzydzieści kilometrów na wschód od Oranu – przed zaokrętowaniem i inwazją na południowe Włochy. Ciężki sprzęt – czołgi, armaty, ciężarówki – stał obok drogi, koło przy kole, aż po horyzont, a na rżysku okolonym długimi, zielonymi paskami winnic biwakowały oddziały piechoty. Zapadał zmierzch. Na stokach wzgórz migotały ogniska, z dala dochodziły dźwięki gitar i harmonijek. 141 Pułk pochodził pierwotnie z San Antonio, a jedna z jego kompanii strzelców była całkowicie meksykańska – komendy podawano po hiszpańsku – więc kiedy spacerowałem wzdłuż rzędów czołgów, słyszałem, jak ktoś śpiewa po hiszpańsku. Nad szczytami zabłysnął szkarłatny łuk pocisków zapalających, tam gdzie działa przeciwlotnicze strzelały do niemieckiego samolotu rekonesansowego lecącego nad wybrzeżem Arzew, lecz namioty,

---

[10] „8 koni, 40 ludzi" (przyp. tłum.).

52

ogniska, dźwięki gitar wydawały się należeć do amerykańskiej przeszłości, której związek z tą konkretną wojną był bardzo nikły. Ludzie i ich sposób mówienia – mimo tych wszystkich czołgów i armat – nie różnili się wiele od tego, co można było zobaczyć i usłyszeć u Pershinga, Lee czy Shermana.

Zboczyłem z drogi, a kiedy pagórek zasłonił widok na wojskowe akcesoria, byłem znowu w Afryce Północnej. Ale nie byłem sam, bo w tej kotlince arabski chłopczyk pasł z rozbieganym psem kilkadziesiąt owiec. Był ubrany w bawełnianą koszulę, miał bose stopy i grał na flecie. Kiedyś mógł to być król Dawid.

***

Wiele naszych lądujących łodzi zaczął przyciągać ogień artyleryjski, więc rozgorączkowani marynarze nawoływali, żebyśmy skręcili w lewo. To była ich robota. My byliśmy pasażerami i mogliśmy się napawać żywymi, włoskimi barwami: góry wciąż jeszcze purpurowe od słońca wznoszącego się ponad wierzchołki, różowe i żółte domki, ciemnozielone, parasolowate pinie rosnące za plażą graniczącą z bulgoczącym błękitem wody, pęd naszych łodzi, ożywienie na plaży, gdzie zaczęto wypuszczać pierwsze balony zaporowe, płonąca ciężarówka i nadlatujące niemieckie pociski. Świstały i rozpryskiwały się, a wściekli żołnierze wrzeszczeli: „Co jest, strzelają do nas!", tak jak to się robi na filmach. Kiedy nasza ciężarówka stoczyła się z rampy na plażę i brnęła po piasku, minęliśmy grupę nacierających piechurów z bagnetami na karabinach, które trzymali przed sobą z udawaną agresją, rzucając na siebie ukradkowe spojrzenia: aktorzy epizodyczni w tym wielkim dramacie kostiumowym, jeszcze niepewni, czy grają, jak należy.

Po zjechaniu z plaży nasza ciężarówka, wypełniona kanistrami z benzyną i amunicją, stała się łakomym celem. Zeskoczyłem na ziemię. Pocisk eksplodował tak blisko, że widziałem jego pomarańczowy rdzeń. Coś przecięło szczyt mojego ramienia i upadłem na ziemię. Szerokoekranowy epicki obraz z Hollywood zwęził się. Widziałem teraz tylko źdźbła trawy i kilka mrówek dreptających obok mojej twarzy. Słyszałem nadlatujące jeden po drugim pociski, które wybuchały kilka metrów dalej. Nie mogłem nic zrobić. Byłem świadom swojej kruchości. Nie chroniła mnie żadna magiczna ściana, a tylko kilkucentymetrowy okop kolein, w których leżałem. Pamiętam smutną próbę targowania się z Bogiem. Jeśli On ocali mnie od śmierci, ja już nigdy nie będę chciał niczego więcej od życia. Zostanę urzędnikiem pocztowym i będę dziękował za każdy dzień. Niemcy przestali strzelać. Ale ja nie dotrzymałem umowy. Moja rana została zabandażowana, ciężarówka zniknęła – byłem turystą w przebraniu, z hełmem i karabinem, tak jak pozostali statyści. Obok mnie przechodzili niemieccy jeńcy, niektórzy byli ranni i podtrzymywali ich towarzysze, byli szczuplejsi od nas, mieli kościste, ogorzałe twarze i długie włosy. Po mojej lewej stronie pojawiła się dorycka świątynia (świątynia Neptuna w Paestum), ale tuż przede mną stał rozbity niemiecki czołg, a metr od niego leżał twarzą we własnej krwi żołnierz – jedna noga poruszała się powoli w górę i w dół. Półkolem otaczał go tuzin amerykańskich żołnierzy przyglądających mu się bez współczucia i bez nienawiści. To była ich pierwsza walka, nigdy dotąd nie widzieli umierającego człowieka.

36 Dywizja była celem desperackich ataków niemieckich czołgów z dywizji pancernej, którą właśnie przesunięto z frontu rosyjskiego. Ich piechota ukrywała się na wydmach i przepuszczała w ciemności naszych żołnierzy, a potem otwierała ogień z obu stron. Istnieje spora różnica pomiędzy tym, co się robi na szkoleniu, a tym, co się robi pod ostrzałem. Wielu amerykańskich szeregowych i ich oficerów zamieniało się w osoby prywatne, którym zależy tylko na wykopaniu dziury i przeczekaniu w niej, aż wojna pójdzie sobie gdzie indziej. W takim oto kontekście wydarzyła się – przynajmniej dla mnie – najważniejsza historia lądowania w Salerno.

Właśnie na środku pustego pola lekarz opatrywał ciężko rannego Amerykanina, kiedy zza kamiennego muru wyjechał z wyciem syren niemiecki czołg. Lekarz nie miał gdzie się ukryć ani dokąd uciekać, a chciał spełnić swoją powinność, więc stanął obok żołnierza, wskazał na opaskę Czerwonego Krzyża i kciukiem skierował czołg w inną stronę. W ostatniej chwili kierowca niemieckiego czołgu skręcił, ominął obu Amerykanów i pojechał dalej. Tak oto w jednym miejscu spotkali się dwaj żołnierze, którzy żywili identyczny szacunek dla obowiązku i odwagi, którzy w morderczych obrzędach ku czci bożków wojny służyli jednemu Bogu. Wiele lat później jako nauczyciel natknąłem się na te bardzo rzadko cytowane wersety z 19 rozdziału Księgi Izajasza:

Choć Pan dotknie ciężko Egipcjan, przecież ich uzdrowi; oni zaś nawrócą się do Pana (...). W ów dzień Izrael, trzeci kraj z Egiptem i z Asyrią, będzie błogosławieństwem pośrodku ziemi. Pan Zastępów pobłogosławi mu, mówiąc: „Błogosławiony niech będzie Egipt, mój lud, i Asyria, dzieło moich rąk, i Izrael, moje dziedzictwo".

Iz 19, 22. 24–25 (Biblia Tysiąclecia, wyd. III, Pallottinum)

Czy to się im podobało, czy nie, te trzy narody były braćmi.

***

Przed listopadem 36 Dywizja została zablokowana w dolinach i na wzgórzach otaczających San Pietro, miasteczko leżące pomiędzy Neapolem a Rzymem – za Venafro i Mignano, ale przed San Vittore i Cassino. 141 Pułk Piechoty też się tam znajdował i założył punkt obserwacyjny na Monte Rotondo, żeby meldować o stopniowej destrukcji San Pietro, które rozpadało się pod ciosami naszej artylerii niczym tort weselny panny Havisham. Nasz świat na szczycie przypominał wioskę piesków preriowych: siedzieliśmy na brzegu naszych nor, ostrożnie prowadząc życie towarzyskie, dopóki pierwsze pociski niemieckich moździerzy nie przeleciały nam obok uszu – wtedy dawaliśmy nura pod ziemię. Nie był to bezpieczny posterunek. Kiedy docieraliśmy do podnóża góry, żeby zacząć naszą wspinaczkę, zawsze witały nas dwa, trzy leżące obok siebie, przykryte prześcieradłami ciała. Pamiętam, że jedno miało uniesioną rękę, zastygłą w ostatnim paroksyzmie, z rękawiczką w zaciśniętej pięści. Posterunki zmieniały się co dwadzieścia cztery godziny – dwóch ludzi odbywało służbę, dwóch spało w namiocie rozłożonym w drugim okopie. Moim partnerem był milkliwy żołnierz z Dallas o nazwisku Karpan. W ciągłym deszczu – kiedy wydawało się ważne, by cokolwiek pozostało suche, choćby chustka do nosa – wystawaliśmy razem bez słowa i – jak to teraz widzę – bez pożytku przy naszym telefonie, połączonym z kwaterą główną regimentu, a w nocy – w ciemności wypranej z myśli i poczucia czasu – przestępowaliśmy z nogi na nogę i słyszeliśmy co chwila silnik ciężarówki, serię

POZNAWANIE NIEMIEC

z karabinu maszynowego, trzy czy cztery pociski – nasze albo ich – lądujące w dolinie. Cieszył nas urok świtu – linia brązu, a potem żółci nad szczytami, srebrzysta mgła w dolinie – choć potem nadchodził tylko kolejny szary, niebezpieczny dzień.

Pewnego dnia w czasie ostrzału znów usłyszeliśmy świst i huk pocisków z moździerzy wspinających się po stoku, a kiedy zbliżyły się do nas – leżeliśmy plecami do siebie w naszym okopie, nie większym od grobu, a buty Karpana opierały się na mojej szyi – ryk pocisków wzmagał się do momentu, gdy znalazły się nad nami, i zamierał w trzepot, jak gdyby ktoś wstrzymał oddech, a wtedy ziemia trzęsła się, pachniało prochem i czułem, jak ciało Karpana drży. Nie boję się, że mnie zabiją – powtarzałem sobie – po prostu nie chcę, żeby któryś z tych pocisków zahaczył o gałąź, eksplodował i rozszarpał mnie na strzępy. To przymierzanie się do śmierci było niczym wizyta u dentysty, kiedy wiertło drąży głębiej i głębiej. Pamiętam uczucie strasztliwej urazy. Miałem 23 lata. Miałem żonę – fakt dość odległy – o imieniu Mary, i córkę Catherine, którą widziałem raz w życiu. Nie wydawało mi się, że dokonałem czegoś w życiu. Nagle usłyszałem, jak ktoś wyje z bólu, ale sam byłem zbyt blisko szrapneli i czułem tylko gniew. Potem zobaczyliśmy go, jak schodzi po wzgórzu, potykając się, z dłońmi przyciśniętymi do twarzy, a między palcami spływała krew. Dowiedzieliśmy się potem, że został trafiony, bo stał w swoim okopie. Był obserwatorem artyleryjskim: dojrzał punkty strzeleckie niemieckich moździerzy, przetelefonował ich namiary ze swojej mapy i nanosił pozycje naszej odpowiedzi artyleryjskiej, kiedy szrapnel po prostu skąpał wszystko w jego krwi.

Innego dnia znów służyliśmy za ten sam cel, ale za okopem usłyszałem inne dźwięki. To żołnierz naprawiał linię telefoniczną. Jedynym celem naszej placówki było przesyłanie informacji do central, z którymi byliśmy połączeni. Moździerze przerywały druty, więc zadaniem tego żołnierza było chodzenie po stoku, lokalizowanie uszkodzeń i naprawianie ich. Kiedy obok rozrywał się pocisk, on po prostu wciskał się mocniej w ziemię, zestrugiwał izolację z końcówek miedzianych drutów, splatał je i owijał plastykową taśmą.

– Masz niezłą fuchę! – zauważyłem z naszej nieskończenie bezpiecznej fortecy.

Wojna I, 1941–1943

– Żołnierzu, wykręć centralę i sprawdź, czy telefon działa. Przekręciłem korbkę. Działał. Ruszył dalej, aż dotarł do kolejnego drutu i poszedł za nim, kuląc się i przypadając do ziemi na dźwięk nadlatujących pocisków.

***

Tak wyglądało życie na Monte Rotondo. Po pewnym czasie Niemcy opuścili gruzy San Pietro i obie strony okopały się wokół następnego miasteczka. Zostałem przeniesiony do kwatery głównej i nie miałem już więcej styczności ze 141 Pułkiem Piechoty. Sądzę, że większość żołnierzy, których znałem, zginęła przy przekraczaniu Rapido, w walkach o Velletre, w południowej Francji, w Alzacji i w tych wszystkich miejscach, gdzie rzucano do walki tę powolną jednostkę. Reżyser filmujący epicki obraz w Salerno nie zawracałby sobie głowy Monte Rotondo. Było to tylko jedno ze wzgórz zajętych przez 5 Armię, a ja akurat byłem na nim przez jakiś czas.

Skąd to wiem? Czy to wzgórze jest bardziej rzeczywiste niż znane mi z lektury pole Cold Harbor, na którym morale żołnierzy generała Granta upadło tak nisko, że przyczepiali na plecach szyneli karteczki z nazwiskami dla łatwej identyfikacji swoich ciał, a w godzinę po ataku żołnierzy z Północy można było przejść po tym polu, przeskakując po ich ciałach? Mówię o Monte Rotondo i słowa stwarzają rzeczywistość. W mojej pamięci utrwaliły się takie obrazy, jak ten żołnierz potykający się na stoku, zalany krwią sączącą się przez palce, ściana okopu, który dzieliłem z Karpanem, zarysy kamieni dziesięć centymetrów przed moimi oczami, zakrzywiony brzeg hełmu. Wymyślanie takich detali byłoby stratą czasu. Czy to wszystko składa się na jakiś sens? Dzieliłem coś na dobre czy na złe z innymi mężczyznami. Kiedy protestujący studenci lżyli amerykańskich żołnierzy za ich działania w Wietnamie, mogłem uwierzyć w te zarzuty, bo sam widziałem, jak Amerykanie zachowywali się w znacznie bardziej cywilizowanych Włoszech. Ale pamiętałem też łącznościowca z tamtego wzgórza. Był Dobrym Żołnierzem i pod ogniem troszczył się o swoje linie telefoniczne, a jeśli inni nadużyli jego poczucia obowiązku, to jego nie można było winić. Przeszedłem przymiarkę swojej śmierci i kiedy będę musiał, potrafię ją przyjąć. Nauczyłem się cenić to, że żyję. Z niektórymi kłopotami można sobie poradzić – nie zawsze najlepiej. Z innymi trzeba po prostu żyć.

Say that they mattered, alive and after;
That they gave us time to become what we could.
(Powiedz, że byli ważni, że żyli i potem;
Że dali nam czas, byśmy stali się sobą.)

Richard Wilbur

PODRÓŻ

Rozdział piąty

WOJNA II, 1944–1945

Tuż przed Bożym Narodzeniem przeniesiono mnie do kwatery głównej 5 Armii, litościwie, bez ostrzeżenia, więc mojego pogodzenia się z codziennością nie zatruwała nadzieja. Możliwe (ktoś zasugerował), że to dzięki kontaktom mojego ojca – system dba o swoich. Nigdy nie pytałem.

W drodze z linii frontu szybkimi etapami wracałem do cywilizacji – zmienił się kaliber artylerii (z moździerzy na 155 mm haubice), punkty opatrunkowe ustąpiły miejsca szpitalom, kwatery dywizji i korpusów kwaterze armii, aż wylądowałem w pałacu Bourbon w Casercie na obiedzie bożonarodzeniowym. Pamiętam, jak francuski żołnierz w średnim wieku (Korpus Francuski generała Juina właśnie zaczął przybywać z Algierii i Maroka) życzył mi *bon appetit*, gdy zasiedliśmy do stołu, a kobieta z WAC (Women's Army Corps) cicho płakała.

Moje pierwsze zadanie polegało na tłumaczeniu włoskich i francuskich raportów policyjnych (głównie na temat gwałtów i rozbojów dokonywanych przez arabskich żołnierzy z Korpusu Francuskiego na włoskich cywilach), a po jakimś tygodniu skierowano mnie do obozu namiotowego sekcji G-2, rozłożonego pośród jodeł i palm w pałacowych ogrodach. Biuro było duże i zaludnione wieloma napawającymi strachem postaciami, a kierował nim gruby i nerwowy pułkownik Howard – szef wywiadu 5 Armii – zawsze na skraju histerii z obawy, że ktoś zrobi błąd, za który obwinią jego (pułkownik wskazując pewnego razu Jugosławię na mapie Europy

59

zapytał: „To Finlandia, nieprawdaż?"). Zostałem przydzielony na pomocnika dwóm rysownikom, którzy nanosili na olbrzymią mapę wojny pozycje wszystkich jednostek niemieckich, jak front długi i szeroki. Z zeznań jeńców, dokumentów znalezionych przy zabitych, nierzadkich relacji cywilów i – ściśle tajnych – informacji przechwyconych przez brytyjski nasłuch radiowy wyłaniał się całkiem dokładny obraz sił i możliwości wroga. Górska dywizja drugiego sortu oznaczała zastój na linii, wytropiona na szosie dywizja pancerna albo SS – wraz z jej konwojami zauważonymi przez nasze samoloty rozpoznawcze – oznaczała kłopoty. Mapa wszystko to pokazywała.

W pokoju obok znajdowała się sekcja G-3, wyznaczająca plany operacyjne dla jednostek aliantów, a korpusy i generałowie dywizji byli jej agentami – owoc zegarmistrzowskiej organizacji sztabu przez marszałka polowego Helmutha von Moltke, który kierował swoich cudownie racjonalnych Prusaków przeciw Austriakom i Francuzom.

Wielu moich nowych kolegów było Żydami pochodzącymi z Hamburga, Berlina, Lipska i Wiednia. Wszyscy zajmowali się raportami i zeznaniami jeńców wojennych. Inne podsekcje, związane z dekodowaniem i analizą zdjęć, były brytyjskie, dlatego też przez nasz namiot wciąż przewijali się brytyjscy oficerowie (a pewien nowozelandzki porucznik czynił to całymi miesiącami). Generał Eisenhower nalegał na integrację dowodzenia amerykańskiego i brytyjskiego, co podtrzymał dowódca 5 Armii, generał Clark, a nawet rozgorączkowany pułkownik Howard, który domagał się, by na wszystkie przyjęcia żołnierzy zawodowych zapraszano naszych sojuszników.

Kiedy – za wysoką cenę – linia frontu przesunęła się na północny zachód od miasteczek otaczających San Pietro, kwatera główna przeniosła się z ogrodów Caserty do gajów oliwnych u podnóża rozłożonego na wzgórzu miasteczka Presenzano. Często wstydziłem się tego, że jestem bezpieczny. Czy nie powinienem był poprosić o przeniesienie mnie z powrotem do mojego pułku? Ale w styczniu 36 Dywizji wyznaczono śmiercionośne zadanie sforsowania rzeki Rapido na południe od Cassino. Kompanie strzelców 141 Pułku zostały wybite prawie do nogi – 120 ludzi rozpoczęło przeprawę, a wieczorem powróciło 3 żołnierzy z 1 oficerem – więc się bałem.

Moim najlepszym przyjacielem był sierżant z Hamburga. Dopiero w trzynastym roku życia – kiedy Hitler przejął władze, a jego ojciec, bankier tak jak mój, został na krótko uwięziony – zdał sobie sprawę, że nie jest Niemcem takim jak inni, że nie wolno mu się cieszyć razem ze wszystkimi ze świątecznych choinek i wielkanocnego jajka. Jego ojciec znalazł pracę w biurze, matka otworzyła pralnię chemiczną. Ralph kontynuował naukę w gimnazjum i chociaż jego koledzy z klasy w strojach Hitlerjugend często okrutnie go dręczyli, zaliczał wszystkie sprawdziany, a nauczyciele na ogół stawiali mu piątki, jeśli na nie zasługiwał. (Wciąż jeszcze wśród nauczycieli – lojalnych nazistów – znajdowali się tacy weterani I wojny światowej, którzy do pewnego stopnia ochraniali żydowskich uczniów, gdyż ich ojcowie byli wtedy na froncie, tak jak ojciec Ralpha). Przyłączył się do młodzieżowej grupy syjonistycznej, która przygotowywała się do wyjazdu do Palestyny: uczył się hebrajskiego (niewielu gestapowców rozumiało hebrajski) i pracy na roli. Podczas wakacji pedałowali możliwie najszybciej na rowerach z Hamburga do Danii i ku wolności. Pewnego razu otoczyła ich grupa duńskich nazistów, którzy nie byli przygotowani na zawzięty kontratak Żydów.

W 1937 roku wszyscy Żydzi zostali usunięci ze szkół niemieckich, a Ralph przeniósł się do szkoły rabinicznej, gdzie uważano Żydów reformowanych za bezbożnych materialistów, którzy zasłużyli na swój los. Po „Kryształowej nocy" we wrześniu 1938 roku, kiedy nazistowski motłoch plądrował żydowskie sklepy i wybijał w nich okna w odwecie za morderstwo niemieckiego dyplomaty, dokonane w Paryżu przez młodego polskiego Żyda, a nauczycieli z jesziwy aresztowano na oczach uczniów, Ralph zajął się klasą przerażonych dzieciaków – opowiadał im historyjki i śpiewał z nimi piosenki, aż można było bezpiecznie wrócić do domu. W końcu przedostał się do Anglii jako robotnik rolny, potem do Nowego Jorku, wreszcie trafił do Tunezji jako śledczy frontowy 9 Dywizji. Kiedy oporni więźniowie odmawiali odpowiedzi na jego pytania, groził im, że trafią do polskiego obozu – nieodmiennie kilka kilometrów od linii frontu. Dzieliliśmy z Ralphem jeden podwójny namiot w gaju oliwnym i w nocy rozmawialiśmy o poezji i historii.

Odwiedzaliśmy Presenzano raz w tygodniu, zawożąc rzeczy do prania, za które płaciliśmy lirami drukowanymi przez wojsko oraz

POZNAWANIE NIEMIEC

żywnością, mydłem, papierosami, czasem jakąś sztuką ubrania. Moja praczka mieszkała 11 lat w Bostonie – przerzucaliśmy się nazwami ulic. Signora posiadała wannę, ale bez kurka z wodą. Poza tym szczegółem miasto nie zmieniło się od stulecia. Inwentarz jak zwykle mieszkał w domu gospodarzy (ulica była wspólną toaletą – wyobrażam sobie ten zapach w gorący dzień). Zawsze było za dużo dzieci, choć wiele umierało. Nigdy nie było dość deszczu (w porę), dość jedzenia, dość miejsc pracy. Do tego przez te lata wojna przeorała Włochy niczym żelazne grabie. Zawsze wyruszałem radosny na wycieczki z praniem, chciałem zostawić za sobą namioty i zobaczyć znów normalne życie – domy i zwierzęta, kobiety i dzieci – ale nieodmiennie wracałem z ciężkim sercem.

Za każdym razem w porze posiłku 20–30 dzieci czekało na resztki pomiędzy dołem na śmieci a baliami z wodą, a my napełnialiśmy ich puste puszki i popękane miski z porcelany naszą fasolką, kawałkami chleba i naleśników, zupą, kawą i tłuszczem. Ich matki albo babki odgrzewały te zlewki w domu i to był posiłek rodziny. „Hej Joe, please, hej, hej Joe?" – wołali ci chłopcy swoimi doświadczonymi, dorosłymi głosami, przepychając się łokciami i uśmiechając się, a ich bystre oczy kalkulowały, kto ma pełną menażkę, a kto wygląda na hojnego – prawdziwi mali biznesmeni. Najmniejsi, trzymając puszki nad głową, walczyli o utrzymanie miejsca w tej przepychance. Nieśmiali stali z tyłu i trzeba było przedzierać się przez tłuszczę, żeby i oni mogli zanieść coś do domu. Ta sytuacja była męcząca i niektórzy żołnierze byli tak poirytowani, że wyrzucali swoje resztki do dołu. Niemniej jednak byliśmy dorosłymi mężczyznami ubranymi w solidne buty i tuzin różnych sztuk wełnianej odzieży, a wiele dziewczynek miało na sobie tylko sukienki i sandałki na gołych nogach, a chłopcy szorty, podarte swetry i czasem starą czapkę żołnierską, naciągniętą na uszy.

Cała ta wrzawa stanowiła obrazę dla oficera administracyjnego kompanii, kapitana Sutro. Pewnego poranka na tablicy ogłoszeniowej, znajdującej się obok kolejki po jedzenie, pojawił się rozkaz, iż z dniem dzisiejszym zabrania się – w interesie higieny i dyscypliny – oddawania resztek żywności nie upoważnionemu personelowi cywilnemu. Z przyjemnością stwierdzam, że nikt się tym nie przejął. Po śniadaniu rozdzieliliśmy nasze tanie, dobroczynne dary: zlewki owsianki

62

i nie dojedzone grzanki w panierce. W porze lunchu przy baliach trzymał straż policjant – tępy młodzian. Lecz dzieciaki były szybkie, a kiedy próbował zaprowadzić ład i porządek w jednym miejscu, my przesuwaliśmy się dalej, więc pozostało mu tylko napominanie: „Hej, chłopcy, nie róbcie tego", na co my odpowiadaliśmy śmiechem. Tylko najmniejsze szkraby, które nawet on potrafił wystraszyć, były stratne. Przed kolacją kapitan Sutro uszczelnił system. Trzy odcinki kolczastego drutu, długie na 30 metrów, zostały rozciągnięte za baliami. Dwóch policjantów z karabinami ustawiono na straży. Chłopcy, dziewczęta i jedna staruszka stali za drutami ze swoimi pustymi puszkami i przyglądali się, jak wyrzucamy nasze jedzenie do dołu. Byliśmy wściekli i zawstydzeni w obliczu tych milczących dzieciaków i narzekaliśmy na przerost dyscypliny. Ale na tym się skończyło. Nikt nie zwrócił się do kapitana Sutro, nikt nie poskarżył się innym oficerom. Żołnierz jest przyzwyczajony do niesprawiedliwości, a każdy przejmuje się tylko własnymi troskami.

***

Korpus Amerykanów i Brytyjczyków z 5 Armii wylądował w Anzio, żeby ominąć Niemców, ale element zaskoczenia został wykorzystany tak ślamazarnie, iż pomysł spalił na panewce. Dywizje amerykańskie, brytyjskie, nowozelandzkie, indyjskie, algierskie i marokańskie wykrwawiały się przy próbach zdobycia Cassino i klasztoru położonego za miastem, ale bez skutku, a kiedy w końcu zdobyli go Polacy, sukces nie był już wiele wart. Gdy w czerwcu rozpoczęła się wielka ofensywa, generał Clark mógł ruszyć prosto na północ i odciąć na froncie wokół Cassino armię marszałka polnego Kesselringa, ale zboczył z kursu, żeby zrealizować swoje marzenie i stać się wyzwolicielem Rzymu. I oto w swoim jeepie, w zwykłym mundurze siedzi obok kierowcy sławny amerykański generał, a wokół szalejący ze szczęścia Włosi wiwatują i wyciągają ręce, żeby go dotknąć. Mark Clark był przystojny i wiedział o tym – wysoki, energiczny, szlachetny, miał arystokratyczny profil i gdyby los okazał się łaskawszy, mógłby zrobić karierę w Hollywood, jak Gary Cooper czy John Wayne. Miał też zdolności dyplomatyczne, przydatne w kierowaniu wielonarodową armią, których nie posiadali bardziej impulsywni generałowie, jak np. George Patton.

Po zdobyciu Rzymu front przesuwał się gwałtownie na północ. Może Niemcy nie będą już w stanie zatrzymać ofensywy? Może zamach na Hitlera, dokonany 20 lipca przez antynazistowskich arystokratów, będzie oznaczał koniec wojny? Według pogłosek, które docierały do nas – służby pod schodami – nie była to najlepsza wiadomość dla wysokiego dowództwa. Wiele precyzyjnych planów i myśli o własnej karierze wiązało się z formalnym zwycięstwem militarnym. Na groteskę zakrawał paniczny telegram z Waszyngtonu, żeby dopiero co przybyłą dywizję brazylijską skierować natychmiast na front i „wykrwawić". Chodziło o dużą, ale niezbyt skuteczną jednostkę, która poniosła więcej strat w wypadkach samochodowych niż od kul niemieckich. Rozlokowano ją w spokojnych górach, a jej obecność we Włoszech miała raczej znaczenie dyplomatyczne niż militarne. Jeśli brazylijscy żołnierze wezmą udział (ze znacznymi stratami) w wielkiej krucjacie przeciw Niemcom, to ich prestiż w Ameryce Południowej się podniesie, a obniży się prestiż Argentyny sympatyzującej z nazistami i rywalki Brazylii (oraz USA). Całe przedsięwzięcie stanie pod znakiem zapytania, jeśli wojna się nieodpowiedzialnie skończy.

Szczęście nas nie opuściło.

Co rusz przesuwający się front zgarniał partyzantów – żołnierzy bardziej dzikich niż oswojonych – którzy trafiali do kwatery głównej. Niektórzy byli Brytyjczykami po cywilnemu, którzy wyszli z obozów jenieckich, kiedy Włochy wycofały się z wojny tuż przed inwazją na Salerno we wrześniu 1943 roku, i którzy mieszkali i pracowali u włoskich wieśniaków, dopóki nie powstał ruch oporu. Sami Włosi nazywali siebie komunistami – to określenie miało u nich największy prestiż – i pogardzali wojskami Jego Królewskiej Mości (formalnie dowódcą Włoskiego Korpusu walczącego u boku aliantów był król Umberto), takimi jak oddział połączony ze 14l Pułkiem w San Pietro. Zazdrościliśmy im braku rang i salutowania, zasadzek w staroświeckim, zbójeckim stylu. Nie byli jednak popularni wśród innych Włochów, bo za jednego zabitego żołnierza Niemcy byli gotowi rozstrzelać 50, a nawet 100 miejscowych cywilów. Byli też rosyjscy dezerterzy z kozackiej dywizji Wehrmachtu, utworzonej dla zwalczania partyzantów w Chorwacji, a potem we Włoszech. Nie miało znaczenia, czy byli to dzielni bojownicy anty-

Wojna II, 1944–1945

nazistowscy, czy nie. Gdy przekazywano ich władzom sowieckim, byli witani z pompą w obecności alianckich oficerów. Po odejściu sojuszników wszyscy Kozacy bez wyjątku stawali się zdrajcami i wysyłano ich na Syberię albo rozstrzeliwano.

W sierpniu – naturalnie – nastąpiła inwazja w południowej Francji siłami amerykańskiego II Korpusu (w jego skład wchodziła 36 Dywizja) i Korpusu Francuskiego, która położyła kres mrzonkom Churchilla o przebiciu się dywizji 5 i 8 Armii przez północno-wschodnie Włochy do Słowenii i o zajęciu Austrii, co postawiłoby tamę Armii Czerwonej na drodze do zajęcia Europy Środkowej. Wycofano również obie dywizje Korpusu Kanadyjskiego, żeby rozpocząć wyzwalanie Holandii i Belgii. 5 Armia próbowała jakoś się ratować za pomocą manewrów z ciężarówkami i okrętami, by Niemcy uwierzyli w pogłoski o okrążającym lądowaniu w Genui (czego próbowano już na Sycylii i w Anzio) i wycofali część jednostek z frontu.

Osłabienie 5 Armii i wzmocnienie oporu doprowadziło do zastopowania naszej ofensywy w okolicach Florencji. Żeby zabezpieczyć miasto, Niemcy zniszczyli wszystkie mosty na Arno, poza bezcennym Ponte Vecchio, ale i tu wysadzili budynki na jego obu końcach, żeby uniemożliwić manipulowanym przez Żydów negroidalnym Amerykanom wykorzystanie ich wrażliwości na kulturę. Obie strony powstrzymały się od rujnujących walk o każdy dom *à la* Stalingrad i akt wyzwolenia dokonał się dzięki komunistom walczącym z faszystami za pomocą strzelb i granatów ręcznych.

Generał Clark postanowił sformalizować nasze zwycięstwo, przenosząc natychmiast do miasta kwaterę główną 5 Armii. Doradcy próbowali mu wyperswadować pozornie oczywistą lokalizację w mocno zaminowanym parku na zachodnim skraju miasta, ale generał ich zbył, a jego podwładni posłusznie rozstawili namioty. Wracając ze śniadania, Ralph i ja zobaczyliśmy z przerażeniem, że 10 metrów od miejsca naszego noclegu jakiś żołnierz wszedł na minę. Eksplozja, kłęby dymu i leżące ciało z czarnym kikutem poniżej kolana zamiast nogi. Brytyjski żołnierz podbiegł, żeby mu pomóc, i wpadł na następną minę. Gapie zastygli w miejscu. Obu mężczyzn wyniesiono – nie pamiętam jak – a potem jakiś Anglik (ci mieli mocniejsze nerwy) pojawił się na maleńkim walcu i jeździł we

65

POZNAWANIE NIEMIEC

wszystkie strony po naszym trawniku, poszukując kolejnych min. Przez kilka dni chadzaliśmy równiutko gęsiego, stawiając stopy dokładnie tam gdzie nasz poprzednik.

***

Żołnierze, którzy walczyli na wyspach Tarawa i Iwo Jima[11], wyrażali się z pogardą o niegodnych turystach, którzy wypoczywali w takich miastach jak Florencja. Lepiej wykształceni udawali się tam do Duomo, inni zawierali znajomości z niedożywionymi młodymi kobietami. Jako uprzywilejowany nastolatek odwiedziłem Florencję w 1937 roku podczas Wielkiej Podróży[12], spacerowałem przy świetle księżyca obok Palazzo Vecchio, wysłuchałem wykładu o Dantem i Machiavellim w Santa Croce, mieszkałem w „Excelsiorze", teraz zamkniętym dla każdego w randze poniżej majora. Moja siostra spędziła rok na prywatnej pensji w Fiesole.

Ktoś jednak musiał trwać na stanowisku w 5 Armii, skoro na wzgórzach na północ od Arno wciąż toczyły się walki, odpalano działa, ludzie ginęli, a inżynierowie zwijali się jak w ukropie, żeby przerzucić stalowe mosty przez rzekę. Ale gdyby Niemcy mieli dość środków, żeby rozpocząć poważną kontrofensywę, nikt w dowództwie nie zwróciłby na nią uwagi.

Aliancki oficer łatwo nawiązywał znajomość z przyjacielskim arystokratą w miękkim, znoszonym angielskim tweedzie, nie zważając na jego wcześniejsze poglądy polityczne, tak jak tamten nie zwracał uwagi na przyjaźń majora i contessy. Ralph spotkał malarza z Hamburga, którego zatrudniał Wydział Ochrony Sztuki Marynarki Niemieckiej. Bargheer był zbyt ostrożny, żeby występować przeciw nazistom, a „praca" dla tego dziwnie nazwanego oddziału dawała mu większą swobodę artystyczną; teraz utrzymywał się sprzedając akwarele z zabytkami miasta w wersjach od dosłownej po impresjonistyczną, zależnie od rangi kupca. Jeden z naszych wiedeńskich kolegów natknął się na zapomniany żydowski sierociniec i celem jego życia stało się zaopatrywanie dzie-

---

[11] Wyspy na Pacyfiku, gdzie Amerykanie pokonali Japończyków (przyp. tłum.).

[12] Wśród angielskiej arystokracji panował zwyczaj (naśladowany przez bogatych Amerykanów) wysyłania dzieci na „wielką turę" po ważniejszych miastach Europy (przyp. tłum.).

ci w pastę do zębów, jedzenie, zabawki i bieliznę, które (przysyłane w paczkach z domu) zdołał od nas wyprosić. Dwunastolatek sprzedający za papierosy angielskie książki swojego ojca: Aldous Huxley i D.H. Lawrence. Zdesperowana kobieta przedstawiająca się jako nauczycielka francuskiego: „nikt nie chce się teraz uczyć francuskiego", a ona nie będzie utrzymywać się w ten sposób.

Tak wyglądało wojenne życie w mieście, od czasu do czasu urozmaicane wycieczką do Ogrodów Boboli i podziwianiem panoramy miasta, które – jeśli się wytężyło wzrok – było nadal Florencją, było ekscytujące, lecz wyczerpujące (czy pamiętałem o wszystkich miejscach?), więc przynajmniej ja poczułem ulgę, kiedy kwatera główna przeniosła się na północ, na przełęcz Futa przy szosie do Bolonii.

Te same wzgórza, chronione przez miny, moździerze, karabiny maszynowe i zasieki, zostały ochrzczone mianem linii Gustawa przez Niemców, którzy zaprzysięgli nigdy jej nie porzucić. Dla kartografów nie było w tym nic szczególnie interesującego – frontalne ataki tych samych jednostek alianckich, rozbijane przez tych samych Niemców. Pułki wykruszały się, a ludzi, broń i amunicję dostawały w pierwszej kolejności armie Pattona, Bradleya i Montgomery'ego na granicach Francji. Brytyjskie dywizje nie otrzymywały żadnych posiłków – padający żołnierz zostawiał puste miejsce. To z kolei prowadziło do niesłychanej ostrożności, co prowokowało – rzecz jasna – irytację u Amerykanów. Pojazdy brytyjskie poruszały się tak nieudolnie i powoli, a ich kierowcy mieli, naturalnie, w zwyczaju zatrzymywać się przy drodze o czwartej po południu, żeby napełnić puszki żwirem i benzyną w celu zaparzenia herbaty, tak iż na niektórych drogach umieszczano znaki: „Zakaz wjazdu dla pojazdów nieamerykańskich". „Białe czarnuchy" – wyrażała się o nich tępa damulka z naszego biura. Liczba ofiar gwałtownie wzrosła, tak że wystosowano pilny apel do dawców krwi, obiecując im 10 dolarów i kieliszek „Czterech Róż" (bourbon dostępny tylko dla oficerów).

Mary i ja pisywaliśmy do siebie prawie co drugi dzień, wymieniając bieżące obserwacje, plotki, komentarze o przeczytanych książkach. Mary przekazywała głupawe prośby żyjących wygodnie znajomych: „Charlie jest tak blisko Wenecji, że może uda mu się tam dotrzeć, więc dam mu adres naprawdę wspaniałego sklepu z haftowaną pościelą". Treść naszym listom i naszej egzystencji nadawały codzienne wydarzenia z życia naszej córki Catherine. Miała półtora roku i każdego dnia prezentowała jakąś nową reakcję, wymawiała nowe słowo, miała jakąś przygodę albo poznawała nowego kolegę. Zawsze przeżywaliśmy boleśnie, gdy któraś żyjąca bezpiecznie znajoma porzucała męża walczącego na froncie, my jednak mieliśmy Catherine. Wiedzieliśmy, jak bardzo nam się poszczęściło. Nadszedł jednak listopad, co oznaczało drugą zimę osobno. Czasem czuliśmy się po prostu wewnętrznie wypaleni, prawie wszystkie zapasy zostały już zużyte.

Nasz nowy generał Truscott (Clark awansował na dowódcę zgrupowania 5 i 8 Armii i przeniósł się z powrotem do Caserty) zrezygnował z pozorowania ofensywy. Życie biurowe stało się wystarczająco regularne, bym mógł raz w tygodniu wziąć wolny dzień. Często dawałem sobie spokój z Florencją, spałem do późna, a po południu wybierałem się na spacer do dębowych i jodłowych lasów, idąc koleinami wozów (i wmawiając sobie, że nie będę się przejmował minami) przez wzgórza, obok kamiennych chłopskich domostw wymieniając pozdrowienia z wieśniakami, ciesząc się ciszą, wiatrem i harmonią między krajobrazem a ludem, który zamieszkiwał tę okolicę z taką godnością, że nie zwracał uwagi na wojnę.

Mniej więcej raz w miesiącu czułem się mimo wszystko zobowiązany wykorzystać przepustkę na wyjazd ciężarówką do miasta. Powinienem wiedzieć, co się tam dzieje, odwiedzić Duomo, którego przepastny, kamienny, zimowy mrok dawał mi siłę i ochronę, tak jak potem kościół Św. Stefana w Wiedniu i kościół Mariacki w Krakowie. Parę razy odwiedziłem znajomego Ralpha, Bargheera – malarza z Hamburga. Nalewał mi herbatę, a ja przeglądałem jego książki o sztuce. Moją kwaterą stał się Ośrodek Katolicki, jedyna instytucja, gdzie brytyjscy i amerykańscy żołnierze byli równie miłymi gośćmi, gdzie wypożyczano książki, a czasami pokazywano filmy, takie jak *Henryk V* Lawrence'a Oliviera. Pewien niski urzędnik z Wiednia zatrudniony w kwaterze zdobył uczucie pięknej kobiety o odległych koneksjach z Rothschildami, która pochodziła z muzykalnej rodziny. Pewnego razu zaprosiła mnie ona na herbatę do swojego mieszkania. Określiła się jako komunistka i katoliczka.

Dzięki urokowi i urodzie uzyskała posadę sekretarki majora niemieckiego wywiadu (mówiła doskonale po niemiecku, słabo po angielsku). Major pracował nad listą agentów dla celów szpiegowskich i sabotażowych, którzy mieli pozostać na miejscu po odejściu Wehrmachtu. Leli ukradła listę, przeszła front i przekazała dokument brytyjskiemu kontrwywiadowi. Faszyści byli plebejuszami, pogardzała nimi. Amerykanie mieli natomiast bardzo uproszczone poglądy na to, jak powinno wyglądać przyzwoite społeczeństwo.

Starałem się jak najdłużej zatrzymać w pamięci tę popołudniową rozmowę z jej wszystkimi językowymi trudnościami, a nawet umieściłem ją w powieści, którą próbowałem napisać. Leli i jej pokój, spacery w ciszy wokół katedry, ciągle nowe akwarele Bargheera, z których jedna, przedstawiająca ukwiecony stok w Ogrodach Boboli, była zachwycająco piękna, choć samego autora nie ceniłem zbytnio jako człowieka, wystraszona nauczycielka francuskiego – to wszystko składało się na pewien poziom kultury, który wydawał mi się coraz bardziej cenny i zagrożony. Zimowe ulice były pozbawione życia, którym zdawały się kipieć, gdy przybyliśmy tu po raz pierwszy. Florencja przypominała teraz bardziej Neapol – żołnierze z kobietami, handlarze samogonu (narkotyki jeszcze się nie pojawiły) i kradzionego sprzętu wojskowego, żebrzące i stręczące dzieciaki. Godzina jazdy ciężarówką i już jesteś w zasięgu artyleryjskiego ostrzału na froncie, na którym Amerykanie i Niemcy bezsensownie się okładają. Zaczęliśmy nienawidzić Florencji, tak jak znienawidziliśmy każde kolejne miasto – te wszystkie kamienne budynki, których ani nie wybraliśmy, ani nie mogliśmy opuścić, stawały się tylko nową wersją pokrytych papą koszar.

Z ostatniego szczytu, który przed przeniesieniem dzieliłem ze swoim kolegą Karpanem, mogliśmy obserwować przez lornetkę mury benedyktyńskiego opactwa na Monte Cassino. Parę tygodni później klasztor został zniszczony przez amerykańskie bombowce, kiedy raporty (fałszywe) doniosły, że Niemcy wykorzystują go jako punkt obserwacyjny. Ale już wtedy w „Stars and Stripes" podniesiono kwestię nadrzędnej wartości takich zabytków w czasie wojny. Ta dyskusja rozzłościła Karpana. Żadna sterta kamieni – historycznych, religijnych czy jeszcze innych – nie ma większej wartości niż życie amerykańskich żołnierzy, którzy próbują wyzwolić ten kraj na końcu świata. Jego życie nie jest wprawdzie wiele warte, ale to wszystko, co ma.

Wiedeń i Kraków – dwa miasta, które miały dla mnie tak wiele znaczyć dzięki swojej urodzie i tej mieszance kultury i nędzy na swoich ulicach – często wydawały mi się całkiem podobne do zimowej Florencji. Jako nauczyciel całe życie pracowałem z uczniami, którzy, jak Leli, mieli żywą świadomość tradycji, ale i z takimi jak Karpan, których złościło i irytowało wszystko, co ich dotykało. Dzień przepustki kończył się na dużej, nowoczesnej stacji kolejowej po północnej stronie miasta, gdzie żołnierze wsiadali do aut wracających do jednostek. Ale wielu nigdy nie opuszczało koszar – relaksowali się przy piwie, kanapkach i muzyce z głośników, nie mając ochoty na poznawanie obcych ulic.

Pierwszym szczegółem, na który zwróciłby w tym miejscu uwagę przybysz z naszych czasów, byłby całkowity brak czarnych żołnierzy. Jedyną murzyńską dywizją we Włoszech była 92, rozlokowana na nadbrzeżnej flance nad Pizą – na spokojnym kawałku frontu naprzeciw Brazylijczyków. Dowództwo armii do tego stopnia nie darzyło szacunkiem swoich murzyńskich wojsk, że zmieniło przeznaczenie poprzedniej dywizji w śródziemnomorskim teatrze wojny – z piechoty (tak bardzo potrzebnej) na personel kwatermistrzowski (pracownicy portowi i drogowi, kierowcy ciężarówek, strażnicy więzienni, szpitalni sanitariusze). W miastach portowych, jak Neapol czy Livorno, mieszkała prawie na stałe duża grupa murzyńskich żołnierzy, którzy często zajmowali miejsce mężów i ojców – zabitych albo przetrzymywanych gdzieś daleko w obozach jenieckich – stając się głowami swoich nowych, włoskich rodzin. Nie byli tak przesiąknięci nienawiścią do cywilów jak biali i z czasem biegle opanowywali lokalny dialekt. Zastanawiałem się wtedy, jak będzie wyglądał ich powrót z wojny, podczas której mieli równy albo nadrzędny status, do swojej własnej, niższej kasty. To doświadczenie – myślałem – zrodzi przynajmniej wiele powieści i dysertacji doktorskich. Myliłem się całkowicie. W każdym razie czarny żołnierz nie powinien był oczekiwać dobrego przyjęcia na dworcu kolejowym we Florencji.

Piechota bojowa stanowiła całkiem inny rodzaj ludzi niż my, półcywile. Czasem spektakularnie zataczali się po pijanemu, rozwodzili się na temat kurewek, z którymi spali, ale pamiętam też ich milczenie, nieobecność, kiedy zamykali się w sobie, choć byli bardzo młodzi – wielu miało 18–19 lat, byli świeżo po szkole i podstawowym przeszkoleniu. Przypominali nam, jak bezpieczne jest nasze życie podczas wojny. W tym kontekście interesująca wydaje się średnia wieku żołnierzy: w tej wojnie wynosiła ona 26 lat, a w Wietnamie 19 – połowa z 58 tysięcy nazwisk na pomniku w Waszyngtonie to chłopcy zabici w 17 i 18 wiośnie życia. Żołnierze na stacji kolejowej we Florencji byli tak samo skazani na śmierć jak piechota w 1916 i 1918 roku.

Pamiętam, że pewnego popołudnia, czekając na swoją ciężarówkę do przełęczy Futa, obserwowałem, jak dwóch takich żołnierzy, otoczonych przez niemą, wcale nie rozbawioną grupę, składającą się głównie z szeregowców, tańczy *boogie-woogie*. Być może, tańczyli do muzyki z radia, a może w ogóle nie było muzyki, tylko uderzenia ich stóp i chrapliwe wdechy – nie pamiętam. Nikt nie wystukiwał rytmu. *Boogie-woogie* przywodzi na myśl beztroską zabawę uczniów starszych klas, ale ten taniec wykonywany bez dziewcząt przez dwóch smagłych, szczupłych i niskich tancerzy – Włochów z Brooklynu? – okręcających się nawzajem, nurkujących jeden pod ramionami drugiego, twistujących i kołyszących biodrami oraz zupełna cisza kręgu gapiów – to wszystko mroziło krew w żyłach. Myślałem o kompaniach strzelców ze 141 Pułku forsujących rzekę Rapido – 120 ludzi rankiem, 3 żołnierzy i oficer wieczorem. Ktoś powinien był za to przeprosić.

> *Here dead we lie because we did not choose*
> *To live and shame the land from which we sprung.*
> *Life, to be sure, is nothing much to lose;*
> *But young men think it is, and we were young.*
> *(Leżymy tu martwi, bo nie wybraliśmy życia*
> *za cenę skalania kraju, który nas zrodził.*
> *Życie, rzecz jasna, nie jest wielką stratą;*
> *Ale młodzi myślą inaczej, a my byliśmy młodzi).*

A. E. Houseman

***

Kiedy nadeszła Wielkanoc (w prezencie dla naszych „WAC-sów" robiliśmy z wiklinowych koszyczków po butelkach chianti wymyślne czepki przyozdobione wstążkami i kwiatami), miała się odbyć o świcie msza nad naszą spowitą we mgle doliną (przypominającą

POZNAWANIE NIEMIEC

japoński drzeworyt). Ostatnia Wielkanoc wojny była warta kilku godzin snu, więc przyłączyłem się do dość licznej grupy żołnierzy na zboczu. Operatorzy byli tam jednak wcześniej i po uwiecznieniu prostej wiary amerykańskich chłopców – „W lisich norach[13] nie ma ateistów" – zwrócili swoje kamery na gaj oliwny: wyłonił się z niego stary wieśniak prowadzący osła, na którym siedziała młoda matka z dzieciątkiem – Święta Rodzina w darze od 5 Armii. Wiosna przyniosła ostatnią wielką ofensywę. Wspaniała nowa dywizja – 10 Górska – przybyła prosto z narciarskich stoków Kolorado i Alaski, żeby pokazać naszym znużonym, pogrążonym w introspekcji batalionom, czym naprawdę jest walka. „Nasz" włoski rząd podejmował intensywne wysiłki, żeby pobudzić antyniemiecki opór w dolinie Padu – radio nadawało w kółko *la Canzone del Piave*, pieśń, która natchnęła Włochów do walki po klęsce w Caporetto w 1917 roku. Kiedy tylko przebijemy się przez góry, wtedy zobaczycie, co potrafią nasze czołgi. Amerykanie z 10 Dywizją Górską na czele, która poniosła znaczne straty, rzeczywiście przebili się przez góry, ale ktoś zapomniał przyjrzeć się wystarczająco dokładnie wielkiej mapie, żeby zauważyć te wszystkie kanały przecinające równinę, które trzeba było po kolei forsować pod ogniem niemieckich karabinów maszynowych i moździerzy.

5 Armia przeniosła swoją kwaterę główną do pełnego jabłoni sadu na południe od Bolonii. Mijaliśmy po drodze ciężarówki z byłymi jeńcami brytyjskimi, jadące na południe, oraz młodych mężczyzn z czerwonymi opaskami, witających nas komunistycznym pozdrowieniem: pięść uniesiona ku górze – wyzwoliliśmy już swój kraj, dziękujemy za dobre chęci. Wielu faszystów padało na miejscu ofiarą samosądów – Mussolini i jego kochanka zostali zastrzeleni i stosownie powieszeni za nogi na stacji benzynowej pod Mediolanem. Vaclav Havel i jego odpowiednicy w Polsce i na Węgrzech działali nazbyt legalistycznie, kiedy „łagodnie" pozbawili komunistów władzy pod koniec 1989 roku. Ci ostatni nie mieli żadnych kłopotów ze zmianą kostiumów – inaczej niż eksfaszyści i eksnaziści w 1945 roku. Wzgardzeni i poniżeni muszą uwierzyć, że sprawiedliwość wciąż istnieje. Trzeba zapomnieć o sędziach, praw-

---

[13] Okop dla jednego żołnierza (przyp. tłum).

72

nikach i oddać tę robotę w ręce młodych gniewnych, którzy postawią splamionych cudzą krwią pod ścianą i strzelą im w łeb. W Niemczech, wokół Berlina, wojna pędziła do nieuniknionego finału. Jaką niesprawiedliwością było wejść teraz na minę. To zachłyśnięcie się zwycięstwem zostało jednak okupione w nieoczekiwany sposób. Powróciwszy do domu żołnierze przez 20 lat opowiadali na okrągło swoim synom i bratankom te same historie z 1945 roku, więc kiedy nadeszła kolejna wojna w Wietnamie i armia robiła wszystko, żeby zaciągnąć w swoje szeregi te biedne, głupie dzieciaki – zbyt młode, by cokolwiek wiedzieć – chłopcy płynęli do Sajgonu, oczekując na takie same flagi, wiwaty i podskakujące dziewczęta.

Kolejna przeprowadzka – na przedmieścia Werony – i wojska niemieckie we Włoszech skapitulowały. Pułki i dywizje, które nadają żołnierzowi jego tożsamość, zostały natychmiast rozwiązane – Niemcy robili to samo z każdą pokonaną armią – i skoszarowane w obozach jenieckich. Ale skoro nie było już Wehrmachtu, nie byli też potrzebni kreślarze, żeby zaznaczać pozycje nieprzyjacielskich jednostek na mapie. Zostałem bez pracy. Zatrwożony popędziłem do zaprzyjaźnionego majora, żeby zapytać o szansę na posadę w kontrwywiadzie. Dostałem kilka interesujących, dość użytecznych zajęć, głównie przy jeńcach, zanim odleciałem we wrześniu do domu, ale latami gnębiła mnie myśl, że kiedy wojna się skończyła i działa nareszcie umilkły, jedyne, co przyszło mi do głowy, to to, iż straciłem pracę.

And send, o God, the English peace –
Some sense, some decency, perhaps
Some justice, too, if we are able,
With no sly jackals around our table,
Cringing for blood-stained scraps.
(I ześlij, Panie, Anglikom pokój –
Rozsądku trochę, przyzwoitości, może też
Nieco sprawiedliwości, jeśli sprostamy...
By stół nasz nie kusił chytrych szakali,
Co łaszą się, czekając na zakrwawione ochłapy).

Dorothy Sayers, *The English War, 1940*

POZNAWANIE NIEMIEC

***

A zatem, co dała mi wojna, czego się nauczyłem?
1. Głębokiego szacunku dla włoskiego ludu, którego dobroć
błyszczała na tle praktyk Amerykanów, Niemców i Brytyjczyków.
Poznałem jego szlachetność, troskę okazywaną dzieciom i starcom,
ocenianie ludzi na podstawie ich zachowania, a nie pozycji – te
wszystkie wartości przetrwały faszyzm Mussoliniego, ale teraz ule-
gają erozji pod wpływem wartości amerykańskich. Miłość do włoskiego krajobrazu, łączność między ludźmi, naturą i czasem prze-
grywają w walce z mentalnością szybkiego wzbogacenia się
i betonem.
2. Dostrzegać swoje słabe i mocne strony. Nie byłem dzielnym
żołnierzem. Nie żałuję, że nie zostałem oficerem, kanadyjskim czy
amerykańskim, bo nie ma we mnie ducha „wszyscy za mną!" ani
gotowości do usprawiedliwiania wojskowej etyki. „Żyj i daj żyć
innym" nie jest maksymą frontowych oficerów. Z drugiej strony,
zyskałem przeświadczenie, że potrafiłbym żyć w zgodzie prawie
z każdym typem człowieka, przyjąć wszystko, co niesie los.
3. Na małą skalę brałem udział w wielkiej krucjacie przeciw
nazistowskiemu panowaniu nad światem. Szrama na ramieniu była
moją legitymacją związkową. W jakim stopniu komuniści ze swoimi obozami zagłady byli lepsi? Zwycięstwo narodów Zachodu nie
skończyło się tak, jak tego oczekiwaliśmy. Rzezie i tyrańskie rządy
w Wietnamie i Korei, w Algierii, Ugandzie, Afryce Południowej
i Zairze, Salwadorze i Afganistanie, Somalii i Bośni czynią to zwycięstwo z obecnej perspektywy mniej cennym. Ale miałem w nim
udział jako żołnierz, a Mary jako żona żołnierza.

CZĘŚĆ DRUGA

POLSKA

PODRÓŻ

Rozdział szósty

WARSZAWA I, 1939–1945

Jeźdźcy pędzą na czarnych koniach, tyran układa
wyrok śmierci pełen błędów stylistycznych.
Młodość zamienia się w nicość w ciągu
jednego dnia, twarze dziewcząt zamieniają się w medaliony
Adam Zagajewski, *Lawa*

Niewiele jest miast, które bardziej rozczarowują przy pierwszym poznaniu niż Warszawa. Nie chodzi po prostu o to, że prócz kilku wyjątków, jak staromiejski rynek, przedstawiony z taką precyzją przez Bernarda Bellotto, miasto rozciągające się na zachodnim brzegu Wisły składa się z budynków zaprojektowanych bez wyobraźni, kiepsko wykonanych i nie remontowanych. To raczej sam podróżnik, jadąc do tego Paryża Wschodu, położonego na krańcu rozległej, rosyjskiej równiny, do tego szańca patriotyzmu, intelektualnej niezależności i duchowości przeciwstawionej chamskiej sile, do tego miasta, które obok Leningradu ucierpiało najbardziej i walczyło najdzielniej, które roztropnie, lecz odważnie oparło się komunistycznej aneksji – a więc to ten podróżnik sam niesie w sobie tak ogromny bagaż emocjonalny, że kiedy nareszcie przyjeżdża na miejsce i widzi te pozbawione uroku aleje, tak niewiele miłych dla oka detali w mieście, które w końcu tak pragnął odwiedzić, kiedy wizyta w Warszawie stała się już symbolem osobistej niezależności i dobrego rozeznania, podkreśleniem faktu, iż jest się zupełnie kimś innym niż miernoty zadowalające się zakupami u Harrodsa – wtedy właśnie może przyznać się do pomyłki i wrócić do Zurychu.

Autobusy są zatłoczone, taksówki nieliczne, a gdyby nawet jakąś znalazł, to dokąd miałby pojechać? Wyrusza zatem niczym nie ograniczony na piechotę, jak czołgi Hitlera przekraczające rosyjską granicę, i przemierza miasto na własnych nogach, a kiedy stopy,

POLSKA

łydki, kolana bolą ponad miarę, wtedy wie, gdzie jest. No tak, wschodnie granice Warszawy rozciągały się historycznie po Syberię, a zachodnie po Chicago, nic więc dziwnego, że to pustkowie przypomina zachodnią morenę Chicago. Warszawa to miasto, zarówno dla Polaków, jak i Żydów, z którego się pochodzi.

Dla Bruce'a i dla mnie każda kolejna swastyka i *Heil Hitler*, każde „a jutro cały świat dla Niemiec", które rzucano nam w twarz w Berlinie i w Gdańsku, czyniły z Warszawy miejsce pielgrzymki. W ciągłym deszczu jechaliśmy na południe od Gdańska, mijając miasta z cegły w byłych Prusach, a potem bielone chaty w byłej Rosji. To był wynędzniały kraj, czy mierzyć to wiekiem aut i ciężarówek, furmankami powożonymi przez chłopów w czapkach i kapotach przemoczonych przez deszcz, czy obiadem w bydgoskim hotelu, na który podano kotlet i kompot. Pod koniec dnia przejechaliśmy przez dziewiętnastowieczne fortyfikacje – to ma powstrzymać Niemców? – a kiedy budynki stały się wyższe i częstsze, znaleźliśmy się w środku miasta przed hotelem „Europejskim", gdzie właściwie mogliśmy się zatrzymać.

Czego mogliśmy się dowiedzieć? Jak mogliśmy przemienić tę pielgrzymkę w coś realnego? Rogatywki oficerów i ich oliwkowozielone płaszcze, sięgające do wyglancowanych czarnych oficerek, czyniły z nich ludzkie schrony przeciwbombowe. Kawalerzyści w małych grupach – niektórzy nawet z lancami, na których powiewały biało-czerwone proporce – kłusowali na pięknych koniach ulicami miasta. W jednym z kościołów leżał przed ołtarzem mężczyzna: bez ruchu, rozłożony w kształcie krzyża – czyżby umarł? Podczas obiadu dwóch panów przy stoliku obok wypiło całą butelkę wódki. Na południowym krańcu miasta obejrzeliśmy eleganckie rokoko pałacu w Łazienkach z popiersiami Woltera i Franklina.

Moje przygotowania do wizyty w Polsce polegały częściowo na licznych lekturach podczas pierwszego roku studiów na Harvardzie – każda książka z Biblioteki Widenera prowadziła do następnej, zwłaszcza jeśli idzie o pisarzy w jidysz – Izraela Singera i Szaloma Asza. Jeśli przyjrzeliśmy się już światu nazistów, to teraz musimy obejrzeć świat, któremu zaprzysięgli zniszczenie. A więc Bruce i ja spędziliśmy prawie cały dzień spacerując po dzielnicy zamieszkanej przez Żydów.

78

Ulice były przerażające, rojące się mrowisko nędzy. „Proszę bardzo – błagali sklepikarze, ciągnąc nas za rękawy – zapraszam, młodzi panowie, wchodźcie i kupujcie. Musicie coś kupić!..." – i wskazywali na koszule, spodnie, buty. Niżej w hierarchii sprzedawców stali handlarze uliczni, popychający wózek z tanimi słodyczami, preclami, skarpetkami, grzebieniami i lusterkami oprawionymi w celuloid; na jeszcze niższym stopniu sprzedawano ten sam towar z kosza albo z walizki. Najbiedniejsi byli tragarze, którzy ciągnęli wózek albo popychali taczkę po kocich łbach. To była robota dla konia, ale koń potrzebuje więcej jedzenia niż Żyd.

W morzu obcości na tych pełnych desperacji ulicach, wśród twarzy, na których malowała się „udręczona inteligencja" – to wyrażenie przyszło na myśl mojej żonie, kiedy dużo później próbowaliśmy razem chodzić podobnymi uliczkami w Benares i Delhi – twarzy skurczonych przez walkę o przetrwanie, najbardziej dziwni wydawali się nam nie brodaci mężczyźni w kaftanach i szerokich czapkach obramowanych futrem ani kobiety w średnim wieku w rudych perukach, spod których wymykały się kosmyki siwych włosów, ale nasi rówieśnicy – pejsaci uczniowie z jesziwy. Później poznaliśmy standardowe antropologiczne wyjaśnienie ochrony przed egzogamią – trzeba odstraszyć dziewczęta gojów.

Nigdy nie jest tak źle, żeby nie mogło być gorzej. W październiku 1938 roku naziści wypędzili większość polskich Żydów z Niemiec. Nikt ich nie chciał. Rozłożyli się więc na ziemi niczyjej pomiędzy dwiema granicami – jak Arabowie wypędzeni przez Izrael w grudniu 1992 roku, podpowiada mi pamięć, którym nie pozwolono ani wejść do Libanu, ani wrócić. Po pewnym czasie polscy żołnierze zapędzili Żydów do koszar, ale wielu uciekinierów dotarło do względnie bezpiecznej Warszawy. Od 1936 roku endecja prowadziła systematyczną kampanię przeciw Żydom: wzywała do bojkotu żydowskich sklepów, do zwalniania żydowskich pracowników i surowszych sankcji ze strony policji i urzędników podatkowych.

Polskie społeczeństwo było tradycyjnie rolnicze. Prawie cały handel znalazł się w rękach Żydów. Narodowa Demokracja Romana Dmowskiego uznała za swą historyczną misję zbudowanie polskiej klasy średniej albo po prostu zagwarantowanie jej przetrwania pod-

POLSKA

czas straszliwego kryzysu lat trzydziestych. Z Żydami trzeba zrobić porządek. „Zawsze można ich wysłać na Madagaskar".

Przez swoją antysemicką politykę endecja zbliżyła się do nazistów, więc coraz bardziej przybliżająca się groźba wojny skłoniła niektóre skrajne jej ugrupowania do szukania porozumienia z niemieckimi faszystami. Ale Hitler nie był w ogóle zainteresowany polskimi antysemitami. Nie byli, jego zdaniem, dużo lepsi od Żydów. Natomiast po wojnie wielu Żydów stwierdzało z przekonaniem, że Niemcy po prostu dokończyli dzieła rozpoczętego przez Polaków. Babka jednej z moich uczennic przetrwała lata wojny w Warszawie.

– Co ci opowiadała? – zapytałem dziewczynkę.

– Nigdy nie wierz gojom.

Dotarliśmy do korytarzy mrowiska zaludnionych przez klasę średnią: w małym parku usiedliśmy z Bruce'em na ławce, żeby poprzyglądać się matkom i bawiącym się dzieciom. Rudy chłopczyk ganiał się z trzema może pięcioletnimi dziewczynkami – było dużo wrzawy i śmiechu. Wszystkie dzieciaki świetnie się bawiły, a dwie plotkujące, uśmiechnięte matki były niewątpliwie bardzo zadowolone ze swoich pociech.

Nie miałem jeszcze wtedy 19 lat, a Bruce był o półtora roku młodszy. Pół wieku później ci dwaj chłopcy wydają mi się dość naiwni, ale jednak ta grupka dzieci wzbudziła w nich jeszcze większe przygnębienie niż widziane wcześniej okropne ulice. Nawet Amerykanin zdawał sobie sprawę z bliskości wojny. Te roześmiane dzieciaki i ich matki będą pierwszym celem.

Wyczerpani i rozstrojeni wróciliśmy do „Europejskiego". Przyjazny recepcjonista zapytał nas, skąd wracamy. Kiedy mu powiedzieliśmy, odparł:

– *Alors, mes jeunes messieurs, vous etiez parmi des animaux.*

Byliśmy wśród bydląt, bez wątpienia.

***

Czwórka rozbrykanych dzieciaków z matkami czekała w parku na Niemców.

BBC sprzedaje telewizji publicznej w Stanach sztuki teatralne pokazywane w niedzielę o dziewiątej wieczorem, przedstawiające

80

często przygody głupawych młodzieńców z czasów Edwarda VII – marynarki w prążki, bielusieńkie spodnie, słomkowe kapelusze, w dłoni rakieta do tenisa albo kij do krykieta. Po pewnym czasie miałem ich powyżej uszu. Po raz pierwszy znalazłem się w Anglii w lipcu 1936 roku. Obchodzono właśnie 20 rocznicę bitwy pod Sommą i każdego ranka na pierwszych stronach „Timesa" pojawiały się maleńkie nekrologi: „Najdroższy Króliczek, na wieki młody, na wieki w naszych sercach, podporucznik z oddziału Jakiegośtam z Gloucestershire, zginął 12 lipca". Innymi słowy, był to żołnierz z Nowej Armii lorda Kitchenera, dowodzonej przez generała Haiga, w której podkreślano znaczenie doskonałego wyrównania linii piechoty. Oficerowie dowodzący pierwszą falą natarcia kazali swoim żołnierzom kopać przed sobą piłki futbolowe.

Razem z Mary byliśmy na pogrzebie starego przyjaciela – akuszera, ucieleśniającego w najwyższym stopniu żydowski ideał profesjonalizmu, wiedzy i poświęcenia – który w swoim długim życiu, miłosiernie przerwanym w sposób raptowny, odebrał ponad 6 tysięcy porodów. Był upartym człowiekiem, z którym wymieniałem antyrepublikańskie dowcipy, i myślę, iż kiedy stanie już przed Panem Wszechświata (niech Jego imię będzie błogosławione), zapewne nie omieszka Mu przypomnieć tych wszystkich okazji, kiedy Szef mógł się lepiej wykazać. Wszyscy zgromadzeni na nabożeństwie – odprawianym przez bratanka doktora Kasdona – mają świadomość, że śmierć nadeszła we właściwym momencie. Ale dwie dziewczynki są zalane łzami, bo straciły ukochanego dziadka. Dziewczynki są piękne i mają kruczoczarne włosy – nawet najbardziej tępy niemiecki żołnierz rozpoznałby ich żydowskie pochodzenie. „Ponieważ byłam blondynką, siostry zaryzykowały ukrycie mnie i zmieniły moje imię na Olga". Wielokrotnie czytałem prawie identyczne zdanie. Z tymi dwiema dziewczynkami nikt by nie zaryzykował.

W ciągu pierwszych kilku godzin prawie całe lotnictwo polskie zostało zniszczone – głównie na ziemi. Armia francuska, którą Polacy zawsze przeceniali, zaryzykowała jedynie kilka ostrożnych patroli na froncie zachodnim. W trzy tygodnie armia polska została rozgromiona. Tydzień dłużej trwała, jak ujął to Churchill, „wspaniała i samotna obrona Warszawy". Nieoczekiwanie wtargnęli Rosjanie i zgarnęli wszystkich polskich żołnierzy, na których się na-

POLSKA

tknęli. Niektórzy z nich po paru latach znów stali się częścią wojsk alianckich, najpierw w Rosji, a potem – po przejściu Iranu i Palestyny – we Włoszech, lecz wiele tysięcy zginęło z głodu, chorób i mrozu, a w 1940 roku kilkanaście tysięcy oficerów zostało zamordowanych z rozkazu Stalina przez służbę bezpieczeństwa w katyńskim lesie i gdzie indziej. Szybka ucieczka pozwoliła najwyższym urzędnikom państwowym i najbogatszym ludziom przedostać się przez Lwów do granicy rumuńskiej.

Co potem? Wstęga szerokości mniej więcej 300 km, obejmująca polskie terytorium wzdłuż wschodniej granicy, staje się częścią Związku Radzieckiego. Wielkopolska zostaje wcielona do Rzeszy, tak jak w czasach Hohenzollernów. Centralna Polska zostaje Generalną Gubernią z wojskową administracją w Warszawie.

I co potem?

Wiosną 1956 roku podczas wykładu dla studentów Smith College w Paryżu spotkałem Czesława Miłosza. Później odbyłem wiele pielgrzymek do jego domu w Brie-Comte Robert – małego miasteczka na wschód od Paryża – zasypując go tyloma pytaniami na temat życia pod okupacją i po wojnie, że początkowo sądził, iż jestem z CIA.

Warszawa była stolicą bardzo skonsolidowanego narodu. Kiedy państwo polskie przestało istnieć, ani się nie pojawił rząd kolaborantów, ani nawet Polakom nikt tego nie proponował – inaczej niż we wszystkich innych podbitych państwach, poza Grecją. Nagle spory odłam ludności znalazł się bez pracy. Czytali Prousta – oświadczył Miłosz. To mogło oddzielić ich najskuteczniej od jesiennej pluchy października i listopada 1939 roku. Robili wyprawy pociągiem na wieś, żeby wymieniać materiał, szkło, porcelanę, srebro na kapustę, ziemniaki, cebulę, kiełbasę. Czasami – jak w grach planszowych dla dzieci – patrol niemieckiej policji konfiskował walizki zarówno wyjeżdżających, jak i wracających, i wszyscy gracze wracali na pole startowe.

Kawiarnie, serwujące wódkę i prawdziwą kawę czarnorynkowym nuworyszom i dawnym możnym, którzy mieli jeszcze coś do sprzedania, stały się bardzo popularne. Nawet w getcie nielicznym oferowano jeszcze luksusy – w restauracjach, kawiarniach, nocnych klubach i burdelach. Wieczorami powietrze było tam zawiesiste od

82

Warszawa I, 1939–1945

miodu i sadzy, perfum i popiołu, a kiedy piękne, bezwstydne, żydowskie dziewczyny siedziały przy stolikach, jedząc specjały, czasem w towarzystwie chwilowych niemieckich kochanków, na ulice wyrzucano nagie ciała, bo współmieszkańcy zmarłych dzielili się ich łachmanami[14].

Na Polaków spadł drugi cios, kiedy w czerwcu 1940 roku skapitulowała – po niezbyt zaciętej walce – armia francuska, na którą zawsze liczyli.

Wracając do Miłosza: główną siłą oporu – liczącą może 80% wszystkich walczących – była Armia Krajowa, otrzymująca rozkazy od rządu londyńskiego kierowanego przez generała Sikorskiego. Następne 10% stanowiło skrajnie prawicowe NSZ, skupiające głównie byłych oficerów, którzy byli podobno skłonni donosić Niemcom na komunistów i Żydów[15]. 10% należało do komunistycznej Armii Ludowej, która uaktywniła się dopiero przed końcem wojny. Po wielkich zwycięstwach na Zachodzie niemieckie dywizje stopniowo przerzucano do Polski, przygotowując napaść na Rosję. Wielu niemieckich żołnierzy zabierało ze sobą na pamiątkę aliancką broń osobistą, a potem te francuskie i belgijsko-holenderskie pistolety odkupowali od nich akowcy ubrani po cywilnemu, płacąc pięciodolarowymi banknotami, zrzucanymi w paczkach w specjalnych punktach kontaktowych przez polskich pilotów z RAF-u – czysto handlowa transakcja. Wielu Niemców uważało ukryty zapas amerykańskich banknotów za dobrą polisę.

Po napaści na Rosję 22 czerwca 1941 roku Warszawa stała się ważnym ośrodkiem transportu kolejowego. Armia Krajowa przeprowadzała wtedy transakcje handlowe z niemiecką obsługą, odkupując od niej ostatni wagon z każdego przejeżdżającego składu: czasami pechowo – transport solonych indyków z Grecji na stoły dowództwa; czasami szczęśliwie – ładunek zabezpieczonej przed

---

[14] John Lukacs, *The Last European War – Sept. 1939–Dec. 1941*, Anchor Press-Doubleday, Garden City, New York 1976, ss. 199–207. W tym miejscu cytuje G. Reittlingera, *The Final Solution*, New York 1953. Książka Lukacsa zawiera najlepszy znany mi opis życia w wojennej Europie.

[15] Lucy Dawidowicz, autorka żydowska (*The Holocaust and the Historians*, Harvard University Press, 1981, s. 94), obciąża winą nie tylko tych faszystów, ale również chłopów, których oskarża o wydawanie Żydów za nagrodę, oraz partyzantów z AK, którym zarzuca mordowanie w lasach żydowskich uciekinierów.

POLSKA

wszami zimowej bielizny. Niemiec jadał lepiej w Polsce niż w innych krajach okupowanej Europy, ale życie w „Gangstergau" było bardziej niebezpieczne.

Żydzi mogli uwierzyć Hitlerowi na słowo i przewidzieć nadchodzącą Apokalipsę. Mogli też argumentować, że wiele pokoleń Żydów mieszkających w Warszawie poznało i przetrwało polski antysemityzm. W K. podczas Wielkanocy pijany motłoch wrzeszczący: „Mordercy Chrystusa!" spalił synagogę, splądrował żydowskie sklepy i zabijał każdego, kto stanął mu na drodze. Więc Żydzi wyjeżdżali do Nowego Jorku. Albo zostawali na miejscu, próbując pozbierać rozbite skorupy i mając nadzieję na więcej szczęścia w następnym roku. Albo przenosili się do bezpieczniejszej Warszawy. Żydzi nauczyli się, tak jak kiedyś Murzyni nad Missisipi, jakie zasady ich obowiązują, jakich urzędników muszą przekupić, jakiego zachowania nauczyć dzieci. Sukces, jaki odnieśli w dostosowywaniu się do tradycyjnego antysemityzmu, kazał im w 1941 roku łudzić się, że przetrwają i ten nowy epizod; albo po prostu byli ludźmi i wierzyli, iż jeśli słońce wieczorem zaszło, to następnego ranka wzejdzie.

Kiedy armie niemieckie zostały pod koniec listopada zatrzymane prawie o krok od Moskwy, zarówno Niemcom, jak i wszystkim innym zaświtała myśl – budząca lęk albo nadzieję – że Hitler być może nie wygra. Ale Hitler zaprzysiągł sobie zwycięstwo w innej wojnie – w wojnie totalnej przeciw europejskim Żydom. Getta Warszawy, Łodzi, Lublina stały się po prostu punktami zbornymi dla obozów śmierci: Oświęcimia, Majdanka, Belsen, Sobiboru, Treblinki i tak dalej, i tak dalej. Staroświecka łapówka mogła sparować pierwszy cios, ale nie drugi czy trzeci. W każdej grupie społecznej znaleźli się Polacy, którzy przyglądali się temu z zadowoleniem, a nawet pomagali. Inni jednak podejmowali ryzyko i narażali się na natychmiastowy wyrok śmierci.

W 1957 roku słyszałem opowieść o kilku Polkach prowadzących dom dla małych dzieci, których rodzice nie żyli, byli w więzieniu, w podziemiu albo w ukryciu. Kobiety godziły się na ryzyko związane z pochodzeniem dzieci. Pewnego dnia rozległo się oczekiwane stukanie do drzwi – pojawił się oficer z sierżantem. „Czy któreś dzieci są Żydami?" Kobiety były zbyt przerażone, żeby odpowiedzieć. Niemcy weszli do głównej sali pełnej zajętych zabawą

84

maluchów, które nie zwróciły uwagi na przybyszów. Można było dość precyzyjnie utworzyć dwie grupy, biorąc za kryterium kolor włosów: dzieci polskie miały włosy koloru słomy, żydowskie – kasztanowe lub może rude (czarnowłosych wnuczek dr. Kasdona w ogóle by nie przyjęto). Niemcy, w bezruchu, przypatrywali się dzieciom. Polki wstrzymały oddech. Potem oficer odwrócił się bez słowa i razem z sierżantem opuścił budynek.

Kiedy powtórzyłem tę opowieść żydowskiej matce jednej z pierwszych uczennic mojej szkoły Commonwealth, odparła: „Nie obchodzą mnie takie historie". Nie podała powodów, ale wydaje mi się, że przypadek jednego przyzwoitego Niemca zaprzeczał uznanemu przez nią faktowi, że takich Niemców nie było.

W 1943 roku sytuacja w getcie warszawskim stała się tak nieznośna, jak gdyby Niemcy chcieli tam przeprowadzić dziwaczny test wytrzymałości człowieka – podobny do naukowych eksperymentów, bodaj w Belsen, gdzie więźniów zanurzano na coraz dłuższe okresy w lodowatej wodzie, a potem kładziono do łóżka z nagimi Cygankami, żeby przekonać się, czy można przywrócić ich do życia. Niemniej jednak administracja niższego szczebla była nadal w rękach żydowskich: policja utrzymywała porządek wśród głodujących, urzędnikom powierzono nawet zadanie wyboru tych, którzy znajdą się na następnej liście do Oświęcimia. W końcu w święto Paschy to, co się jeszcze tliło, wybuchło płomieniem. Getto miało dość broni, często przeszmuglowanej przez ryzykujących życiem akowców, by Niemcy musieli użyć bombowców nurkujących w celu złamania powstania.

Miłosz opisywał grupę Polaków obserwujących z dachu, jak niemieckie samoloty pikują na płonące budynki: „Trzeba to przyznać Hitlerowi, że robi w Polsce porządek".

Kiedy w styczniu 1944 roku armia radziecka przekroczyła granicę Polski z 1939 roku, rozpoczęto w radio intensywną kampanię propagandową: Polacy i Rosjanie powinni teraz zapomnieć o dawnych krzywdach i walczyć razem ramię przy ramieniu przeciw hitlerowskim najeźdźcom. Polacy zaczęli się jednak niepokoić o ostateczny kształt wschodniej granicy z ZSRR, a właściwie o to, jak Churchill i Roosevelt – mówiąc wprost – sprzedadzą Polskę, żeby zachować dobre stosunki ze Stalinem. W tym czasie zresztą rząd polski w Londynie, podnoszący sprawę masakry w Katyniu, stawał się w oczach Churchilla coraz bardziej nieznośną zawadą – był zbędny. 1 sierpnia 1944 roku wybuchło w Warszawie powstanie. Jeśli nadludzkim wysiłkiem Armia Krajowa zdoła samodzielnie wyzwolić stolicę, a potem przywita radzieckie wojsko jako gościa, to może przyszłość kraju będzie inna? W miarę zbliżania się Armii Czerwonej, która ustanowiła prokomunistyczny „rząd" w Lublinie, stało się jasne, że braterska walka ramię w ramię to teoria, a w praktyce pojawiła się realna groźba przekształcenia Polski w posłuszne państwo satelickie.

Atak z broni małokalibrowej zaskoczył Niemców, Polacy szybko osiągnęli pierwsze cele i zdobyli więcej broni i amunicji. Armia radziecka dotarła do wschodniego brzegu Wisły i zatrzymała się. Rosjanie mogli oświadczyć, tak jak zrobili to w tym samym miesiącu podczas powstania na Słowacji, że wyczerpały się im zapasy, a ludzie są u kresu sił. Prawda, ale czemu nie udzielili wsparcia artyleryjskiego? Czemu nocą nie przysyłali pomocy przez rzekę? Oficerów radzieckich wyraźnie cieszył widok likwidacji niekomunistycznego ruchu oporu.

Przez chwilę miasto było prawie wolne. Pomimo bombardowań i ostrzału w pierwszym miesiącu wojny, zniszczenia getta, zapadającej głęboko w serce atmosfery strachu, głodu i poniżenia, pomimo barykad na ulicach – Warszawa była wciąż, na swój sposób, normalnym miastem. Na zdjęciach widać bojowników AK – często nastolatków – w zdobycznych niemieckich hełmach, z niemieckimi pistoletami i karabinami maszynowymi, czasem w butach do jazdy konnej, tak popularnych wśród Polaków, w cywilnej kurtce, nawet w okularach. Kobiety były pielęgniarkami, łączniczkami, czasami żołnierzami – w spódnicach i w spodniach, ale prawie na wszystkich fotografiach z dziwnie nie na miejscu eleganckimi fryzurami. Wygląd musiał być sprawą istotną. W czasie powstania odbywały się nawet śluby, a panna młoda miała maleńki bukiecik. Jak długo się dało, zabitym zapewniano pogrzeb – w trumnie, z księdzem. W pogrzebie uczestniczyły dzieci i babki. Kiedy artyleria milkła na chwilę, pewnie można było usłyszeć, tak jak teraz w Sarajewie, płacz dzieci.

Ale tydzień po tygodniu Warszawa zmieniała się w stertę gruzu – krok po kroku staczała się do piekieł. Ogień pancerny i artyleryjski, rakiety, bomby z powietrza, interesujący miniaturowy czołg „Goliat", sterowany kablem elektrycznym w kierunku barykady, a następnie wysadzany w powietrze – wszystko to kładło kres życiu miasta.

Obrońcom kończyła się amunicja, a Niemcy sprowadzili posiłki – dywizję SS „Hermann Goering" z Włoch, sadystyczne oddziały antypartyzanckie rekrutujące się z więźniów kryminalnych. Niemcy zmuszali też grupy cywilów do osłaniania atakujących czołgów, a schwytanych lekarzy i pielęgniarki rozstrzeliwali, rannych zaś polewali benzyną i podpalali. Po utracie kontroli nad miastem powstańcy mogli się poruszać tylko kanałami. Zmieniła się też radziecka propaganda: teraz bojownicy AK padli ofiarą reakcyjnych oportunistów z rządu emigracyjnego, byli lekkomyślnymi, protofaszystowskimi awanturnikami[16].

Pod koniec sierpnia 1944 roku w kwaterze głównej 5 Armii na południe od Florencji spotkałem dwóch pilotów RAF-u – jeden był z Anglii, drugi z Afryki Południowej – którzy wpadli, żeby przyjrzeć się naszej wielkiej mapie sytuacyjnej jednostek niemieckich. Latali z pomocą dla powstańców – z karabinami maszynowymi, amunicją, sprzętem medycznym, bateriami radiowymi – z Europy do Warszawy. Na miejscu lecieli tak nisko i wolno, jak tylko potrafili, nad Nowym Światem (główna przedwojenna ulica handlowa), potem zakręt na rogu Alei Jerozolimskich i paczka leciała na spadochronie pod numer 127 – ale równie często wpadała w ręce niemieckie. Ponieważ Rosjanie nie pozwalali im tankować na swoich lotniskach, zaledwie parę kilometrów na wschód od miasta po drugiej stronie Wisły, samoloty musiały zabierać tyle paliwa, że na zapasy – transportowane z tak wielkim ryzykiem – nie zostawało wiele miejsca i znaczenie zrzutów było głównie psychologiczne.

Desperacka, w dużej mierze niepotrzebna odwaga tych lotników była symbolem powstania, które z kolei symbolizowało znaczną część polskiej historii. Powstanie formalnie upadło w październiku. Niemcy zastrzelili wielu poddających się bojowników, ale niektórych wzięli jako jeńców wojennych i wysłali do obozów. Po

---

[16] John Erickson, *The Road to Berlin*, t. II, Weidenfeld-Nicholson, London 1983, ss. 247–290.

kapitulacji ewakuowali Warszawę i zburzyli miasto, wysadzając dzielnicę po dzielnicy, aż pozostało pustkowie, jak zapowiadał Hitler. Wtedy Armia Czerwona sforsowała Wisłę.

Zbyt stary żeby nosić broń i walczyć jak inni –
wyznaczono mi z łaski poślednią rolę kronikarza
zapisuję – nie wiadomo dla kogo – dzieje oblężenia
(...)
piszę tak jak potrafię w rytmie nieskończonych tygodni
poniedziałek: magazyny puste jednostką obiegową stał się szczur
wtorek: burmistrz zamordowany przez niewiadomych sprawców
środa: rozmowy o zawieszeniu broni nieprzyjaciel internował posłów
nie znamy ich miejsca pobytu to znaczy miejsca kaźni
czwartek: po burzliwym zebraniu odrzucono większością głosów
wniosek kupców korzennych o bezwarunkowej kapitulacji
piątek: początek dżumy sobota: popełnił samobójstwo
N.N. niezłomny obrońca niedziela: nie ma wody odparliśmy
szturm przy bramie wschodniej zwanej Bramą Przymierza
wiem monotonne to wszystko nikogo nie zdoła poruszyć

Zbigniew Herbert, *Raport z oblężonego miasta*

PODRÓŻ

Rozdział siódmy

WARSZAWA II, 1957

Na amerykańskich weteranów i ich żony, kupujących domy na przedmieściach, gdzie wychowywali liczne potomstwo, spłynął potok społecznego współczucia. Zgoda, byliśmy spokojni i konformistyczni – kosiliśmy trawniki i lękaliśmy się radykalnych idei. Przed nami była Historia – Elvis, kultura młodzieżowa, narkotyki, murzyńscy bojówkarze, Wietnam – ale na razie kursowały tylko nieustannie minibusy, odwożąc dzieciaki na basen, a ich rodziców na szkolne zebrania. Oczywiście. Ale z drugiej strony, trzeba było zbudować małżeństwo i dom na czymś więcej niż listy i weekendowe przepustki, stworzyć rodzinę, znaleźć pracę, wziąć odpowiedzialność za chłopców, których uczyłem, i za szkołę, którą pomagałem rozkręcić, włączyć się do wspólnoty na dalekich przedmieściach St. Louis, Missouri – trzeba się było nauczyć dorosłości.

Wychowywanie małych dzieci może być nieskończenie wyczerpujące – rodzice zamknięci w areszcie domowym przez hałaśliwych, małych klawiszy – a jednak wspomnienia tych pachnących słodko, uczesanych stworzonek w piżamach i koszulach nocnych, wspinających się na tatę lub mamę po bajkę na dobranoc, są jedną z nici łączących mnie z historią, także z innymi dziećmi, które nigdy tego nie zaznały albo straciły na zawsze takie wieczorne godziny.

Każdy dzień był wtedy wypełniony po brzegi: karmienie i ubieranie dzieci, zajęcia z historii Stanów Zjednoczonych, z hiszpańskiego, z Szekspira z tymi sympatycznymi chłopakami z Ottumwa i Dallas, którzy nie mieli pojęcia prawie o niczym. Przeczytajcie

POLSKA

Makbeta, wyciągnijcie karteczki – przekonamy się, czy znacie fakty, nauczcie się na pamięć monologu „Jutro – i jutro – i jutro". Potem w niedzielne popołudnie wsiadamy do minibusa, żebyście mogli pierwszy raz w życiu posłuchać Beethovena w wykonaniu orkiestry symfonicznej z St. Louis.

Tłem dla tej codzienności były zmiany w powojennej Ameryce za prezydentury Trumana – improwizowane, tak jak moje ówczesne wysiłki. W jakim stopniu tamten rząd mógł zaplanować, a naród amerykański przyjąć program odbudowy wyczerpanej, zniszczonej Europy? W jakim stopniu Amerykanie mogli zrozumieć groźbę komunistycznej agresji – intelektualnej, politycznej i w końcu militarnej – nie ulegając zarazem nienawiści i lękom rozsiewanym przez takiego drania jak Joseph McCarthy? Jaką cenę byliśmy skłonni zapłacić, żeby wyrównać szansę czarnych Amerykanów?

Demokracja zaczyna się od działania we wspólnocie, w jakiej akurat się znajdziemy. Szczera prawda. W moim przypadku oznaczało to prowadzenie grupy dyskusyjnej roztrząsającej w sposób boleśnie sztuczny kwestię „federalizmu światowego". W 1952 roku brałem udział w gromadzeniu funduszy i akcji propagandowej na rzecz beznadziejnej kampanii Adlaia Stevensona przeciw generałowi Eisenhowerowi, co partia demokratyczna wynagrodziła mi dwa lata później, proponując kandydowanie do rady gminy St. Louis. Zapukałem do trzech i pół tysiąca drzwi, zdobywając poparcie Żydów i Murzynów, homoseksualistów, intelektualistów i ludzi, którzy trzymają zardzewiałe meble ogrodowe na podjeździe, ale ci, którzy mają trawę ładnie przystrzyżoną, a domy pięknie pomalowane, zagłosowali jak Bóg przykazał.

Tylko czy naprawdę chciałem żyć sprawami tego podmiejskiego światka? Na sercu leżało mi raczej przetrwanie tego świata, który poznałem w wojennych Włoszech, w zimowej Florencji. Poszukiwanie jakiejś roli do odegrania znalazło wyraz w napisaniu trzech powieści na temat dialogu pomiędzy Amerykanami a Europejczykami, w niemądrym pomyśle uczenia w Pradze i w praktycznym pomyśle udania się do Wiednia w roli nauczyciela Fundacji Fulbrighta. Chyba nadszedł czas, żeby opuścić moją klasę, ulokowaną nad garażem, wyprowadzić rodzinę z domu przy Lincoln Road i przynajmniej zaryzykować parę lat życia w Paryżu, aby zostać profesjonalnym pisarzem. Niestety, Paryż, który poznaliśmy, nie stał się otoczeniem pobudzającym do działania, a rynek wydawniczy nie był zainteresowany moją prozą. Spotkała mnie jednak nagroda w postaci długich rozmów o Polsce z Czesławem Miłoszem, więc przed naszym ostatecznym wyjazdem w lipcu 1957 roku do Bostonu, gdzie miałem założyć swoją własną szkołę, wyrwałem się na tydzień do Warszawy.

***

Założyciele i prawodawcy państw winni zawsze zakładać z góry, że wszyscy ludzie są źli i że niechybnie takimi się okażą, ilekroć będą mieli po temu sposobność. (...) Ludzie jedynie z konieczności zdolni są do czynienia dobra.

Machiavelli, *Rozważania* (tłum. K. Żaboklicki)

wymyśliłem łoże na miarę doskonałego człowieka
przyrównywałem złapanych podróżnych do owego łoża
trudno było uniknąć – przyznaję – rozciągania członków obcinania kończyn

pacjenci umierali ale im więcej ginęło
tym bardziej byłem pewny że badania moje są słuszne
cel był wzniosły postęp wymaga ofiar

pragnąłem znieść różnicę między tym co wysokie a niskie
ludzkości obrzydliwie różnorodnej pragnąłem dać jeden kształt
nie ustawałem w wysiłkach aby zrównać ludzi

Zbigniew Herbert, *Damastes z przydomkiem Prokrustes mówi*,
w: *Raport z oblężonego miasta*

Mam dwadzieścia cztery lata
Ocalałem
prowadzony na rzeź.
To są nazwy puste i jednoznaczne:
człowiek i zwierzę
miłość i nienawiść
wróg i przyjaciel
ciemność i światło.

Tadeusz Różewicz, *Ocalony*

POLSKA

...zabijać w imię pięknych idei uniwersalnych

Czesław Miłosz, *Rue Descartes*, w: *Świadectwo poezji*

Ależ tak ty również nadajesz się na męczennika
z tym swoim słabym zdrowiem z zadyszką
z delikatnymi przyzwyczajeniami
i upodobaniem do codziennej gorącej kąpieli
Ależ tak Nie jest nigdzie powiedziane
że zawsze będziesz chodził zamyślony
z tym swoim łagodnym uśmiechem
że któregoś dnia nie rozrzucą twoich książek
że z twojej pobitej twarzy nie poleje się krew

Julia Hartwig, *Ależ tak*

Zniewolenie, samowola, poniewierka, głód byłyby nieporównanie ła-
twiejsze do zniesienia, gdyby nie przymus nazywania ich: wolnością,
sprawiedliwością, dobrem ludu. Masowe eksterminacje nie są wyjąt-
kiem w dziejach, okrucieństwo jest w naturze ludzi, społeczeństw. Ale
tu uzyskały nowy, trzeci wymiar, głębiej i subtelniej opresyjny: prze-
ogromną antrepryzę znieprawienia mowy ludzkiej. Gdyby to było tyl-
ko kłamstwem, hipokryzją. Kłamstwo jest w naturze ludzkiej, hipokry-
tyczne są wszystkie rządy. (...) Ale tutaj instrumenty ujawniania zostały
policyjnie skonfiskowane raz na zawsze. (...) Im nikczemniejsze były
fakty, tym bardziej pompatyczne ich nazwy.

Aleksander Wat, *Mój wiek*, t. 2, Czytelnik, Warszawa 1990, ss. 14–15

Przy pomocy argumentów podobnych do Orwellowskich z *1984*,
ale z większą pasją, Aleksander Wat – niegdyś zawołany *poputczik*,
który potem spędził wiele lat w sowieckich więzieniach – opisał jedną z cech komunistycznej Polski. Amerykanom łatwiej zrozumieć stosy
gruzu i ciała pozostawione przez Niemców, aresztowania i deporta-
cje, które przyszły potem, niż intelektualne właściwości komunizmu.
Nasi prezydenci też mówią kłamstwa, gnębi ich podobna mściwość
i paranoja – ale nie na tak imperialną skalę. Także amerykański brak
szacunku dla abstrakcji powstrzymuje prezydentów przed odwoły-
waniem się do równie subtelnego i wszechstronnego systemu logicz-
nego jak ten stosowany przez zwolenników *diamat'*u.

92

Zniewolony umysł Miłosza, wydany w 1951 roku, wciąż jest najbardziej błyskotliwą analizą mentalności komunistycznej. Stosunek autora do Amerykanów był protekcjonalny – traktował ich jak dobrodusznych idiotów, niecierpliwych w obliczu skomplikowanej rzeczywistości i zażenowanych w obliczu tragedii. Ich umiejętność rozumowania była upośledzona przez nieznajomość historii, a świadomość relacji pomiędzy językiem a myśleniem była zmącona przez niedobre językowe przyzwyczajenia.

Miłosz patrzył z jeszcze większą pogardą na zachodnich intelektualistów przepojonych wiarą, że znajomość „marksizmu" pozwala im zrozumieć wydarzenia w krajach podbitych przez Armię Czerwoną. Jako dobrzy platonicy otrzymali tak wyrafinowaną edukację filozoficzną, że potrafili ignorować świadectwo zmysłów, a klęska cywilizowanego Zachodu, zadana przez nazistowskie armie, tak ich zdemoralizowała, że byli gotowi zapomnieć o moralnych korzeniach, które ożywiały ich kulturę. Nie zrozumieli w pełni znaczenia ostatniej sceny tortur z *1984*: oprawca pokazuje Winstonowi Smithowi cztery palce i poddaje go coraz mocniejszym wstrząsom elektrycznym, aż biedak udziela w końcu oczekiwanej odpowiedzi – pięć.

Pod względem politycznym wydarzenia w Warszawie nie odbiegały niczym istotnym od wydarzeń w Pradze, Budapeszcie czy Bukareszcie: kruchy rząd koalicyjny, kierowany przez demokratycznego figuranta, upadał w krótkim czasie, a główną rolę przejmował niczym nieskrępowany komunistyczny reżyser: Bierut, Gottwald, Rákosi, Pauker. Pod względem materialnym Warszawa była oczywiście bardziej zniszczona niż jakiekolwiek inne miasto, poza niemieckimi, ale miało to też i dobre strony. Każda para rąk była potrzebna, żeby odbudować stolicę – żeby zmienić tę potężną stertę gruzu w jakieś miasto. Nie, ta brzydka włókiennicza Łódź – nie zniszczona i niezbyt odległa – nie będzie odpowiednią stolicą. Trzeba odrzucić kosmopolityczne udziwnienia na londyńskich planach i odbudować Warszawę w klasycznie proletariackim, moskiewskim stylu. Niektóre bezcenne fragmenty – jak Starówka i Zamek Królewski – postawi się ogromnym kosztem na nowo, wykorzystując obrazy Bellotta. Żeby żyć, mieć dzieci, dojść do siebie po śmierci bliskich – 6 milionów zabitych, co piąty obywatel – żeby wznosić mury, odbudować kanalizację – obie strony musiały w jakimś stopniu przez jakiś czas współpracować.

POLSKA

Nieomal paradoksalnie atmosfera w Polsce była pod pewnymi względami lepsza niż u jej sąsiadów. Nie było problemu kolaborantów. Pogarda Niemców dla Polaków wszelkiego autoramentu oznaczała, że nikogo nie zaproszono do współpracy. Przedwojenny Kościół katolicki był mocno antykomunistyczny i antysemicki, ale w odróżnieniu od Kościołów na Słowacji, na Węgrzech i w Chorwacji nie opowiedział się za Niemcami. Solidarność pomiędzy Kościołem i narodem w tamtych straszliwych latach, śmierć tysięcy księży zyskały mu szacunek i lojalność. Armię Krajową, warszawskich powstańców ogłoszono hurtem faszystami, ale nikt w to nie wierzył. Arystokratyczna rodzina mogła zachować tylko małe mieszkanko we własnej kamienicy. Ich dziecko mogło wybrać jedynie niezbyt eksponowaną profesję, powiedzmy: historyka sztuki. Najtrafniejsza metafora komunizmu – mrożące krew w żyłach pukanie do drzwi o czwartej nad ranem – funkcjonowała naturalnie dalej, a każdy mężczyzna trzymał w szafie spakowaną walizeczkę. Inny obraz, opisany przez Miłosza: jeśli w pracy rozniosła się pogłoska, że kimś interesuje się milicja, dzień po dniu biurka i krzesła kolegów spontanicznie się oddalały (tak jak 40 lat później w przypadku podejrzanych o AIDS), aż pewnego ranka jego biurko stało na środku pustego pokoju. Następnego dnia znikał.

„Wzgarda dla ginących" – myśli bezpieczny –
„popchnąć tego, komu nogi się chwieją".

Hi 12,5

Władysław Gomułka, I sekretarz partii podczas mojej wizyty w 1957 roku, był również I sekretarzem w 1943 roku, a w 1951 trafił na trzy lata do więzienia za odchylenia prawicowe i titoistowsko-nacjonalistyczne. W każdej innej „republice ludowej" skazano by go na śmierć. Niewykluczone, że niemieckie masakry stępiły chęć mordu w polskich komunistach. Z kolei sceptyczny realizm umysłowości polskiej obronił w znacznym stopniu naród przed bezwzględną jednomyślnością – *„Sieg Heil!"* – totalitaryzmu. Natomiast niechęć do jajogłowych wśród robotników i powszechna pogarda dla Rosjan uodporniły Polaków na komunistyczne przywództwo. Z konkluzji Aleksandra Wata wynika, że okrucieństwa i deformacje nazizmu wcale nie muszą skłaniać obserwatora do aprobaty komunizmu. Równie

94

dobrze mogą mu otworzyć oczy na podobieństwa obu reżimów i popchnąć go w zupełnie innym, trzecim kierunku. Żydzi. Prawdopodobnie 90–95% wymordowano podczas wojny, ale prześladowania wcale się nie skończyły. 4 czerwca 1946 roku w Kielcach Polacy zmasakrowali prawie 50 ocalonych Żydów, którzy wrócili z obozów koncentracyjnych[17]. Niektórzy Żydzi byli tak bardzo zrażeni do wszystkiego, co polskie, że z własnej woli pracowali w komunistycznych sądach i bezpiece.

1956 był w Polsce rokiem przełomu. Cały komunistyczny świat zatrząsł się po ogłoszonym na zjeździe partii referacie Chruszczowa na temat zbrodni stalinowskich. Umarł twardogłowy stalinista Bierut, pojawił się Gomułka. Wypadki czerwcowe w Poznaniu, w których brali udział robotnicy i młodociani „chuligani", objawiły komunistom nihilistyczną stronę społeczeństwa polskiego, której istnienia nie podejrzewali. Tymczasem gwałtownie rozwijająca się rewolucja w Budapeszcie popychała partię w przeciwne strony. Dla polskich „liberałów" był to dowód, że Polacy również mogą uzyskać więcej wolności; dla twardogłowych był to demoralizujący przykład, pogwałcenie wszystkich tez marksizmu-leninizmu. Niemniej jednak, kiedy Chruszczow skierował w październiku radzieckie czołgi na Warszawę jako ostateczny argument, Polacy nie przestali się domagać pewnej niezależności, a Gomułka otrzymał jednomyślne poparcie od partii, wojska i narodu. Być może, stara komunistyczna gwardia pamiętała, jak Stalin w 1938 wymordował w Rosji partyjne polskie kierownictwo i że wtedy, naturalnie, ani Chruszczow, ani żaden inny aparatczyk słowem nie zaprotestował.

Czym jest poezja, która nie ocala
Narodów ani ludzi?
Wspólnictwem urzędowych kłamstw,
Piosenką pijaków, którym za chwilę ktoś poderżnie gardła,
Czytanką z panieńskiego pokoju.

Czesław Miłosz, *Przedmowa*, w: *Ocalenie*, 1945

---

[17] L. Dawidowicz, *The Holocaust and the Historians*, s. 94: „Koniec końców, niemiecka okupacja pokazała Polakom, że Żydów można bezkarnie mordować". Niestety, to samo mogliby powiedzieć Arabowie o izraelskich żołnierzach.

POLSKA

W 1955 – powiedział mi Miłosz – pojawił się w Polsce szczególny fenomen – *Poemat dla dorosłych* Adama Ważyka (wcześniej twardogłowego komunisty, który latami pisał kłamstwa). Nadal trzeba było pisać, posługując się aluzjami, ale taka jest, koniec końców, funkcja poezji. W naelektryzowanej atmosferze państwa policyjnego wydrukowanie słów: „Wierzę, że stół ma tylko cztery nogi", skłania czytelnika do dopowiedzenia reszty.

Był świt, słyszałem świst odrzutowców,
kosztowny bardzo, a jednak musimy...
Kiedy nie chcemy mówić wprost o ziemi,
wtedy mówimy: niebo nie jest puste.[18]

kiedy sępy abstrakcji wyjadają nam mózgi,
kiedy zamyka się uczniów w podręcznikach bez okien,
kiedy redukuje się język do trzydziestu zaklęć,
kiedy gaśnie lampa wyobraźni,
kiedy dobrzy ludzie z księżyca [Rosjanie]
odmawiają nam prawa do gustu,
to prawda,
wtedy nam grozi tępota.

Wiele lat później podczas radosnych dni Ronalda Reagana („W Ameryce jest już dzionek") krytyk przedstawiający odmienne fakty był piętnowany jako czarnowidz i szastający pieniędzmi podatników liberał. Komuniści byli jeszcze bardziej drażliwi.

Marzyciel Fourier uroczo zapowiadał,
że w morzach będzie płynąć lemoniada.
A czyż nie płynie?
Piją wodę morską,
wołają –
lemoniada!
Wracają do domu cichaczem
rzygać,
rzygać!

---

[18] Slogan uzasadniający rozbudowę lotnictwa wojskowego w Polsce.

Zakazane słowa o kobietach, które starzeją się tak szybko, o piętnastoletnich prostytutkach, o nudzie i tępocie w tych nieludzkich miastach, równie powszechnej jak śmieci i brud, o martwym ciężarze nadzorców, propagandzistów, biurokratów...

Upominamy się na ziemi
o ludzi spracowanych,
o klucze do drzwi pasujące,
o izby z oknami (...)
o proste odróżnianie słowa od czynu (...)
o jasne prawdy, o zboże wolności,
o rozum płomienny.

Wersy łatwe do zapamiętania, do napisania na kartce papieru, żeby dać je przyjacielowi, przypomnieć je sobie tuzin razy w ciągu dnia.

Wolno nam było odzywać się skrzekiem karłów i demonów
Ale czyste i dostojne słowa były zakazane.

Czesław Miłosz, Zadanie

* * *

„Chciałbym się dowiedzieć, jak ludzki duch potrafi przetrwać w totalitaryzmie".

„Jestem najbogatszym człowiekiem w Polsce. Jestem ojcem dziesięciorga dzieci, z których żadne nie zginęło podczas wojny".

Te zdania, w tłumaczeniu na francuski, powinny zdobyć jakąś nagrodę.

Od Miłosza dostałem list polecający do starszego księdza, którego działalność społeczna wzbudzała nieufność zarówno partii, jak i Kościoła, i który powinien być pożytecznym przewodnikiem. Plebania księdza Ziei znajdowała się niedaleko od hotelu „Bristol", ale ksiądz był chory, a jego gospodyni skierowała mnie do mieszkającego nieopodal pułkownika Remigiusza Grocholskiego.

Pułkownik Grocholski zaprosił mnie do swojego mieszkania, pełnego starych mebli pochodzących z dużo większego domu. Był to wyprostowany, o arystokratycznym wyglądzie pan pod siedem-

POLSKA

dziesiątkę, wyraźnie przyzwyczajony do przyjmowania gości w wystawnych wnętrzach. Pani domu, pozostająca w tle – na jej barkach spoczywał ciężar dbania o tę elegancję – podała nam maleńkie filiżanki kawy. Kim jestem? – nauczycielem, pisarzem, odwiedziłem przed wojną Polskę, byłem żołnierzem na froncie włoskim. Pułkownik miał tego dnia trochę wolnego czasu. Mógłby pokazać mi miasto.

Proust – mieszczanin z pochodzenia – był onieśmielony, spotykając arystokratów, których nazwiska należały do historii Francji. Dzieje pułkownika Grocholskiego były dziejami Polski. Z tego balkonu brat jego dziada rzucił na początku powstania styczniowego bombę w rosyjskiego namiestnika. Przy ulicy stała kapliczka ku pamięci znajomego mojego rozmówcy – porucznika Zbigniewa Szczepańskiego (spotykaliśmy takie kapliczki prawie co przecznica: kilka świeczek, wiązka uschniętych czerwonych goździków, tekturka z nazwiskiem, data 1944, wiek 23 lata, i jakieś słowa o hitlerowskich najeźdźcach). Dalej w tym kierunku, za połamanymi zębami zrujnowanych domów, w jednej z piwnic Starego Miasta pani Grocholska kierowała punktem opatrunkowym, a pomagał jej Etiopczyk z Aten. Kuzyn przepłynął nocą Wisłę z planem niemieckich pozycji, ale Sowieci i tak nic nie zrobili, a o pływaku słuch zaginął. Tak, miał majątek na Podolu za wschodnią granicą, a kiedy wybuchła wojna, wyjechał do swojego pułku. Dowodził batalionem partyzantów na wschód od Lwowa – na polskiej Ukrainie – ale w chwili wybuchu powstania był w Warszawie. Jego oddział był ostatnim, który się poddał.

Czy następnego dnia chciałbym odwiedzić Zakład dla Niewidomych w Laskach, na zachód od Warszawy? Pułkownik przedstawił mnie kierowcy autobusu: wprawdzie Amerykanin, ale inteligentny i życzliwy, był żołnierzem. Potem pokazał swoją legitymację młodzieńcowi siedzącemu na miejscu dla inwalidy wojennego, który z szacunkiem ustąpił mu miejsca. Kiedy szliśmy przez brzezinę – Laski – pułkownik cytował słowa Mickiewicza o Polsce – Chrystusie narodów – która w nagrodę za swoje cierpienia mogła prosić Boga o odkupienie Rosjan. Partyzanci walczyli w tym lesie podczas tamtego strasznego lata 1944 roku, a pułkownik wysłał swoją córkę Annę – kto podejrzewałby jedenastolatkę o przemycanie dokumentów pod ubraniem? – jako łącznika. Dziewczynka została ranna, ale przeżyła.

W Zakładzie dla Niewidomych pomiędzy drewnianymi domkami chodziły niepewnie dzieci o bezbarwnych twarzach. Niektóre straciły wzrok po przejściu odry albo po zapaleniu opon mózgowych, inne podczas zabawy z niewypałami, których było pełno na każdym polu. Antoni Marylski, zażywny, łysiejący dyrektor – podobnie jak Pułkownik, oficer armii carskiej w czasach, kiedy sopranistki z opery petersburskiej nosiły naszyjniki z prawdziwych diamentów – był władcą tego maleńkiego królestwa. Drobniutkie, usłużne zakonnice podały nam chłodnik – barszcz ze śmietaną i szyjkami raków – a na deser eklery w czekoladzie. Powojenne potrzeby były tak ogromne, a środki tak ograniczone, że komuniści zezwolili Kościołowi prowadzić zakłady dla niewidomych i umysłowo chorych, które były przecież finansowane głównie z zagranicy.

Kilka dni później wróciłem do Lasek i przenocowałem w maleńkim, wyszorowanym pokoju z siennikiem, miednicą do mycia i krucyfiksem. Jedynie dzwon z kaplicy i parę wron zakłócało ciszę. Pokazano mi zakonnicę – Żydówkę, byłą komunistkę. Przedstawiono mnie księdzu, który właśnie powrócił ze zsyłki. W 1946 czy 1947 roku, kiedy Rosjanie porywali ze Śląska mężczyzn, żeby wysłać ich na roboty w fabrykach Syberii, ksiądz zdjął sutannę i stanął w ich obronie: zamknięto go w bydlęcym wagonie, którym dojechał na Ural. W fabryce ze starym, zdezelowanym sprzętem postanowił udowodnić, że Chrystus jest wszędzie tam, gdzie znajdują się jego wyznawcy. Za pomocą kieliszeczka domowego wina i kawałka chleba ze stołówki odprawiał tajne msze. Stopniowo inni więźniowie dowiadywali się, że jest księdzem – ale fakt ten nie dotarł nigdy do strażników. Słuchał spowiedzi swoich współtowarzyszy i odpuszczał im grzechy gniewu, nienawiści i rozpaczy.

– Czy był ksiądz pomocny? – zadałem amerykańskie pytanie, za które natychmiast było mi wstyd.

– Nie wiem.

Byłem przybyszem, świadkiem, na którego czekali – tamtego tygodnia wysłuchałem więcej ludzi niż przez całe dwa lata pobytu w Paryżu.

POLSKA

– Pan wie, co sądzę o komunistach – usłyszałem od asystentki pana Marylskiego – ale przed wojną najbiedniejsze dzieci wiejskie nie mogły chodzić zimą do szkoły, bo nie miały butów. A teraz, cokolwiek komuniści zrobili złego, wszystkie dzieci polskie mają buty. (Zimą 1991–92 nowy republikański gubernator stanu Massachusetts, William Weld, próbował zbilansować budżet stanowy, likwidując zasiłki na odzież dla dzieci z rodzin korzystających z pomocy społecznej. Wśród wielu listów o pomoc, które wtedy dostałem, były również prośby o pieniądze na buty dla dzieci, żeby mogły pójść do szkoły).

Gomułka wciąż jeszcze uchodził za liberała. Przedstawienia, które wcześniej dawano w prywatnych mieszkaniach, narażając się na represje, przez pewien czas można było pokazywać publicznie. Stanowiłem jedną szóstą widowni głupawej sztuki fetującej wolność wyczynami klowna na ringu bokserskim wśród lalek i nocników. Niemniej jednak tamtej wiosny wyprzedano bilety na wszystkie spektakle *Czekając na Godota* Becketta[19]. Ta sztuka – pretensjonalna, pusta, nudna – nigdy do mnie nie przemawiała, ale dla polskiej widowni była przejmująca. Beckettowska wizja życia – dwóch zagubionych włóczęgów na pustkowiu sceny, czekających na kogoś, kto nigdy nie przyjdzie – była całkowicie uczciwym obrazem świata, który widzowie znali, więc oglądali ten spektakl ze łzami w oczach.

Pułkownik Grocholski, tak jak niegdyś zaprosiłby mnie na tydzień czy miesiąc do swojego majątku na Podolu, tak teraz nalegał, bym odwiedzał go, gdy będę mógł. W zapełnionym meblami mieszkanku, które znajdowało się na terenie Uniwersytetu (gdzie łatwo było się zgubić) przy Krakowskim Przedmieściu, zawsze znajdowało się dosyć miejsca na materac dla któregoś z dziesięciorga dzieci (poznawałem je po kolei: wielokrotna mistrzyni Polski w narciarstwie, amant – zdobywca serc kobiecych, chłopak z wyrokiem za przestępstwo walutowe, historyk sztuki itd., itd.), dla kuzyna, dla przyjaciół przyjaciół.

---

[19] Wystawiony również w 1993 roku w oblężonym Sarajewie przez Susan Sontag; rekwizytami symbolizującymi „nadzieję" były puste skrzynie z ONZ-owskich transportów.

Warszawa II, 1957

Po zbyt długim obcowaniu na dystans z Francuzami w Paryżu byłem poruszony, słysząc pozbawione skarg, otwarte odpowiedzi hrabiego Remisia – pierwszego arystokraty, jakiego spotkałem w życiu, ignorującego nowe zasady roku 1917, a może nawet 1789. Siedział w wielu więzieniach, ale był wolny. Nie miał pieniędzy, ale zawsze coś się trafiało – jego garnitur pochodził od krewnego z Belgii. Czynsze w Polsce były niskie. Komuniści to skorumpowani prostacy, ale nie bał się ich. Najbardziej brakowało mu jego koni. W każdym pokoju miał ich rysunki (niektóre własnego autorstwa), fotografie i obrazy.

Domyśliłem się z plakatu, że *Cyrulik sewilski* to *Barber of Seville*, więc zaprosiłem do teatru Pułkownika, jego żonę i byłą łączniczkę Annę – piękną studentkę ASP, w której natychmiast się zakochałem. Przedstawienie było błyskotliwe (dwupiętrowe dekoracje zezwalały na szybkie zmiany akcji), starszy pan zaś był zachwycony, że głowę wypełnia mu Rossini, a nie propagandowe bzdury.

Podróżując w pojedynkę, można tropić każdy obiekt, który pojawi się na ekranie radaru. Przez głośniki powtarzano nazwiska „Hemingway–Faulkner–Steinbeck", więc zlokalizowałem ciężarówkę z megafonem, na której grupka studentów sprzedawała czasopismo „Współczesność" z amerykańską prozą. No tak, nowy liberalizm Gomułki – szkoda tylko, że Węgry wystraszyły partyjnych konserwatystów. Ale i tak jest lepiej, niż było. Kto jest, moim zdaniem, w czołówce nowych pisarzy? Po dwóch latach pogardy ze strony francuskich intelektualistów dla mojego reakcyjnego, rasistowskiego, nie całkiem piśmiennego narodu – cóż za radość![20]

Mój radar naprowadził mnie na elitarne przyjęcie (węgierski wermut), po którym w towarzystwie francuskiego attaché kulturalnego i dziennikarza z Krakowa przeniosłem się do kawiarni. Polska tak bardzo różniła się od Francji i Stanów Zjednoczonych,

---

[20] W owym czasie francuscy proletariusze lubili oglądać wyścigi na wrotkach, więc w pewnej robotniczej dzielnicy Paryża zorganizowano mecz pomiędzy Francuzami i Amerykanami. Potworny zespół amerykański, miotający przekleństwa i prześcigający się w wulgarnych gestach, rozwścieczał widownię, ale z początku zdecydowanie prowadził dzięki jawnym oszustwom. Potem jednak przeważyła szybkość, zręczność i odwaga Francuzów, którzy zwyciężyli przy burzliwym aplauzie kibiców. Sęk w tym, że „Amerykanie" byli starannie przeszkolonymi w transatlantyckich wulgaryzmach Francuzami i zgarniali pieniądze jako „ci barbarzyńcy", którzy zawsze prawie wygrywali.

POLSKA

bo nic tu nie było oczywiste. Wygląd ulic, kolejki przed każdym sklepem spożywczym, znane mi wojenne statystyki, komunistyczny nadzór (niewidoczny – poza graniczną kontrolą celną – dla obcokrajowca, który pamiętał Berlin) czyniły czymś wyjątkowym te krakersy i wermut na przyjęciu i tę rozmowę w kawiarni.

Polak, Jacek Woźniakowski – szczupły, dystyngowany dżentelmen z blizną na twarzy – miał zostać jednym z moich najbliższych przyjaciół, a jego życiorys – tak jak Pułkownika – był również częścią historii Polski. Jego ojciec był ziemianinem bez reszty zakochanym w koniach, twórcą wysoko cenionej stadniny (zniszczonej w parę godzin po przybyciu Armii Czerwonej); przeżył resztę swoich dni, ucząc górników w Katowicach historii sztuki. Kiedy wybuchła wojna, Jacek był podchorążym w 8 Pułku Ułanów, specjalistą od konnych karabinów maszynowych. Przy ciągłym wycofywaniu się, w licznych potyczkach ubezpieczał odwrót, a potem, po kapitulacji wszystkich armii polskich, dołączył do grupy kawalerzystów zmierzających na Węgry (po zajęciu przez Węgrów Rusi Zakarpackiej w marcu 1939 roku Polska przez pół roku miała wspólną z nimi granicę), by kontynuować walkę na obczyźnie. Po drodze wpadli jednak na Ukraińców – świetnie uzbrojonych przez Niemców, ale stawiających łuki triumfalne Sowietom (Hitler ze Stalinem wyzwolą ich spod polskiego jarzma) – i w jednym z gwałtownych starć został ciężko ranny. Ocalony przez lojalnych polskich chłopów, dumnych z tego, że są skromnymi potomkami średniowiecznej szlachty, Jacek wrócił do zdrowia i został oficerem Armii Krajowej (zadania: sabotaż niemieckich pociągów, przekazywanie broni i amunicji partyzantom, tajne nauczanie, ukrywanie Żydów), a po wyzwoleniu zaczął studiować na Uniwersytecie Jagiellońskim i w końcu został jednym z twórców i redaktorów „Tygodnika Powszechnego", czasopisma reprezentującego liberalne kręgi kościelne. Tak jak jego ojciec, uczył historii sztuki – człowiek z jego przeszłością nie mógł wykładać p r a w d z i w e j historii.

W Polsce zapanowały rządy kłamstwa, mówił Woźniakowski. Niekoniecznie wiarygodnego. Być może komuniści byli tak cyniczni, że nie zależało im na tym, by ludzie im wierzyli, ale żaden fakt nie mógł się pojawić bez otoczki fałszu. Na przykład, kiedy w Budapeszcie wybuchło powstanie, tłum dokonał wielu samosądów na

102

znienawidzonych tajniakach, których można było rozpoznać – rzecz powszechnie znana – po białych butach. Polskie gazety wydrukowały wprawdzie na pierwszych stronach zdjęcie jednego z wisielców, ale obcięto je poniżej kolan (Woźniakowski widział oryginał w prasie francuskiej – zakazane teksty docierały bez większych kłopotów w bagażu dyplomatycznym zaprzyjaźnionych ambasad), więc podpis mógł brzmieć: węgierski robotnik zlinczowany przez faszystów. Ulubioną kontrabandą z Zachodu był *Doktor Żiwago* Pasternaka. Wydrukowane w Paryżu polskie tłumaczenie *1984* miało na okładce tytuł *Bojownicy o wolność* i rysunek bohaterskiego sołdata przeszywającego bagnetem burżuazyjną łapę.

Woźniakowski martwił się też o azjatyckie mrowisko – Chiny pod rządami Mao (typowo polskie obawy przed barbarzyńskim Wschodem i bezdusznym Zachodem). Europejscy komuniści musieli wypowiadać się o tej masowej demokracji z uznaniem, choć można było dopatrzeć się w nim dwuznaczności, ale kiedy Polacy pytali po cichu, ile da się ocalić pod ich własną odmianą komunizmu, czyż nie byli faktycznie zagrożeni przez pozbawione twarzy szeregi mrówek w niebieskich mundurkach?

Zabrało mi trochę czasu, żeby zrozumieć, na czym polega radykalna różnica pomiędzy życiem w Warszawie i życiem w Paryżu. W obu miastach wystawiano *Cyrulika sewilskiego* – żwawą, głupawą operę, której błyskotliwe przedstawienie owego wieczoru zadowoliłoby każdą widownię. W Warszawie dochodził jednak dodatkowy wymiar: niemy zachwyt, że kostiumy Rozyny i Hrabiego, że słodycz ich arii w ogóle istnieją. Paryż był wyczerpany przez wojnę, zbrukany przez kolaborację – francuscy policjanci urządzali, niekoniecznie wbrew sobie, łapanki na francuskie (żydowskie) dzieci, żeby Niemcy mogli je następnie wymordować; potem Paryż upokorzyło wyzwolenie przez prymitywnych żołnierzy amerykańskich i *prosperity* możliwa dzięki bogatym Amerykankom kupującym odzież. Niemniej jednak istniała różnica pomiędzy wyzwoleniem przez Amerykanów i Rosjan, oczywista dla dwunastolatka, której paryski intelektualista nie chciał zauważyć.

Każdy naród ma swoje ulubione wyobrażenia na temat naiwnych i butnych amerykańskich ignorantów – to nie podlega kwestii – ale dla Polaków, tak jak dla Miłosza, najbardziej dusząca była

POLSKA

ignorancja paryska: „Naturalnie, realia europejskie są nam znane". Rzecz jasna, tyle że dla mieszkańców Europy Zachodniej owe realia były zbyt często odzwierciedleniem marksistowskiej ortodoksji, żonglerką słowną, której towarzyszyła ślepota na praktyczne konsekwencje teorii. A zachowanie tożsamości pod komunizmem było bardziej funkcją charakteru niż intelektu. „Tygodnik Powszechny", w odróżnieniu od reszty polskiej prasy, odmówił zamieszczenia bałwochwalczego nekrologu Józefa Stalina i został po prostu zamknięty na pewien czas. Paryski pozór wiedzy był trudniejszy do zniesienia niż amerykańskie prostactwo.

Ostatniego dnia pobytu trafiłem na granitowy pomnik Bohaterów Getta. Stał wśród gruzów i niewątpliwie kosztował masę pieniędzy. Postaci miały cechy stalinowskich bohaterów: szlachetne, muskularne, piersiaste, wymachujące bronią i na pewno wykrzykujące, że lepiej umrzeć stojąc, niż żyć na kolanach – produkt jakiejś Fabryki Heroicznych Monumentów. Nie staram się być nachalnie cyniczny – wielkość tych żydowskich bojowników polegała właśnie na tym, że nie byli monumentalni. Byli biednymi, zagłodzonymi, zdesperowanymi amatorami, uzbrojonymi w kilka karabinów i granatów, nie wiadomo skąd wykombinowanych albo przeszmuglowanych przez ochotników z Armii Krajowej. Cudem było to, że Niemcy zostali zmuszeni do użycia czołgów i nurkujących bombowców, żeby złamać tę zbieraninę. A teraz wzniesiono im pomnik w ruinach miasta, na rumowisku bez jednego kwiatka – w mieście, gdzie na najmniejszym pomniczku zawsze leżą kwiaty – i tyle.

(A tak na marginesie, nigdzie nie było pomnika ofiar 1944 roku. Komuniści uznali powstanie za nieodpowiedzialne, faszystowskie awanturnictwo, bez względu na to, jak bohaterscy mogli być jego żołnierze).

Odleciałem z powrotem do Paryża (samoloty latały wtedy niżej i pamiętam ogromne zamki kumulusów, które mijaliśmy) pełen kłębiących się emocji. W drodze do Warszawy czytałem *Długi marsz* Simone de Beauvoir, o tym, jak Mao walczył o nowe, komunistyczne Chiny. Była to interesująca książka, ale teraz argumenty francuskiej intelektualistki wydawały mi się zarówno powierzchowne, jak i podejrzane moralnie. W Warszawie rozmawiałem całymi dniami z nieznajomymi o tym, co najważniejsze: o wojnie, wolności, religii, sensie sztuki, a potem wracałem do swojego maleńkiego pokoiku w „Bristolu" – przez głowę przetaczały mi się wtedy, niczym pociągi towarowe, wyrażenia francuskie, angielskie i polskie dźwięki; ale przede wszystkim dane mi było poznać to niezbite przeświadczenie, że najważniejsza jest Wola – zrywu przeciw Niemcom, którzy chcieli zmieść miasto z mapy, i przeciw Rosjanom, dla których Warszawa miała być posłuszną, prowincjonalną stolicą w ramach Związku Radzieckiego. Trzeba było wierzyć w ludzkiego ducha, kiedy wokół zostało tak niewiele rzeczy, które mogły budzić wiarę.

W owym czasie porzuciłem już rojenia o pozycji międzynarodowego intelektualisty, zasiadającego nad absyntem w „Les Deux Magots", dyskutującego na temat ostatniego wywiadu dla Gallimarda, ostatniej recenzji w „Figaro". Odłożę jeszcze jeden manuskrypt do szuflady i założę szkołę w Bostonie, gdzie ani ja, ani moja żona nie mieliśmy nikogo z rodziny, z kim trzeba by spożywać niedzielne obiady. Symbolem szkoły będzie warszawska Syrenka, która miała w zwyczaju pojawiać się na skale na środku Wisły, skąd wymieniała uwagi z flisakami płynącymi z ładunkiem zboża, drewna i futer do Gdańska. Ludzie będą zadawać pytania, a ja będę im opowiadał o niej i o Historii.

To wcale nie wymagało wielkiego charakteru
nasza odmowa niezgoda i upór
mieliśmy odrobinę koniecznej odwagi
lecz w gruncie rzeczy była to sprawa smaku
Tak smaku
w którym są włókna duszy i chrząstki sumienia

Zbigniew Herbert, *Potęga smaku*

Nigdy naprawdę nie marzłem, nigdy
nie żarły mnie wszy, nigdy nie zaznałem
prawdziwego głodu, poniżenia, strachu o własne życie:

czasami się zastanawiam, czy w ogóle mam prawo pisać

Stanisław Barańczak, *Dziennik zimowy*

PODRÓŻ

Rozdział ósmy

WARSZAWA III, 1960, 1964, 1968

Naprzód są plany,
potem sprawozdania
Oto jakim językiem
umiemy się porozumiewać
Wszystko musi być przewidziane
O wszystkim trzeba
później opowiedzieć
To, co zdarza się naprawdę
nie zwraca niczyjej uwagi

Adam Zagajewski, *Plany, sprawozdania*

Żądają od nas tak niewiele: byśmy mówili, że szanujemy to, czym
pogardzamy i nienawidzimy tego, co kochamy

Borys Pasternak, *Doktor Żiwago*

Tyś jest, cenzuro, wcale nie taka straszna
Nie kazamaty, ani krople słonej wody
Co płyną po ciemnych i kamiennych ścianach,
Nie świst pejcza i krwawe zaklęcia
Tylko słońce w firankach, jesionowe biurko,
Wesoło gwiżdże czajnik, kawy domowy zapach
W kątach się rozpiera i słychać wysoki
Perlisty śmiech zażywnej urzędniczki
która trzyma w ręku zwyczajne nożyczki.

Adam Zagajewski, *Mała piosenka o cenzurze*

Kto da świadectwo tym czasom?
Kto zapisze? Bo przecież nikt z nas:
za długo tu żyliśmy, za głęboko wchłonęliśmy
tę epokę, zbyt jej wierni, aby móc o niej powiedzieć
prawdę... Ale tego się nie da:
przeżyć i być czystym.

Bronisław Maj

Warszawa III, 1960, 1964, 1968

Razem z Mary przejeżdżaliśmy przez Warszawę w 1960 roku – żona chciała zobaczyć miasto i poznać ludzi, którzy wywarli na mnie tak wielkie wrażenie w 1957 roku. Przekroczenie Odry od strony Niemieckiej Republiki Demokratycznej (cóż za nazwa!) i znalezienie się na polskim posterunku granicznym, gdzie pracowała rozgadana grupa pogodnych, młodych kobiet w mundurach, a małe radio grało muzykę pop, było niczym wejście do Krainy Wolności. Te urzędniczki należały do gatunku ludzkiego, co nie było tak oczywiste wśród hien i szakali po drugiej stronie Odry.

Nocleg w Poznaniu i następne popołudnie w Warszawie, które jak zwykle gwarantowało, że turysta odwiedzający miasto po raz pierwszy będzie żałował swojej decyzji. Złożyliśmy towarzyską wizytę państwu Grocholskim – Mary zwróciła szczególną uwagę na to, jak bardzo arystokratyczne przyzwyczajenia Pułkownika są uzależnione od praktycznych umiejętności pani domu, której zniszczone dłonie i miły, zmęczony uśmiech zatrzymała w pamięci.

Przedstawiłem żonie Annę, która właśnie wróciła po rocznym pobycie z Paryża. We Francji nie da się całkiem legalnie przeprowadzić żadnej transakcji. Kiedy na przykład po dwóch latach odsprzedaje się ze znacznym zyskiem dom, można wymienić z powrotem na dolary tylko sumę zapisaną u notariusza, ale kupiec nie godzi się na wpisanie rzeczywistych kosztów, gdyż zapłaciłby wyższy podatek, a faktycznie podważyłby wszystkie ceny nieruchomości na tej ulicy. W związku z tym 8–12% ceny przechodzi z rąk do rąk w niewymienialnej gotówce.

„Może pan sobie kupić jakieś piękne antyki".

Mnie jednak wzruszył tak bardzo głód wiedzy Anny i jej pragnienie wyrwania się z zamknięcia, że w American Express założyłem na jej nazwisko konto, na które wpłaciłem te nielegalne franki. Zanim mogła z niego skorzystać, franki kilkakrotnie zdewaluowano, ale i tak na polskie warunki była to znaczna suma.

Paszportów nie wydawał MSZ, w którym schroniło się zbyt wielu niepewnych liberałów, ale MSW, czyli milicja. Naturalnie, jedynym powodem, dla którego jakiś Amerykanin może sfinansować taki wyjazd młodej kobiecie, jest chęć sprostytuowania jej albo zwerbowania do CIA. W rezultacie Annie wręczono niechętnie paszport po roku przesłuchań na milicji (skoro za długie, cotygodniowe rozmowy z taką kobietą jak Anna człowiekowi jeszcze płacą...).

107

POLSKA

Pieniądze zostały właściwie ulokowane. Rok w Paryżu po życiu na okrągło w Warszawie to radość, którą trzeba sobie umieć wyobrazić: człowiek towarzyszy w myślach tej młodej kobiecie w jej pielgrzymce wzdłuż Sekwany w kierunku Notre Dame pod przestworem nieba przyniesionym przez rzekę, kiedy ogląda lilie wodne Moneta w Orangerie, albo po prostu siedzi w kawiarni z nowym znajomym, gdzie wchłania wszystkie uroki i przyjemności oferowane przez Paryż – każdy szczegół widziany świeżym okiem, bez rutyny. Żeby uciec Historii. „Z czwórki moich pradziadków – usłyszałem od niej wiele lat później – trzech zmarło na Syberii, jeden schorowany po uwolnieniu z Dachau". Jak zauważył któryś z przyjaciół, jednym z powodów staropanieństwa Anny było to, że zbyt wielu chłopców, wśród których mogłaby znaleźć męża, wymordowano w powstaniu. Paryż umknął Historii – skapitulował bez jednego wystrzału w 1940 roku, a kiedy Niemcy uciekli w 1944, pozostał osamotniony, żeby zaproponować światu swoje rewolucyjne hasła: Bezpieczeństwo, Własność, Wygoda. Nic to.

Po powrocie do Polski każdy podróżnik musiał jednak zgłosić się na kolejne przesłuchania, tym razem z dwoma oficerami. Znany już śledczy zadawał pytania o fakty: „Jakich Polaków pani spotykała? O czym rozmawialiście? Jakie książki pani czytała? Niech pani spisze miesięczne wydatki. Skąd pochodzi te 10 tysięcy franków?". Drugi natomiast nie spuszczał z niej oka: „Czemu pani mrugnęła? Co znaczy ten uśmiech?".

Ja również miałem kontakt z aparatem bezpieczeństwa latem 1945 roku, kiedy służyłem jako stenograf w zespole przesłuchującym włoskich i niemieckich cywilów internowanych w obozach w Modenie, Livorno i Florencji. Czy rzeczywiście stanowili zagrożenie, czy byli to zwykli nieszczęśnicy (w 90%), których należało zwolnić? Policyjne przesłuchanie jest przerażającym doświadczeniem, ale znaczy też, że ktoś się nami, naszymi najskrytszymi myślami bardzo interesuje. Wyjazd z takiego świata do Nowego Jorku czy Paryża, gdzie można zrobić cokolwiek i nikogo to nie obchodzi – może wywołać poczucie samotności.

W obozie w Modenie stanął przede mną francuskojęzyczny zbir, którego zgarnęliśmy w naszą dziurawą sieć.

– Jak przysłużyłeś się Francji w jej latach udręki?

108

Mamrotał coś jak nakręcony, ale jedno słowo wyłapałem: „Milice". Odpowiedziałem przyjacielskim uśmiechem.

– Milice była naprawdę dzielną grupą. Służyłeś u nich?

Brutalna twarz rozjaśniła się.

– *Oui, Monsieur.*

– Darnard, *mon vieux*, był walecznym francuskim patriotą – gruchałem słodko, a jednocześnie wyciągnąłem formularz, który zatrzyma tego typa jeszcze osiem miesięcy w obozie. Milicja Josepha Darnarda, który parę miesięcy później zawisł na stryczku jako zdrajca, była odrażającą hałastrą, która odwaliła za nazistów kawał czarnej roboty w południowej Francji – fakt, który umysł wyszkolony w Harvardzie musiał wyłapać i zapamiętać.

– *Oui, Monsieur*, szczera prawda.

Wymieniliśmy serdeczny uścisk dłoni.

***

W poszukiwaniu tematów do rozmowy z tą czarującą młodą kobietą pierwszy milicjant opowiedział jej o swojej rodzinie, o bardzo, bardzo licznych zainteresowaniach synka. Kiedy więc Anna wróciła z Paryża, przywiozła chłopcu zabawkę – wóz strażacki. Milicjanta zatkało. Wielu ludzi dawało mu łapówki, ale nikt nigdy nie dał mu prezentu. Anna odziedziczyła po ojcu stoicki stosunek do policji.

„Wiedzą, co o nich myślę. Nie łamię żadnego prawa. Jeśli chcą mnie aresztować, to ich sprawa".

Żona Jacka Woźniakowskiego, Maja, gorzko żałowała tysięcy godzin spędzonych w Krakowie w kolejkach, godzin, które odbierała swoim dzieciom, gdy tymczasem dla Anny były to spokojne chwile, kiedy mogła czytać albo modlić się. Odczuwała spokój wewnętrzny, nie lękała się – czułem to – i znalazła interesującą, pożyteczną pracę, malując w pozycji leżącej na plecach – jak Michał Anioł – wysoko na rusztowaniach, sufity poddawanych renowacji kościołów albo rzeźbiąc na Starówce trzy gołębice na portalu – szczegół zachwycający oko.

Pułkownik poprosił nas, żebyśmy zawieźli jego i żonę do ich dawnej posiadłości pod Warszawą. Zależało mu, żeby pokazać nam domki z ogródkami, które ofiarował przed wojną swoim pracownikom.

„Gdyby tylko więcej ludzi z naszej sfery zrobiło to samo! Żadna kobieta nie wybierze komunizmu, jeśli ma dom i ogród". Sąd podzielany przez Stalina, który jednak wysnuł z niego inne wnioski praktyczne. Spotkaliśmy się z jednym z tych młodych ludzi, którzy sprzedawali czasopismo poświęcone amerykańskiej literaturze. Jerzy uważał, że powinniśmy zakosztować rozrywek, z których jego miasto bywało znane, i zaproponował nocny klub w podziemiach Pałacu Kultury i Nauki. Jest to warszawski drapacz chmur, podobny do Wrigley Building w Chicago, tylko większy, „dar od narodu radzieckiego" w moskiewskim stylu monumentalnym – „mały, ale gustowny". Grupka Węgierek w fioletowych, pomarańczowych i turkusowych apaszkach tańczyła *Lady of Spain I Adore You*, a potem *You Can Take the Train* i *Muskrat Ramble* w wykonaniu orkiestry jazzowej. Sympatycznie: dawne melodie, dawni wykonawcy nie umierają – trafiają do Warszawy.

Wróciłem tu w 1964 roku z siedemnastoletnią córką Amy i piętnastoletnim synem Bruce'em – nazwanym tak na cześć mojego starego przyjaciela – po drodze do otoczonej ziemniaczanymi polami wsi nad Bałtykiem, gdzie Woźniakowscy wynajmowali chałupę i gdzie mieliśmy zostawić Bruce'a, żeby przeżył męską przygodę. W Sali Kongresowej Pałacu Kultury wysłuchaliśmy recitalu rewolucyjnych pieśni o wolności w wykonaniu sławnego zespołu z Berlina Wschodniego. Gwiazdą koncertu był bojownik o wolność z Nowego Jorku – kawał chłopa – który zaczął swoją paradę przy naszych miejscach na górnym balkonie. Co sprowadziło jego i jego protest-songi do Berlina? „Proszę pana, niech mi pan opowie historię swojego życia". Nie miał czasu. Rycząc na całe gardło *Battle Hymn of the Republic* i łomocząc w gitarę, schodził po stopniach. Kiedy dotarł na scenę, przerzucił się naturalnie na *We Shall Overcome* („My pokonamy"), żeby widownia mogła się dołączyć. („A kto to jest ci My, proszę pana? Proszę wyjaśnić słowo Pokonamy. Kogo?" – belfer to belfer.) Znał przynajmniej dziesięć słów po polsku, co miejscowi zawsze wzruszająco doceniają, i wykrzykiwał nazwiska Castro i Kennedy, które dostały jednakowe oklaski. Był to archaiczny, z czasów niemal cesarskich, spektakl.

**

D y g r e s j a: Miłosz wspomniał kiedyś, że mimo straszliwych warunków mieszkaniowych Polacy żenią się bardzo młodo, nawet jeśli ich domem miałoby być tylko łóżko i parę walizek odseparowanych od reszty pokoju prześcieradłem zwisającym z sufitu. Ciało małżonka daje ciepło, a wspólne szepty w ciemności zapewniają głębokie poczucie prywatności. W latach pięćdziesiątych słyszałem tę historię w wielu wariantach. Teraz czasy były lepsze, ale w Warszawie kobiety starzały się szybciej od mężczyzn duchem i ciałem. Młodsze, ładniejsze, bardziej dynamiczne szukały większego bezpieczeństwa u boku starszego mężczyzny – ofiarowywały mu swoje względy, a wierne towarzyszki poprzednich, straszliwych lat trafiały za drzwi.

Jednak czas – pomijając ostatnią stronicę romansów – nigdy się nie zatrzymuje, a ufny, czarujący pan również się starzeje, przybiera na wadze, cierpi na żylaki, jeśli zaś opowie się po stronie niewłaściwego przełożonego, przenoszą go do Przemyśla, gdzie to właśnie ambitna druga żona wpatruje się w sufit o trzeciej nad ranem.

**

1968

Moje niedoceniane tutaj kwalifikacje i osiągnięcia:
ja, ekspert na skalę wschodnioeuropejską w kwestiach odmowy zeznań
i mówienia między wierszami,
wielokrotny mistrz osiedla w konkurencji zdobywania miejsca w kolejce,
rekordzista województwa w godzeniu się z losem na bliższą i dalszą metę,
dyplomowany specjalista w dziedzinie czekania na autobus...

Stanisław Barańczak, *Resumé*

Była noc. Nad wejściem do „Bristolu" wisiała ciężka, skórzana zasłona, mająca powstrzymać zimę. Wybiegłem na ulicę, chwytając twarzą miękkie, marcowe płatki śniegu – absurdalnie szczęśliwy, że tutaj jestem, że zostawiłem za sobą szkołę, Boston i poczucie zamknięcia w domu wariatów LBJ-a (Lyndona Bainesa Johnsona), gdzie każde stwierdzenie albo myśl trzeba było przeciwstawiać jego pokrętnej wizji świata i ludzkiej natury, tak jakbyśmy mieszkali w Bułgarii.

POLSKA

Zatrzymałem przechodnia.
– Proszę pana, gdzie główny urząd pocztowy?
– Najpierw na prawo, potem na lewo.
– Dziękuję bardzo.
Przecznicę dalej zadałem to samo pytanie. Być znów w Polsce, zamówić poprawnie małą wiśniówkę w barze w „Bristolu", mówić płynnie w tym pięknym języku – oto, na co czekałem, do czego ciągle się przygotowywałem podczas tych podróży do m o j e j Europy. Przed trzydziestu laty byłem świadkiem tego, jak wyglądał ten świat przed potopem – dzieci bawiące się w parku dzielnicy żydowskiej, kawalerzyści na pięknych koniach – i to naznaczyło mnie na całe życie.

Byłem tu też wtedy, kiedy na rumowiskach stawiano domy, i spotykałem ludzi, którzy opowiadali ironiczne dowcipy, rozmawiali o Bogu i sensie sztuki. To doświadczenie w jakimś stopniu nadało sens mojemu planowi założenia własnej szkoły, która mogłaby się stać niewielką oazą dobrej woli i rozsądku.

Szedłem szybko Krakowskim Przedmieściem w stronę Starego Miasta, żeby opuścić monumentalną część miasta i znaleźć się w miejscu skrojonym na ludzką skalę: w wąskich uliczkach Starówki, rozświetlanych przez lampy i pogrążonych w mroku cienia, z takimi detalami jak gołąbki Anny – w uliczkach, które – jak cała reszta – były w 1945 roku kupą gruzu, lecz zostały odbudowane z determinacją i wrażliwością.

Nie dalej jak tydzień wcześniej wyjechałem z Pragi do Bostonu, żeby poprowadzić w szkole nabożeństwo żałobne za naszego kolegę Seymoura Aldena, co obiecałem wdowie po nim – Louise. Była to porządna ceremonia, jeden z uczniów zmarłego odczytał Psalm 139 [138]:

> *Gdy wstąpię do nieba, tam jesteś;*
> *jesteś przy mnie, gdy się w Szeolu[21] położę.*
> *Gdybym przybrał skrzydła jutrzenki,*
> *zamieszkał na krańcu morza:*
> *tam również Twa ręka będzie mnie wiodła*
> *i podtrzyma mię Twoja prawica.*

---

[21] Kraina zmarłych w Starym Testamencie (przyp. tłum.).

112

Uczniowie odśpiewali psalm *Come, O Come, Emmanuel* – jego ulubiony. Seymour, zawsze belfer, doceniłby dobrą ceremonię, taką jak ta, bo dzięki niej wszyscy obecni – kiedy nadejdzie ich kolej – będą wiedzieli, jak poprowadzić podobną uroczystość, a wdowa po nim i trzy córki wyzwolą się łatwiej z myśli o długim, powolnym umieraniu na raka we własnym domu – „nigdy nie jest tak źle, żeby nie mogło być gorzej". Jak Seymour poradziłby sobie w Warszawie? Trudno powiedzieć. Z jednej strony, pewnie całkiem nieźle. Był przedsiębiorczym człowiekiem o małych wymaganiach. Jako historyk średniowiecza byłby zafascynowany tym, jak miasto opuściło wiek dwudziesty i zmieniło się w federację księstw feudalnych czy w bór, przez który prowadzą szlaki barbarzyńskich plemion. Nie wydaje mi się jednak, by mógł przeżyć okupację niemiecką. Jako człowiek honoru nie byłby w stanie nauczyć się łatwo forteli niezbędnych, aby przetrwać. Gdyby dożył czasów komunistycznych, nie martwiłby się zbytnio tym, że znalazł się po stronie przegranych. Historia to dzieje pokonanych. Byłby jednak przygnębiony niezdarnością komunistycznego zarządzania, a jeszcze bardziej pogardą władzy dla prawdy. Odczułby też boleśnie nawet życie w Bostonie w latach siedemdziesiątych i dalsze nauczanie w Commonwealth, w miarę jak ulatniało się z naszej szkoły poczucie sensu i wzajemnego zaufania. Potępienie wojny w Wietnamie – tu byliśmy mniej więcej zgodni – przerodziło się w cyniczne odrzucenie wszelkich ustalonych zasad i instytucji życia amerykańskiego, a więc również naszej szkoły.

***

mam nie tylko prawo,
ale i obowiązek przejawiania wszelkich
ludzkich słabości: nikt mnie na przykład nie zmusza,
abym był bohaterem, tj. mówił prawdę,
nie donosił, wstrzymywał się przed jakże ludzką
potrzebą dokopania leżącemu; nic,
co ludzkie, nie jest mi obce...

Stanisław Barańczak, *Humanistyczne warunki*

POLSKA

Kiedy dotarłem do bramy uniwersytetu, na którego terenie znajdowało się mieszkanie Grocholskich (Pułkownik nie żył już jednak od kilku lat), strażnik w stalowym hełmie, z automatem przewieszonym przez ramię zażądał mojego paszportu. Szczegóły poznałem w domu od Anny (już zawodowego historyka sztuki), jej krewnych i przyjaciół. Klasycy są bezpieczni: ludzie chodzą na przedstawienia Szekspira, Czechowa i Moliera (mogą też oglądać *Czarownice z Salem* i *Śmierć komiwojażera*[22]), żeby chłonąć bogactwo i złożoność postaci oraz języka, których próżno szukać w utworach współczesnych; do tego płacą tanio za bilety do teatrów finansowanych przez państwo. Tak właśnie powinno być, bo socjalizm promuje kulturę. Poetą narodowym jest Adam Mickiewicz – ktoś taki jak dla Amerykanina Whitman, Longfellow i Frost w jednej osobie. *Pan Tadeusz*, zupełnie niezrozumiały dla obcych, pełen osobliwych zdarzeń opis wędrówek po litewskich majątkach ziemskich za czasów Napoleona, jest epopeją narodową, którą dzieci szkolne muszą całymi stronami wkuwać na pamięć, żeby potem miały co recytować w więzieniu. *Dziady* to romantyczna klasyka w wielu aktach. Niestety, studenci – niemądre dzieciaki – muszą wszystko popsuć swoim aplauzem w miejscach, gdzie jakiś nierozsądny idealista potępia nieuczciwych starców, którzy biorą łapówki i płaszczą się przed Rosjanami.

Teatr zostaje zamknięty. Nieodpowiedzialni studenci nadal wznoszą okrzyki i wymachują na chodniku przed wejściem. To oznacza odpowiedź ze strony bezpieki, w której szeregach znajdują się często wychowankowie sierocińców, lojalni jedynie wobec rządu, który im

---

[22] Od Warszawy po Pekin Arthur Miller był pierwszym amerykańskim dramaturgiem wystawianym w komunistycznych teatrach: jego pogarda dla burżuazyjnej hipokryzji zadowalała cenzorów, a pogarda dla wszelkiej skorumpowanej władzy – której cenzorzy nie dostrzegali – kontentowała publiczność. Cenzorzy nie zauważali też niebezpieczeństw – bo klasyk to klasyk – w tekstach Czechowa czy Szekspira. Samoułuda czy zwykle przypadkowe cierpienia dotykające ludzi przez całe życie nie przestały istnieć tylko dlatego, że komunistycznym autorom zabroniono o nich pisać. Nie trzeba wskazówek nauczyciela, by dostrzec współczesne analogie z Szekspirem – z jego uśmiechniętymi łotrami, z wyborem pomiędzy lojalnością a zdradą. Ryszard jest być może zbyt skrajnym bohaterem, aby pasować do ówczesnej Warszawy (już prędzej do Bukaresztu), ale Klaudiusz, który chciał obdarzyć przyjaźnią, lepiej poznać, odizolować, a w końcu zamordować Hamleta, był bardziej odpowiedni dla polskiej sceny politycznej.

płaci, wydaje rozkazy i przyznaje miłe przywileje w postaci lepszego jedzenia i mieszkań. Ich więzi emocjonalne z resztą społeczeństwa są śladowe, a w przypadku tych rozpieszczonych zasmarkańców z uniwersytetu, którym się wydaje, że są lepsi od innych – żadne. Akcja milicyjna sprowokowała nową odpowiedź studentów, choć oczywiście milicjanci mają pałki, no i pistolety, których jak dotąd jeszcze nie użyli. Trudno precyzyjnie określić rozmiary przemocy, ale jeśli milicjanci lubią pałować studentów, to niewątpliwie jeszcze bardziej lubią pałować studentki.

To samo można też było czasem powiedzieć o policji amerykańskiej. W kwietniu 1969 roku protestujący przeciw wojnie w Wietnamie studenci zajęli budynek administracji Uniwersytetu Harvarda. Jedną z przyczyn rewolucyjnych wybuchów jest fakt, iż młodzi ludzie chcą być w zgodzie ze współczesnością, a do '68 roku Harvard wypuścił już wystarczająco wielu „najlepszych i najbardziej błyskotliwych"[23], którzy uwierzyli, że Wietnam da się przerobić na obraz i podobieństwo Ameryki albo przynajmniej że ich kariery rozwiną się w trakcie tej przeróbki. W związku z tym „Studenci na rzecz Społeczeństwa Demokratycznego" zajęli dziekanat, sprowadzili na dół, przerzucając go z rąk do rąk, jakby był workiem mąki, postawnego czarnoskórego dziekana, a mój ówczesny zięć zasiadł za biurkiem dziekana Forda, paląc jego cygara i przeglądając jego korespondencję. Rektor Pusey wezwał policję miejską, żeby wyprowadziła strajkujących z budynku – do czego miał prawo – ale nie był obecny podczas ataku policji o piątej nad ranem, nie widział strachu na twarzach funkcjonariuszy i studentów, przerażonych wzajemną przemocą, nie słyszał wrzasków, krzyków, szlochów, wreszcie nie był na samym końcu świadkiem niekontrolowanego płaczu mężczyzn i kobiet, policjantów i studentów[24].

Oddziały szturmowe polskiej milicji były lepiej wyszkolone i bardziej doświadczone[25].

---

[23] Ironiczne określenie młodych intelektualistów z Harvardu, trafiających na ważne stanowiska (przyp. tłum.).

[24] Według relacji naocznego świadka, Theodora Sizera – dziekana Wydziału Pedagogiki.

[25] Dowcip: – „Która policja jest najlepiej wykształcona na świecie?" – „Jasne, że polska, bo ciągle przesiaduje na uniwerku".

POLSKA

Lata sześćdziesiąte. Nostalgia – „te lata młodzieńczego idealizmu". Być może. Wojna w Wietnamie stoczyła się na taki poziom beznadziejności i rozpaczy, bezgranicznego okrucieństwa, że można ją porównać do powstania warszawskiego, nawet jeśli to my graliśmy teraz rolę Niemców. (Wyjazdy do Hanoi, organizowane przez władze dla polskich, czeskich czy bułgarskich intelektualistów, były szokującym doświadczeniem. Zwiedzający instynktownie pogardzali wszystkim, co pochodziło od komunistów, i równie instynktownie podziwiali Amerykanów, ale bestialstwo amerykańskich bombardowań biło w oczy). Do tego trwała dłużej. I oto na Uniwersytecie Harvarda, a potem na Uniwersytecie Columbia i na wielu, wielu innych młodzi ludzie próbują zmienić politykę swojego kraju, zmusić administrację Johnsona i swoich rodaków – w gruncie rzeczy lękających się zająć stanowisko, które mogłoby być uznane za niepatriotyczne – żeby otworzyli oczy na bezsensowne okrucieństwo wojny i spróbowali coś zmienić. Podobnie wcześniej inni młodzi ludzie w Alabamie i Missisipi rzucili wyzwanie policji i demokratycznej opinii publicznej, żeby wymusić zmianę powszechnych przekonań i zasad sankcjonujących nierówność rasową. Europejczycy, przynajmniej ci z Europy Zachodniej, wypowiadali się o Amerykanach jako o naiwnych ignorantach, nie znających rzeczywistości, ale to właśnie ci gadatliwi, ubrani w wełniane kurtki radykałowie, zasiadający w kłębach dymu papierosowego przy swoich kawiarnianych stolikach, byli bezpieczni. Na polu bitwy walczyli amerykańscy piechurzy.

Młodzieńczy idealizm zachłysnął się romantycznością marihuany – można zapomnieć o rodzicach i nauczycielach, otworzyć serce przed uśmiechniętym nieznajomym na rynku w Harvardzie. Dziesięć, piętnaście lat później rock, długie włosy, seks, rozwścieczanie i straszenie rodziców wydawały się zapatrzonym w ten przykład nastolatkom czymś świeżym i odważnym. W maju 1945 roku nasze ciężarówki mijały w dolinie Padu podobnych młodzieńców, którzy znaleźli gdzieś karabiny, założyli sobie czerwone opaski i w jednej chwili stali się partyzantami – *Viva il Communismo! Liberta!* – zazdrościliśmy im ich wolności.

Co więcej, idealiści z 1968 roku wywodzili się z klasy średniej. LBJ nie chciał narażać swoich planów wojennych na szwank, anta-

116

Warszawa III, 1960, 1964, 1968

gonizując tych, których potrzebował, gdyż oni płacili podatki i wysyłali swoich synów na śmierć, więc łatwo było o odroczenia dla studentów. Dyrektorzy szkół prywatnych pisali listy popierające prośbę Jonathana o uznanie go za pacyfistę (*conscientious objector*) – w końcu zrobiło mi się wstyd tego procederu. To nie moi synowie, bratankowie, a nawet uczniowie (prócz jednego – czarnoskórego) odpływali do Wietnamu. Byli to Irlandczycy, Polacy, Włosi, Latynosi, Murzyni z miast, prości chłopcy z małych miasteczek i to ich nazwiska ostatecznie wyryto na tej marmurowej ścianie pomnika w Waszyngtonie.

* * *

Jednym z powodów albo jednym z pretekstów tej podróży było zorganizowanie wymiany uczniowskich prac z pewną szkołą artystyczną w Warszawie. Dotarłem do niej i podziwiałem pastele, gwasze i akwarele – żywsze i bardziej fantazyjne od przeciętnej produkcji naszych dzieciaków. Dyrektorce spodobał się pomysł wymiany z amerykańską szkołą, ale w tak napiętej sytuacji jak teraz bała się podjąć decyzję bez wyraźnej zgody jakiegoś urzędnika z jakiegoś departamentu Ministerstwa Oświaty.

No więc wyruszyłem – bez lęku ni trwogi przed polską biurokracją, dumny z tego, że nie zachowuję się tak jak inni Amerykanie – i pytając portierów, strażników, sekretarki, trafiłem gdzie trzeba. Nie, pana dyrektora nie ma. Gdzie? Kiedy? Ta pani wyraźnie nie była zainteresowana udzielaniem mi dalszych wyjaśnień. Tak, dała mi numer telefonu do innego biura. Ale tam nikt nie miał dość cierpliwości, by zbadać moje ułomne umiejętności lingwistyczne. „Jestem ważnym Amerykaninem". Rzeczywiście. Pokonany powlokłem się do „Bristolu", gdzie zamówiłem m a ł a w i ś n i ó w k a .

W Commonwealth często złościłem się na nieodpowiedzialnych czarnoskórych uczniów, którym zwracałem uwagę na ich trudną sytuację w szkole, wskazywałem cele, dawałem rady, mówiłem, jak mają gospodarować czasem – a pół godziny później spotykałem ich na sali gimnastycznej, gdzie rąbali w kosza. Uczyli się u mnie dzięki wysokim stypendiom, które miały pomóc im w poprawie pozycji społecznej, zagwarantować im kierownicze stanowiska. Ale cóż, jedyne, co im dobrze wychodziło, to gra w koszykówkę. Ja nato-

POLSKA

miast potrafiłem zamówić wiśniówkę. (W następnym roku szkolnym udało nam się jednak zorganizować niewielką wymianę dobrych prac uczniów).

Pojechałem też pociągiem do Krakowa, po drodze mijając zaśnieżone pola, nagie drzewa oblepione przez stada kawek, żeby odwiedzić Woźniakowskich, których syn był w podobnej, niepewnej sytuacji jak studenci w Warszawie i gdzie bandziorska Ochotnicza Rezerwa Milicji Obywatelskiej otoczyła kordonem pomnik Mickiewicza – poety rozrabiaków.

Odwiedziłem również Poznań[26] i Gdańsk; po powrocie do Warszawy jadłem posiłek w sali śniadaniowej „Bristolu" zapełnionej przez dużą grupę delegatów z Dalekiego Wschodu – z Mongolii? – w okrągłych, dzierganych czapeczkach, którzy wydawali polecenia łamaną ruszczyzną zabieganym kelnerkom. Ani ta scenka, ani milicja na ulicach nie wydawały mi się już egzotyką. Chciałem wyjechać jak najszybciej. Za dwa dni miałem się spotkać w Paryżu z Mary oraz Davidem i Paulem – naszą najmłodszą dwójką synów – w drodze do mojego brata w Atenach. Dokąd mogłem pojechać już teraz?

O zmierzchu zarejestrowałem się w hotelu w Kopenhadze. Kto wymyśliłby lepsze antidotum? Mijałem uprzejmych, przystojnych policjantów, solidnie zbudowane domy i kościoły, czyste ulice, dziatki u boku uśmiechniętych matek, wystawy sklepowe zaprojektowane przez plastyków: książki, zabawki, wyprawy do Afryki, talerze do zupy i kryształowe puchary, gustowna pościel, aparaty fotograficzne, orientalne dywany, pornografia, opery, krawaty i lśniące obuwie. Wszystko było lśniące, czyste i porządnie zrobione.

Nagle, po jakiejś godzinie, miałem tego dosyć. Czy to wszystko miało jakikolwiek sens poza dostarczaniem przyjemności za pieniądze? (Denerwuje mnie to nużące moralizatorstwo, w które czasem popadam. Ale trzeba pamiętać, jak bardzo chciałem uciec możliwie daleko od Polski). Miło byłoby mieszkać w Kopenhadze, ale

---

[26] Etykieta w państwie policyjnym: zostałem zaproszony na drinka do domu młodego, dobrze zorientowanego amerykańskiego konsula w Poznaniu. Poza jego żoną, dzieckiem i dwójką Amerykanów było też dwoje Polaków. Kiedy się żegnaliśmy, Polacy szeptali do siebie na boku: „Jeśli policja będzie nas pytać o gości i temat rozmowy, powinniśmy mówić to samo. Rozmawialiśmy o problemie murzyńskim i o Wietnamie – proste".

nic, co się tam działo, nie miało najmniejszego znaczenia. Walka o to, żeby za wysoką cenę zachować resztki tożsamości, w szarej i znużonej Warszawie – to coś znaczyło.

Przyjdą pewnie po Nowym Roku.
Jak zwykle, wcześnie rano.
Kleszczami dzwonka wyciągnięty za głowę z pościeli,
oszołomiony jak noworodek,
otworzysz drzwi. Błyśnie
gwiazda legitymacji.

Stanisław Barańczak, *Trzej Królowie*

PODRÓŻ

Rozdział dziewiąty

WARSZAWA IV, 1978, 1985

Nic się nie zmieniło.
Ciało jest bolesne,
jeść musi i oddychać powietrzem i spać,
ma cienką skórę a tuż pod nią krew,
ma spory zasób zębów i paznokci,
kości jego łamliwe, stawy rozciągliwe.
W torturach jest to wszystko brane pod uwagę...
Tortury są jak były, zmalała tylko ziemia
i cokolwiek się dzieje, to tak jak za ścianą

Wisława Szymborska, *Tortury*

Pomiędzy rokiem 1968 a 1985 raz jeden na krótko zatrzymaliśmy się z Mary w Warszawie – w marcu 1978 roku. Żona kupiła lnianą pościel – rzecz nie do zdobycia na Zachodzie – a potem zjedliśmy suty obiad w restauracji przy Rynku, w której podawali tylko pieczoną kaczkę. Ale najlepiej pamiętam naszą wizytę u Wedla – staroświeckiej kawiarni na Nowym Świecie – gdzie panie w czasie zakupów wpadały na ożywczą filiżankę kawy czy czekolady i ciastko. W 1938 roku kapelusze musiały być inne, ale atmosfera była z pewnością identyczna; ponadto czasy były tak okropne, że przyjemna kawka stanowiła absolutną konieczność – oczywiście nie dla Żydów, bo zakład Wedla był znany z antysemickości. Znów wraca ta sama myśl: jak blisko było do katastrofy świata tych pań, ubranych jak moja matka. Jeszcze parę dekad wstecz i mamy rok 1908 – znów inne kapelusze, tym razem na głowach żon rosyjskich oficerów, ale i na nie czeka już Historia.

Tym razem byliśmy klientami Edwarda Gierka, pierwszego sekretarza, który napożyczał wiele miliardów dolarów od banków zagranicznych[27], niby to dla modernizacji i intensyfikacji polskiego

---

[27] Nie inaczej niż Ronald Reagan. Zagraniczne długi Polski wzrosły z 2,5 miliarda dolarów w 1973 do 25 miliardów w 1982 roku; por.: Lawrence Weschler, *The Passion of Poland*, Pantheon Books, New York 1984, ss. 216–221.

eksportu (masowce, wózki golfowe i naczynia emaliowane), ale faktycznie po to, żeby za pomocą subsydiowanych cen zadowolić konsumentów i zagwarantować spokój w kraju; no i żeby zagraniczni turyści, tacy jak my, mogli powiedzieć po powrocie do domu, iż Warszawa różni się od innych europejskich miast tylko tym, że jest tańsza.

W 1970 roku Gierek – dotąd władca Śląska – zastąpił biednego, starego pieniacza Gomułkę, który nie był w stanie podnieść płac stoczniowcom i górnikom, bo nie potrafił zreorganizować przestarzałej, fatalnie zarządzanej polskiej gospodarki; było to niemożliwe bez reorganizacji skorumpowanej, komunistycznej administracji. Odpowiedzią Gomułki na żądania robotników, domagających się bardziej realistycznego i demokratycznego systemu zarządzania, było wezwanie milicji. Identycznie zareagował w 1968 roku, kiedy u boku Breżniewa dokonał inwazji na Czechosłowację, żeby skończyć z Dubczekiem i jego rewizjonistycznym komunizmem.

O Gierku mówiono, że jest inteligentny. Wychował się w Belgii – w rodzinie górniczej – więc mógł bez pomocy tłumacza rozmawiać sam na sam z Giscardem d'Estaing, co mile łechtało polską dumę narodową. Pani Gierkowa, jak niosła wieść gminna, latała raz w tygodniu samolotem wojskowym do Paryża na zakupy i do fryzjera.

Nie wszystkie kłopoty Gierka były jego własnym dziełem[28]. Wojna Jom Kipur pomiędzy Izraelem i Arabami w 1973 roku spowodowała światowy wzrost cen ropy, co uderzyło bezpośrednio w Polskę i przyczyniło się do globalnej recesji ekonomicznej oraz ograniczenia rynków eksportowych.

Robotnicy w Stoczni Gdańskiej im. Lenina zaczęli się domagać nie tylko wyższych zarobków i niższych cen żywności – tak jak podczas krwawego strajku w 1970 roku – ale również wolnych związków zawodowych. W państwie kapitalistycznym związki zawodowe chronią robotników przed egoistycznymi pracodawcami, ale w kraju socjalistycznym, gdzie właścicielem jest państwo tychże robotników, konflikt pomiędzy pracodawcą i pracobiorcą jest logicz-

---

[28] Materiał historyczny na temat lat siedemdziesiątych, okresu „Solidarności" i stanu wojennego Jaruzelskiego pochodzi częściowo z *The Passion of Poland* Lawrence'a Weschlera, pierwotnie serii artykułów w „The New Yorker".

POLSKA

nie niemożliwy. Związki zajmowały się więc organizacją wczasów i kolonii dla dzieci, imprezami kulturalnymi i innymi przyjemnymi rzeczami. Rzecznikiem stoczniowców został 27-letni elektryk Lech Wałęsa (elektryk usuwający awarie na terenie całego zakładu mógł łatwo kontaktować się z innymi robotnikami), który miał odmienne zdanie. Warunki pracy w zakładach socjalistycznej Polski – nie tylko jeśli idzie o płace, ale również o godziny pracy, przepisy BHP, prawo do swobodnej krytyki kierownictwa – były równie fatalne jak w dowolnej fabryce kapitalistycznej z budzących trwogę opowieści. Komuniści nie mogli jednak uczciwie potraktować takich skarg. Nie mogli bowiem przyznać się do tego, co było powszechnie wiadome – tzn. do prywaty i korupcji własnego kierownictwa, czyli nomenklatury. Tak jak w Związku Sowieckim grupa ta, licząca być może sto tysięcy osób, stanowiła zamknięty krąg, z którego rekrutowali się kierownicy średniego szczebla – świetnie opłacani, cieszący się przywilejami i nie lękający się o posadę. Członek nomenklatury, który spartaczył komunikację tramwajową w Krakowie, trafiał do spółdzielni mleczarskiej pod Białymstokiem, a kiedy i tam narobił bałaganu, wysyłano go, żeby pomajsterkował we wrocławskim szpitalu.

Gierek nie miał dość swobody, żeby wprowadzić jakiekolwiek istotne zmiany. Gdyby zezwolił polskim robotnikom na odrzucenie komunistycznego stylu zarządzania, ten zwyczaj mógłby się zbyt szybko rozpowszechnić. Taki był przecież powód stłumienia ruchów reformatorskich na Węgrzech w 1956 roku i w Czechosłowacji w 1968 roku. Jeśli odejście od zasad komunizmu i leninizmu było po prostu synonimem odrzucenia hegemonii Związku Radzieckiego, to Breżniew nie mógł w żadnym razie tolerować istnienia wrogiej Polski na swojej granicy – tak jak Stany Zjednoczone nie mogły tolerować wrogiej Nikaragui i wrogiego Salwadoru.

Dodatkową komplikacją stał się w 1978 roku wybór Karola Wojtyły, arcybiskupa krakowskiego, na papieża, Jana Pawła II. Nie okazał się on liberałem, tak jak oczekiwali tego amerykańscy katolicy. Nie poparł teologii wyzwolenia w Ameryce Łacińskiej (czyli żądania, by Kościół domagał się specjalnego traktowania dla biednych), potępił dyskryminację płci, ale nie chciał zmienić roli kobiet w Kościele. Miał jednak taką siłę charakteru, że oparł się naciskom

122

i groźbom komunistów, i w momentach największego cierpienia swojego ludu przemawiał do niego i w jego imieniu.

W miarę jak topniał autorytet Gierka, w najwyższych kręgach władzy rosły akcje generała Wojciecha Jaruzelskiego. „Solidarność" miała już dziesięć milionów płacących składki członków, ale chaos w kraju – nie kończące się kolejki przed prawie pustymi sklepami; brak siły społecznej cieszącej się wystarczającym autorytetem, by czegokolwiek dokonać, a nawet brak jasnego planu działania w „Solidarności", kierowanej czasem błyskotliwie, a czasem chaotycznie przez Wałęsę oraz jego kolegów i rywali; wreszcie coraz groźniejsze pogróżki ze strony Rosji[29] – oznaczał, że naród znajduje się na krawędzi histerii.

W sobotnią noc 12 grudnia 1981 roku armia wkroczyła do akcji. O 6 rano generał Jaruzelski ogłosił „stan wojenny". Internowano tysiące działaczy, zajęto wszystkie biura „Solidarności", zablokowano granice, zakazano publicznych zgromadzeń, odwołano zajęcia szkolne, odcięto telefony i zamknięto urzędy pocztowe. Wojsko, cieszące się zaufaniem większości Polaków, trzymano w rezerwie, a brudną robotę odwaliło 25–30-tysięczne ZOMO, oddziały MSW – pacyfikując fabrykę po fabryce.

„Banda zbirów napadła na dom wariatów" – Weschler cytuje ten *bon mot*, ale wbrew reputacji partaczy, jaką mają Polacy, zamach stanu przeprowadzony przez Jaruzelskiego był błyskotliwy, zarówno jeśli idzie o zachowanie tajemnicy, jak i o samo wykonanie; był nawet bardziej profesjonalny niż przewrót Pinocheta w 1973 roku.

I co teraz? Żeby poprawić nastroje, do sklepów rzucono dużo żywności. Po tygodniu władze oświadczyły, że sytuacja prawie w całym kraju wróciła do normy. Heroizm tamtych dni objawił się w uporze paru tysięcy górników okupujących dwie śląskie kopalnie, znoszących ciemność, głód, odciętych od świata, podtrzymy-

---

[29] Rola Amerykanów była niejasna. Ponieważ administracja Cartera miała związane ręce sprawą zakładników w Iranie, Rosjanie mogli sobie pozwolić na wkroczenie do Afganistanu. To z kolei ograniczyło ich swobodę działania w Polsce. Departament Stanu ostrzegł Związek Radziecki przed interwencją, ale sowiecka inwazja w Polsce tak bardzo podważyłaby prestiż ZSRR na całym świecie, że pewien typ aparatczyka w rządzie amerykańskim byłby z niej bardzo rad.

POLSKA

wanych przez wiarę, że inni polscy robotnicy są tak samo wytrwali
– próżną wiarę. Jaruzelski oświadczył, że stan wojenny jest lepszy
od wojny domowej czy też – jak powiedział wiele lat później – od
rosyjskiej inwazji. Choć nie doszło do eksplozji sadyzmu na miarę policji Pinocheta, obozy internowania były wystarczająco ciężkie. Pojawiające się
demonstracje i opór podziemia – teraz o znaczeniu symbolicznym
– okrutnie tłumiono; potem nastąpiły zwolnienia, amnestie i cząst-
kowe koncesje.

Były też momenty uniesienia – druga pielgrzymka papieska w czerwcu 1983 roku, pokojowy Nobel dla Wałęsy (podobnie jak Nobel
Miłosza w 1980 roku) – ale tym, co wydawało się nadchodzić, była
milcząca emigracja wewnętrzna. Ciągły stan upadku życia ekono-
micznego i pusta, szara skorupa życia kulturalnego kraju. Nieoczekiwanym skutkiem tej sytuacji był przyrost urodzeń. Od czerwca 1982
roku do czerwca 1983 roku Polska osiągnęła najwyższe tempo przyrostu ludności wśród większych krajów europejskich – nie była to
jednak eksplozja demograficzna na fali radości i nadziei, jak za „Solidarności", lecz rezultat duchowego załamania, jedyny sposób na
znalezienie jakiegokolwiek sensu w życiu[30].

> *Jeżeli porcelana, to wyłącznie taka,*
> *której nie żal pod butem tragarza lub gąsienicą czołgu;*
> *jeżeli fotel, to niezbyt wygodny, tak aby*
> *nie było przykro podnieść się i odejść;*
> *jeżeli odzież, to tyle, ile można unieść w walizce,*
> *jeżeli książki, to te, które można unieść w pamięci,*
> *jeżeli plany, to takie, by można o nich zapomnieć,*
> *kiedy nadejdzie czas następnej przeprowadzki*
> *na inna ulicę, kontynent, etap dziejowy*
> *lub świat...*

Stanisław Barańczak, Jeżeli porcelana

Przelotna wizyta w 1978 roku w moich miastach – w Pradze,
Ołomuńcu, Krakowie i Warszawie – nie dała mi nawet w części

---

[30] Weschler, *The Passion of Poland*, ss. 186–187.

satysfakcji, którą odczuwałem dwa lata wcześniej podczas dłuższej wyprawy do Brazylii. Zafascynowała mnie różnorodność tego kraju, a pretekstem tych odwiedzin była możliwość zaangażowania Fundacji Merrilla w pewnych skromnych przedsięwzięciach. Członkowie rady nadzorczej utrzymywali, że nie będą uprawiać filantropii za granicą, wyłączając Kanadę (gdzie Merrill Lynch i Safeway Stores posiadały znaczące inwestycje) oraz Wielką Brytanię (wszyscy sympatyczni Amerykanie z wdzięcznością i serdecznością myślą o jej katedrach i ogrodach), ale jednemu z powierników fundacji, który za Kennedy'ego i Johnsona był ambasadorem w Chile, bardzo leżały na sercu potrzeby Ameryki Łacińskiej. Jako liberał należący do establishmentu, czuł się zobowiązany opisać te potrzeby w kategoriach „powstrzymywania komunizmu", ale jeśli taka argumentacja mogła sfinansować plan Marshalla czy część pożytecznych przedsięwzięć naszej skromnej fundacji, to czemu nie.

Zainteresowała mnie agencja rozwoju gospodarczego z Cambridge o nazwie Accion, której celem była walka z chorobą dręczącą Amerykę Łacińską, czyli z bezrobociem, przez sponsorowanie drobnej przedsiębiorczości, a nie nadmiernie centralistycznych i zbiurokratyzowanych projektów rządowych. Nasza fundacja finansowała już przedsięwzięcia Accion w Meksyku i w Peru, a teraz przymierzała się do tego samego w nadmorskich miastach Brazylii: Bahia i Recife.

Tak jak można było spacerować po staroświeckich uliczkach Krakowa i Pragi, nie zdając sobie właściwie sprawy, jaki reżim tu teraz panuje, widząc z bliska O Milagro Brazileiro (brazylijski cud gospodarczy) podobnie łatwo można było zapomnieć o zbrodniczej juncie w tle. Wprawdzie kręciło się tam wielu policjantów z wielkimi pistoletami, ale tak było w każdym mieście Ameryki Łacińskiej. Natomiast nowiuteńkie autostrady i słupy wysokiego napięcia, państwowe zakłady lotnicze produkujące Fokkery i zakłady elektroniczne wytwarzające maszyny do pisania Olivetti, dżungla wieżowców w Rio i Sao Paolo – wszystko to wydawało się dowodzić, że Brazylia stała się partnerem gospodarki amerykańskiej. Identyczne wrażenie odniosłem w Bahia i Recife, kiedy poznawałem maleńkie *empresas* (manufaktura wytwarzająca sandały, drukarenka, warsztat przerabiający stare butelki na kufle),

POLSKA

którym Accion pomagała w prowadzeniu księgowości, w strategii podatkowej i w uzyskiwaniu od banków kredytów o niższym oprocentowaniu – 18% zamiast 40%; ta pomoc pozwoliła 200 minikapitalistom zatrudnić czterech zamiast dwóch pracowników, co oznaczało 400 nowych stanowisk pracy, czyli – przy minimalnym nakładzie środków – więcej niż w montażowni Volkswagena – oto prozaiczny kapitalizm, na którym wszyscy korzystali. Dokładnie to samo należało zrobić w Polsce, gdyby tylko ci tępi marksiści wyzwolili się z pęt własnej ideologii.

Tyle że w rozmowach z miejscowymi – nie w pierwszej, ale w trzeciej czy w czwartej – gość zaczynał poznawać mrożące krew w żyłach szczegóły. Błyskotliwy ekonomista wykształcony w Stanach, Delfim Nieto, był ojcem cudu gospodarczego i wychowawcą nowej klasy rządzącej – dyplomowanych menedżerów (MBA), którzy wyprowadzają Brazylię z tradycyjnej gospodarki stagnacyjnej. Od poprzednich, chaotycznych rządów populistycznych woleli sprawną juntę, a jako absolwenci Harvardu i London School of Economics uznali, że pułkownicy zajmą się swoimi sprawami. Mylili się. Jeśli któryś z tych młodych zdolnych powiedział coś niewłaściwego niewłaściwej osobie, np. „Bądźmy szczerzy, nasz rząd jest do dupy", to o czwartej nad ranem mógł oczekiwać na dobijających się do drzwi gości z każdej z trzech służb bezpieczeństwa i trafić do każdego z trzech więzień – bez informacji, gdzie się znajduje, o co jest oskarżony, jak długo będzie zatrzymany i jak go potraktują: czy staroświecką terapią wodną, czy nowoczesnymi elektrowstrząsami. Żadne tam gadki o nienaruszalności osobistej – jego prawnik był równie bezużyteczny jak jego piękna, dwujęzyczna sekretarka.

Jeśli otrzymał wcześniej solidne chrześcijańskie wychowanie, mógł zadumać się nad przemijalnością ziemskich rozkoszy i zaśpiewać sobie smutne, protestanckie hymny. *Abide with me* („Zostań przy mnie") i *Fast Falls the Eventide* („Szybko zapada zmierzch") – „gdy inne pocieszenia zawiodą, a pomocnicy umkną, zostanie ci rada bezradnych..."

W Recife spotkał mnie zaszczyt rozmowy z Dom Helder Camarą – odgrywającym w Brazylii podobną rolę, jaką w Polsce odgrywał kardynał Stefan Wyszyński – który w latach pięćdziesiątych

Warszawa IV, 1978, 1985

i sześćdziesiątych stanowił o sile tamtejszego Kościoła. Odwiecznym przywilejem prymasa Polski było reprezentowanie ludu przed królem – urząd obu sędziwych mężów, ich siła umysłu i charakteru oraz prawie powszechny szacunek, jakim się cieszyli, pozwalały im mówić Prawdę Sile. Kardynał Camara był znienawidzony przez wojskowych, którzy bali się go i piętnowali jako komunistę. Z przejeżdżających ulicą radiowozów strzelano do jego pałacu: „Boją się go jednak zamordować – francuscy intelektualiści zaczęliby protestować". Następnie udawano, że kardynał nie istnieje. Na jego nazwisko nałożono zapis. To nie zmniejszyło jego odwagi, by mówić rzeczy oczywiste i troszczyć się o najbiedniejszych – np. pomagając służącym domagać się choćby minimalnych praw, a także wynajmując prawników, żeby zaopatrzyli w dokumenty osadników w interiorze, których przeganiały wielkie korporacje ziemskie, takie jak Volkswagen. Bez dokumentów dawano im 200 dolarów – dosyć, żeby się upić; z dokumentami dostawali 2000 – kapitał na rozpoczęcie nowego życia.

Poniższa historyjka mogłaby pochodzić – słowo w słowo – z Europy Wschodniej: nauczycielka ze szkoły prywatnej w Recife poprosiła uczennice, żeby napisały, którego Brazylijczyka szanują najbardziej. „Dla mnie jest to Dom Helder – odpowiedziała jedna z dziewczynek – bo to taki dobry człowiek i tak bardzo stara się pomóc biednym". Nauczycielka poszła z kartką do dyrektorki, ta z kolei pokazała ją swojemu zaufanemu policjantowi, który wezwał na komendę ojca dziewczynki. „Co to za komunistyczne brednie wygadujesz przed dzieciakami? Lepiej uważaj, bo inaczej długo nie zobaczą swojego tatusia!"

Pozwalam sobie na dygresję o Brazylii w książce poświęconej Polsce i Czechosłowacji, żeby wskazać na analogie pomiędzy reżimem prawicowym i lewicowym; dalej, wskazać na rolę tortur; wreszcie wskazać na rolę Stanów Zjednoczonych. W latach sześćdziesiątych i siedemdziesiątych wydawało się, że w Brazylii, Urugwaju, Argentynie i Chile pod dyktaturą wojskową inwencja ludzka nie ma granic, jeśli idzie o sposoby traktowania osobników uznanych za rewolucjonistów albo zdrajców. Była więc „korona Chrystusa" – metalowa obręcz zaciskająca się coraz bardziej na czole ofiary, aż czaszka pękła; „papuzia żerdź" – pod kolanami ofiary

POLSKA

umieszczano stalowy pręt, do którego przywiązywano ręce w przegubie; następnie pręt opierano o blaty dwóch stołów i ofiara zawisała do góry nogami; przypalano papierosem genitalia; pianiście wbito pod paznokcie igłę, która była podłączona do prądu; wpychano karaluchy do odbytu[31].

W 1957 roku spotkałem w Warszawie studenta, który opisał mi milicyjne przesłuchanie za wczesnego Bieruta: nagiego więźnia stawiano w lutym przed otwartym oknem, a milicjanci lali na niego wiadra wody. W pierwszych latach czeskiego komunizmu Gottwald poświęcił szczególną uwagę złamaniu kułaków – chłopów posiadających choćby trochę ziemi i siły ducha – co oznaczało również zakatowanie na śmierć. Zasadniczo Czesi opierali się jednak na innej metodzie: więźniów politycznych wysyłano do pracy w kopalniach uranu przy północnej granicy, gdzie po paru latach umierali na raka.

Choć przemoc była w Europie Wschodniej na porządku dziennym, to nie stosowano tam chyba tak perwersyjnych tortur – fakt w zasadzie ignorowany przez amerykańskich prezydentów, poza Jimmy Carterem – jak w Ameryce Łacińskiej czy w więziennych celach sojuszników NATO, takich jak Grecja pod rządami pułkowników i Turcja. W Czechosłowacji, gdzie opozycja rekrutowała się głównie z inteligencji, najskuteczniejszą karą wydawało się przekwalifikowanie architekta na śmieciarza.

Przywódcy Brazylii byli na ogół absolwentami Escola Superior de Guerra, założonej w 1949 roku przez weteranów z Korpusu Brazylijskiego, który walczył pod dowództwem amerykańskim we Włoszech. W amerykańskich uczelniach wojskowych – podobnie jak oficerowie z Paktu Warszawskiego na uczelni moskiewskiej – ci panowie wymieniali profesjonalne uwagi i słuchali wykładowców, którzy opowiadali, że ochrona kraju przed atakiem z zewnątrz jest w istocie mniej ważna niż obrona instytucji państwa przed wrogiem wewnętrznym, a więc trzeba go umieć rozpoznać w jego licznych przebraniach: jako księdza niosącego pomoc bliźnim, ideali-

---

[31] Te szczegóły z Ameryki Południowej pochodzą głównie z książki Lawrence'a Weschlera *A Miracle A Universe... Setting Accounts with Torturers*, Pantheon Books, NYC 1990.

stycznego nauczyciela, ciekawskiego dziennikarza czy gospodynię domową udzielającą się w organizacjach charytatywnych.

Jeśli więc żywi się przekonanie, że III wojna światowa już się rozpoczęła, a ochrona naszych dziatek i ogródków splata się w jedno z ochroną naszych inwestycji zagranicznych, obroną militarnego prestiżu i standardu życia, a także egzekwowaniem szacunku, który należy się Ludziom Takim Jak My, to system, który łatwo przełknął bombardowanie Drezna, pogodzi się też z zastopowaniem paru bezczelnych młodzianków. W czerwcu 1982 roku sekretarz obrony Casper Weinberger oświadczył, że Stany Zjednoczone muszą być przygotowane na prowadzenie długotrwałej wojny nuklearnej aż do z w y c i ę s t w a. Nikt nie zatelefonował po ludzi w białych kitlach, żeby przyjechali go zabrać.

***

Wróciłem do Warszawy pod koniec października 1985 roku, żeby odwiedzić przyjaciół, zebrać eksponaty na wystawę czeskiej i polskiej grafiki w galerii w Bostonie, pojechać do Lublina na pielgrzymkę do obozu zagłady w Majdanku i żeby obejrzeć renesansową perłę – rynek w Zamościu, no i żeby pospacerować ulicami, posłuchać języka. Znajomy Żyd prosił mnie o przekazanie 50 dolarów fotografowi, który mógł kupić fiński papier fotograficzny tylko za twardą walutę. „Mam dla pana pieniądze" – proste zdanie przez telefon.

Kiedy zjawił się w hotelu, był jednocześnie wściekły i wystraszony. Nie powinienem był użyć tego słowa. Jeśli aparat jest na podsłuchu, to O n i wezmą go teraz na spytki: ile, od kogo, na co, a podatek zapłacony? Czy służba bezpieczeństwa ma wystarczające środki, żeby założyć podsłuch w każdym telefonie, i dość cierpliwości, żeby podsłuchiwać wszystkie rozmowy w Polsce? Nie chciał rozmawiać o szczegółach w moim pokoju. W barze jest głośniej i bezpieczniej.

– Był taki nerwowy, bo to Żyd – wyjaśnił mi znajomy z Krakowskiego Przedmieścia nr 30.

Mieszkańcy tego lokalu byli zirytowani kłamstwami i „dąsami" stanu wojennego, umęczeni staniem w coraz dłuższych kolejkach po coraz mniejsze ilości towaru, przygnębieni jeszcze gorszym lo-

POLSKA

sem swoich znajomych – ale, być może, byli na to wszystko uodpornieni, skoro nigdy wiele nie oczekiwali. Brak oczekiwań – słowo mniej emocjonalne od n a d z i e i – sprawił, że stali się bardziej przewidywalni, mniej kłopotliwi dla władz; wydawało się, że znoszą codzienność w państwie policyjnym bez obaw.

Co sądzę o prezydencie Reaganie? Ponieważ u siebie w kraju utrzymuję kontakty jedynie z ludźmi, którzy podzielają moje poglądy, z satysfakcją wypowiadam teraz na głos to, co zwykle mówię sam do siebie. Reagana obchodzi tylko dobrobyt bogatych, którzy korzystają na jego prawach podatkowych, ale prostaczkom wciska patriotyczny kit i pozory słuszności. Opowiada kłamstwa, które tak naprawdę nie są kłamstwami, bo ich autor nie zauważa związku pomiędzy tym, co mówi w czwartek, a tym, co powiedział w poniedziałek. Brak jakiegokolwiek śladu racjonalnej myśli...

Nie robi to na moich rozmówcach wrażenia. Cóż za ulga – mówią – zobaczyć amerykańskiego prezydenta, który tak odważnie przeciwstawia się Ruskim, bo ci pojmują tylko proste słowa poparte siłą karabinów. Jest wystarczająco bystry, żeby zauważyć – w odróżnieniu od liberałów – że Ortega i jego sandiniści zmierzają do ustanowienia identycznego totalitaryzmu jak Castro.

Potakuję z grzeczności.

Na rogu żebrze liczna cygańska rodzina w kwiecistych spódnicach. Cyganie zostali prawie doszczętnie wymordowani przez Niemców, więc wypada być uprzejmym, ale słyszałem zbyt wiele opowiadań o Cygankach, które zagadują przechodnia, gdy tymczasem drobne rączki dzieci przeczesują jego kieszenie. Daję najstarszej z rodu 50 złotych i pospiesznie się oddalam.

Elżbieta – młodsza siostra Anny – wie, że interesuję się sztuką, więc zabiera mnie do pracowni swojego znajomego. „Oto ktoś, kto ma odwagę malować we własnym stylu. Nie boi się sprzeciwić komunistom". To wspaniale, tyle że te geometryczne abstrakcje nie są zbyt udane.

Elżbieta zawozi mnie do kościoła księdza Popiełuszki – zamordowanego rok wcześniej przez służbę bezpieczeństwa. Z okazji tej rocznicy umieszczono w budynku wystawę fotografii z jego życia: praca z młodzieżą i emerytami, odwaga w stawianiu pytań. Dokoła świątyni morze kwiatów – od małych, prywatnych bukiecików po

Warszawa IV, 1978, 1985

wielki wieniec od Związku Zawodowego Pracowników Komunikacji Miejskiej. Rząd kamieni z wymalowanymi nazwami każdego ze straszliwych polskich obozów: Sobibór, Treblinka, Majdanek, Brzezinka... i Katyń.

– Kiedy byłam tu ostatnim razem, czerwoni tę ostatnią nazwę zamalowywali – zauważa Elżbieta.

Wciąż jeszcze komuniści upierają się przy czymś, co jest powszechnie znanym (o czym oni również wiedzą) kłamstwem, tzn. że polscy oficerowie zostali zamordowani w lesie przez Niemców, a nie przez stalinowską bezpiekę. Ten niedzielny, pielgrzymujący tłum z kwiatami psuje Elżbiecie humor:

– Turyści, którzy są już znużeni popijaniem rumu na plażach Karaibów, chcą zaznać czegoś nowego. Sprzedajemy im doznania duchowe. To sposób na zarabianie twardej waluty.

PODRÓŻ

Rozdział dziesiąty

WARSZAWA V, 1989, 1990, 1991

Zawsze wierzyłam, że krzywdy będą wyrównane
dlatego nie krzyczałam targana za włosy
chowałam w ciszy niezasłużony policzek
zniewagę niesłuszną to co mi odebrano
rzeczy widzialne i niewidzialne
lalkę spaloną wojnę która wybuchła
zamiast młodości...

Anna Kamieńska, *Niebo*

jeszcze parę miesięcy i, przyklękając na ulicy, aby zawiązać sznurowadło,
uświadamiasz sobie, że robisz to, aby zawiązać sznurowadło,
nie po to, aby rutynowo zerknąć przez ramię,
czy ktoś za tobą nie idzie.

Stanisław Barańczak, *Druga natura*

Czterdzieści lat socjalizmu i wciąż nie ma papieru toaletowego!

Porzekadło

Moje podróże rozpoczynają się teraz albo kończą w Oksfordzie, gdzie mieszka z rodziną mój syn David; po pobycie w mieście tak pięknym, skrojonym na tak ludzką skalę, tak dobrze zharmonizowanym z historią – być może, nie jest całkiem tak, być może, dzieje XX wieku to bunt tych, których nie zapraszano na te dziedzińce czy na poobiedni kieliszek porto w salach profesorskich Oksfordu – trudniej mi będzie upierać się przy tym, że to, co dzieje się w Warszawie, jest ważniejsze. Za rogiem hotelu „Randolph", w drodze do przystanku autobusowego do Heathrow, znajduje się stoisko z obfitą antologią owoców i warzyw, w której króluje stos bakłażanów – będę je pamiętał przez cały swój pobyt w Polsce. Kupuję kiść bananów jako prezent dla pani domu.

Parę lat wcześniej żona Bruce'a, Janet – nauczycielka muzyki w Commonwealth – zaprosiła chór z Jarosławia, przemysłowego miasta nad Wołgą, jakieś 150 kilometrów na północ od Moskwy, który dał koncert w naszej sali gimnastycznej. Przedtem zorganizowała już trzy wyprawy chórzystek – głównie gospodyń domowych z przedmieścia – do Związku Radzieckiego: od Rygi po Irkuck, od Leningradu po Tbilisi; Jarosław stopniowo stał się ich bazą wypadową. Te letnie wyjazdy przekształciły się w najważniejszą misję jej życia, w miarę jak nawiązywała przyjaźnie z rosyjskimi muzykami, poznawała język, a w końcu na koncertach dyrygowała raz zespołem rosyjskim, drugi amerykańskim, trzeci oboma naraz – Rosjanie i Amerykanie stali ramię przy ramieniu niczym zęby grzebienia.

Czterdziestu chórzystów z Zakładów Gumowych w Jarosławiu przyjechało z rewizytą – nocowali po domach, śpiewali w kościołach i w szkołach. Żaden z nich nigdy nie był za granicą, tylko paru znało kilka słów po angielsku. Ich program – Czajkowski, muzyka cerkiewna i ludowa, piosenka z *My Fair Lady* – nie był zbyt oryginalny, ale został wykonany profesjonalnie. Potem nasz chór szkolny – uczniowie i nauczyciele – zaśpiewał *Gloria* Haydna, jakiś fragment z *Porgy and Bess*, dwa hałaśliwe kawałki z *West Side* Story Bernsteina.

Wszyscy bawili się świetnie. Ja sam prawie się rozpłakałem. O tym przecież marzyłem: że pewnego dnia moja szkoła odegra jakąś rolę w pojednaniu obu naszych narodów. Modlitwa dziękczynna dla Gorbaczowa. Kiedy wychodziłem ze szkoły w towarzystwie prezesa naszej rady nadzorczej – prawnika, który stracił nogę po wybuchu niemieckiego pocisku – usłyszałem od niego: „Wiesz co, to chyba pierwsze pokolenie amerykańskich dzieciaków, które nie dorastają w przekonaniu, że wojna nuklearna jest nieunikniona".

Ale czy nie jest to też pierwsze pokolenie, które będzie świadkiem agonii Natury?

W parę lat później ludzie zaczynają przebąkiwać o wybuchu III wojny światowej gdzieś na wielkim półkolu od Korei i Japonii przez Pakistan do Iranu i Syrii – głowice nuklearne dla każdego.

***

W samolocie do Warszawy przeczytałem interesujący artykuł o polskiej gospodarce. W jaki sposób podnieść ten kraj Trzeciego Świata do poziomu konkurencyjnego kapitalizmu, jeśli nie ma ja-

POLSKA

kiejkolwiek infrastruktury: działających międzynarodowych połączeń telefonicznych, kredytów bankowych, ubezpieczeń, rzetelnych księgowych? Nie mam zaufania do supersystemów zarządzanych przez wyedukowanych mądrali. Zyski i tak zgarną spryciarze, a tubylcy dostaną rachunek za bajerancki sprzęt, który wkrótce nawali. Wierzę w zmiany w skali mikro: wiejska kobieta spod Łomży, która regularnie przylatuje z wizą turystyczną do Bostonu, żeby odwiedzić siostrę, jest przekazywana z rąk do rąk w polskiej i żydowskiej siatce kontaktów i sprząta domy za 50 dolarów dziennie gotówką. Po miesiącu wraca do domu z 1500 dolarami w dziesiątkach i dwudziestkach ukrytych pod ubraniem, żeby mąż mógł kupić traktor. Dzięki takim jak ona Polska jakoś funkcjonuje.

Okęcie jest brudne, ponure, chaotyczne – jak bardzo nuży mnie powtarzanie tych słów. Podobno negocjuje się z amerykańską firmą kontrakt na wybudowanie nowego lotniska, ale Amerykanie nalegają, by zatrudniono ich robotników, a Polacy nie lubią być traktowani jak Afrykanie.

Pałacem Kultury i Nauki nowej Warszawy jest hotel „Marriott" reklamujący się błyszczącymi zdjęciami swoich nowoczesnych sal konferencyjnych i, rzecz jasna, kasyna, gdzie Piękni Ludzie we frakach i wieczorowych sukniach z głębokim dekoltem śmieją się do siebie przy ruletce.

W listopadzie o trzeciej jest już ciemno, kiedy docieram do mieszkania Grocholskich na Krakowskim Przedmieściu pod numerem 30; w kuchni, jak zwykle, kłębią się krewni i znajomi, cierpliwą gospodynią jest młodsza córka Jacka, Anna, którą poznałem przed ćwierćwieczem jako małą dziewczynkę, z hałaśliwymi synami i małomównym mężem, najmłodszym synem pułkownika Grocholskiego i dyrektorem Zakładu dla Niewidomych w Laskach. Amerykanie trzymają dystans, wolą nie dawać i nie dostawać zbyt wiele, ale tu muszę grać rolę Dobrego Pana Karola – aktywnie uczestniczyć w ceremoniach powitalnych, przyjmować z wdzięcznością ciężkie, o wiele za drogie albumy. Pokazują mi stare filmy rodzinne, naturalnie, poświęcone głównie Pułkownikowi i letnim dniom w majątku na Podolu. Ciotki w kapeluszach, mężczyźni w kawaleryjskich mundurach; świat, gdzie konie były piękniejsze od stoją-

134

cych w cieniu kobiet w długich, białych sukniach; dla mnie – moralizującego historyka – świat kast, religii i śmierci.

Władza się demokratyzuje; pojawiły się pogłoski, że Jacek Woźniakowski, który skończył już siedemdziesiątkę, ma zostać następnym prezydentem Krakowa. Jego syn Henryk, około czterdziestki, nie dosypia jako zastępca rzecznika prasowego premiera Mazowieckiego. Czy po tych wszystkich partaczach i łobuzach, którzy próbowali kierować tym nieszczęsnym krajem, nie jest to powód do radości? Tylko czy komuniści – jeśli nawet zejdą ze sceny – nie będą czekać za kulisami? Do tego oni wiedzą, tak jak naziści w 1945 roku, „jak to się robi". Nowi ludzie są amatorami.

Anegdota: Przyszły biznesmen rozmyśla, skąd wziąć kapitał. Ma pomysł! Wyjeżdża do Szwecji, popełnia wykroczenie, trafia do kicia (karmią lepiej niż w domu), przy zwolnieniu ci uprzejmi Szwedzi wręczają mu pewną sumkę, z którą rozpocznie Nowe Życie. Pędzi do Sztokholmu, wykupuje wszystkie elektroniczne gadżety w okolicy, wraca do Warszawy, wymienia sprzęt na dolary. Jest kapitał!

Sugestia: po ostatnich amnestiach w polskich więzieniach zrobiło się luźno. Może by tak wysłać doświadczonego negocjatora do gubernatora Cuomo, który musi płacić za jednego więźnia w Nowym Jorku 30 000 dolarów rocznie. Za 5000 dolarów od sztuki, płatne z góry, Polacy wezmą dziesięć tysięcy. Polskie więzienia nie są komfortowe, ale jest w nich mniej przemocy i narkotyków niż w Stanach. Wszyscy zyskają!

Wczesnym przedpołudniem przyjeżdża po mnie jeden z artystów, których namówiłem na wystawę polskiej i czeskiej grafiki w Bostonie. Zawozi mnie do swojego mieszkania na Ursynowie – nowa dzielnica mieszkaniowa na południu miasta. Jacek Zieliński i jego żona, Anna Mizeracka, czekali na to mieszkanie dziesięć lat, a całe dotychczasowe życie małżeńskie spędzili w jednym pokoju. Nigdy nie widziałem bardziej nieludzkiego krajobrazu: porozrzucane na chybił trafił pudełka od butów bez jednego sklepu czy restauracji, gdzie jedyne drzewa to anteny telewizyjne. Pan Zieliński jest smutnym, chudym mężczyzną, a jego zaczerwienione oczy psują się z roku na rok; jego żona jest unieruchomiona przez stwardnienie rozsiane. W paru pokoikach udało im się stworzyć prawdziwy dom, którego centrum stanowią dwa masywne

POLSKA

rzeźbione meble, szafa i przekazywany z pokolenia na pokolenie stół oraz bardzo profesjonalna metalowa prasa.

Choć pani Anna stworzyła kilka świadomie polskich prac – bochen chleba, ręce złożone do modlitwy – to nie dałoby się mieszkać z jej wizjami śmierci i beznadziejności. Małe ludziki stłoczone w więziennych celach, całkowicie samotne postaci na klatce schodowej kończącej się pustą ścianą albo pozamykane pojedynczo w odizolowanych pomieszczeniach – te obrazy pochodzą z okresu atomizacji życia społecznego w pierwszą zimę stanu wojennego. Rozmawiamy prawie cztery godziny, głównie o sztuce, staranną mieszanką polskiego i angielskiego. Pani Anna mówi bardzo wyraźnie – prawie rozumiem słowa, które mnie mijają. Kupiłem sporo ich litografii i akwafort dla szkolnych bibliotek i galerii, żeby amerykańscy studenci mogli wyrobić sobie jakieś pojęcie o historycznych realiach, w których zrodziły się te prace, i żeby tych dwoje gasnących ludzi miało z czego żyć, by walczyć o danie własnego świadectwa światu w sercu ursynowskiego pustkowia. Możliwe, że świadomość uzyskana przez sztukę jest jak świadomość Boga – drzwi otwarte na mgnienie oka.

Maj 1990

Warszawa jest ostatnim przystankiem w tegorocznej wyprawie, która zaczęła się w Budapeszcie. Maj – pełen kwiatów, zieleni, dziewcząt w ładnych sukienkach – jest hipokrytą. Trzeba przyjechać do Warszawy w marcu, kiedy ulice toną w błocie, jest mokro, zimno i ciemno. W drodze z Krakowa na północ lecieliśmy nad polami pociętymi w długie paski – rozdrobnienie, które ogranicza możliwości polskiego rolnictwa i zmusza młodych do wyjazdu z małych gospodarstw do miasta w poszukiwaniu pracy. W wiosennej zieleni lasów widać wiele nagich drzew – to samo *Waldsterben* (umieranie lasów), co w Niemczech i Czechosłowacji? Na zachodzie wyłania się nieprzenikniony obłok smogu ze śląskich kopalni.

Polacy narzekają na ciągłe podwyżki cen, ale dzięki inflacji są one wciąż niskie dla obcokrajowca. W 1985 roku dostałem mandat za jazdę bez zapiętych pasów – 1000 zł, czyli 9 dolarów. Dziś tysiąc złotych jest warte dziewięć centów. Jednostką waluty jest banknot pięciodolarowy.

136

W moim budżecie są pieniądze tylko na jedną noc w Warszawie przed odlotem do Oksfordu i do domu – jedna wizyta na Krakowskim Przedmieściu pod numerem 30. Henryk i Stefan są już więksi i bardziej ucywilizowani: dla Pana Karola jeden ciągnie smykiem po swojej wiolonczeli, drugi gra na pianinie. Wymieniamy rodzinne nowiny. Staram się sobie przypomnieć, ile nagromadziłem już wnucząt. Najmłodszy z Woźniakowskich – Jan – studiuje na Harvard Divinity School i jest zaskoczony tym, że głównymi tematami dyskusji dla amerykańskich seminarzystów są aborcja i homoseksualizm. Jacek tkwi nadal w pułapce, jaką jest prezydentura Krakowa. Jest to wprawdzie dowód szacunku miasta dla człowieka honoru, ale Prezydent nie był przygotowany na te wszystkie codzienne: „Szefie, komunikacja znów strajkuje, oczyszczalnia miejska nawaliła, poziom dwutlenku siarki przekroczył pięciokrotnie międzynarodową normę – co robimy?".

System polityczny w Polsce i w Rosji jest w rozsypce. Mazowiecki – liberalny katolicki intelektualista, który reprezentuje poglądy moich przyjaciół – nie jest chyba w stanie zachować równowagi między inflacją i bezrobociem; musi walczyć nie tylko z brakiem dyscypliny i rosnącą niewiarą w procedury demokratyczne, ale również z obojętnością. Partie powstają jak grzyby po deszczu – jest nawet Partia Przyjaciół Piwa – ale cynizm Polaków w stosunku do władzy, nawet ich zamiłowanie do ironicznych żartów (ten sam zarzut usłyszę w Czechosłowacji) – które sprawiały, że komunistyczne rządy były odrobinę znośniejsze – są zawadą w wykształcaniu obywatelskich nawyków. Gorbaczow, który kiedyś budził nadzieje na ucywilizowanie rosyjskiego monstrum, stracił kontrolę. Co wydarzy się w Polsce, jeśli ten system eksploduje na zewnątrz albo zawali się? Zgoda, Gorbaczow przyznał, że to Rosjanie mordowali w Katyniu, ale czemu tak długo zgadzał się na firmowanie kłamstwa?

Nie mam wielu dowodów na to, że Ameryka jest lepsza. George Bush, dzięki arogancji Saddama Husajna, odwrócił uwagę Amerykanów od innych spraw, z którymi sobie nie radził, wciągając ich i wyciągając z profesjonalnie przeprowadzonej wojenki – ale jestem już zmęczony porównywaniem moich rodaków do Niemców, którzy wiwatowali na cześć Hitlera, kiedy podbijał Polskę i inne

POLSKA

łatwe ofiary. W 1939 roku Niemcy stracili jednego człowieka na – ilu? – 20, 30 Polaków. W 1990 roku, według szacunku kwakrów, jeden amerykański zabity przypadł na tysiąc Irakijczyków, włączając w to dzieci, które zmarły z głodu i z chorób. Całkiem dobry wynik. Bush zadbał o to, by Amerykanie nie oglądali zbliżeń nieprzyjacielskich ofiar, tak jak Hitler pomyślał o tym, by nie pokazywano Niemcom zdjęć zwłok z Oświęcimia.

Poranny spacer po Starym Mieście to przyjemność, na którą czekałem. Oczy odpoczywają, oglądając świat w małej skali, rzemiosło – wzgardzone albo zapomniane gdzie indziej – skupione na detalu. Jak zawsze przystaję, żeby podziwiać portal z trzema gołębicami Anny Grocholskiej – jej wczesne osiągnięcie w karierze restauratora zabytków. W 1945 roku te budynki – jak cała reszta – leżały w gruzach, a potem w „starych” kamieniczkach zamieszkali członkowie partii o najlepszych koneksjach. Czy utrzymuje się je w tak dobrym stanie, żeby przyciągnąć Szwedów albo Niemców? Nieważne. Wiele kamieniczek w Rynku świeżo odmalowano. Postawiono tu też tablice, na których wiszą rysunki i akwarele fasad, koni, nagich kobiet, starych górali, wiejskich dziewcząt – niektóre wystarczająco dobre na prezent pod choinkę, inne to zwykły chłam, który jednak przynosi dochód w twardej walucie.

W drodze powrotnej widzę coś nowego przy kościele. Na schodach młoda kobieta trzyma dwoje małych dzieci i kartkę: „Nie mam gdzie mieszkać”. Obok niej kaleka bez nóg z kartką, że walczył w powstaniu. Na skraju schodów siedzi następna młoda kobieta, z opuszczoną głową i dużym kawałkiem tektury opartym o kolana, z napisem po polsku i po angielsku: „Mam AIDS. Straciłam pracę. Rodzina wypędziła mnie z domu i odebrała mi dziecko. Nie wiem, co mam robić. Proszę o pomoc”.

Człowieka dławi w gardle. Nieszczęśniczka. Nieszczęśliwe biedactwo. Cóż mogę jej dać prócz pieniędzy? A i to wypada niezbyt dobrze: banknot dziesięciotysięczny, który powinien być znaczącą sumą, to mniej niż dolar.

Nawet za Bieruta Polska nie została poddana straszliwym czystkom podobnym do tych urządzanych przez Stalina w połowie lat trzydziestych i tuż przed jego śmiercią. Moskiewski intelektualista bywa w kawiarni, w której spotyka Iksa i Igreka. Pewnego dnia

138

znajomi nie pojawiają się. Nie trzeba pytać, co się stało. Aresztowanie niewinnych to prosty sposób, żeby bali się wszyscy. Czymś podobnym stał się AIDS. (Zważywszy na niskie standardy higieny w polskich szpitalach i rosnące zainteresowanie narkotykami, ta choroba rozprzestrzeni się szybko). Inne porównanie: metaforą państwa policyjnego jest stukanie do drzwi o czwartej nad ranem. Głośne stukanie, żeby wszyscy w budynku słyszeli. Naszym odpowiednikiem w Stanach – na tym etapie cyklu gospodarczego – jest *pink slip* (zawiadomienie o zwolnieniu) wetknięte bez ostrzeżenia do koperty z wypłatą. Osoba, która je dostaje, jest pozostawiona samej sobie. To może okazać się zaraźliwe, tak jak zainteresowanie policji.

Listopad 1991

Tym razem Swissairem przez Zurych – dwie godziny spędzone na lotnisku, bo nie ma dość czasu, żeby pospacerować nad Limmatem, popatrzeć na łabędzie, odwiedzić Herrenmünster i wśród scen biblijnych, rzeźbionych na drzwiach, znaleźć panią Putyfarową podrywającą Józefa. Sklepy z pamiątkami są zbyt drogie, więc kupuję tylko czekolady dla chłopców Anny i dziewczynek jej brata Henryka.

„Sklepy w Polsce są teraz pełne. Wystarczy mieć pieniądze".

Warszawa stała się sławna jako jedno z centrów przestępczości w Europie. Ponieważ nie mam zaufania do kart kredytowych, podszewka mojego płaszcza jest wypełniona banknotami pięciodolarowymi i teraz – idąc ciemnym pustkowiem Krakowskiego Przedmieścia – mocno go do siebie przyciskam. Niedaleko od „Europejskiego" jest nowy salon Mercedesa. Za 500 milionów (około 45 000 dolarów) można tu kupić lepszy model. Normalni Amerykanie pogardzają właścicielami takich pojazdów – ktoś taki potrzebuje psychoanalityka, żeby pozbyć się objawów manii wielkości. W Polsce jedynie defraudant, przemytnik, gangster albo zupełnie skorumpowany minister może tak afiszować się swoim bogactwem. Jak długo go sobie nim pojeździ, zanim jakiś idealistyczny marksista wrzuci mu cegłę przez przednią szybę?

W rogu wystawy stoi jeszcze bardziej prowokacyjny eksponat: jaskrawoczerwony mini-mercedes, a za nim zdjęcie dziewięciolat-

POLSKA

ka w smokingu, otwierającego drzwi swojej lubej w wieczorowej sukni, z gronostajowym szalem niedbale owiniętym wokół ramion. Będą mogli sobie razem pojeździć wygodnie po posiadłości tatusia. Tuż obok jest księgarnia, którą zawsze odwiedzam. Nawet w najgorszych czasach księgarnie w Warszawie i w Pradze były kolorowe. Teraz pojawiła się nowa moda na historię wojskowości (za komuny rzecz równie niedostępna jak pornografia); rozebrane panienki i kawaleryjskie szarże – oto smak wolności. Dzieje Polski to bitewny archipelag – zawsze można dokopać się do jakiegoś wujka, który walczył z Turkami czy Szwedami, z kosą na sztorc szedł z Kościuszką na Rosjan pod Racławicami – 1794 rok, dojechał z Remigiuszem Grocholskim pod bramy Kijowa – 1920 rok albo nawet spuścił pod Grunwaldem lanie Krzyżakom w 1410. Polscy żołnierze zawsze wojowali mężnie, tylko jakoś tak się zwykle działo, że gdy ucichły wichry wojny, znajdowali się po przegranej stronie. Te wszystkie bitwy istnieją w pamięci, jak gdyby toczono je dla nich samych.

Na froncie włoskim zdobycie Monte Cassino (maj 1944) było prawdopodobnie najbardziej bohaterskim epizodem całej kampanii, ale ponieważ Amerykanie i Brytyjczycy ruszyli na północ od Anzio, Niemcy i tak musieliby opuścić ruiny klasztoru. Polskie natarcie i te straszliwe straty nie były tak naprawdę konieczne.

Napoleon miał w zwyczaju traktować polskich żołnierzy jako mięso armatnie we Włoszech, Niemczech, Hiszpanii i Rosji. (To w Lombardii w 1797 roku legioniści pod generałem Dąbrowskim zaśpiewali po raz pierwszy mazurek: „Jeszcze Polska nie zginęła, póki my żyjemy", który ze swoją cierpką logiką czasową stał się hymnem narodowym). Odwalanie czarnej roboty za Napoleona zaprowadziło Polaków aż na Haiti (1802–1803), gdzie uśmierzali bunt Murzynów, w trakcie czego większość z nich zmarła na żółtą febrę i dyzenterię.

Podczas zajęć z Biblii czytałem w dziesiątej klasie ze swoimi uczniami także *Iliadę*. Homer był również zakładnikiem tej śmiercionośnej estetyki – ostra włócznia, turkot rydwanów – ale jego realizm powstrzymuje wszelkie idiotyzmy: martwi są bardziej interesujący dla sępów niż dla swych łagodnych żon.

Ostra skała strzaskała mu nogę:
ścięgna i kości. Trojańczyk
podbiegł do niego i wbił mu
w pępek włócznię Jego
wnętrzności wylały się na ziemię,
on zaś padł na kolana z krzykiem!

Homer

Obecna sytuacja jest zbyt chaotyczna i zagmatwana, nabrzmiała złośliwością i zdradą, żeby rozmawiać o niej z moimi gospodarzami. Mazowieckiego zastąpił ktoś z jeszcze mniejszym autorytetem. Kto może wiedzieć, jakimi wartościami kieruje się Lech Wałęsa jako prezydent? (a jakimi kieruje się George Bush?) Część winy spada na Karola Marksa. Miał wszystkich swoich adwersarzy w takiej pogardzie, że Lenin, Stalin i cała reszta tej bandy czuła się usprawiedliwiona, tępiąc jakąkolwiek opozycję. Każdy, kto miał inny punkt widzenia, był albo idiotą, albo agentem CIA. To oznaczało również, że nie istniały prawomocne sposoby wybierania nowej władzy, w związku z czym w latach osiemdziesiątych państwami komunistycznymi na całym świecie rządziła słabowita, zagrożona wybuchem, pławiąca się w luksusie gerontokracja.

Władze Polski zaryzykowały i wprowadziły pełną wymienialność złotego, czego skutki opisuje tegoroczna anegdota. Rząd wynajmuje rosyjskich robotników, żeby zastąpili strajkujących na Śląsku górników. Dostają 2/3 płacy Polaków – niezbyt wiele – ale pracują znakomicie, choć u siebie nie są tytanami pracy. W końcu trafiają do Warszawy, wymieniają złotówki na dolary – minus znacząca opłata manipulacyjna – z którymi wracają do Mińska, gdzie odsprzedają je z dziesięciokrotnym przebiciem. Proszę poprosić uczniów, żeby wyjaśnili w pracy pisemnej, skąd bierze się ten zysk.

Ale, ma się rozumieć, jest to znaczący postęp w porównaniu ze średniowiecznym handlem wymiennym: ciężarówka rosyjskich jaj za ciężarówkę polskich kosmetyków.

„Czy jesteś sobie w stanie wyobrazić ciężarówkę pełną jaj po przejechaniu rosyjskimi drogami zimą?"

„No cóż, polskie kosmetyki też nie są pierwszej jakości".

POLSKA

Mój bilet do Krakowa – *voucher* z biura turystycznego w Bostonie – nie wygląda przekonująco, więc wlokę się na Dworzec Centralny, żeby go potwierdzić. Muszę przejść obok prostackiego konceptu, jakim jest Pałac Kultury i Nauki; ten wciąż stoi na swoim miejscu, ale pusty plac przed budowlą zamienił się w kłębowisko budek i stoisk – przypominające Mercado Oriental w Managui – gdzie sprzedają szwarc, mydło i powidło – takie muzeum socjalizmu. Sprzedawcy, jak słyszę, to głównie Rosjanie i Rumuni, którzy przybyli do Polski robić interesy.

Polskie koleje są znakomite, tylko, czy ten świstek papieru jest ważny? Pytam panią w okienku, która na mnie wrzeszczy. Kiedy pokazuję, że nie rozumiem, wrzeszczy jeszcze głośniej. Pariasami dworca są wychudzone, wynędzniałe Rumunki z koszami wypełnionymi tandetą i suchymi bułkami. Chłopczyk pokazuje mi tekturkę z ręcznie napisaną prośbą: „Jesteśmy głodni. Proszę daj złotówek, to mama kupi chleb". Jestem tak rozdygotany po rozmowie z kasjerką, że burczę na niego, czego natychmiast żałuję.

„My Polacy nie jesteśmy bez serca – ktoś mi później wyjaśnia. – Kościół i miasto prowadzą domy, gdzie ci ludzie mogą przenocować, wykąpać się, zjeść ciepły posiłek, ale po Ceauşescu Rumuni tak się boją jakiejkolwiek władzy, że wolą spać po dworcach i żebrać. No i żaden Cygan nie weźmie nigdy żadnej roboty. Wolą pić i grać w karty".

Z punktu widzenia tych kobiet i dzieci ocena salonu Mercedesa jawi się inaczej: wolność = kapitalizm albo, można by powiedzieć, kapitalizm = wolność.

Moja dawna uczennica napisała mi z Paryża, że spotkała ciemnoskórego ochotnika z Korpusu Pokoju, który powiedział jej, że wszystkich Murzynów z Korpusu przeniesiono z Polski po tym, jak jednego z nich pobił gang skinheadów. W mieście, w którym uczył ten chłopak, staruszki żegnały się na jego widok. Murzyni są przecież dziećmi diabła.

Na budynku obok dworca do gwiazdy Dawida ktoś domalował krzyż i zdanie: „Chrystus też był Żydem. Warto o tym pamiętać".

PODRÓŻ

Rozdział jedenasty

LUBLIN 1960, 1985

Bitwa! gdzie? w której stronie? pytają młodzieńce,
Chwytają broń; kobiety wznoszą w niebo ręce;
Wszyscy pewni zwycięstwa, wołają ze łzami:
„Bóg jest z Napoleonem, Napoleon z nami!"

O wiosno! kto cię widział wtenczas w naszym kraju,
Pamiętna wiosno wojny, wiosno urodzaju!
O wiosno, kto cię widział, jak byłaś kwitnąca
Zbożami i trawami, a ludźmi błyszcząca,
Obfita we zdarzenia, nadzieją brzemienna!
Ja ciebie dotąd widzę, piękna maro senna!
Urodzony w niewoli, okuty w powiciu,
Ja tylko jedną taką wiosnę miałem w życiu.

Adam Mickiewicz, *Pan Tadeusz*, księga XI: *Rok 1812*

Lublin był swego rodzaju miastem pogranicza. Na zachód – niezależnie od politycznego chaosu w Polsce, beztroskiej prywaty magnaterii, skrajnej nędzy chłopów – czuło się Europę. Wznosiły się miasta – nieważne, jak słabe – z wieżami kościoła i ratusza. Na wschód rozciągała się monotonna równina Ukrainy. Bez granic, bez naturalnych barier. Pędziły po niej konne armie napędzane trawą rosnącą pod kopytami. Wprawdzie nie wszyscy najeźdźcy byli równie samowystarczalni jak Mongołowie (dotarli do Lublina w 1250 roku), którzy żywili się otwierając żyły swoim koniom i pijąc ich krew, ale równina wywoływała powszechną obsesję marszu – coraz dalej i dalej, bez racjonalnego końca. Lublin był celem dla kozackich armii Chmielnickiego w 1655 roku i dla Turków w 1672 roku, a z przeciwnego kierunku dla Szwedów w 1655 i 1705 roku. Armia Napoleona, wraz z polskimi oddziałami, wyruszyła na wschód przez Litwę, ale dla Niemców w 1917 i 1941 roku Lublin stanowił pomost na Ukrainę – jej pola pszeniczne i naftowe, które miały unie-

POLSKA

zależnić Niemców od Historii. Kawalerzyści Piłsudskiego (z Remigiuszem Grocholskim wśród nich) wysunęli roszczenia do polskości Kijowa i przez moment znów stali się zakładnikami Przeznaczenia, które obiecywało im ziemie od Bałtyku po Morze Czarne, od Wilna po Odessę – w istocie, sferę wpływów od Finlandii aż po Kaukaz[32]. Z kolei Sowieci rozpoczęli wojnę z Polską w 1919 roku, żeby zrealizować swoją własną fantazję: przedrzeć się przez bezsilną Polskę, połączyć z rewolucyjnymi Niemcami i stworzyć komunistyczny bastion, który podbije Europę. Stalin nigdy nie przebaczył Polakom – niezależnie od ich proweniencji politycznej – że zniweczyli ten plan.

Kiedy latem 1944 roku Armia Czerwona błyskawicznie parła na zachód, Lublin stał się siedzibą – pod auspicjami Sowietów – pierwszego „niezależnego rządu" polskiego, który miał stanowić konkurencję dla rządu na uchodźstwie w Londynie.

Brak granic przywodzi na myśl wikingów, których łodzie mknęły od Grenlandii po Konstantynopol. Albo wielkie równiny Ameryki Północnej, zdobywane przez farmerów i budowniczych kolei. W tragicznej opowieści Ole Rolvaaga o norweskich osadnikach w Minnesocie, *Giants in the Earth*, bohaterka postradała zmysły, nic bowiem na tym pustkowiu nie przypominało jej ładu – granicznych płotów, wioski, kościelnej wieży – w którym się wychowała.

Te zabójcze stepy zostały opisane w latach osiemdziesiątych XIX w. przez Henryka Sienkiewicza w *Trylogii* – wojna ze zbuntowanymi Kozakami (*Ogniem i mieczem*), najazd szwedzki wspierany przez

---

[32] Profesor Pipes, badając niedawno otwarte archiwa Partii Komunistycznej w Moskwie, znalazł bardzo ciekawe szczegóły dotyczące dziwnej, korzystnej dla bolszewików neutralności Piłsudskiego w wojnie domowej w 1919 roku. Główny generał białogwardzistów, Anton Denikin, odmówił uznania granic niepodległej Rzeczypospolitej, wykraczających poza obszar Polski Kongresowej z okresu 1815–30. W związku z tym – mimo coraz liczniejszych nieoficjalnych starć pomiędzy Polakami i bolszewikami jesienią 1919 roku – Piłsudski odmówił Białym jakiejkolwiek pomocy militarnej, czekając na klęskę Denikina, aby rozprawić się ze słabą i wyizolowaną Rosją bolszewicką. Z kolei bolszewicy byli gotowi zgodzić się właściwie na dowolne koncesje terytorialne, jakich domagaliby się Polacy, ponieważ – mówiąc słowami Juliana Marchlewskiego, polskiego komunisty pośredniczącego między Warszawą a Moskwą – skomunizowanie całej Polski było kwestią nieodległej przyszłości; Richard Pipes, *Russia. Under the Bolshevik Regime*, Alfred A. Knopf, New York 1993, ss. 89–90.

144

zdradzieckich Radziwiłłów (*Potop*) i okrutna nawała turecka (*Pan Wołodyjowski*) – tyle że Sienkiewiczowska wizja Ukrainy jest podbarwiona wspomnieniami autora z podróży koleją przez prerie Ameryki. *Trylogia* to epos o romantycznej przemocy, zdradzie, lojalności, poświęceniu, miłości i śmierci; lektura każdego chłopca w Polsce, który chce być taki, jak dziki i tępy pan Kmicic z kręconym wąsem, „który zasiekł każdego, kogo mu rozkazano zabić, i nie dbał o nic więcej". Dziwna, stylizowana siedemnastowieczna polszczyzna, którą posługują się bohaterowie Sienkiewicza, stała się tajnym kodem dorastającej młodzieży. Nawet żołnierze Armii Krajowej posługiwali się pseudonimami z Sienkiewicza, założyciela socjalistycznej kolonii – plantacji pomarańczy – w Anaheim, które z czasem miało stać się Disneylandem. Dziś Sienkiewicz przybladł. Jego powieści nie są przeznaczone dla dziewcząt, a obecnie niewielu chłopców w Polsce jeszcze cokolwiek czyta.

W XVI wieku Lublin stał się zamożnym miastem jako centrum przeładunkowe zwożonej wozami z Ukrainy pszenicy, którą transportowano następnie tratwami w dół Wisły aż do Gdańska, skąd przez Bałtyk trafiała do Europy Zachodniej. Nie było to jednak miasto szlachty (choć i tej nie brakowało: biednych a dumnych hidalgów – antenatów chłopów, którzy uratowali rannego Jacka Woźniakowskiego od pojmania i zamęczenia na śmierć przez Ukraińców), lecz raczej magnatów, posiadaczy ogromnych majątków na wschodzie, którymi zarządzali ze swoich ufortyfikowanych dworów. Można tu dostrzec podobieństwo do otoczonych grubymi murami z nie wypalanej cegły rancz w Teksasie czy północnym Meksyku, również służących jako fortece dla obrony przed atakami Komanczów, Apaczów, *bandidos*, grabieżczych armii rewolucyjnych, gotowych zabijać chińskich sklepikarzy, tak jak Kozacy zabijali Żydów. W dworskich garnizonach oficerami była szlachta, która potraciła majątki przez pijaństwo, hazard, fatalne zarządzanie, zły los czy przez dowolną konfigurację tych przyczyn – była to kasta wojowników przypominająca samurajów z feudalnej Japonii.

Na każdym dworze przebywał również ksiądz jezuita. Choć w XVI wieku, kiedy reszta Europy wyrzynała się w szale religijnej nienawiści, Polska miała reputację kraju tolerancyjnego, to kontrreformacja wcielana w czyn przez jezuitów oznaczała usztywnienie stanowiska. Obcy wrogowie, których szlachta i magnateria zwalczały jak Polska długa i szeroka, należeli do innych wyznań: luterańskiego, prawosławnego, mahometańskiego, na Ukrainie unickiego – mniej więcej prawosławnego w liturgii i mniej więcej podporządkowanego papieżowi w Rzymie. Jezuici próbowali narzucić polskiemu katolicyzmowi bardziej ortodoksyjną formułę (tak jak w późniejszych czasach przybyli prosto z Moskwy komisarze starali się zdyscyplinować swoich własnych parafian), a ich nacisk na ideologiczny puryzm był jedną z przyczyn wielkiego buntu Kozaków pod wodzą Chmielnickiego wiosną 1648 roku.

Szlachta i magnateria stanowiły też pospołu klasę rządzącą tego irracjonalnego tworu o nazwie Rzeczpospolita. Twór ten można nazwać najbardziej demokratycznym państwem Europy, bo klasa ta była wyjątkowo liczna i na ogół wyjątkowo nie podporządkowana monarsze, którego sobie wybierała. Święte zasady wolności i równości wymagały, by sejm uchwalał ustawy jednogłośnie, a sesję przerywano w razie pojedynczego sprzeciwu. Władza królewska była słaba, więc rzeczywiste rządy przeszły w ręce wielkich rodzin magnackich, które – przekupione przez sąsiadów Polski, co nie było trudne – utrzymywały państwo w stanie prostracji sprzeciwiając się każdej decyzji. W rezultacie demokracja doprowadziła do samolubnej, arystokratycznej anarchii i paraliżu władzy, co skończyło się rozbiorami w 1772, 1792 i 1795 przez Rosję, Prusy i Austrię i zniknięciem państwa polskiego z mapy aż do 11 listopada 1918 roku, kiedy pojawiło się na nowo pod przywództwem Piłsudskiego.

Jana Jakuba Rousseau zaintrygowała pomysłowość zasad polskiej demokracji, a ponieważ filozof ten wywarł znaczący wpływ na myśl Jeffersona, szlacheccy intelektualiści – mniej małostkowi od protestantów, jeśli idzie o wierność faktom – mogli twierdzić, że amerykańską konstytucję oparto na polskich wzorcach.

Latem 1960 roku razem z żoną wybraliśmy się autem z Warszawy do Lublina; ciesząc się wolnością, kontaktem z „prawdziwą" Polską, mijaliśmy wioski, z których każda miała własne kacze bajoro. Żadnych świń. Co przytrafiło się temu narodowemu zwierzęciu? Czy poddane zostało przez komunistów racjonalnej obróbce w fabrykach: pasza na pasie transmisyjnym, gnojówkowy metan napędza potężną hutę? Zrobiliśmy sobie postój na piknik pod wierzbami nad brzegiem Wisły. Bosonoga dziewczynka z małym stadkiem gęsi – prosto z dziewiętnastowiecznych obrazów czy wierszy ułożonych przez zesłańców na Syberii – podeszła bliżej, żeby się nam przypatrzeć.

W Lublinie zatrzymaliśmy się w nowoczesnej części miasta – w brzydkim hotelu, który mógł pewnie służyć za wzór dla podobnych budynków od Ukrainy aż po Ural – a ja wybrałem się z wizytą do rektora KUL-u. Uniwersytet ten był chyba jedyną autonomiczną uczelnią w komunistycznym imperium – polityczne ustępstwo na rzecz Kościoła. Choć jego wyposażenie było o wiele uboższe od wyposażenia UMCS-u, rozlokowanego po drugiej stronie miasta, to jego niezłomność miała kluczowe znaczenie dla ograniczonej niepodległości Polski. Jacek Woźniakowski mógł sobie tam pozwolić na wykładanie historii sztuki w sposób radykalnie odmienny od komunistycznych wzorców.

Fundacja Merrilla – która działała dzięki kapitałowi zapisanemu w testamencie przez mojego ojca i której byłem prezesem – w 1959 roku przekazała KUL-owi za pośrednictwem Catholic Relief Services subwencję w wysokości 25 000 dolarów. Pieniądze te umożliwiały wyjazdy na Zachód studentom i kadrze naukowej oraz służyły na zakup książek i wyposażenia. Za wczesnego Gomułki Fundacja Forda skorzystała z chwilowej odwilży i ufundowała hojny program stypendialny na wyjazdy do Europy Zachodniej i Stanów Zjednoczonych. Choć władza w Polsce obawiała się heretyckich idei, to jednak potrzebowała specjalistów wyszkolonych poza Związkiem Sowieckim – lekarzy, naukowców, inżynierów. Przyjęto więc warunek Fundacji, by na każde dwa stypendia z tych dziedzin trzecie przypadło humaniście. Dzięki tej dalekowzroczności program ten jest jednym z najpiękniejszych przykładów amerykańskiej filantropii.

Nasza fundacja posiadała tylko drobny ułamek środków Fundacji Forda, a jej działalność koncentrowała się na sprawdzonych instytucjach, takich jak Amherst College czy Southampton Hospital. Niemniej jednak można było myśleć o niewielkich subsydiach dla innych potrzebujących. Formalnym powodem mojej podróży do Lublina było zebranie informacji niezbędnych do przekonania pozostałych członków Rady, by udzielili drugiej subwencji, dzięki której życie intelektualne w Polsce mogłoby przetrwać.

POLSKA

Znalazłem bramę główną i portiernię. Rektora nie było. A portier nie był zupełnie zainteresowany udzielaniem pomocy tępemu cudzoziemcowi, który niczego nie rozumiał, nawet jeśli się do niego krzyczało.

Na tym skończyły się moje obowiązki. Przypadkiem trafiliśmy z Mary na ulicę Złotą i chłonęliśmy renesansowe piękno jej kamieniczek. Były to domy kupców albo miejskie rezydencje posiadaczy ziemskich – tak jak domy budowane przez plantatorów bawełny w Savannah czy Charleston. Wędrowny architekt włoski otwiera swoją tekę projektów.

– Taka jest najświeższa moda w Padwie.

– Wspaniałe, ale Kieniewicz ma tu taką wieżę. A ja chcę dwa razy wyższą. Fasada ma być na czerwono.

– *Signor*, nie znajdziesz nic takiego w całym Veneto!

– Płacę i wymagam.

Jacy ludzie tu mieszkali? O czym rozmawiali? O cenie zboża, o zbliżającej się nawałnicy tureckiej albo rosyjskiej, o bezczelnych Żydach czy o bezczelnych Kozakach? (Ta kozaczyzna to byli w znacznej części chłopi, którzy uciekali od swoich panów i od ograniczeń nakładanych przez wieś i Kościół, a na wolnych stepach Ukrainy stworzyli osobny naród). Czy wymieniano plotki z życia dworu w Warszawie? Wiadomości o pojedynkach i krwawych kłótniach rodowych? Przez kilka miesięcy służyłem w Algierii i we Włoszech z oddziałem Teksaskiej Gwardii Narodowej, a moim kolegom podobał się na ogół ich bezpośredni styl („Słuchaj, brachu"), który w ciągu sekundy mógł się przerodzić w zabójczą wściekłość. Zamiłowanie do ekstrawagancji i ceremonii, do kiszonych ogórków i pokrzykiwania. Tacy to szlachcice przejechali konno Karpaty w 1683 roku, żeby z królem Janem Sobieskim ratować Wiedeń od Turków, a wrócili do domu obładowani orientalnymi dywanami, z upodobaniem do kawy i ogolonych łbów, zachwyceni niepotrzebnymi przygodami wojennymi.

Czym zajmowała się kobieta? Modlitwą, haftowaniem, wydawaniem poleceń służbie, grą na lutni, słuchaniem mszy? A jeśli urodziła się obarczona inteligencją?

Renesansową uliczką dotarliśmy do krętych alejek starego miasta, które od średniowiecza rozrastało się jak drzewo. W 1952 roku

148

Lublin, 1960, 1985

mieszkaliśmy w nieco podobnym miejscu, w Grazu – najbardziej wysuniętym na południowy wschód niemieckojęzycznym mieście cesarstwa austriackiego. Węgry leżały na wschód, a równiny Słowenii i Chorwacji na południe. W tym mieście, w którym lęk przed owymi mniejszymi narodami skłonił wielu do sympatyzowania z narodowymi socjalistami, pracowałem w gimnazjum jako nauczyciel Fundacji Fulbrighta. Mieszkaliśmy w tekturowym baraku za Conrad von Hötzendorf-strasse, niewiele lepszym od polskich odpowiedników, a wąskie uliczki wokół rynku były pełne zapachów takich jak w Lublinie: kapusty, rynsztoków, bielizny, piwa i tytoniu. Łatwo wyobrazić sobie klaustrofobię, która zmieniała te pozbawione słońca uliczki w więzienne korytarze, usłyszeć odgłosy kaszlu i zobaczyć dzieci z przewiązanymi bandażem uszami, z których leje się ropa.

Lublin, rzecz jasna, dawał był schronienie prężnej wspólnocie żydowskiej, jakiej nie było w żadnym niemieckojęzycznym mieście. Codzienne rytuały tej sprzymierzonej z Bogiem kultury, nieuczona pobożność tego pokornego ludu zostały uwiecznione przez Isaaca Bashevisa Singera: „rosół z kluskami i maleńkimi kółeczkami tłuszczu niczym złote dukaty" – jak gdyby nawet zupa mogła dostąpić świętości, nie kończące się zaś studia w jesziwie wydawały się służyć płodzeniu chochlików i biesów, zjaw i duchów.

> *Dzieci wołały. „Mamusiu!*
> *ja przecież byłem grzeczny!*
> *Ciemno! Ciemno!"*
>
> Tadeusz Różewicz, Rzeź chłopców

> *Mesjasz nie przyszedł do Żydów,*
> *więc Żydzi przyszli do Mesjasza.*
>
> Isaac Bashevis Singer, The Last Demon

> *Pawiem narodów byłaś i papugą.*
>
> Juliusz Słowacki

* * *

Wróciłem tu dopiero w 1985 roku. Lublin znajduje się w niewygodnej odległości od dwóch miast, które zawsze odwiedzałem –

POLSKA

Warszawy i Krakowa – na wschodnich terenach, dokąd nikt się nie wybiera, gdzie żaden mieszkaniec nie zna ani jednego słowa w obcym języku poza rosyjskim. Jeśli fascynowały kogoś polskie osobliwości – a mnie fascynowały – to można je było tutaj znaleźć w stanie czystym. Polska nie zachęca Ważnych Ludzi do przyjazdu. Telefony nie działają. Na łyżkach widać ślady tłustych paluchów. Przerażające opowieści odstraszają lękliwych: plotki na temat toalet, konieczność wymamrotania u fryzjera słowa p r z y s t r z y c, okradzenie przez Cyganów, aresztowanie przez tajną policję, pobicie przez pijaków. Ale gdy nie oczekuje się zbyt wiele, nie nalega się na zupełne podobieństwo do społeczeństwa totalnego, zarządzanego na zasadzie kontraktu przez hotele Holiday Inn, wtedy wszystko działa całkiem dobrze. Nagrodą jest uprzejmość, bezpretensjonalność, pełen humoru realizm w radzeniu sobie z dolegliwościami życia.

W Warszawie można się poruszać w obrębie anglojęzycznego archipelagu (dodaj niemiecki, jeśli go znasz; po francusku konwersują panie w średnim wieku) – zna go większość młodych ludzi z wykształceniem lub ambicjami; ci wszyscy, którzy są zaznajomieni z zasadami przetrwania u schyłku XX wieku. Albo też cudzoziemiec może próbować coś tworzyć w języku tubylców.

Przed każdą wizytą podejmuję poważną próbę – t y m r a z e m n a p e w n o – nauczenia się języka; nie bez powodzenia przy moim biurku w Bostonie, ale po przyjeździe do Warszawy ta misterna konstrukcja rozpada się w konfrontacji z kasjerką na dworcu albo rozłazi się ze zmęczenia. Tak jak krzesło sklecone przez niewprawnego cieślę – ani ładne, ani solidne – jest to jednak coś funkcjonalnego i własnego. Wierny zestaw rzeczowników i przymiotników, kilka wyrażeń – trwają przy mnie, ale garstka dowodzących nimi czasowników ma w zwyczaju ulatniać się pod presją. Małe, niegodne zaufania przyimki pojawiają się i znikają. „Dwanaście" i „dwadzieścia" lubią się zamieniać miejscami. Okruchy rosyjskiego i czeskiego rozbawiają dzieci: albo ożywiają dialog, albo wprowadzają weń chaos.

Tym razem w Warszawie zatrzymałem się z jakiegoś powodu w „Wiktorii", a nie w „Europejskim", gdzie mieszkaliśmy razem z Bruce'em Bartonem w 1939 roku. Hotel był nowy, z klasą, drogi

150

Lublin, 1960, 1985

– miał błyszczące, marmurowe posadzki, sklep Pewexu z importowanymi luksusami za dolary, faksy, eleganckie panienki w długich, puszystych szalach.

Telefon budzi mnie o pierwszej w nocy. Panika.

– Bardzo mi przykro, jeśli przeszkodziłam panu o tej godzinie – rzecze jedwabisty, niezbyt młody głos. Czy nie miałby pan ochoty na damskie towarzystwo?

– Nie, do diabła!

– Woli pan chłopców, przystojnych młodzieńców? – pyta już mniej jedwabisty głos.

Trzaskam słuchawką.

Bostończyk w każdym calu; następnego ranka składam skargę portierce.

– Jest nam strasznie przykro, proszę pana. Musi pan wiedzieć, że takie sytuacje niestety się zdarzają.

Bzdura – mówią znajomi z Krakowskiego Przedmieścia. – Przekazują panienkom nazwiska wszystkich anglo– i niemieckojęzycznych gości, a potem biorą procent od utargu. To całkiem sporo kosztuje. Jeden z naszych towarów eksportowych.

Pojechałem autem przez rzekę, minąłem targowe przedmieście Pragę – której mieszkańców zmasakrował w 1795 roku generał Suworow i gdzie rozbiła obóz Armia Czerwona, żeby przyglądać się likwidacji powstania w 1944 roku – i skierowałem się na południowy wschód. Było to po dniu Wszystkich Świętych, więc cmentarze nadal jarzyły się migotliwymi światełkami zniczy. Droga biegła wzdłuż Wisły, obok topoli i wierzb porośniętych jemiołą, mijała tablice upamiętniające miejsca, gdzie Armia Czerwona bohatersko sforsowała rzekę pod ogniem hitlerowskiego okupanta. Przystanek w Kazimierzu Dolnym – architektonicznej perle siedemnastowiecznego manieryzmu (płaskorzeźby świętych i wyimaginowanych bestii, kardynałów i kwiatów jak gdyby wyciśniętych z tuby) w tym momencie zwiedzanym przez błądzącą grupę frankofońskich Afrykańczyków.

Potem do Lublina, gdzie znalazłem odpowiedni hotel, pełen wysokich, śniadych młodzieńców w niebieskich mundurach, mówiących po arabsku, którzy okazali się irackimi kadetami ze szkoły lotniczej. Następnego ranka powrót na ulicę Złotą. Wystarczyło ledwie 25 lat, by renesansowa uroda ustąpiła miejsca brzydocie

151

POLSKA

rozpadu. Wzdłuż fasad wznosił się rząd rusztowań, ale w zasięgu wzroku nie było ani jednego robotnika – w poniedziałek.

– To proste – Jacek wyjaśnia mi później w Krakowie – wykonawca ma dobre kontakty w partii. Dostaje od państwa przydział narzędzi, gipsu, drewna, gwoździ i sprzedaje to wszystko na czarno. Robota nie posunie się naprzód, dopóki nie przyjdzie następny przydział, a jeśli nikt nie będzie go sprawdzał, też wykorzysta go w pracy tylko na tyle, żeby nie trafić do więzienia. Wyruszyłem do Zamościa, jednego z formalnych celów mojej wizyty, gdzie w 1580 roku facet jakby rodem z Teksasu – Jan Zamoyski – tupnął nogą i rozkazał, żeby zaraz zbudować mu tu miasto. Miasto to pod względem stylu znajduje się jakby na granicy pomiędzy renesansem i barokiem. Plany synagogi, biblioteki, zbrojowni, łaźni publicznych, skomplikowanego systemu kanalizacji zostały opracowane w XVII wieku. Wynajął architekta i planistę – Bernarda Morando z Padwy. Kraków, Lublin, Lwów przyciągnęły wielu włoskich i wykształconych we Włoszech architektów. Anarchiczna bezkształtność tych równin sprawiła, że tym bardziej zachwyciłem się harmonią rynku i otaczających go domów z arkadami, pełnym wdzięku ratuszem z jego wieżą i podwójnymi schodami.

„Zamość był pierwszym miastem w Polsce i jednym z pierwszych wśród niewielu miast Europy, które zaplanowano i wykonano nie tylko pod względem funkcjonalnym, ale również artystycznym. Stał się on ucieleśnieniem idei sformułowanych przez renesans włoski, m.in. teoretycznej koncepcji «miasta idealnego» (...) Zamoyski był człowiekiem bardzo przedsiębiorczym, energicznym i kulturalnym; posiadał też głęboką wiedzę humanistyczną zdobytą we Włoszech. Miasto miało być nie tylko centrum jego latyfundiów, ale również stolicą obszaru, który uważał za swoje osobiste królestwo. Miało być ośrodkiem handlu, potężną fortecą przeciw najeźdźcom ze wschodu, centrum kulturalnym i religijnym oraz siedzibą i rezydencją tego wielkiego człowieka"[33].

Zamoyski ufundował Akademię, w której studiowali możni obywatele. W odróżnieniu od sztywnego i ujednoliconego programu

---

[33] Michael Pratt, Gerhard Trumler, *Great Country Houses of Central Europe*, Abbeville Press, New York 1991, ss. 223–224.

Lublin, 1960, 1985

jezuitów, uczelnia ta proponowała edukację zarówno klasyczną, jak i współczesną, bardziej świecką i patriotyczną – co przyciągało synów z magnackich rodów nie tylko różnych nacji, ale i wyznań[34]. Ale w miarę jak pod naciskiem jezuitów zacieśniała się pętla kontrreformacji, społeczeństwo stawało się coraz mniej tolerancyjne, a myśl kostniała.

Jeszcze w 1939 roku taki hrabia Jan Zamoyski wciąż posiadał 60 tysięcy hektarów ziemi wokół Zamościa, którą w 1946 roku skonfiskowali mu komuniści. Teraz – w 1993 roku – jest senatorem i aktywnym członkiem towarzystwa byłych ziemian, które domaga się zwrotu odebranych nieruchomości i rekompensat za poniesione straty.

Na fasadzie skromnej kamienicy w rogu rynku znajduje się tablica informująca, iż w tym domu urodziła się w 1870 roku Róża Luksemburg. W odróżnieniu od całej reszty lękliwych socjalistów niemieckich, ta rewolucjonistka razem ze swoim partnerem Karlem Liebknechtem odmówiła poparcia wojny kajzera, została uwięziona i w 1919 roku zamordowana przez wojskowych. Czy mieszkając w domu z tak wspaniałym widokiem na rynek z pięknym ratuszem, nie powinna była pozostać tu i wybrać żywot zadowolonej gospodyni?

Wielka Historia przetoczyła się przez Zamość pod koniec sierpnia 1914 roku, kiedy armie rosyjska i austriacka zderzyły się ze sobą, a na południowy wschód od miasta, w lasach i na polach, toczyły się ciężkie, ponawiane boje kawalerii[35].

Zamość zawsze był ważnym ośrodkiem żydowskim: pierwsi osadnicy przybyli tu ze Lwowa w latach osiemdziesiątych XVI stulecia, po nich pojawili się Żydzi sefardyjscy z Turcji, Włoch i Holandii. W 1939 roku 45% ludności stanowili tu Żydzi. Po wkroczeniu Niemców miasto na krótko zostało przemianowane na Himmlerstadt.

---

[34] Frank Sysyn, *Between Poland and the Ukraine*, Harvard University Press, Cambridge 1985, ss. 44–49.

[35] Informacje na temat I wojny Światowej w Zamościu i Przemyślu pochodzą z książki Winstona Churchilla, *The Unknown War, the Eastern Front*, Thornton Butterworth Inc., London 1931. Ta historia, jedna z pierwszych pióra Churchilla, pokazuje, iż autor potrafi zapanować nad niesłychanie złożonym tematem, a jednocześnie umie przekazać poczucie chaosu w rozwijającym się dramacie i opisać motywacje oraz charakter aktorów, którzy próbują czegoś dokonać. Uwaga: więcej ludzi zginęło w pierwszych 6 tygodniach wojny 1914 roku niż podczas prawie 22 miesięcy, 1939–41, od inwazji Niemiec na Polskę do napaści na Związek Sowiecki.

POLSKA

Moim następnym przystankiem była wieś Tyszowce – jeszcze dalej na południe i na wschód, ledwie kilka kilometrów od obecnej sowieckiej granicy. Rodzice jednego z żydowskich ojców moich uczniów pochodzili z tej wioski. Może uda mi się ją umieścić w wielkim albumie moich polskich reminiscencji? Znalazłem tu stare drewniane domy z bielonymi ścianami, dachami krytymi strzechą i nowoczesne – z cegły, pokryte dachówką. Na głównej ulicy był korek: wóz konny z górą gnoju, przypominającą ziemiankę, zatarasował drogę traktorowi ciągnącemu przyczepę z burakami cukrowymi.

W wioskach po drugiej stronie granicy – należących do Polski, dopóki całego kraju nie przesunięto na zachód w 1945 roku – kościoły zburzono, żeby zrobić miejsce na parkingi, albo zamieniono je na magazyny; pozostała pustka, która boli jak amputowana kończyna. Kiedy wieje wiatr z zachodu, wieśniacy mogą usłyszeć w niedziele odległy głos kościelnych dzwonów z Polski.

Tu była dawna Polska – Polska rozległych pól, wierzb i dębów – czysty, ubogi krajobraz, który mijam, jadąc na południe w stronę Beskidów, by po przekroczeniu dawnej granicy austriackiej znaleźć się we wschodniej Galicji, arenie chaotycznych walk w 1914 i 1915 roku wokół miasta-twierdzy, Przemyśla – bazy i magazynu dla wszystkich armii austriackich. Churchill z wielkim szacunkiem mówi o austriackim wodzu naczelnym – Conradzie von Hötzendorf – który uczynił z Przemyśla swoją kwaterę główną. Był to błyskotliwy strateg, który jednak wymagał od swojej łaciatej armii więcej, niż ci ogłupieni, słabo wyposażeni i kiepsko dowodzeni, wyczerpani i zdemoralizowani ludzie mogli wykonać. W fortecy skończyły się zapasy i w marcu 1915 roku poddano ją Rosjanom – 100 tysięcy żołnierzy trafiło do niewoli, utracono 1000 armat. Czy spełniła ona swój cel i powstrzymała ofensywę wroga, czy może jej obrona kosztowała Austriaków o wiele więcej, niż kiedykolwiek była ona warta?

Na noc zatrzymałem się w schronisku obok wspaniałego zrujnowanego zamku w Krasiczynie. Jak bardzo zamożni musieli być magnaci, albo jak nędznie opłacani robotnicy, jeśli Marcina Krasickiego stać było na wzniesienie tych stosów kamieni.

Przystanek na lunch w Bieczu, gdzie wznosi się potężny XV--wieczny kościół i wielki ratusz. W jedynej kawiarni pracuje beztroskie dziewczę, oferujące gorącą wodę, torebki herbaty i herbatniki.

154

Lublin, 1960, 1985

W poszukiwaniu jakiegoś zabytku, o którym wspominał Jacek, wlokę się przez Tarnów, mijając tłumy dzieciaków wybiegających ze szkoły. Hałaśliwy wąż maluchów przesuwa się obok: każdy z nich nosi jaskrawą czapeczkę i rękawiczki zrobione na drutach przez babcię. Siedmiolatek ściska rękę mamusi, która monologuje coś na temat zachowania w szkole. Pojawia się też gwiazdozbiór nastolatków: trzy dziewczęta idące dla bezpieczeństwa pod ramię, trzech chłopców krążących wokół nich niczym myśliwce albo wilki (nie jestem pewien tego porównania); chłopcy umizgują się otwarcie, dziewczęta odpowiadają wymijająco: nawoływania, nastroszone pióra, płynne gesty tokujących cietrzewi czy żurawi. Czasami jest to słodki kraj.

***

Poza przyjemnością wędrowania przez Polskę południowo--wschodnią moja druga wizyta w Lublinie miała też poważny cel – chciałem zobaczyć Majdanek, tak jak w 1993 roku czułem się zobowiązany odwiedzić Oświęcim. XX wiek oznacza wieżowce, kino, telewizję, zmasowane bombardowania, śmierć lasów, obozy koncentracyjne. Pojawili się jacyś ludzie – tępi lub źli do szpiku kości – którzy zaprzeczają ich istnieniu: to wszystko są żydowskie oszczerstwa, syjonistyczne wymysły. Warto więc odwiedzić osobiście jeden z tych obozów – raz na dziesięć, dwadzieścia lat – żeby przypomnieć sobie, że istniały naprawdę.

Pod koniec wojny – w obozie jenieckim pod Modeną w dolinie Padu – byłem stenografem w zespole śledczym 88 Dywizji. Zakwaterowano nas w Palazzo Ducale razem z tysiącem lub dwoma Żydów ocalonych z Dachau, Buchenwaldu, Oświęcimia, których w większości wyzwolili Amerykanie, a których przywieźli ciężarówkami do Włoch żołnierze z Brygady Żydowskiej (pierwotnie brytyjska 8 Armia), mający nadzieję wysłać ich statkami do Hajfy i Tel Awiwu, zanim Brytyjczycy ustanowią blokadę Palestyny. Modena okazała się ostatnim punktem ich trasy na południe.

Jednym z chłopców, którzy wybiegali z pałacu, żeby ponieść nam torby w zamian za czekoladę, był 13-letni Węgier imieniem Bernat. Zaimponował mi swoim duchem, zostaliśmy przyjaciółmi i wieczorami (oszczędzałem racje kolacyjne) spacerowaliśmy wokół Modeny, rozmawiając łamaną niemczyzną o jego i o moim życiu.

POLSKA

Rodzina Bernata (ojciec zajmował się ciesielką i hurtowym handlem orzechami oraz miodem, matka była córką rabina) mieszkała w wiosce o nazwie Tab, opodal jeziora Balaton. Żydzi i Węgrzy nie byli w dobrych stosunkach, więc każdego popołudnia w drodze ze szkoły Bernat brał udział w jakiejś bójce. Nawet jako sojusznik Niemiec Węgry broniły swojej niezależności: choć źle traktowały swoich Żydów, zapewniały im ochronę. Był to jedyny nieneutralny kraj na kontynencie europejskim, który to czynił – aż do marca 1944 roku, kiedy SS przejęło władzę.

Żydów z Tab wyprowadzono z domów na stację kolejową – ich węgierscy sąsiedzi zamykali okiennice, żeby ich nie oglądać. („Nigdy nie możesz ufać gojom"). Matka Bernata starała się uspokoić swoich dwóch przerażonych chłopców: „Poradzimy sobie. Nie boimy się ciężkiej pracy. Będziemy się trzymać razem. Zobaczycie, wszystko będzie dobrze". Pociąg wlókł się, bo w drodze do Budapesztu na kolejnych stacjach doczepiano następne wagony. W stolicy czekali 24 godziny na bocznicy, aż lokomotywa zabierze ich przez Słowację do Polski. Czy potraficie sobie wyobrazić, jak musiał wyglądać sierpniowy dzień w jednym z tych bydlęcych wagonów?

Kiedy pociąg w końcu zatrzymał się w Oświęcimiu, Bernata zdziwiło to, że tłumy ludzi biegały tu i tam w prążkowanych strojach, jakby piżamach. Chodzą w piżamach w środku dnia? Potem przybysze zmieszali się ze starymi więźniami i Bernat nigdy już nie zobaczył swoich rodziców ani brata.

– Ile masz lat, mały? – zapytał go w jidysz polski chłopak.

– 12.

– Zabiją cię, jeśli się dowiedzą. Powiedz im, że masz 16. Tu jest wielu niewyrośniętych.

Bernatowi kazano wrzucać śrubki z rozbitych Messerschmittów do właściwych pojemników. Poznał niemiecki system klasyfikacji pracowników: jeden rząd przybyszów był *Arbeitsfähig*, drugi – *Nichtfähig*. Tych drugich – za starych, za młodych, zbyt chorych – wysyłano prosto do komór gazowych, tych pierwszych na razie nie. Jakaś matka podniosła krzyk i szarpała się ze strażnikiem, który próbował odebrać jej dziecko przeznaczone do drugiego rzędu. Strażnik chwycił dziecko i rozwalił mu głowę o ścianę.

– A teraz będziesz się zachowywać rozsądnie?

156

Mężczyźni i chłopcy mieszkali w tych samych barakach pod nadzorem ukraińskich kapo, bardziej znienawidzonych od Niemców. Bogaci umierali najwcześniej, podobnie szybko rosnący nastolatkowie, Francuzi i Hiszpanie. Polacy i Węgrzy byli twardzi. Potem, kiedy Rosjanie przetaczali się przez Polskę, Niemcy ewakuowali obóz – pociągami i ciężarówkami wysłali więźniów do Mauthausen w zachodniej Austrii, parę kilometrów na zachód od Linzu.

Wiele lat później – wpierw Bernat mieszkał u naszej rodziny w Missouri, potem studiował na Cornell University, a w drodze na Harvard Law School został podporucznikiem armii Stanów Zjednoczonych – Bernat oprowadzał żonę i mnie po Mauthausen. Tu stały baraki, a tam komora gazowa i okropne schody, po których więźniowie wnosili ciężkie kamienie. Czasem niemieccy strażnicy spychali z góry więźniów i śmiali się widząc, jak ci staczają się na dół. Na terenie obozu znajdowały się pomniki ku czci obywateli sowieckich, Jugosłowian, Polaków, Francuzów, a nawet Amerykanów i Australijczyków, którzy tu stracili życie, ale ani słowem nie wspomniano o Żydach.

Tym, co wyróżniało Majdanek spośród innych obozów, nie było po prostu pochodzenie jego więźniów: byli to skromni Żydzi z Grodna, Kiszyniowa, Czerniowiec, Lwowa, Koszyc, ani obozowe statystyki: podczas jednego tygodnia w październiku 1943 roku zastrzelono tu z karabinów maszynowych 45 tysięcy ostatnich Żydów z warszawskiego getta, 18 tysięcy jednego dnia. Dziwne było to, iż obóz ten nie znajdował się w szczerym polu, jak Mauthausen czy Treblinka, lecz na skraju dużego miasta. Z dachów renesansowych kamieniczek, na które mogli się wspiąć mieszczanie z ulicy Złotej, widać było wieże strażnicze. Kiedy wiał wiatr z zachodu, mieszkańcy musieli czuć swąd palonych ciał. Czy rozmawiali o tym przy niedzielnym obiedzie?

Z hotelu do obozu dojechałem w kilka minut. Potężny, rozmyślnie obrzydliwy blok betonu – jak połamane zęby – sterczał przy wejściu. W lodowatym półmroku szedłem aleją pomiędzy dwoma podwójnymi ścianami drutu kolczastego, rozpiętego na słupach za pośrednictwem porcelanowych gałek, żeby było wiadomo, iż drut był pod napięciem. Pozostawiono na miejscu kilka ciemnobrązowych, drewnianych baraków. Na końcu drogi znajdowała się be-

POLSKA

tonowa konstrukcja, gdzie mieściły się komory gazowe albo krematoria[36], nie pamiętam dokładnie. Znów były tablice upamiętniające polskie, rumuńskie i sowieckie ofiary i znowu nie padło zakazane słowo. Cóż można powiedzieć? Cyganie oburzają się, że Żydzi nigdy nie wspominają o tych, którzy zostali zamordowani, nosząc czarny trójkąt na ubraniu z wpisaną literą Z (*Zigeuner*). Nikt nie postawił pomnika homoseksualistom. Murzyński bojownik Malcolm X lubił podkreślać, że na statkach niewolniczych zginęło więcej Afrykanów niż Żydów w obozach koncentracyjnych.

Żydzi i Polacy żyli w małżeństwie przez sześćset lat – niezbyt szczęśliwym, lecz obie strony przejęły nawzajem od siebie o wiele więcej, niż chciały przyznać. Potem, po jakichś sześciu latach, nie zostało prawie nic. W 1939 mieszkało w Polsce 3 miliony Żydów, około 10% ludności kraju. Taki jest mniej więcej procent ludności murzyńskiej w naszym kraju.

Nocą w hotelu nachodzą mnie myśli: Japończycy podbijają Amerykę – absolwenci naszych szkół to zbyt słabo wykształcony i zdyscyplinowany materiał na dobrych żołnierzy. Zwycięzcy chcą przestrzeni dla swoich osadników, więc zaczynają wyłapywać Murzynów i wysyłać ich do „ośrodków odosobnienia" w Montanie i Idaho – kilka pustych obozów z 1942 roku powraca do użytku. Ci „odosobnieni" to uliczni pijaczkowie, muzycy rapowi, narkomani, skazańcy, matki na zasiłku, których nauczy się – obiecują nowe władze – obsługiwać komputery i uprawiać dla zdrowia gimnastykę. Wkrótce powrócą do swoich lokalnych wspólnot bardzo wzmocnieni na ciele i na umyśle, ale niech nikogo nie zwiedzie japońska uprzejmość: każdy, kto będzie się wtrącał, zostanie zastrzelony. Po pewnym czasie, kiedy ludzie zajmą się swoimi sprawami, więźniowie zostają wymordowani. Do obozów trafiają nowe transporty.

Jak gwałtowne byłyby protesty? Japończycy wzięli wielu zakładników i mają monopol na broń. Trudniej byłoby ukryć czarne dziecko niż żydowską szatynkę, której imię zmieniono z Sary na Olgę. W Harlemie, Detroit, południowym centrum Los Angeles wzniesiono by nowe, atrakcyjne domy i restauracje „suszi". Tchulę w Missisipi rozjechałyby buldożery, żeby zrobić miejsce na funda-

---

[36] Paul Celan: „...z których ofiary szły do grobu w powietrzu".

menty dla supernowoczesnych zakładów optycznych. Mniejsza przestępczość, więcej szkół, mniejsze wydatki na opiekę społeczną. Na koktajlu ktoś na pewno zagada: „Trzeba to przyznać Japońcom...” Ale nie chodzi tylko o muzykę i zapamiętane twarze. Chodzi o to, jak chodzili, jak się ubierali, jak się śmiali, chodzi o rytmy i żywiołowość ich głosów, o zapachy ich potraw. Nawet wybuchy gniewu dodawały rumieńców i trochę ostrości życiu. Teraz dni są bardziej szare. Ludzie nie są szczęśliwsi ani spokojniejsi. Dość tych myśli.

***

Przeglądałem duży album o Holocauście, zastanawiając się, czy kupić go dla naszej szkolnej biblioteki, i znalazłem przerażające zdjęcie kolumny nagich kobiet pędzonych gdzieś do komory gazowej. Jednak jeszcze okropniejsze było dla mnie zdjęcie grupy holenderskich Żydów z klasy średniej, oczekujących na dworcu w Amsterdamie na pociąg, który zabierze ich do jakiegoś punktu zbiorczego, skąd inny pociąg zawiezie ich – o czym jeszcze nie wiedzą – do Polski. W swoich podróżnych tweedach, z solidnymi walizkami te niemłode kobiety wyglądały jak moja matka, oczekująca pociągu na Long Island czy do Palm Beach. Groza – gorsza niż w przypadku nagich kobiet pędzonych przez błoto, które wiedziały, że stoją na krawędzi śmierci, że jeśli Bóg istnieje, dowiedzą się o tym za dziesięć minut – brała się z niewiedzy. Bo przecież Niemcy to porządny kraj, który odwiedzały wielokrotnie.

Jakaż ukryta rozkosz dla strażników, którzy mogli delektować się odsłanianiem prawdy – rąbek po rąbku. Można odebrać zegarek albo naszyjnik; wyszczerzyć zęby w uśmiechu, gdy ktoś zapyta o lunch; obmacać sprawnie biust dziewczyny. Potem zmiana wyrazu twarzy, wrzaski, błaganie o litość, gdy wszyscy zdają już sobie sprawę, że jadą w miejsce, gdzie może nie będzie nawet mydła i papieru toaletowego. Co zostało z tweedowej godności osobistej, kiedy pociąg dotarł do niemieckiego obozu w Polsce?

niewiedza o zaginionych
podważa realność świata

Zbigniew Herbert, *Pan Cogito o potrzebie ścisłości*

PODRÓŻ

Rozdział dwunasty

KRAKÓW I, 1939, 1960, 1964, 1968, 1978

Jesteśmy dla ciebie rezerwatem historii Europo
z naszymi staroświeckimi ideałami
z naszym odkurzonym skarbczykiem
z pieśniami które śpiewamy
Wszystko co mamy najlepsze oddajemy na pożarcie
smokowi gwałtu i przemocy
Młodych chłopców piękne dziewczęta
najlepsze umysły najbardziej obiecujące talenty
Julia Hartwig, *Jesteśmy dla ciebie*

Trudniej dzień dobrze przeżyć niż napisać księgę
Mickiewicz

Niemcy parli tak szybko na wschód w 1939 roku i tak gwałtownie na zachód w roku 1945, że Kraków uniknął walk, które zrujnowały tak wiele polskich miast. Najbardziej bolesną stratą tego miasta była utrata jego intelektualnej rangi. Jak opowiadał mi Wacław Lednicki, z którym w 1941 roku czytaliśmy Puszkina na Harvardzie (choć tak naprawdę poetą, którego chciał omawiać, był Mickiewicz – większy autorytet moralny), po zajęciu miasta przez Wehrmacht władze wojskowe oświadczyły, że choć państwo polskie przestało istnieć, to naród istnieje. Niemcy i Polacy powinni nadal wzajemnie się rozumieć i szanować. Na znak dobrej woli zostanie otwarty Uniwersytet Jagielloński, najstarsza obok Pragi uczelnia w Europie Środkowej, tym razem pod protektoratem i z zachęty Niemców. Nauczyciele akademiccy, którzy rozproszyli się po kraju, są proszeni o powrót, studenci zostaną znów przyjęci, aby uniwersytet zajął należne mu miejsce w budowie nowej Polski.

W większości profesorowie rzeczywiście wrócili tamtej jesieni i na początku listopada zgromadzili się w auli, aby wysłuchać przed-

160

Kraków I, 1939, 1960, 1964, 1968, 1978

stawiciela nowych władców. Wtedy otwarły się drzwi, wkroczyli niemieccy żołnierze, otoczyli zdezorientowanych uczonych, załadowali ich na ciężarówki, i ostatecznie uczestnicy zebrania znaleźli się w obozie Sachsenhausen, gdzie część z nich zmarła tamtej zimy. Kiedy Niemcy twierdzili, że Polacy nie mają kultury, prędzej czy później to się potwierdzało.

***

Kim byli Niemcy, ten naród, który przez jakiś czas towarzyszył wszystkim naszym myślom? We Włoszech żołnierze amerykańscy – zbyt wielu na mój gust – mieli skłonność szanować Niemców bardziej niż Brytyjczyków, z pewnością bardziej niż Włochów, za ich dyscyplinę, wytrwałość, męstwo – bo sami byli militarnymi dyletantami.

Tylko że...

Latem 1945 roku służyłem pod Weroną w 88 Dywizji, nadzorując repatriację jeńców – w pierwszej kolejności rolników i budowlańców, do czego dochodziły podejmowane bez przekonania próby zdemaskowania potencjalnych zbrodniarzy wojennych. Nasza jednostka została zakwaterowana w gospodarstwie zajmowanym wcześniej przez żołnierzy niemieckich. Na jednej z kuchennych ścian jakiś artysta namalował nostalgiczny krajobraz *die Heimat* – pola z polnymi kwiatkami, strumyk, krowy, dachy zabudowań, góry – czyli to, co on i jego koledzy próbowali ochronić przed azjatycką, komunistyczną nawałą i przed nami, z naszymi czołgami, bombowcami, Murzynami i Żydami.

W kącie kuchni stał solidny pejcz: drewniana, wyciosana rączka na dobre pół metra, cztery czy pięć rzemieni równej długości, z supełkami. To nie był bicz na zwierzęta. Trzaskając tymi zasupłanymi rzemieniami, silny mężczyzna mógł rozorać plecy każdego – czyli kogo? Widok pejcza i sympatycznego krajobrazu – obok siebie – był nieznośny, więc połamaliśmy drzewce i wyrzuciliśmy to za drzwi.

A kim byli Amerykanie? 16 marca 1968 roku kompania żołnierzy amerykańskich wylądowała helikopterami w wiosce My Lai (prowincja Quang Nai) z rozkazem – jak zeznał potem jeden z nich na rozprawie trybunału polowego – zabicia wszystkiego, co się rusza, więc w przeciągu czterech godzin żołnierze wybili kury, psy,

161

POLSKA

bydło i być może 350 Wietnamczyków – mężczyzn, kobiet i dzieci. Tylko garstka napastników trafiła z tego powodu pod sąd. Starszy podporucznik William Calley, który osobiście zastrzelił 22 cywilów, został skazany na dożywocie – wyrok zredukowano do czterech i pół miesiąca więzienia. Dla Amerykanów patriotów stał się prawie bohaterem narodowym; temu dzielnemu żołnierzowi dedykowano nawet piosenkę z szafy grającej.

Historię tę opisał Tim O'Brien[37], także weteran wojny w Wietnamie, który zakończył swój artykuł stwierdzeniem, że w naszej narodowej mitologii nie ma miejsca na zło. Wojskowy system sądowniczy traktuje morderców i zwykłych żołnierzy w zasadzie tak samo. Ameryka deklaruje swoją niewinność – nie ma czym sobie zawracać głowy.

***

Kiedy w ostatnich dniach lipca 1939 roku wyruszyliśmy z Warszawy na południe, zrezygnowałem z wcześniejszych planów odwiedzenia Łodzi – wielkiego ośrodka włókienniczego, pozostającego głównie w rękach niemieckich i żydowskich, o którym czytałem w dziele epickim Izraela Singera *Bracia Aszkenazi*. Ale zatrzymaliśmy się w Częstochowie, żeby odbyć pielgrzymkę do potężnego klasztoru-twierdzy, a zarazem świątyni Czarnej Madonny na Jasnej Górze. Heroiczna obrona klasztoru przed Szwedami w 1655 roku stanowiła punkt kulminacyjny *Potopu* Sienkiewicza, który przeczytałem poprzedniego lata, pracując w Bozeman (Montana) jako sprzedawca w sklepie warzywnym z płacą 35 centów za godzinę. Tak jak całe pokolenia młodych Polaków, stałem na murach obronnych, miotając przekleństwa i szydząc z brutalnych najeźdźców i ich zdradzieckich psów łańcuchowych – Radziwiłłów[38].

W Krakowie zatrzymaliśmy się w Hotelu Francuskim, kiedyś, w początkach naszego stulecia, najbardziej eleganckim hotelu austriackiej Polski, nieopodal średniowiecznych murów Barbakanu.

---

[37] „New York Times Sunday Magazine", z 2 maja 1994, ss. 52–55.

[38] Podczas pobytu na Harvardzie w 1957 roku jako stypendysta Fundacji Niemanna Jacek Woźniakowski ostrzegał mnie, że John Kennedy będzie naszym następnym prezydentem. „Radziwiłł" wżenił się w rodzinę, a Radziwiłłowie zawsze znajdowali się po stronie zwycięzców.

Kraków I, 1939, 1960, 1964, 1968, 1978

Wiem, że spacerowaliśmy po Rynku, odwiedziliśmy kościół Mariacki i wysłuchaliśmy hejnału, którego wygrywana co godzina melodia kończy się raptownie, bo w 1241 roku tatarska strzała utkwiła trębaczowi w gardle. Poruszaliśmy się jednak po Europie tak szybko, że w pamięci pozostają jedynie dwa obrazy. Pierwszy z nich to grupa kawalerzystów z biało-czerwonymi proporczykami na lancach, eskortująca działko przeciwpancerne wielkości maszyny do szycia. Drugi to zatłoczone ulice żydowskiej dzielnicy na Kazimierzu: nasi rówieśnicy z pejsami i kobiety w średnim wieku w rudych perukach.

***

Dymy Nowej Huty unoszą się nad miastem niczym chorągwie zwycięstwa.

Wypowiedź z lat pięćdziesiątych

W 1960 roku znalazłem się ponownie w Krakowie, tym razem z Mary, i wybraliśmy się do mieszkania Woźniakowskich przy ulicy Wyspiańskiego. Podniszczone, powojenne sprzęty przypomniały żonie o naszym pobycie w Wiedniu i Grazu w latach 1951–52, kiedy ta straszna przeszłość była tak blisko.

Jacek, Maja i ich rodzina – to był zasadniczo mój Kraków; przyglądanie się, jak rosną ich dzieci, a potem wnuki – w nieregularnych odstępach wyznaczanych przez moje wizyty – było dla mnie sposobem mierzenia upływu czasu.

Warszawę można było uznać za stolicę państwa policyjnego – tak jak Berlin. Jej zamraczające umysły budowle publiczne w kolorze szarej bielizny – tak jak w Moskwie – zostały wzniesione dla urzeczywistnienia planu totalnej kontroli, a partacko postawione kamienice służyły do ulokowania podsłuchu. Trudno jednak było sobie wyobrazić, by Kraków – tak jak Praga – stanowił część tego systemu.

Również tak jak Praga był to swoisty architektoniczny palimpsest z renesansem naniesionym na gotyk, a następnie podlanym barokiem i secesją. Wielki kompleks budowli – zamek i katedra – na wzgórzu wawelskim na skraju miasta istniał już w czasach, gdy król Bolesław posiekał przed ołtarzem biskupa Stanisława (1079); zamek został wzniesiony wokół dziedzińca, którego krużganki niewątpliwie zaprojektował florentczyk. Łatwo sobie wyobrazić, jak

163

POLSKA

w listopadowy dzień stęskniona za domem włoska księżniczka, cała dygocąca mimo płaszcza z soboli, przysłuchiwała się długiemu, nudnemu ględzeniu ulewy i zastanawiała się, czy słońce kiedykolwiek jeszcze zaświeci nad Krakowem. W XVIII wieku Wawel i sam Kraków straciły na znaczeniu, w związku z dominacją bowiem szlachty rola mieszczan malała coraz bardziej. Po 1846 roku zamek został zamieniony na austriackie koszary i lazaret. Znudzeni i pijani żołnierze niszczyli, co popadło. Aż dziw, że cokolwiek zostało.

Moją ulubioną dekoracją na scenie Krakowa są kamienice – zniszczone w Warszawie – które powstawały od lat siedemdziesiątych XIX wieku do 1914 roku; element światowego panowania mieszczaństwa – od Chicago i Buenos Aires po Manchester, Brukselę, Hamburg i Kraków – któremu towarzyszyły inne rekwizyty i zjawiska: cygara i orientalne dywany, lojalna służba, gazety, mydło, niedzielna pieczeń, rury kanalizacyjne i lampy uliczne, koleje, ataki serca (w miejsce ospy), brązowe zasłony z aksamitu, hałaśliwe kłótnie między ojcem i synem, opera, tramwaje, gorsety, politycy, policjanci, język niemiecki i biznes – dla panów, francuski i polor – dla ich żon.

Po upadku w 1864 roku ostatniego powstania przeciw Rosjanom zrodził się we wszystkich trzech zaborach silny ruch na rzecz wartości mieszczańskich, wymierzony przeciw mistycznemu zgoła romantyzmowi politycznemu, ucieleśnionemu w heroicznej konspiracji. Nowa linia kolejowa, łącząca Warszawę z Wiedniem i Moskwą, stanowiła godną szacunku alternatywę dla kawaleryjskiej szarży. Wprawdzie, z jednej strony, pojawiła się groźba zrusyfikowania szkół i sądów, ale z drugiej, szansa na szybkie uprzemysłowienie centralnej Polski, najlepiej widoczna na przykładzie rozrastającego się ośrodka włókienniczego – Łodzi. W zaborze pruskim szansą było zatrudnienie w wielkich kopalniach i hutach Śląska, zagrożeniem – wymierzony w element polski *Kulturkampf* Bismarcka i brutalna germanizacja Wielkopolski; polityka kontynuowana również przez Hitlera po 1939 roku. Kary wymierzane przez Bismarcka za narodowy opór nie mogły jednak przekroczyć pewnych granic, a ogromne sumy, jakie miał on do dyspozycji na wykupywanie polskich gospodarstw, sprowokowały upartą kontrakcję z polskiej strony. W 1901 roku w niewielkim mieście wielkopolskim pruski nauczyciel pobił polskie dziec-

164

ko, które nie chciało odmówić *Ojcze nasz* po niemiecku, co wystawiło Niemców nie tylko na gniew całej Europy, ale i na pośmiewisko. (Nauczyciele w protestanckich szkołach misyjnych w Arizonie także bili dzieci Indian Navaho, gdy te posługiwały się swoim językiem).

W Galicji, gdzie największym swobodom politycznym i kulturalnym towarzyszyło takież samo zacofanie gospodarcze, linia konfliktu przebiegała nie tyle pomiędzy Polakami i Austriakami, ile między panem i chłopem. Krwawa rzeź z 1846 roku – palenie dworów, mordowanie szlachty – nie jest ulubionym tematem polskiej historiografii.

Rozwój ekonomiczny, możliwy dzięki szybkiej rozbudowie sieci kolejowych, włączył Polaków w gospodarczy krwiobieg Rosji, Niemiec i Austrii. Jak – podzielonym między trzech imperialnych panów – udało im się zachować poczucie wspólnoty narodowej? Gdy w 1914 roku wybuchła wojna, Polacy walczyli – często przeciw sobie – w trzech armiach, a kiedy w 1918 roku nadszedł czas pokoju, nowa Rzeczpospolita, proklamowana 11 listopada, musiała skleić trzy zupełnie różne państwa w jeden funkcjonujący organizm[39].

Wróćmy jednak do spaceru ulicami miasta o zmierzchu w listopadzie czy w marcu. Stopy już zziębnięte i mokre, pierwsi zataczający się pijacy omijani z daleka, jarzące się za zasłonkami światełka, które oznaczają bezpieczeństwo i wygodę – kto myślałby o tajnej policji? Może istnieje dla robotników na kolei, studentów i artystów, ale nie dla nas.

Praca Jacka polegała na rozmiękczaniu tego państwa policyjnego w typowo polski sposób. Jacek był redaktorem „Tygodnika Powszechnego" – głosu na wpół tolerowanej liberalnej opozycji katolickiej, której niezależność zasadzała się na starannej ocenie tego, co możliwe, i na czwartkowych konsultacjach Jacka z cenzorem. Pismo wychodziło w piątek. W czwartek zatem – zanim pismo szło do druku – cenzor i redaktor konferowali nad każdym artykułem. Pierwszą reakcją każdego nowego urzędnika cenzury było automatyczne n i e przy prawie każdym tekście. Zadaniem Jacka było przypomnieć

---

[39] Informacje tu przedstawione pochodzą głównie z pracy: Stefan Kieniewicz et al., *History of Poland*, PWN, Warszawa 1979 – pracy imponującej obiektywizmem, którą wydano w relatywnie liberalnym okresie pod koniec rządów Gierka.

POLSKA

dziwaczne przywiązanie pisma do własnego języka i wskazać na zasadniczą „nieszkodliwość" danego materiału oraz jego zgodność z polską tradycją historyczną i z faktami (tu uwaga: policjanci nie lubią faktów). Rzecz jasna, redakcja mogła się pomylić – ten artykulik trzeba by poprzycinać, ten akapit można przeformułować. Po pewnym czasie – wyobrażam sobie – czwartkowe spotkania z tym kulturalnym, myślącym patriotycznie i interesującym człowiekiem, jakim okazał się dr Woźniakowski, stawały się dla cenzora niecierpliwie oczekiwanym wydarzeniem tygodnia. Redakcja musiała zadbać o to, by w każdym numerze było wystarczająco dużo (ale nie za dużo) materiałów do zakwestionowania, tak aby cenzor mógł odrzucić je z oburzeniem w poczuciu dobrze spełnionego obowiązku; w ten sposób można było naginać system, który był zupełnie sztywny we Wschodnim Berlinie czy w Pradze. W końcu jednak ktoś z góry zaglądał do „Tygodnika", wrzała w nim krew na widok drukowanych tam artykułów, zakażony cenzor wylatywał z funkcji, a Jacek musiał zaczynać od zera z nowym troglodytą.

Amerykańskim odpowiednikiem komunistycznej cenzury jest ignorancja i brak zainteresowania. Z drugiej strony, to samo można powiedzieć o stosunku Polaków do Czechów i *vice versa*.

Wiele lat później przeczytałem *Lost in Translation* („Zgubione w przekładzie") Ewy Hoffman – autobiografię żydowskiej dziewczynki, której rodzina przeżyła okupację i mieszkała w Krakowie, zanim wyemigrowała do Vancouver. Można by sądzić, że dla każdej rodziny polskich Żydów kanadyjskie miasto okaże się tą długo wyczekiwaną przystanią dobrobytu i wolności. Jednak przesłanie autorki jest takie, iż pomimo powojennego niedostatku i komunistycznych rządów życie w Krakowie cechowała taka swoboda intelektualna i emocjonalna, do której Vancouver nie mógł pretendować. Był tam teatr (subsydiowany przez rząd Szekspir i Czechow), była muzyka i taniec, które można było dzielić z przyjaciółmi i o które można się było zażarcie sprzeczać. Można było czasem spotkać intrygujących intelektualistów, takich jak Jacek Woźniakowski, którzy nie zostali zlikwidowani przez Niemców albo przez Rosjan, którzy nadal pracowali, choć na skromnych posadach (Jacek zaczynał od posady tłumacza w angielskiej gazecie) i którzy żyli w czasie wojny z taką intensywnością, jakiej nikt po bezpiecznej stronie Atlantyku nie zdołałby

Kraków I, 1939, 1960, 1964, 1968, 1978

pojąć. Była też ekscytująca, choć niebezpieczna gra w „zmianę twarzy" – pisze Ewa Hoffman – inną pokazywało się zewnętrznemu światu, inną rodzinie i przyjaciołom. Żeby zachować w sobie przeszłość i nie dać się nowym czasom, potrzebne były wyobraźnia i upór. Vancouver natomiast był nie tylko nudny i nieciekawy, ale też dawał o wiele mniej swobody małej imigrantce z fantazją. Całkowity konformizm był bowiem egzekwowany nie przez policję, lecz przez szkolnych kolegów. Zasady – które niebezpiecznie było naruszać – wymagały, by każdy mówił, zachowywał się, ubierał i śmiał tak jak wszyscy inni. Łamiący zasady heretyk był zdrajcą i należało go usunąć ze społeczności.

Od 1981 roku, kiedy opuściłem Commonwealth i przeszedłem na emeryturę, wypełniam sobie czas, przyjmując zaproszenia na wykłady w kilku *college*'ach od Atlanty po Maine. Moim ulubionym tematem jest totalitaryzm jako dogmat naszego stulecia: sposoby wcielania go w życie, jego istota, sprowadzająca się do kłamstwa i strachu, wreszcie znaczenie jego mesjasza, W.I. Lenina. Zaczynam wykład od wymalowanego na ścianie gdzieś między Neapolem i Rzymem sloganu, który widziałem w 1937 roku: „Nic przeciw Państwu, nic ponad Państwem, nic poza Państwem". Lenin w miejsce *lo Stato* wstawiłby „Partia Komunistyczna". A Hitler? Wolę swojego *Volk*? Mussolini mylił się, wskazując na włoski faszyzm – państwo i naród – jako na wzór totalitaryzmu. We Włoszech było po prostu zbyt wiele odrębnych lojalności – w stosunku do rodzinnego miasta i jego zwyczajów, w stosunku do Kościoła, w stosunku do swojej *Mamma* – i zbyt wiele piasku w trybach – nieskuteczności i łapówkarstwa – żeby jego ideał dał się zrealizować. Cytowana definicja była jednak słuszna. Natomiast dla amerykańskiego studenta z lat dziewięćdziesiątych, który nie może odwiedzić Korei Północnej albo Kuby, najbliższym przykładem totalitaryzmu jest jego własny akademik.

Jednym z powodów, dla których Polska zawsze mnie fascynowała, była możliwość przypatrywania się, w jaki sposób ktoś taki jak Jacek Woźniakowski – dla którego, co trzeba przyznać, nie byłoby miejsca w Niemczech Wschodnich czy w Czechosłowacji – potrafił przeciwstawić się definicji Mussoliniego. Jakie atuty posiadał on i jego społeczeństwo?

167

POLSKA

***

Jacek w roli przewodnika zabrał Mary i mnie na Kazimierz, który widziałem dwadzieścia lat wcześniej z Bruce'em Bartonem. Teraz zwiedziliśmy synagogę i jej otoczenie – ulicę Estery, nazwaną tak na cześć legendarnej żydowskiej kochanki króla Kazimierza. Budynki pozostały, ale Żydzi zniknęli. Wrażenie było jeszcze bardziej przygnębiające niż w Warszawie, gdzie fizycznie zniszczono najmniejszy nawet ślad po Żydach. W 1939 roku Polska była domem dla największej i jednej z najstarszych wspólnot żydowskich w Europie. Tutaj w Krakowie mówiły o niej kamienice, nazwy ulic i cmentarz, gdzie wandale potłukli tablice nagrobne, a z narodu pozostała tylko garstka staruszków. Na obozowych tablicach – żadnej wzmianki. W albumach o polskiej sztuce, krajobrazie, historii, które dostałem od swoich gospodarzy – prawie głuche milczenie. Dla Polaków to wciąż bolesny temat. Wydawnictwo Jacka opublikowało starannie udokumentowany tom przedstawiający heroizm ludzi, którzy chronili i ukrywali Żydów; tom składał się z tekstów tych Żydów, którzy ocaleli. W Yad Vashem, wielkim muzeum Holocaustu w Jerozolimie, wiele drzew posadzonych ku czci sprawiedliwych gojów nosi polskie nazwiska.

Kraków był miastem o liberalnych tradycjach. Zawarto tu znacznie więcej małżeństw mieszanych, zwłaszcza wśród inteligencji, niż głosi stereotyp. W jednej z opowieści Szolema Alejchema o Anatewce, tak jak przedstawiono ją w *Skrzypku na dachu*, kiedy córka Tewji Mleczarza ucieka z gojem, łamiąc serce ojcu, który odmawia w jej intencji kadisz za zmarłych – przystojny polski młodzian oświadcza, że pojadą do Krakowa. Oto miasto, gdzie mogą razem rozpocząć nowe życie.

Jacka ciągnęło jednak do domu rodzinnego w Zakopanem, przerośniętej budowli w chłopskim gotyku, zbudowanej w latach dziewięćdziesiątych poprzedniego stulecia zgodnie z panującą modą, gdyż zauroczenie Wyspiańskiego „ludowością" znalazło wielu naśladowców. Wnętrze było irracjonalnie kręte, a w zakamarkach mieszkali milczący krewni: austriacka ciotka, która tkała, i wiekowy wuj, który pisał nie kończący się epos o góralach. Z domu był widok na góry i las, a gdy spojrzało się w dół – na wystawną, różową willę premiera i pilnujących jej ochroniarzy.

168

Kraków I, 1939, 1960, 1964, 1968, 1978

Pewnego ranka Jacek zabrał nas na wędrówkę po Tatrach wzdłuż granicy słowackiej. Faktycznie dotarliśmy do granicy: był to wysoki, trawiasty grzbiet ponad lasami świerkowymi, po którym można było spacerować każdą nogą w innym kraju. Zaraz po drugiej stronie siedziała sobie duża grupa zajadających i popijających Onych – pomięte garnitury, wulgarne twarze, prostackie maniery.

– To Czesi!

W drodze powrotnej zatrzymaliśmy się we wsi Dębno, gdzie znajduje się sławny, ciemny, drewniany kościółek z malowidłami na ścianach, podobnymi do tych z północnej Norwegii, i gdzie mieszkał znany rzeźbiarz ludowy. Kupiłem dużą, drewnianą płaskorzeźbę cierpiącego Chrystusa w cierniowej koronie, zamyślonego nad cierpieniami świata, z ptakiem na ramieniu – stary artysta był dumny z tego dzieła. Za swoje rzeźby dostawał od miastowych więcej pieniędzy, niż potrafił wydać, więc wydawał je na wódkę.

Obok kościoła mieszkała kobieta, która tkała nieprawdopodobnie czyste i proste płótno – siała nawet swój len. Mary, wielka miłośniczka ręcznego tkactwa, chciała kupić od niej kilka metrów materiału do haftowania. Ale kobietę trudno było przekonać. Powiedziała nam, że lubi po prostu rozwijać belę i głaskać płótno, a te złotówki, które próbowaliśmy jej wręczyć, były, rzecz jasna, zwykłymi świstkami papieru.

***

W marcu 1968 roku przyjechałem do Krakowa pociągiem z Warszawy. Zamieszki studenckie, które sprowadziły na teren uniwersytetu, wokół mieszkania Grocholskich, oddziały milicjantów w stalowych hełmach, przeniosły się do Krakowa, gdzie znalazłem tę samą gęstą atmosferę. W centrum wydarzeń znajdował się naturalnie pomnik Mickiewicza na Rynku – replika oryginału zniszczonego przez nazistów. Żeby uniemożliwić symboliczne manifesty, pomnik został otoczony przez bandę osiłków w czarnych płaszczach z pałkami, czerwonymi opaskami i inspirującym mianem „aktywistów robotniczych". (Gdzie w świecie anglojęzycznym pomnik Frosta czy Yeatsa wzbudziłby taki entuzjazm i takie obawy?)

W domu Jacka panowała atmosfera zatroskanego podniecenia. Telefon był, rzecz jasna, na podsłuchu, więc zdradliwe urządzenie

169

POLSKA

okutano kocem. Henryk, wtedy student uniwersytetu, z powagą opowiadał o demonstracji planowanej przez jego kolegów; przyznają, że wykształcenie daje im socjalistyczne państwo, ale nie zachowują się jak rozkapryszone bachory, co imputuje im partyjna gazeta; studenci mają prawo protestować przeciw nieodpowiedzialnej przemocy ze strony bezpieki, zwłaszcza jeśli jej ofiarą padają dziewczęta. Kiedy młodsze dzieci skończyły kolację, Jacek, Maja i ja zasiedliśmy do stołu – pod światłem lampy, reszta pokoju była pogrążona w ciemności – żeby wysłuchać relacji Henryka. Była to scena z Gorkiego albo z Conrada.

– Oni są tacy słabi – powiedział Jacek – a policja jest tak silna.

Maja wyszła z jadalni, żeby odmówić z dziećmi wieczorną modlitwę.

Pozwolono mi uczestniczyć w scenie z historii Polski – matka uspokaja dzieci w chwili niebezpieczeństwa. Ich rodzina trwała, ich wiara była przekazywana z pokolenia na pokolenie – więzy niewidzialne, ale wystarczająco mocne, by spoić naród. Ich język, w którym odmawiano modlitwy. Nawet tę ostatnią za sekretarza partii Władysława Gomułkę, żeby spojrzał bardziej rozsądnie na swój cierpiący kraj.

Później obejrzeliśmy szeroko zapowiadane dwugodzinne przemówienie Gomułki do aktywu partyjnego. Sytuacja nie była zupełnie czarno-biała. Gomułka kiedyś przeciwstawił się twardogłowym i aresztowany w 1951 roku, zapłacił za to trzema latami więzienia; w 1956 roku zademonstrował w stosunku do Chruszczowa stanowczość i takt, które uchroniły niezależność Polski przed sowieckimi czołgami. W odróżnieniu od Tity i jemu podobnych, którzy pławili się w bizantyjskich luksusach, żył skromnie, a jego żona (pochodzenia żydowskiego) zaopatrywała rodzinę, stojąc w kolejkach. W pewnym sensie Gomułka symbolizował ścieżkę wiodącą od nieznośnego stalinizmu do socjalizmu, gdzie przyzwoici ludzie mogą wieść przyzwoite, szczęśliwe życie. Jednak jego odważny upór z połowy lat pięćdziesiątych przerodził się w starczą arogancję i już w sierpniu 1968 r. Gomułka miał się stać jednym z najwierniejszych sojuszników Breżniewa podczas inwazji na Czechosłowację Dubczeka.

Przemówienie Gomułki w zasadzie położyło kres historii Żydów w Polsce, eliminując ten jeden procent, który pozostał z przedwojennych 3 milionów. Gomułka nie był antysemitą (to miano przysługiwało jedynie faszystom), lecz antysyjonistą. Kiedy ostatecznie wygnano hitlerowców, wielu wyobcowanych Żydów opowiedziało się po stronie komunistów; zresztą zważywszy na ich tragiczne wspomnienia i niegasnącą tradycję polskiego antysemityzmu, tylko zagorzali komuniści mogli chcieć tu pozostać. Zgodnie z danymi Nicholasa Bethela[40] – które sprowokowały gorącą dyskusję – przynajmniej w pierwszych latach powojennych połowę personelu UB stanowili Żydzi. Kiedy w czerwcu 1967 roku wybuchła wojna między Arabami a Izraelem, cały blok sowiecki opowiedział się po stronie tych pierwszych, piętnując Izraelczyków jako agresorów – co, rzecz jasna, obudziło w antykomunistach (sentymentalny) filosemityzm. Niemniej jednak stereotyp Żyda-komunisty był wygodny dla władz, które mogły łagodzić konflikty, zrzucając winę na tradycyjnego kozła ofiarnego. Większość Żydów niekomunistów wyemigrowała już wcześniej do Stanów, Australii, Kanady i Izraela. Po 1968 roku pozostali tylko starcy.

Wieczór na ulicy Wyspiańskiego nasunął mi na myśl kilka gorzkich i przeciwstawnych refleksji. Krucha, a jednocześnie trwała jedność rodziny miała swoje korzenie w historii, była siłą umożliwiającą opór panującym Rosjanom, Prusakom, Austriakom – opór wyrażający się czasem samobójczą szarżą kawalerii, a czasem wspólnym odmówieniem modlitwy przez rodziców i dzieci. Z kolei współczesny totalitaryzm znajdował wyraz zarówno w chóralnych śpiewach partyjnych aktywistów, przypominających wyglądem zardzewiałe belki stalowe, jak i w wyczynach propagandzistów rozprawiających się na przemian z rewizjonistami, dogmatykami, kosmopolitycznymi formalistami i drobnomieszczańskimi nacjonalistami.

***

Moja wizyta pod koniec zimy dostarczyła Jackowi pretekstu, żeby wyrwać się z miasta na 24 godziny i pojechać na południe – mijając po drodze ośnieżone pola – w jego ukochane góry. Zatrzymaliśmy się na obiad w „Poraju" – jedynej prywatnej restauracji w Zakopanem – gdzie podawali smaczne jedzenie za roz-

---

[40] *Gomulka. His Poland, His Communism*, Holt Rinehart Winston, New York 1969, ss. 254–262.

POLSKA

sądną cenę. Propozycja właściciela, by pokazać resortowi turystyki, jak podnieść poziom fatalnych restauracji państwowych, wzbudziła panikę wśród decydentów. Łatwo sobie wyobrazić, do jakich wniosków doszłoby społeczeństwo, gdyby rady kapitalisty zbyt szybko usprawniły funkcjonowanie tej branży.

Polskie zwyczaje są takie, że w zatłoczonej restauracji nowy gość szuka sobie wolnego miejsca – jakaś młoda kobieta zapytała, czy może się do nas przysiąść. Kiedy zdjęła kurtkę, dostrzegliśmy wpięty znaczek ze zdaniem *I am a Virgin* („Jestem dziewicą"). Otwiera się puszka Pandory z pytaniami: Naprawdę? A co ważniejsze: p o c o ta dekoracja? Gdzie to znalazła? Kupiła? Prezent od umierającej matki? Wyraz przekonań religijnych albo politycznych? Z jakiego punktu widzenia? Jaką reakcję chciała wywołać? Trzeźwą aprobatę? Może chciała rzucić płomienne wyzwanie wszystkim szanującym się samcom? Skończyliśmy obiad w milczeniu.

* * *

Minęło dziesięć lat, zanim znów oboje z Mary znaleźliśmy się w Krakowie po drodze do Stambułu na konferencję w sprawie rozwoju wsi. Edward Gierek, który w 1970 roku zastąpił zdyskredytowanego Gomułkę, przeżywał teraz ostatni rok kruchej polskiej *prosperity*. Pomimo wzrostu cen ropy naftowej 1978 był wciąż rokiem gospodarczego boomu w całej Europie. Zamówienia na polskie statki i wózki golfowe licznie napływały, więc o kredyt nie było trudno. Hiszpania stała się nowym partnerem handlowym, a ja i Henryk rozmawialiśmy teraz po hiszpańsku zamiast po francusku. Na stołach w miejsce win węgierskich i rumuńskich zagościła Rioja.

Pod koniec dekady policja przestała już ścigać „latające uniwersytety", gdzie między innymi uczono, jak n a p r a w d ę wyglądała historia Polski po 1939 roku. W *1984* George Orwell napisał, że totalna władza Wielkiego Brata nie brała się po prostu ze strachu przed policją, lecz była wynikiem pełnej nieznajomości faktów, dzięki czemu nikt nie mógł Go przyłapać na kłamstwie. Historia wyglądała właśnie tak, jak to w danym momencie przedstawiała partia. Róża i Anna Woźniakowskie oraz ich koledzy podali w wątpliwość konkluzje Orwella. Nikt nie znał całej prawdy, ale składając w całość jej okruchy – jak elementy układanki – znalezione w zagranicz-

Kraków I, 1939, 1960, 1964, 1968, 1978

nych książkach, zaczerpnięte z pamięci rodziców, a nawet dziadków, ludzie potrafili zbudować sobie jakąś wersję rzeczywistości. Cenzorzy tracili pewność siebie. Łatwiej było o książki z zagranicy. Narodziny „Solidarności" – ruchu związkowego reprezentującego robotników, a nie państwo – dały poczucie zmian, obudziły nadzieje na przyszłość, w której studenci znów będą mogli odegrać jakąś rolę.

Rozdział trzynasty

KRAKÓW II, 1985, 1989, 1990, 1991

1985
Wprowadzenie w 1981 roku stanu wojennego przez generała Wojciecha Jaruzelskiego cofnęło wskazówki zegara trzydzieści lat. Kontakty z milicją, sądami, cenzurą przestały być grą. Zabito niewiele osób, ale tysiące pobito i uwięziono.

W tym czasie dokonywała się w moim życiu ważna zmiana – odchodziłem ze stanowiska dyrektora szkoły Commonwealth na emeryturę. Czułem też, że nie wypada mi, turyście, być świadkiem tych nowych cierpień i niebezpieczeństw w życiu moich przyjaciół, więc przyjechałem do Krakowa dopiero w 1985 roku, tym razem z Lublina i Majdanka.

„C h a r l i e – seksowny zapach młodości dla tych, co żyją na pełnych obrotach" – reklama z gabloty umieszczonej w hallu Hotelu Francuskiego. Jaruzelskiemu nie udało się całkiem zdławić Wolności? A może Charlie miał być jej substytutem?

Celem tej wizyty było zgromadzenie grafik przeznaczonych na wystawę w jednej z bostońskich galerii. To ważne, by Amerykanie zobaczyli Polskę nie tylko jako klienta pomocy społecznej. Każde sprzedane dzieło oznaczało też niewielki dodatkowy dochód, umożliwiający artyście przeżycie i tworzenie. Czeska część zadania była łatwa – za bezwstydnie niskie ceny mogłem sobie wybrać eksponaty w państwowej agencji. Z artystami polskimi trzeba było negocjować indywidualnie, przyjmując zaproponowany sposób zapłaty: kuzynowi w Montrealu, bratu sympatii w Edynburgu – poza zasię-

174

Kraków II, 1985, 1989, 1990, 1991

giem urzędnika podatkowego i milicjanta. Niektóre grafiki były niesamowite w swojej sile wyrazu, wyobraźni, technice. Niektóre były zbyt ponure nawet dla intelektualisty z Cambridge. Po powrocie do Bostonu musiałem się jeszcze dogadać z właścicielką galerii i z własnej kieszeni wyrównać różnicę pomiędzy 35-procentową prowizją, którą ja uznałem za właściwą, a 50-procentową, która jej wydała się stosowna. Cóż, nie ma dobrego uczynku bez kary.

Co się zmieniło? Jacek zabrał mnie do siedziby grzybnego magnata. Panu Antkowi pozwolono zatrzymać rodową posiadłość – ze zdobiącymi ściany szablami (które poznali Turcy, Szwedzi, Rosjanie i in.) i konterfektami wąsatych przodków z podgolonymi łbami – dzięki całodobowej produkcji przemysłowej w dwóch szklarniach postawionych w podwórku. Niezbędne dla państwa umiejętności i energia, ogromne zapotrzebowanie na żywność, towary eksportowe, wykwalifikowanych robotników – okazały się argumentem dla władzy, by zostawić takiego przedsiębiorcę w spokoju.

Jacka rozeźlił jednak przypadek kaleki, który swoim trójkołowym pojazdem przewoził chleb na drugi koniec miasta, gdzie sprzedawał go o parę złotych drożej wychodzącym z fabryki robotnikom. Został aresztowany jako spekulant. „Kiedy każdy aparatczyk kradnie miliony, afera po aferze!"

Miałem coś kupić na Starym Kleparzu – targowisku, gdzie sprzedają ryby, pieczarki, podniszczone jabłka, kwiatki, drób. Z jednej strony stały tam w krótkim szeregu ponure postaci w ciemnych płaszczach, rozsuwając poły na widok potencjalnego klienta. Dolary, pornosy, narkotyki, broń?

Bielizna damska.

Lata wytrwałych lektur Marksa w bibliotece British Museum, bohaterscy komuniści, którzy oddali życie w walce z policją Piłsudskiego, z Maurami Franco, z czołgami Hitlera... no i co?

– Panie, chcesz pan ekstra biustonosz?

Chodząc w kółko po Rynku Głównym – dokoła renesansowych Sukiennic z małymi, przystrojonymi świątecznie stoiskami, obok pomnika Mickiewicza – zawsze wstępowałem na chwilę do kościoła Mariackiego. Próbowałem zwolnić tempo, uciszyć wewnętrzny hałas, dzielić z innymi ciszę i półmrok, płomyki świec, modlitwy zgromadzonego ludu, głównie kobiet w średnim wieku, które na moment

175

POLSKA

schroniły się tutaj. Generał Jaruzelski nie miał tu żadnej władzy, nawet kolejki po mięso i dziurawe skarpetki dzieci nie miały tu znaczenia. Łatwo się rozczulać, ale jeśli „Wolny Zachód" ma wolność wyznania, słowa, swobody polityczne i intelektualne, to jaki czyni z nich użytek? Hałas powraca. Przypominam sobie młodego żydowskiego żołnierza z Fort Knox, który mieszkał z nami w koszarach. „Polacy! Pochodzę z miasta na południowym wschodzie. Nauczyciel smagał mnie po nogach i nazywał brudnym Żydkiem".

Jedyne wydarzenie tamtego roku to bar micwa w synagodze na Kazimierzu. Po 1968 roku z przedwojennych trzech milionów została tylko garstka starców, ale przywieziono jakiegoś trzynastolatka z Filadelfii. Żydzi po sześćdziesiątce, po siedemdziesiątce przybyli z okolicznych miast i ze łzami w oczach zapełnili świątynię. Polska była najstarszym i największym ośrodkiem diaspory żydowskiej w Europie i oto teraz odbywa się tutaj dzięki temu amerykańskiemu chłopcu ostatnia bar micwa.

Mój drugi dzień był słoneczny, całkiem ciepły. Wróciłem do Sukiennic, mając nadzieję znaleźć prezenty pod choinkę dla moich wnuków, na przykład świętego Jerzego na czerwonym koniu i ze smokiem. (Im bardziej się starzeję, tym bardziej utożsamiam się ze smokiem). Pisanki. Drewniane rzeźby Świętej Rodziny. Laski. Ciupagi używane przez górali z okolic Zakopanego – przyczyna zgonów pod koniec trzydniowych wesel.

Dźwięki muzyki wyprowadziły mnie na zewnątrz. Troje albo czworo skrzypiec, akordeon i kontrabas wygrywały tanga, polki i walce. Nastolatki – głównie same dziewczęta w parach – tańczyły nieśmiało. Małe dziewczynki radośnie podskakiwały, a krąg widzów uśmiechał się na widok tej zabawy. Wtem przystojny student ukłonił się jednej z dziewczynek, a kiedy jej matka skinęła głową, wziął ją w ramiona, elegancko odtańczył walca po placu, zwrócił mamie i pochylając się ucałował jej dłoń. Publiczność wiwatowała.

Opisałem potem Jackowi tę scenkę spontanicznej radości w jego mieście.

– Och, naturalnie – odparł cierpko. – Dziś jest taka i taka rocznica, więc żeby ją fetować, zganiają szkoły i tę okropną, dyżurną kapelę przebierańców. A naiwny obcokrajowiec myśli, że to wszystko spontaniczne i ludowe.

Więc ta mała dziewczynka to przebrany gliniarz karzeł?

Mojego ostatniego wieczora poszedłem na kolację do Henryka, chociaż gospodarz był akurat w rozjazdach, być może w Kolumbii w otoczeniu papieża, jako redaktor „Znaku". Jego żona Barbara uczy logiki matematycznej (polska specjalność) na uniwersytecie. Mają czarującą ośmiolatkę Justynę, która jakiś rok wcześniej poinformowała rodziców: „Czuję się samotna. Chciałabym mieć albo pieska, albo siostrzyczkę". No więc rodzice przedyskutowali tę kwestię i oto pojawiła się Urszulka, do której wszyscy się uśmiechają, Justyna zaś jest już w wieku Róży i Anny Jacka, kiedy spotkałem je w latach sześćdziesiątych.

– Czy twoje dzieci będą miały lepsze życie niż ty?

Czuję się zmuszony zadawać to pytanie, odkąd na ostatnim zebraniu z rodzicami w Commonwealth stwierdziłem, że po raz pierwszy w dziejach Ameryki odpowiedź może być przecząca.

– Nie wydaje mi się – odpowiedziała Barbara. – Urodziłam się w 1952 roku. Było wtedy bardzo ciężko, ale mieliśmy nadzieję. Nie jestem pewna, czy jeszcze ją mamy. Nasz kraj jest skażony. Wiatr z Zachodu przynosi dymy, które zabijają nasze lasy. Polskie fabryki zatruwają powietrze, rzeki, nasze jedzenie, samą ziemię. Tu nie chodzi po prostu o stan naszej gospodarki, ale o stan naszego życia. Jaka przyszłość czeka nasze dzieci?

Justyna, niecierpliwiąca się, gdy mama mówi po angielsku, zaczyna szeptać.

– Tak... Justyna pyta, czy posłuchasz, jak gra na pianinie?

Dziewczynka ustawia nuty na szacownym, wysokim pianinie, siada bardzo wyprostowana na taborecie i z dłońmi uniesionymi w ten właściwy sposób, który egzekwują wszyscy nauczyciele fortepianu, gra trzy utworki Schumanna.

– Ślicznie. Moja siedmioletnia (jak jest *granddaughter* po polsku?) wnuczka też gra na pianinie. Kiedy wrócę, zagrasz Chopina? Wszystkie polskie dziewczęta grają Chopina.

Popadłbym w sentymentalizm, rozwodząc się nad tą kwestią, ale na swój sposób ta dobrze wychowana dziewczynka, grająca Schumanna – która zagra Chopina, kiedy powróci Amerykanin – daje odpowiedź mamie.

POLSKA

***

1989

Wróciłem w 1989 roku, znów w listopadzie – mrocznym, przygnębiającym miesiącu – a ponieważ „Francuski" został zamknięty dla dokonania – ślimaczącej się – renowacji, zatrzymałem się w „Cracovii". Ten pozbawiony wyrazu hotel Orbisu stoi na zachodnim skraju centrum, więc byłem zmuszony maszerować w obie strony przez miasto wczesnym rankiem, o zmroku, kiedy zapalano lampy uliczne, nocą – Kraków stał się moją zmęczoną, starą, piękną Europą.

Ostatnie dni dawnego ustroju. Jak długo utrzyma się generał Jaruzelski? Czy zastąpi go Lech Wałęsa? Czy to zmieni dużo na lepsze? Jak bardzo Wałęsa wzoruje się teraz na Piłsudskim – szlachetnym dzikusie: władza, wpływy, wąsy? Jackowi proponowano, by kandydował do Senatu, ale odmówił. Człowiek honoru, mąż zaufania – może zostanie wybrany na prezydenta miasta. Cenzura zniknęła. Znak ma nową, odremontowaną siedzibę w osiemnastowiecznym dworku, tylko czy zdobędzie wystarczająco dużo funduszy, żeby się utrzymać na powierzchni?

Na Rynku znów szukam prezentów świątecznych w Sukiennicach i w tamtejszej kawiarni zamawiam kawę i wiśniówkę. Klientelę stanowią raczej panie na zakupach niż intelektualiści rozprawiający o Gorbaczowie, ale w każdej takiej kawiarni – pełnej kłębów tytoniowego dymu, aromatu kawy, gwaru toczących się po polsku rozmów – przypominam sobie moją pierwszą wizytę u Czesława Miłosza pod Paryżem, ponad trzydzieści lat temu, bo dla niego te detale były j e g o Polską, tym, czego najbardziej mu brakowało na wygnaniu i czego – jak się obawiał – już nigdy nie odnajdzie.

Spacerując po mieście, mijałem małe, smutne piramidki jabłek przywiezionych przez rolników. Ile godzin musi wystać taki sprzedawca przy stosiku jabłek? Polski rząd, tak jak i rząd Gorbaczowa, próbuje przywrócić dyscyplinę społeczną, ograniczając produkcję wódki. W rezultacie zdemoralizowani pijaczkowie raczą się borygiem i płynem hamulcowym.

– Będzie tu u was jak w n a s z y c h śródmieściach – żadnych mężczyzn, kobiety same zajmują się rodziną.

– To polska tradycja – odpowiada Jacek. – W XIX wieku tak

wielu mężczyzn całymi latami siedziało w więzieniu albo szło na
zesłanie na Syberię, że wszystko było na głowie kobiet.
Niezbyt dokładne porównanie.

Maję ucieszyło powstanie ruchu na rzecz konfederacji małych
szkół prywatnych, zakładanych przez rodziców i nauczycieli, będących alternatywą dla niesympatycznych szkół państwowych. Ludzie chcą coś razem osiągnąć, a nie tylko narzekać.

Znów znalazłem się na kolacji u Henryka w mrocznej, nieprzy-
jaznej kamienicy na Siemiradzkiego. Justyna miała teraz 13 lat,
a Urszulka stała obok pianina, kiedy jej siostra grała Scotta Joplina
– nie mniej bliskiego Chopinowi niż jakikolwiek inny Amerykanin.

***

1990

Zatrzymałem się u „Pollera" – w podniszczonym hoteliku, który
czterdzieści lat po nacjonalizacji został zwrócony pierwotnym wła-
ścicielom. Obok reklamowano cotygodniowy amatorski konkurs
striptizu. Sklepy pełne towaru, żadnych kolejek – za odpowiednią
cenę. Kupiłem ananasy z Hondurasu na prezent dla gospodyni. Jacek został prezydentem miasta – nie mógł mówić z wyczerpania.

Obiecałem wcześniej Mai, że zbiorę pieniądze na szkoły prywatne, które rok wcześniej rozpoczęły działalność, więc moja wizyta stawała się coraz cieniej krojoną kiełbasą. Jedna ze szkół –
średniej wielkości – znajdowała się w centrum, pozostałe – mniejsze i jeszcze bardziej kruche – były rozrzucone po przedmieściach.
Wszystkie nowoczesne szkoły są podobne: nauczyciele i dzieci, tablice i dekoracje na ścianach. Równie dobrze mógłbym być w Cambridge. To samo można powiedzieć o tych wszystkich szkołach typu
„siedźcie cicho i nie rozmawiajcie, dopóki was nie zapytam" plus
„czterdzieści dzieci w klasie".

Miesiącami dostawałem listy o konfliktach między rodzicami
i nauczycielami („Tylko dlatego, że płacą czesne, wydaje im się, że
mogą ustalać program zajęć"), o kłopotach z ogrzewaniem, o spo-
rach o akredytację, o opłatach za lekcje tańca i pływania, a oto
przede mną siedziało półkolem jakieś piętnaścioro małych dzieci,
zasłuchanych w słowa młodej nauczycielki, wybuchających śmiechem i zupełnie niespeszonych obecnością intruza.

POLSKA

Jeśli chcecie zbudować nową Polskę, trzeba zacząć właśnie od tego. Jeśli dzieci nauczą się nie bać, łatwiej nauczą się nie nienawidzić. To dość oczywiste, prawda? Jedna ze szkół była niedaleko Nowej Huty – sławnych zakładów metalurgicznych zaopatrujących Kraków w dwutlenek siarki (obie małe Woźniakowskie przeszły zimą poważne infekcje dróg oddechowych), a państwo w stal tak fatalnej jakości, że prócz tego nie ma na nią kupców. Z pewnej odległości te wieże, błyszczące kopuły, kominy i rurociągi przypominają pałac Mogołów.

Gdyby, jak twierdzą zachodni eksperci, rząd polski był choć odrobinę zdyscyplinowany, Nowa Huta zostałaby natychmiast zamknięta. „A co zrobimy z 30 tysiącami robotników nie ubezpieczonych na wypadek bezrobocia, skoro nie mamy kursów umożliwiających im przekwalifikowanie ani wolnych mieszkań, gdyby chcieli szukać pracy gdzieś indziej?" Eksperci wymachują niecierpliwie rękami[41].

A przecież ta karykatura huty, wzniesiona na powojennej biedzie, to nie tylko pomnik zdobyczy komunizmu, ale również świadectwo osiągnięć Polski. Nie złamali nas. Zbudujemy nowoczesny, przemysłowy kraj.

Te przechwałki były prawdziwe i nieprawdziwe. Poeci i zachodni eksperci demaskowali kłamstwa, w których tonęła Nowa Huta, tak jak tonęła w dwutlenku siarki ze swoich kominów. Skażenie środowiska jest przecież biczem na państwa kapitalistyczne. Jeśli ktoś opisywał umierające lasy i dzieci umierające na choroby płuc, to mógł mieć subiektywnie rację, lecz obiektywnie opisywał coś, co nie miało prawa istnieć w socjalistycznej Polsce, a zatem państwo słusznie karało go za oszczerstwo.

---

[41] Propozycja: komunistyczny lunapark. Kosmopolityczni radykałowie od Berkeley po Paryż, czy bojownicy o wolność z Frankfurtu zapłacą, i to w twardej walucie, za szansę przesłuchania przez bezrobotnych pracowników bezpieki, za możliwość czołgania się pod drutem kolczastym, drukowania zakazanych wierszy, śpiewania pieśni rewolucyjnych w różnych językach, odwiedzin w specjalnie schłodzonym Workutalandzie, gdzie będą rąbać drewno, pożywiać się zupą fasolową ze sztucznymi wołkami zbożowymi albo ścinać trzcinę cukrową. Cóż to by było za wyzwanie dla odstawionego na boczny tor stalinowskiego agronoma, gdyby kazano mu wyhodować trzcinę cukrową pod Krakowem.

Problemy z produkcją są rozwiązywane, tak jak w *1984*, za pomocą statystyki: krajowa produkcja butów poszybowała o X% w górę, nawet jeśli w sklepie nie ma butów na nogi naszego dziecka. Morale robotników jest jak trzeba dzięki możliwości wynoszenia z zakładu, a morale kadry kierowniczej dzięki...? Protesty przeciw wyśrubowanym normom? To albo rezultat dziecinnej lewicowości albo efekty przekupstwa przez CIA.

Mimo wszystko nie uważam, by Amerykanie, którzy tolerują perwersje własnego systemu gospodarczego, mieli prawo rzucić kamieniem. Nasze fabryki są zarządzane nie przez inżynierów, ale przez finansistów, którzy natychmiast dyskontują *prosperity*, którzy zbierają szybkie zyski i zostawiają za sobą zamknięte fabryki. Ich jedyne rozwiązanie to obniżyć koszty produkcji, przenosząc ją z Północnej Karoliny do Polski, jeśli Polacy obiecają nie sprawiać kłopotów, albo – co bardziej prawdopodobne – do Ameryki Środkowej, ojczyzny robotników, którzy przyjmą 56 centów za godzinę.

Nowa Huta jest również siedzibą wspaniałego nowoczesnego kościoła ofiarowanego Maryi Królowej Polski. Wzniesiono go po 20 latach konfrontacji z komunistami, przede wszystkim dzięki staraniom arcybiskupa Karola Wojtyły, zanim został papieżem. Oto wyzwanie rzucone komunistycznej władzy, zaledwie kilometr od jej pokazowego eksponatu – wielkie Nie i wielkie Tak. Stawiając opór nazistom i komunistom, Kościół zapłacił wysoką cenę za swój autorytet. Jak zawsze mówił w imieniu kobiet, które wychowywały swoje dzieci w wierze katolickiej – przypomniałem sobie rok 1968, kiedy słuchałem, jak Maja Woźniakowska odmawia wieczorną modlitwę z dziećmi. Mężczyźni przychodzący do tego kościoła ze swoimi żonami i dziećmi pracowali w tej obrzydliwej hucie i głosowali, być może z własnej woli, tak jak oczekiwali tego komuniści, ale zachowali w głębi ducha coś, co mówiło Nie zupełnemu poddaństwu.

Sama budowla – zbudowana możliwie tanio – nie miała rozmachu i szklanych płaszczyzn katedry w Coventry, najbardziej wzniosłego z powojennych kościołów, a jej freski, przedstawiające drogę krzyżową, wywołują dezorientację. Trudno o lepsze tło dla ukrzyżowania od polskiego krajobrazu przemysłowego, ale brzydkie, ponure twarze mężczyzn w nowohuckich ubraniach, którzy są

POLSKA

sprawcami drogi Jezusa na krzyż, to również twarze cierpiących gapiów. Trudno odróżnić jednych od drugich.

Muszę jednak odwiedzić tę małą szkółkę w centrum miasta. Dzieci zostały przygotowane: „Gut mornink, Mister Merl". Dyrektorka pokazuje mi ławki przysłane przez przyjaciół ze Szwecji. Duża paczka używanej odzieży z Wiednia zostanie sprzedana na szkolnym jarmarku. Nie wydaje się jednak, by te różne szkółki miały jakiś wspólny zarząd. Jeśli rzeczywiście zbiorę pieniądze (2500 listów przyniosło 10 000 dolarów), to jak zostaną podzielone, jakie będą priorytety, kto to będzie nadzorował? W jaki sposób nauczycielom udaje się nie przymierać głodem? Pojawiali się rodzice, którzy dowodzili, że przedstawiciele tej szlachetnej profesji nie powinni się przejmować pieniędzmi. No i, ma się rozumieć, ta sympatyczna prywatna szkółka dla garstki małych szczęściarzy przeczy – nie inaczej niż Commonwealth w Bostonie – demokratycznej zasadzie, że wszystkie dzieci mają prawo otrzymać dobre wykształcenie – bo nie otrzymują.

„No cóż, jeszcze nie doszliśmy do etapu formalnych ustaleń".

Rzecz jasna. Proszę jutro przyjść na robocze śniadanie, gdzie wyjaśnimy wszystkie szczegóły. Pewnie tak. Zmęczenie sprawia, że rozumiem polski gorzej niż pierwszego dnia mojego pobytu. Nagle nie mogę już znieść roli starego, doświadczonego pedagoga zza morza, palącego się do pomocy. Kogo ja tu bujam? „Przepraszam państwa!" i nieodpowiedzialnie zbiegam po schodach, docieram na Rynek, mijam Mickiewicza i kwiaciarki, dochodzę do wielkiego kompleksu Wawelu – nie muszę z nikim rozmawiać. Jestem w starej, żydowskiej dzielnicy Kazimierz. Jest sobota, ale nie widać żywego ducha. Stoję przed niewielką, zamkniętą na kłódkę, lepiącą się od brudu synagogą.

***

1991

Pociągiem z Warszawy – polskie pociągi są szybkie, wygodne, pustawe, tanie. Parę lat temu bilet z Warszawy do Krakowa kosztował tyle co grejpfrut na bazarze. Tym razem mieszkam w hotelu „Pod Różą" – najstarszym w mieście, gościł tu m.in. F. Liszt – różę widać w godle nad wejściem. W pretensjonalnym świecie Kraków

Kraków II, 1985, 1989, 1990, 1991

pozostaje – na ogół – miastem skrojonym na ludzką miarę. Wprawdzie pozbawione smaku, błyszczące „Forum" postawiono kawał drogi za Wawelem, ale nikt nie musi tam chodzić. Rynek jest tuż obok, więc rzucam torbę i pędzę na dwór, żeby znaleźć się blisko każdego z moich ulubieńców w tym mieście równie zachwycającym jak Praga, Wenecja i spacer nad Limmatem w Zurychu: Mickiewicz, kwiaciarki, kościół Mariacki. Mieszkam wystarczająco blisko wieży kościelnej, żeby co godzina słyszeć trębacza aż do jedenastej w nocy, a potem znów od czwartej rano – tak wiele rzeczy kłębi mi się w głowie, że nie mogę zasnąć. Przymrozek przypomina mi o dzieciach kursujących do szkoły w czapkach zrobionych na drutach przez ich babcie – najwyższy gatunek sztuki polskiej. Natomiast przed Sukiennicami koncertuje dziwaczna orkiestra złożona z peruwiańskich Indian i kilku Polaków, śpiewających w quechua i po hiszpańsku, dmących we fletnie Pana i kiwających się w rytm bębenków. (W następnym roku zaczęło wychodzić na jaw, że ci barwni muzykanci niejednokrotnie gromadzili fundusze na działalność morderczego Sendero Luminoso w Peru – za sprzedane kasety kupowano materiały wybuchowe i karabiny maszynowe).

Zanim jeszcze wystawiłem nogę z hotelu „Pod Różą"[42], mój kalendarz był wypełniony po brzegi. Miałem zbyt wiele spotkań, zbyt wiele projektów, jak np. poszukiwanie funduszy na ośrodek studiów latynoamerykańskich w Warszawie. To nowe pole, budzące poważne zainteresowanie zarówno w Polsce, jak i w Czechosłowacji, ale brakuje twardej waluty na podróże, a nawet na książki. Każdy amerykański wykładowca musi znać przynajmniej tuzin adresów, na które mógłby wysłać zbędne tomy. (Niestety, jest mniej hojnych bibliofilów, niż oczekiwałem). Rozmowa z potencjalnym tłumaczem powieści, którą niedawno opublikowałem: historia bo-

---

[42] Rzeczywiście, „Francuski" wreszcie otworzył swoje podwoje, bardziej elegancki niż nawet w 1907 roku – iskrząc się w oczekiwaniu na Pięknych Ludzi. Kiedy tamtego wieczoru wszedłem do środka, żeby przypatrzeć się temu świadectwu nowej Polski, zwalisty, uśmiechnięty szef sali otoczył mnie ramieniem i z galanterią wypchnął przed drzwi wejściowe. Ktoś tak obdarty jak ja i urodzony w New Jersey nie pasował im do własnego image'u. Mimo pewnych osobistych emocji byłem dumny, że Polska, w której odbudowie miałem swój udział, nie odczuwała już potrzeby amerykańskiego patronatu.

POLSKA

haterskiej 17-letniej Amerykanki polskiego pochodzenia (Emily Morawski) z podupadającego miasteczka przemysłowego w zachodnim Massachusetts, która ratuje dziecko z głębokiej studni, a potem musi sobie radzić z kłopotami związanymi z natychmiastową sławą. Książka traktuje w poważny sposób kulturę i problemy Polonii, wskazuje na pozytywne i realistyczne rozwiązania, i może stanowić budującą lekturę dla młodzieży. Amerykańska inwestycja dla zrównoważenia przytłaczającego ciężaru G r o s s d e u t s c h l a n d ? Późniejsze problemy – nieubłagana inflacja, administracyjna amatorszczyzna, zatory surowcowe (papier z Turcji), nierzetelni partnerzy (hurtownik w Kielcach twierdził, że sprzedał 800 egzemplarzy, ale zbankrutował; czemu nie wydusić zapłaty z licytacji tego, co zostało w magazynach?) – stanowiłyby zabawny przypadek do analizy w niezbyt prestiżowej szkole biznesu.

Jedyna państwowa instytucja wśród wspieranych przeze mnie przedsięwzięć – duża szkoła w przemysłowej dzielnicy Podgórze – wystawiła dla hojnego Amerykanina składankę krakowiaków z przyśpiewkami. Polska Południowa, zwłaszcza region górski, posiada bogatą tradycję – żywiołową i pełną wdzięku – ludowej muzyki i stroju (obcisłe gorsety i wirujące, kwieciste spódnice; białe, haftowane, wełniane kapoty i czapki krakuski z pawimi piórami – trochę takie jak na głowach dawnych ułanów). Po przekąsce muszę złożyć formalną wizytę w każdej klasie, a wszędzie tam panuje atmosfera, jakby oczekiwano, że powiem: „Braterskie pozdrowienia od narodu Koreańskiej Republiki Ludowo-Demokratycznej".

Energiczna nowa dyrektorka szuka pieniędzy na zakup nowoczesnego elektrycznego pieca kuchennego. Stary, na węgiel, nie nadaje się już właściwie do użytku, a ponieważ czasy są trudne, szkolny obiad może się okazać jedynym gorącym posiłkiem w ciągu dnia dla wielu dzieci. Czy to nie brzmi swojsko?

Ale kiedy odbywam spacer po mieście, żeby złożyć wizytę starym znajomym, mój niepokój wzbudza ich niskie morale. Nic już nie działa. Zniszczono komunistyczne struktury, niemniej sami komuniści wydają się równie ważni jak przedtem, nawet jeśli nazywają siebie teraz inaczej. Przepisy, które wywalczono dla ochrony niepartyjnych nauczycieli, są teraz przywoływane, by uniemożliwić zwolnienie tyranozaurów uczących po staremu. Mamy wolność i wszystkie, co do jednego,

Kraków II, 1985, 1989, 1990, 1991

przedsięwzięcia kulturalne – duma Polski – są na skraju bankructwa. Muzyk, pisarz, profesor, nawet naukowiec nie cieszą się żadnym prestiżem; prestiż ma tylko Człowiek Nadziany i nieważne, jak do tego doszedł. Stare przyjaźnie kruszeją (to samo usłyszę w Ołomuńcu), w miarę jak ludzie zaczynają się bać, stają się egoistyczni.

Ponury handlarz bielizną na Kleparzu, prześladowany kaleka sprzedający chleb ze swojego trycykla cieszą się teraz szacunkiem jako piechota bojowa nowej, wolnorynkowej Polski. Przeszłość była po prostu złym snem. Przychodzi mi na myśl, jak Departament Stanu wysyłał dla *contras* w Nikaragui i dla sił rządowych w Salwadorze dziesiątki tysięcy min przeciwpiechotnych, które broniły naszego kraju przed komunizmem, odrywając stopy każdemu, kto na nie nadepnął. Kilka lat później hojni Amerykanie i Niemcy ofiarowali tysiące protez, żeby każde kalekie dziecko znów mogło się poruszać.

Powinny istnieć znacznie bardziej proste sposoby pomagania ludziom.

* * *

1991

Jacek, który przestał być prezydentem miasta, jest głęboko przygnębiony, ale nie z tego powodu. W ostatnich wyborach parlamentarnych, o których marzono przez dziesiątki lat komunizmu, głosowała mniej niż połowa uprawnionych. Konkurowało 67 partii, z których 29 zdobyło miejsca w Sejmie. Popierany przez Jacka liberalny, katolicki premier – Tadeusz Mazowiecki – został „wysadzony" z urzędu (dzisiaj nikt nie byłby w stanie rządzić Polską!) nie tylko przez ekskomunistów, ale również przez niedawnych sojuszników z „Solidarności" i przez hierarchię kościelną. Przecież to dzięki stanowczej postawie zjednoczonego Kościoła Polska uniknęła losu Czechosłowacji, a oto teraz część duchownych – ale i świeckich także – napada na liberałów jako na Żydów i masonów, którzy chcą narzucić krajowi katolicyzm w stylu zachodnim. Jaka strata.

Mocowanie się autora z angielszczyzną sprawia, że list od Jacka Zielińskiego, grafika, który dostałem kilka miesięcy później, jest jeszcze bardziej przejmujący:

„Letnią porą byliśmy jak zwykle na jeziorach i wróciliśmy z przygnębieniem widząc zmiany w mentalności ludzi, których uznawali-

POLSKA

śmy za przyjaciół przez wiele lat. Nagła żądza posiadania, możliwość zdobycia terenu i domów przez osoby będące na wakacjach razem z nami – łamią aż do dzisiaj solidarność. Nazwałbym to dziecięcą chorobą własności pełną antypatii do innych i żądzy posiadania. Ta żądza zadepcze każdego, kto stanie im na drodze, walczącym jak zwierzęta o poszerzenie terytorium... To nowe zjawisko, bardzo przykre w prywatnych kontaktach. Może to pierwszy znak polskiej drogi do prawdziwego kapitalizmu?"

Nie jestem przekonany, iż gospodarka wolnorynkowa stanowi niezbędny fundament demokratycznych reform. Nadal hołduję XIX-wiecznej wierze w postęp, którą wpojono mi w liceum. W miarę jak robotnicy zdobywali prawa wyborcze, organizowali związki zawodowe, wybierali przedstawicieli do parlamentu, walczyli też o wyższe płace, krótszą dniówkę, przyzwoite warunki pracy, wykształcenie dla swoich dzieci, emerytury i opiekę zdrowotną. Przynajmniej uświadomiono im ideał, że wszyscy robotnicy są braćmi, że to tylko symbole i tradycje przynoszące korzyść ich panom czynią z nich wiecznych oponentów. Te ideały zostały zbrukane przez komunistów i narodowych socjalistów, przez Stalina i Hitlera. A czy, z drugiej strony, naga chciwość jest dobra?

Jakieś 20 lat temu znalazłem się w Hongkongu. Spacerowałem ulicami Kowloon z moją dawną uczennicą, która uczyła się kantońskiego, potrzebnego jej w zawodzie pracownika pomocy społecznej w Bostonie. Mijaliśmy otwarty warsztat, gdzie siedziała wciśnięta w fotel tłusta ropucha, krwiożerczy kapitalista z komiksów, który swoimi wściekłymi, spuchniętymi oczkami wpatrywał się w przechodniów, a z tyłu za nim trzy czy cztery młode kobiety gorączkowo zszywały ubrania na maszynach do szycia. G o r ą c z-k o w o – to jedyne słowo oddające ich wysiłki. To on wyznaczał im normy. Gdyby ich nie osiągały – godzina po godzinie, dzień w dzień – wyrzuciłby je z pracy i nająłby nowe, chude, przerażone młode kobiety.

Hongkong ma być teraz wzorcem dla polskiego, zdyscyplinowanego przez konkurencję, kapitalizmu, tak jak kilka lat temu neokonserwatyści zachęcali Amerykanów, by zgodzili się na pragmatyczny reżim autorytarny w Singapurze.

Sprzedawajcie bilety na sekcję zwłok swojej matki.

186

Niektóre stany zaczęły już prywatyzować swoje więzienia. Firmy prywatne mogą nimi zarządzać bardziej efektywnie, taniej – i mimo to wyjść na swoje. To samo ze szkołami publicznymi. Jednostki wojskowe sponsorowane przez koncerny: batalion piechoty morskiej Merrilla-Lyncha, „logo" firmy na naszywkach, premie w gotówce i hojne propozycje taniego kupna akcji za dzielność. Arthur Miller zasugerował oddawanie egzekucji w ajencję. Amerykanie uwielbiają egzekucje: nocą na boisku w świetle reflektorów, z girlaskami zachęcającymi do aplauzu, księżmi i rabinami, marszami i hymnami. Najazd kamery na twarz skazanego (w granicach dobrego smaku), potem przeskok do gabinetu gubernatora, który oświadcza, że liczba zabójstw wyraźnie spada, a na koniec przesłanie od koncernu – sponsora. Za udział w spektaklu i prawa do transmisji trzeba by słono zapłacić, a wpływy można by przeznaczyć na budowę nowych więzień albo boisk sportowych w miejskich gettach.

Albo jeszcze lepiej: cotygodniowa godzina egzekucyjna, powiedzmy: w czwartek o dziewiątej wieczorem (dzieci leżą już w łóżkach), za każdym razem relacja z innego więzienia. Morderca opisuje swoje nieszczęśliwe dzieciństwo, manifestuje wiarę w Boga, prosi o przebaczenie. Zapłakana wdowa albo zaciskająca wargi matka wyrażają mieszankę cierpienia i wybaczenia. Dozorca gości wycieczkę w celi kaźni, a kiedy skazańca przywiązują do krzesła elektrycznego albo przygotowują jego ramię do zastrzyku, wyjaśnia, że procedura ta ma na celu wyeliminowanie zbędnego cierpienia i redukcję stresu.

Czy Polska, jak kiedyś Nowa Gwinea, staje się areną kultu przedmiotów? Kiedy społeczeństwo trafia pod ten walec, tak jak Melanezyjczycy w kontaktach ze światem zachodnim podczas II wojny światowej, wówczas mnożą się ruchy odnowy: zarówno fundamentalistyczne – „Powróćcie do wiary przodków swoich!", jak i magiczne – jeepy i samoloty zbudowane z bambusa stawia się na wzgórzach, czekając aż wypełnią je aparaty fotograficzne, karabiny maszynowe, radia, ręczne zegarki, tabliczki czekolady. Zachód powiada: „Jeśli wprowadzicie gospodarkę rynkową, to wszystko będzie wasze". Żeby uruchomić ten proces, tubylcy niszczą wszystko, co ma u nich jakąkolwiek wartość. Żeby udobruchać przodków, wybierają szamana („prawdziwego" Polaka – Lecha Wałęsę) i podporządkowują się ślepo rytuałowi (Maryja królową Polski).

„Mówię to z przykrością, ale Polsce potrzeba drugiego Pinocheta, który nie bałby się wstrzymać druku pieniędzy i wypłacania tych wszystkich zasiłków, który pozamykałby wszystkie nierentowne fabryki i zwolnił niepotrzebnych robotników, który nie przejmowałby się głodnymi dziećmi i po prostu pozamykałby tych wszystkich przywódców związkowych i dziennikarzy, co robią zbyt dużo szumu. Wtedy zbudowalibyśmy nareszcie gospodarkę taką jak w Chile, która jest jedyną działającą gospodarką Trzeciego Świata. A wtedy dyktator dostałby od nas atrakcyjną emeryturę, żeby mógł sobie zamieszkać w willi nad Morzem Śródziemnym, albo kulkę w łeb jako właściwą zapłatę dla faszysty".

CZĘŚĆ TRZECIA

WŁOŚCI HABSBURGÓW

PODRÓŻ

Rozdział czternasty

K. U. K. – CK MONARCHIA

Państwo jest marszem Boga przez świat.
Hegel

...kramy wabią wszelkimi
niespodziankami, bębnią i ryczą. Lecz dla dorosłych zwłaszcza
jest coś do zobaczenia, jak się pieniądz rozmnaża, anatomicznie,
nie dla uciechy tylko: narząd rodny pieniądza,
wszystko, całość i przebieg – to poucza i czyni płodnym...
Rainer Maria Rilke, *Dziesiąta elegia duinejska*
(tłum. Mieczysław Jastrun)

Mój wkład do nieustającej debaty na temat „wielkiego kryzysu w amerykańskiej edukacji" polegał na zaproponowaniu obowiązkowego kursu z historii Austro-Węgier. Nie ma w tym nic absurdalnego. Historia Habsburgów – pełna wieloznaczności i paradoksów, prawie pozbawiona bohaterów lub skończonych łotrów – stanowi wyzwanie dla skłonności Amerykanów do upraszczania: do rozumowania w kategoriach dobrzy/źli i do szukania *happy end*'u. Jakie są źródła jedności i konfliktu społecznego? Czy chaotyczna mieszanka etniczna k.u.k. (*kaiserlich*-cesarski-austriacki i *königlich*-królewski-węgierski – tytuły monarchy zależnie od tego, czy przebywał w Wiedniu czy w Budapeszcie) była oznaką staroświeckości czy raczej nowoczesności wykraczającej poza nacjonalizmy, które w tym stuleciu przysporzyły nam tylu cierpień? Po ośmiu latach panowania Ronalda Reagana Amerykanie mieli szansę odkryć na nowo postać cesarza Franciszka Józefa.

Niestety, nikt – również w mojej szkole – nie okazał najmniejszego zainteresowania. Uniwersalny sens żywotów Józefa II, Metternicha i Franciszka Józefa pozostaje nie zauważony.

Józef II (1741–1790) urodził się najwcześniej i jest najbardziej nowoczesny z tej trójki. Był uosobieniem pryncypała: miał zawsze

WŁOŚCI HABSBURGÓW

rację, był fanatycznie przeświadczony o mocy państwa, gdy panuje nad nim rozum, i dzierżył dość władzy, nie ograniczonej przez prawo czy tradycję, by takie państwo reprezentować. Stał się rzecznikiem wszystkich pryncypałów XX stulecia. W Stanach Woodrow Wilson był równie pedantycznym moralizatorem. Franklin Roosevelt dzielił z Józefem wizję przebudowy społeczeństwa, ale był zręczniejszym politykiem. Przychodzą też na myśl takie postaci, jak Nehru, Atatürk i szach: każdy z nich domagał się we własnym kraju modernizacji, otwarcia na Zachód, sekularyzacji, nie zważając na to, czy ktoś ma ochotę na te reformy. To samo dotyczy wielu lojalnych komunistów po 1945 roku, którzy żywili przekonanie, iż ich autorytarny racjonalizm uzyska niechybnie błogosławieństwo boga Historii.

Wyzwolony przez Woltera od przesądów otaczającej się klerem matki, Marii Teresy, Józef próbował skończyć z narzuconymi przez katolików ograniczeniami wolności myśli, z dyskryminacją Żydów, z zaśniedziałymi tradycjami korporacjonizmu obecnego na wszystkich poziomach cesarstwa – w cechach, miastach, prowincjach – i zamierzał uwolnić chłopów od ciężarów nałożonych przez pokolenia bezmózgiej szlachty. Starał się scalić swoją wielojęzyczną składankę narodową, rozpowszechniając język niemiecki – co oznaczało również zamknięcie wszystkich czeskich bibliotek – oraz osiedlając niemieckich kolonistów na Węgrzech i na ziemiach słowiańskich. Jako typowy Habsburg wolał przewidywalną przeciętność Salieriego od anarchistycznego geniuszu Mozarta.

Starania Józefa, by wcisnąć w bardziej geometryczne formy prowincje i klasy społeczne, spotykały się z coraz mniejszym zrozumieniem, a niepowodzenia spowodowały rosnącą izolację rozgoryczonego idealisty. W ostatnim roku życia porzucił wszystkie wysiłki – uczniowie go zawiedli.

Jego dziedzictwem był bizantyjski rozrost austriackiej biurokracji (co u Tołstoja pod Austerlitz rosyjscy oficerowie określali mianem *Hofkriegschnapswurstrat*) oraz jeszcze większy rozrzut na mapach Europy Wschodniej drobinek Niemców (*Volksdeutsch*), którzy z czasem mieli okazać się entuzjastami *Grossdeutschland* Hitlera.

Można by zaryzykować twierdzenie, że kongenialnym naśladowcą Józefa był Michaił Siergiejewicz Gorbaczow. Mnożąc wysiłki,

192

by wprowadzić racjonalną reorganizację (*pieriestrojka*) i opartą na prawdomówności jawność (*głasnost'*) w miejsce korupcji i paraliżu postalinowskiego komunizmu, Gorbaczow uwolnił swój kraj od dyktatury, a świat od strachu przed wojną nuklearną. Przy okazji zrujnował rosyjską ekonomię i rozbił Związek Sowiecki.

***

Po odejściu Józefa cesarstwo oparło się znów na tradycyjnych rządcach: armii, Kościele, szlachcie, którzy jakoś dawali sobie radę – lepiej lub gorzej. Jednak po wybuchu rewolucji francuskiej i dojściu do władzy Napoleona reguły gry uległy zmianie.

Umundurowani na biało cesarscy żołnierze byli musztrowani, szkoleni i dowodzeni jak automaty. Najmniejszy objaw indywidualizmu mógł tylko wprowadzić chaos w 47-stopniową sekwencję ustawiania – krok po kroku – szeregu, ładowania, celowania, odpalania. Regimenty Habsburgów były w stanie pobić Bawarczyków, ale z kolei musiały ulec Prusakom Fryderyka Wielkiego, którzy stosowali te same reguły, lecz mieli lepszą organizację i lepszych oficerów. Były jednak zupełnie bezradne w obliczu armii Napoleona. Francuzi nie atakowali w sztywnych, majestatycznych szeregach, ale szturmowali rozpędzoną kolumną, rycząc swoją *Marseillaise*, a na czele biegł chłopak z powiewającą w górze trójkolorową flagą. Kiedy padał z przestrzelonym sercem, następny patriotyczny samobójca chwytał drzewce, nim dotknęło ziemi. Taka kolumna uderzała w szeregi Austriaków niczym buldożer w ścianę stodoły.

Co robić? Jak zachować tradycyjną strukturę, a jednocześnie ulepszyć procedury (takie było zasadniczo przesłanie Ameryki dla jej sojuszników i klientów po 1945 roku)? Jak zdobyć serca i umysły poborowych wysyłanych do walki z rewolucjonistami?

Niepiśmienni poddani wielojęzycznego cesarstwa nie mogli czytać patriotycznych ulotek. No dobrze, trzeba nauczyć ich czytać. Niestety, w Czechach i na Morawach – najbliższe i najbardziej zaludnione obszary – niemieckim posługiwali się jedynie mieszczanie. Chłopi, którzy stanowili mięso armatnie, nie mieli języka pisanego. W odróżnieniu od Polaków i Węgrów, Czesi stracili swoją kulturę. Księgi pisane po czesku pochodziły z XVI wieku: można je było znaleźć w klasztornych bibliotekach i w zasadzie nigdzie indziej.

WŁOŚCI HABSBURGÓW

No więc sklećmy szybko język pisany, żeby wpoić im patriotyzm i posłuszeństwo.

Ale jaki język, jeśli każda wioska posługuje się innym dialektem? Kto go będzie uczył, z jakich gramatyk i słowników korzystając?

Te pytania zrodziły filologię, która z czasem przyczyniła się do upadku cesarstwa. Jaki jest język czeski: etymologia słów, źródła reguł gramatycznych, różnice w porównaniu z niemieckim? Czy dyrektorami wiejskich szkół mają być – tak jak w Prusach – emerytowani sierżanci, uczący dyscypliny i patriotyzmu? Potem pojawili się badacze folkloru – jak bracia Grimm – zafascynowani opowieściami dziadka. Także tacy kompozytorzy, jak Smetana[43] i później Dvořak, brali dawne melodie i rytmy, traktując je jako motywy muzyczne. Poeci poszukiwali bohaterów i romansów dawniejszych niż dynastia Habsburgów, opisanych w innym języku, pochodzących z kultury odmiennej od niemieckiej, a równie bogatej. Wiele szkody wynikło z tego zgrabnego projektu, by skłonić chłopskich synów do lektury patriotycznych ulotek.

Kiedy w końcu armie napoleońskie zostały pokonane – straszliwy odwrót spod Moskwy, klęska z rąk żołnierzy niemieckojęzycznych pod Lipskiem, przegrana z Brytyjczykami i Prusakami pod Waterloo – jedynym celem Austrii na kongresie wiedeńskim (1814–15) było cofnąć wskazówki zegara. Powrót po 23 latach wyniszczających wojen do *status quo* – Bourbon na jednym tronie, Habsburg na drugim – był błogosławieństwem. W oczach kajzera Franza, podejrzliwego i chytrego (Kissinger porównał go do Nixona), jakiekolwiek zmiany były pozytywnym złem, krokiem w stronę motłochu i królobójstwa, więc powinny być zakazane.

Mózgiem i siłą sprawczą tego programu stabilizacji był książę Metternich (1773–1859), kanclerz cesarski i przez 40 lat minister spraw zagranicznych. Pochodził z Koblencji nad Renem, nie był Austriakiem. W szok wprawiła go widziana w Strasburgu rewolucyjna tłuszcza, więc całe życie poświęcił cesarstwu austriackiemu, żeby mieć pewność, iż takie wydarzenia więcej się nie powtórzą.

---

[43] James Bolle, dyrygent New Hampshire Symphony i wybitny muzykolog, twierdzi, że oryginalne libretto do *Sprzedanej narzeczonej*, kamienia węgielnego czeskiej kultury narodowej, zostało napisane po niemiecku – rzecz niewyobrażalna w ojczyźnie autora.

K.U.K. – CK Monarchia

Metternich stał się guru dla Johna Fostera Dullesa, który stłumił rewolucje w Gwatemali i Iranie. Był też wzorem dla bardziej intelektualnego sekretarza stanu, Henry'ego Kissingera, który próbował powstrzymać rewolucyjne zmiany w Chile i – za straszliwą cenę – w Wietnamie. Ronald Reagan, który prawdopodobnie nigdy nie słyszał o Metternichu i miałby kłopoty ze wskazaniem Wiednia na mapie[44], poszedł jego drogą, wspierając okropną wojnę domową w Salwadorze i sabotując rząd sandinistów w Nikaragui. Jak szukał sojuszników? Jedną z technik w Azji Południowo-Wschodniej było obserwowanie ulic w poszukiwaniu osobników jeżdżących cadillacami. Będą to z pewnością bogaci przedsiębiorcy, naturalni przywódcy, którzy z wdzięcznością przyjmą amerykańską opiekę w obliczu powszechnej zawiści. Metternich cmokałby z podziwu.

Po wojnach napoleońskich Wiedeń był gospodarczo upośledzony i intelektualnie niemrawy, lecz zagranicznemu obserwatorowi nie obciążonemu nadmierną inteligencją przypadłby do gustu. Przyglądałby się z przyjemnością ciepłemu życiu rodzinnemu w gustownych podmiejskich domkach z pięknymi ogródkami różanymi, z rozbawieniem obserwowałby napuszonego ojca, niską i tęgą matkę wycierającą z kurzu swoje bibeloty, ładną córkę, równie tępą i miłą jak wszystkie bohaterki Dickensa. Tak wyglądał okres biedermeieru, odzwierciedlający nieprawdopodobnie wyświechtane słowo *Gemütlichkeit*: niewymagająca przytulność na małą skalę. Miasto znajdowało się wtedy pod ścisłą, lecz dyskretną kontrolą policyjną – opartą na wzorach napoleońskich – i przypominało Pragę pod rządami komunistów: roiło się tu od szpiegów i donosicieli[45] oraz cenzorów, którzy nie wpuszczali nieprawomyślnych książek[46]. Ludzie coraz niechętniej podejmowali decyzje. Problemy najlepiej

---

[44] Tak przypuszczam: podczas przyjęcia dla głów państwa w Brazylii Reagan wzniósł toast na cześć dzielnego narodu Boliwii.

[45] Głównym celem była wykształcona klasa średnia, która mogła zarazić się liberalnymi nowinkami z Francji i Anglii. W takich rodzinach najmowano często służbę prosto z morawskiej wsi, żeby rozmowy przy stole nie były rozumiane i przekazywane dalej.

[46] Byron należał do zakazanych autorów – wichrzyciel, który zaburzał spokój. Podobnie jak Elvis Presley pod koniec naszych cichych lat pięćdziesiątych? Albo murzyński rap w Stanach Reagana i Busha?

195

WŁOŚCI HABSBURGÓW

odłożyć na później. Wszystko, co nowe, nieznane, przyjmowano nieufnie. Muzykiem tamtego miejsca i czasu był Schubert i choć jego największe dzieła, tak jak Beethovena, powstawały w samotności i w bólu, pojawił się czarujący mit o wieczorach poświęconych domowemu muzykowaniu w salonikach jego znajomych.

***

„Rolą państwa jest chronić bogatych przed biednymi".

Kiedy w 1835 roku cesarz Franciszek umarł, zastąpił go wyraźnie niedorozwinięty Ferdynand, który zapisał się w historii jednym tylko stwierdzeniem: „Jestem cesarzem i chcę knedli!"[47]. Istniała wprawdzie administracja, ale nie rząd – trochę jak za czasów George'a Busha. Metternich owładnięty był obsesją utrzymania pozorów porządku; z prawdziwymi problemami – np. gwałtownym napływem ludności wiejskiej do Wiednia, gdzie powiększała ona szeregi żyjącego w straszliwej biedzie proletariatu – potrafił sobie radzić tylko przez powiększanie sił policyjnych.

22 lutego 1848 roku rewolucja w Paryżu zmusiła do abdykacji Ludwika Filipa, a trzy tygodnie później eksplodował Wiedeń. Polityka „prawa i porządku" Metternicha legła w gruzach i kanclerz uciekł – jak wcześniej król Francji – na wygnanie do Anglii. Studenci i robotnicy byli zdziwieni upadkiem reżimu, słabością władzy – przychodzi na myśl rok 1989 w Pradze, Berlinie, Bukareszcie – w granicach i poza granicami cesarstwa. Zamiast dostarczać wzorców przymusu, Wiedeń stał się symbolem nadziei dla Budapesztu, Mediolanu, Wenecji, Drezna i Pragi. Broniący tych samych barykad studenci i robotnicy weszli na nie pod sztandarem wysuwającej nagą pierś bogini wolności: proklamowali braterstwo wszystkich ludów i klęskę tyranii oraz reakcji. Jak wspaniała była to jutrzenka! Pewni swojego zwycięstwa bohaterowie, którzy zginęli w tych pierwszych miesiącach 1848 roku (czy w 1990), budzą nieomal zazdrość.

Amatorskie rewolucje nie miały przywódców, centrali ani programu. Siedzenie na barykadzie może się znudzić: gdzie jest najbliższa toaleta, co dają na obiad? Ludność cywilna zaczyna się niecierpliwić,

---

[47] „Jestem prezydentem Stanów Zjednoczonych i nie będę jeść brokułów!"

zapasy się wyczerpują, ceny idą w górę. Czy robotnicy wrócą po prostu do pracy? Kiedy wreszcie pod koniec października dochodzi do szturmu na barykady, rząd posługuje się wojskami chorwackimi – tradycyjnie wiernymi monarchii i tradycyjnie okrutnymi – chętnymi do masakry rewolucjonistów, którzy jawili się im jako sojusznicy Węgrów (z jednej strony, bohaterskich bojowników o wolność, a z drugiej, bezwzględnych ciemięzców swoich słowiańskich poddanych[48]).

Nowy 18-letni cesarz Franciszek Józef – sumienny, pracowity, niestrudzony – został koronowany w Ołomuńcu i miał rządzić przez następne 68 lat. Siły wolności zostały pobite w Niemczech, Czechach, Włoszech i – z pomocą wojsk rosyjskich i masowego wieszania na szubienicach – na Węgrzech. Z rewolucji pozostała pamięć o bohaterstwie, mit. Jako dwudziestolatek Franciszek Józef posiadał już umysł starca. Był przeświadczony o niedorzeczności i bezbożności metod konstytucyjnych. Marzył raczej o błyskotliwej autokracji: Austria jako największa potęga europejska, Wiedeń jako stolica imperium. Ponieważ żywił te szlachetne przekonania, umknęło mu, iż rzeczywista władza przenosi się do Berlina i Sankt Petersburga.

Po jednodniowej bitwie – 3 lipca 1866 roku – Austria przestała być mocarstwem. Przyczyną wojny był spór pomiędzy Austrią i Prusami o przewodzenie niemieckojęzycznej Europie. Austriakom nie pomógł zwyczaj, iż pułki rekrutowane we wschodniej Galicji stacjonowały w Lombardii – tak aby żaden garnizon nie mógł sympatyzować, a nawet komunikować się z ludnością miejscową. Należało teraz jakoś dokonać koncentracji tego grochu z kapustą, aby stawić czoło Prusakom. Austriacki głównodowodzący, uwielbiany przez żołnierzy generał Benedek, postawił swoich ludzi, wyposażonych w antyczne muszkiety, pod ostrzał nowych, śmiercionośnych pruskich karabinów, posiadających zamek. „Znał jednak efekt, jaki na morale żołnierza wywiera fakt, iż podczas ładowania na stojąco – sypania prochu, śrutu i wciskania ładunku do lufy – może on zostać pięciokrotnie rażony przez leżącego przeciwnika, któremu wystarczy włożyć do zamka nabój, przekręcić rygiel i wypalić"[49]. Do tego Benedek znał północne Włochy, a nie Morawy – bo wła-

---

[48] Ilsa Barea, *Vienna*, Alfred A. Knopf 1966, ss. 192–202.
[49] Edward Crankshaw, *The Fall of the House of Habsburg*, New York 1963, s. 222.

WŁOŚCI HABSBURGÓW

śnie Włochy miały być areną łatwego zwycięstwa habsburskiego arcyksięcia. Pod wsią o nazwie Sadowa armia austriacka została zniszczona. Generałowie Bismarcka domagali się parady zwycięstwa w Wiedniu, lecz kanclerz doprowadził do wojny w określonym celu: chciał, aby Prusy zostały uznane przywódcą Niemiec. Austria będzie potrzebna jako przyszły sojusznik, więc Bismarck nalegał, by pokój zawarto na warunkach, które nie będą upokarzające dla pobitego wroga.

Utrata prestiżu po zwycięstwie Prusaków zmusiła Austriaków do pogodzenia się z kolejną porażką w 1867 roku: uznali aspiracje Węgrów do współrządzenia cesarstwem (na nieomal tych samych prawach). Ten kompromis – dualistyczna monarchia – wykluczył bardziej rozsądny podział na trzy równe części, z dodaniem prowincji słowiańskich: Galicji, Czech, Moraw (oraz Słowacji i Chorwacji?).

Od tego momentu historia Austrii i Wiednia przebiega w dwóch kierunkach. Z jednej strony, powstaje cesarska stolica (*Kaiserstadt*) jako miasto wystawności (*Prunk*) i przepychu (*Pracht*). Stary pierścień fortyfikacji został zburzony, a jego miejsce zajęła Ringstrasse w kształcie podkowy: ulica reprezentacyjnych hoteli, kamienic i wspaniałych pomników, które wmawiały przechodniom, że ten splendor odpowiada rzeczywistości. Jeden za drugim paradowały tu ekscentryczne przykłady eklektycznej *Geschmacklosigkeit*[50] : neorenesansowy gmach opery, Burgtheater, Muzeum Historii Sztuki – gdzie prawdziwie sławionym dziełem sztuki była chwała Habsburgów, neogotyckie Rathaus i Votivkirche (ufundowany przez cesarza w podzięce za nieudany zamach) oraz neoklasycystyczny parlament. Prawie od chwili inauguracji była to bezsensowna instytucja, gdzie deputowani wykrzykiwali na siebie w pół tuzinie języków, walili pięściami w blaty i rzucali kałamarzami – czemu cynicznie przyglądał się wyobcowany, rozgoryczony prowincjusz, młody Adolf Hitler – dopóki sesja nie dobiegła końca, kiedy to sprawy cesarstwa przejmowali doświadczeni biurokraci.

Jeśli miasto było teatrem, jakiego wspaniałego widowiska dostarczało! Dla rodzin przyjeżdżających z Agramu (Zagrzeb), Brünn

---

[50] Brak gustu. Każdy inny język jest zbyt blady, by opisać Wiedeń u schyłku XIX w.

K.U.K. – CK Monarchia

(Brno) czy Lemberga (Lwów) było ono mieniącym się sednem ich egzystencji. Spacer przez ogrody otaczające te wszystkie *Prunk-gebäude* (wystawne budowle), uchylenie kapelusza na widok wojskowej parady[51], a wieczorem operetka Straussa czy Lehara. Dla *Mutti* – kawa i ciasteczka u Dehmelsa, chwila modlitwy w Stefansdom, poranek na zakupy; dla *Vatti* – może odrobinę czasu w towarzystwie jednej z tych młodych panien w obcisłych gorsetach. Nie było takiej wizji raju, która mogłaby przebić dzień pobytu w Wiedniu.

Z drugiej strony, ucieczka od rzeczywistości straszącej tuż za tym kręgiem monumentalnego kiczu. Wiedeń był też miastem okropnej nędzy: urzędnicy w gigantycznych urzędach państwowych, którzy dzielili każdą koronę na kapustę i buty dla swojej rodziny; niewykwalifikowani wiejscy robotnicy budowlani, którym groziło bezrobocie i głód, gdy tylko pogorszyła się koniunktura; żydowscy handlarze z Galicji, pchający wózki z towarem i rozeźleni tą konkurencją sklepikarze.

Metternich odszedł – a wraz z nim jego tajna policja, przynajmniej w większej części – lecz zamożni mieszczanie, katolicy i Żydzi, nadal nie mieli praw, które posiadali ich odpowiednicy w Manchester i Birmingham. Mogli zbijać pieniądze (często fortuny) na giełdzie, na handlu nieruchomościami, na rozbudowie kolei czy w przemyśle. Mogli zajmować się kulturą (czy Wagner jest lepszy od Brahmsa?), kupować perskie dywany i skupić się na sprawach rodzinnych: czy Mitzi dobrze się ożeni? czy Franzl uniknie syfilisu? Ale politycznie byli bez znaczenia. Władzom cesarskim nie zależało na ustanowieniu uczciwego rządu konstytucyjnego. Staroświecki liberalizm, oparty na rozsądku, wykształceniu i majątku, był zagrożony przez masowe ruchy antyliberalne. Wśród nich był dobrze zorganizowany ruch nacjonalistyczny Czechów, który wydawał się niemal zdolny sparaliżować działania rządu zarówno w Pradze, jak i w Wiedniu; antyklerykalny, antymonarchistyczny, antysemicki, chrześcijański socjalizm Karla Luegera – etatowego burmistrza i bohatera mniej zamożnych klas średnich Wiednia (a także Adolfa

---

[51] Narzeczony opiekunki małego Gustava Mahlera był żołnierzem w mieście garnizonowym na Morawach i owe majestatyczne „bum-bum", zasłyszane podczas pułkowych parad, co chwila słychać w symfoniach twórcy *Trenów dziecięcych*.

WŁOŚCI HABSBURGÓW

Hitlera); bardziej niebezpieczny antysemicki pangermanizm Georga von Schönerera, który chciał porzucić ten kipiący habsburski gulasz i przyłączyć się ze swoimi zwolennikami do Niemiec Bismarcka. Bodaj jedynym narodem autentycznie wiernym cesarzowi i zasadom politycznego liberalizmu byli Żydzi – atakowani przez wszystkie inne nacje.

Pierwszoplanowym aktorem w tym teatrze był oczywiście Franciszek Józef. Porównanie go z Ronaldem Reaganem może okazać się intrygujące. Cóż za niemądry pomysł? Jeśli idzie o temperament i osobowość, trudno znaleźć dwie bardziej różniące się od siebie postaci. Monarcha był uzbrojony w lodowatą rezerwę, gdy tymczasem aktor nałożył maskę demokratycznej dobroduszności. Austriak, kierowany poczuciem odpowiedzialności, spełniał z uporem nałożone sobie przez siebie samego obowiązki; beztroski Amerykanin pozwalał swoim podwładnym zarządzać, czymkolwiek chcieli. Pierwszego prześladowało poczucie tragedii, zarówno w życiu rodzinnym, jak i państwowym; świadomość nadchodzącej apokalipsy, która zetrze z powierzchni ziemi dynastię i imperium. Drugi stawiał na to, że jeśli człowiek nie będzie się przyglądał zbyt dokładnie swoim kłopotom, to te znikną.

A jednak obaj starcy – wysocy, przystojni, dobrze czujący się w swojej roli – zgodzili się, by uznano ich za ojców narodu. Obaj byli sprytni, bezwzględni, a nawet okrutni, jeśli idzie o umiejętność pozbywania się lojalnych podwładnych, którzy przestali być użyteczni, oraz niszczenia własnych rodzin, lecz skoro ich poddani chcieli wierzyć, że są mili i troskliwi, można to było wykorzystać. Ceremonie, w których brali udział jako „cudowne ikony" – w sali audiencyjnej w Schönbrunn, w ogrodzie różanym Białego Domu – a nawet reporterskie zapisy polowania na kozice w Alpach, rąbania drewna na rancho dawały ich poddanym poczucie stabilności. Żaden z nich nie kłopotał swojego ludu niebezpiecznymi pytaniami. Jeśli fasada wygląda dobrze, to na razie wszystko jest w porządku.

„Nie jest konieczne, by książę posiadał zalety charakteru,
lecz wprost niezbędne, by wydawał się je posiadać".

Machiavelli, *Książę*

200

Najciekawszy plan ocalenia imperium pojawił się w 1907 roku wraz z wprowadzeniem powszechnego prawa wyborczego dla mężczyzn. Sprytni konserwatyści, którzy wymyślili to posunięcie, wykombinowali, że rozdzierające cesarstwo nacjonalizmy są zasadniczo dziełem miejskiej klasy średniej: dziennikarzy i wydawców, artystów i studentów, niedokształconych agitatorów i pozbawionych skrupułów polityków. Prawdziwy lud albo milczącą większość – chłopów, górników, rzemieślników z odległych wiosek, w których życiu najważniejszym wydarzeniem była służba w armii cesarskiej – cechowała głęboka wierność Bogu i cesarzowi. Ci ludzie serdecznie nienawidzili gadających jajogłowych, którzy twierdzili, że wypowiadają się w ich imieniu. Biedni i niewykształceni – o czym wiedział zarówno Reagan, jak i Franciszek Józef – są konserwatywni do szpiku kości.

Był to zręczny pomysł, ale pojawił się zbyt późno. Sprawy zaszły już za daleko: napięcia i konflikty ambicji, splątane ze sobą nienawiść i lęk w całej Europie, siły rozpadu, pesymizmu, znużenia na obszarze cesarstwa. Pojawiło się prawie powszechne poczucie ulgi, kiedy w końcu wybuchła wojna.

PODRÓŻ

Rozdział piętnasty

OŁOMUNIEC I, 1960, 1964, 1978, 1983

*Cyklopi, donosiciele, anioły
Apokalipsy mają
bardzo małe oczy. Ale jest ich bardzo wiele.
Jedno małe oko przy każdej dziurce od klucza.*

Miroslav Holub, *Krótkie rozważania o oczach*

W 1960 roku, w strugach deszczu, wyruszyliśmy razem z Mary z górskiego Zakopanego w podróż do Brna, a potem do Bratysławy i Wiednia. Mniej więcej w połowie drogi do przejścia granicznego w Cieszynie staliśmy się świadkami smutnego wydarzenia. Cygan uciekający przed milicjantem smagał batem parę koni ciągnących wóz przez wezbrany potok. Milicjant męczył się bodaj z motocyklem, zupełnie nieużytecznym na rozmokłej ścieżce. Cyganie są mniej czarujący w rzeczywistości niż w wiedeńskich operetkach. Mają niewielu przyjaciół. Nikt nie postawił pomnika Cyganom wymordowanym w Oświęcimiu i Majdanku. Niewiele wcześniej, kiedy po drodze zatrzymaliśmy się w jakimś miasteczku i poszliśmy do kawiarni, napadły na nas dwie Cyganki.

– Powróżyć! powróżyć?! – zawołały, chwytając nas za ręce.

Pokazały gniewnie jedną linię, drugą; widocznie nasze dłonie nie objawiły żadnych dobrych wieści, bo zażądały pieniędzy. Nie, ten nie wystarczy, tak jak i następny banknot, który wyjąłem. A jednak ten wóz – żółte cacko z wymalowanymi pawiami i kwiatami – i te gorączkowe wysiłki furmana – przekonanego, że jeśli tylko przebrnie przez potok, to uwolni się spod władzy XX-wiecznego państwa – napawały smutkiem.

Czescy urzędnicy w Cieszynie nie chcieli, żeby zrodziło się w nas przekonanie, iż przekroczenie granicy pomiędzy dwoma bratnimi narodami jest sprawą prostą. Na ich nieszczęście nasze doku-

Ołomuniec I, 1960, 1964, 1978, 1983

menty wydawały się w porządku. Nie udało im się też wykryć jakiejś oczywistej kontrabandy. Nie byliśmy niewinni. Po prostu nie udało im się – podobnie jak w staroświeckich szkołach z internatem w Nowej Anglii – niczego na nas znaleźć. Komunistyczni pryncypałowie nie chcieli, żeby ich uczniowie wymieniali między sobą notatki. Delegacje robotnicze, ludowe zespoły taneczne, drużyny siatkarzy – zgoda, ale nie jednostka zadająca pytania.

Po pobycie w Zakopanem zrodziły się w nas marzenia o mieszczańskich wygodach w Brnie. Deszcz jednak rozpadał się jeszcze bardziej i w Ołomuńcu przekonałem Mary, że powinniśmy sprawdzić, czy jest tu jakiś hotel. W hotelu „Palace" zaproponowano nam apartament nowożeńców (wolny: ona zmieniła zdanie? jego pierwsza żona pojawiła się niespodziewanie?), gdy tymczasem obsługa pospiesznie usuwała weselne pozostałości. Pojawiła się nadzieja przynajmniej na dużo dobrego jedzenia i picia. Restauracja była jednak tak przepełniona, że posadzono nas przy małym stoliku, przy którym jakaś młoda para niewątpliwie chciała spędzić ze sobą wyjątkowy wieczór. Niemniej jednak obopólna i zupełna nieznajomość cudzego języka dawała gwarancję całkowitej prywatności. Możliwe, że bez nas trzymaliby się za ręce, ale i tak mieli pełną swobodę kontynuowania dyskusji na temat, jak najskuteczniej otruć jej leciwego męża.

Po obiedzie deszcz przestał padać, więc wyszedłem na spacer po mieście, przyglądając się plakatom informującym o festiwalu filmowym – bawarski western, węgierski dramat wojenny, rumuński dramat namiętności – a w drodze powrotnej spotkałem chłopca proszącego obcokrajowców, którzy przybyli do tej międzynarodowej stolicy kulturalnej, o z n a c z k i na wymianę. Dałem mu pozostałości bilonu z Irlandii i duńskie znaczki; wymieniliśmy po niemiecku kilka słów o sobie i nasze adresy.

W dusznej atmosferze tych hermetycznie zamkniętych narodowych pudełek jakikolwiek zagraniczny kontakt mógł być dla Jiřiego – trzynastoletniego Ulissesa marzącego o pożeglowaniu za horyzont – jakąś szansą na otwarcie drzwi. Po powrocie do domu wysyłałem mu znaczki, pocztówki z Bostonem i Wielkim Kanionem – wystarczająco niewinne dla dowolnego cenzora; w listach wymienialiśmy proste zwroty, z czasem po angielsku, o wydarzeniach w mojej szkole i w jego.

203

WŁOŚCI HABSBURGÓW

Dwa lata później urodzona na Litwie nauczycielka rosyjskiego z Commonwealth postanowiła zorganizować wycieczkę na Wschód aż do Moskwy, by pokazać swoim uczniom z bliska kraj, którego języka się uczą. Z mojej perspektywy (jeśli idzie o wydatki z mojej kieszeni) Rosja to płaskie nic, tak jak Teksas – plus śmierdząca kanalizacja – a kraje prowokujące do myślenia to Polska i Czechosłowacja. Zgodziła się z oporami, a kiedy Jiři dostał pocztówkę z informacją o tej podróży, podniecony odpisał, że zorganizuje w Ołomuńcu przyjęcie dla naszych uczniów. Wyszła z tego wielka impreza z kwiatami, piwem, winem i jedzeniem dla dwudziestki Amerykanów, na którą Jiřiego i jego kumpli z pewnością nie było stać. Nasze dzieciaki nauczyły się rzucać ringo albo kopać piłkę na środku ulicy do tubylców, żeby nawiązać z nimi kontakt. David grał piosenki *country*. Kilku Czechów wyciągnęło własne gitary. Obie strony miały muzykę i kieszonkowe słowniki do pomocy; zaprzyjaźniali się po niemiecku, po angielsku i po rosyjsku. Dialogi kończyły się zwykle na poziomie: „Wasz ustrój jest lepszy dla was, a nasz ustrój jest lepszy dla nas" – ale Amerykę niedawno podbił twist i nasi gospodarze chcieli nauczyć się tego „tfiista". Nasi mieli ze sobą płyty. Oprzyj nogę na palcach, kręć biodrami: „Popatrz, właśnie tak..." Ci młodzi ludzie dosłownie nigdy w życiu nie widzieli nikogo w swoim wieku z tej drugiej narodowości. „I właśnie – myśleli sobie – rozmawiam tu z tymi Czechami (Amerykanami)". Podniecające doświadczenie, a wraz z muzyką, tańcem i winem pojawia się nagłe przekonanie – poświadczone przez oczy wpatrujące się w twoje z tak bliska – że oboje pojmujecie o wiele więcej niż tylko wyrazy ze słownika.

Gdy spotkanie dobiegało końca, nastrój stał się poważniejszy, a podniecenie ustąpiło w starciu z wywołującą prawie erotyczne napięcie wiedzą, iż oba kraje są przecież wrogami. Nawet nasze beztroskie dzieciaki dostrzegły płoty z drutu kolczastego i wieżyczki z karabinami maszynowymi, kiedy autobus wjeżdżał z Niemiec do Czechosłowacji. Cóż mogła zmienić ta nagła miłość między chłopcami i dziewczętami? Prawie ze łzami w oczach powiedzieli sobie „dobranoc". Następnego ranka, kiedy Amerykanie ładowali bagaże do autobusu przed kolejnym etapem do Krakowa, pojawiła się grupa Czechów, żeby pożegnać naszych – byli też ci, którzy mie-

204

li właśnie zdawać końcowe egzaminy – z prezentami w postaci kiełbasy, sera i kwiatów, a dziewczęta z obu stron otwarcie beczały. „Wróćcie. Nigdy was nie zapomnimy".

W jednym z wierszy Jewtuszenki padają słowa: „Skończywszy z łgarstwem i oszustwem, przyszłe pokolenia spłoną kiedyś ze wstydu na wspomnienie tych osobliwych czasów, gdy uczciwość nosiła miano odwagi".

***

W 1964 roku wróciłem do Czechosłowacji razem z Amy i Bruce'em. Zatrzymaliśmy się w Bańskiej Bystrzycy w centralnej Słowacji po drodze z Wiednia i Budapesztu do Krakowa, Warszawy i wreszcie do wsi Sominy nad Bałtykiem. Woźniakowscy wynajęli tam chatę na lipiec, a ja miałem nadzieję, że parę tygodni w ich towarzystwie wpłynie pozytywnie na myślenie i charakter Bruce'a. Amy brała poprzednio udział w wycieczce do Moskwy, a na przyjęciu w Ołomuńcu spotkała pewnego Miroslava. Miał przebywać w szkole leśnictwa pod Bańską Bystrzycą, ale go tam nie było, natomiast dziesięciu, piętnastu jego kolegów z klasy – przybywało ich coraz więcej – próbowało zapewnić Amy, że nie było to takie istotne. Jako męczący ojciec byłem spychany coraz dalej i dalej od centrum rozmowy, a kiedy wreszcie wyswobodziłem moją piękną siedemnastolatkę, trzeba było rozejrzeć się za kolacją i hotelem.

Bańska Bystrzyca trafiła na karty historii 29 sierpnia 1944 roku, kiedy wybuchło tu słowackie powstanie narodowe. W odróżnieniu od powstańców w Warszawie słowaccy bojownicy byli komunistami, tak samo jak duży kontyngent francuskich jeńców wojennych, którzy skądś przyłączyli się do walki. Powstanie rozpoczęło się od krwawej zemsty na słowackich i węgierskich kolaborantach, ale jego głównym celem był wystarczająco silny atak na tyły wycofujących się jednostek Wehrmachtu, aby 4 Front Ukraiński Pietrowa zdołał się przebić. Rosjanie mogli stwierdzić, jak przedtem w przypadku Warszawy, że ich linie aprowizacyjne zbytnio się wydłużyły, a ich żołnierze są znużeni walkami. Po prostu woleli nie atakować zbyt mocno na Słowacji, tak jak woleli przycupnąć spokojnie na wschodnim brzegu Wisły i poczekać, aż Niemcy rozprawią się z AK. Na-

WŁOŚCI HABSBURGÓW

wet jeśli tutejsi partyzanci byli komunistami, to i tak rozsądniej było uczynić z Armii Czerwonej jedynego wyzwoliciela Europy Wschodniej, aby uniknąć kłopotów znanych z Jugosławii, gdzie siły Tito przypisały sobie zbyt wiele zasług. Powstanie zostało zlikwidowane pod koniec października, a jednostki SS Himmlera przeprowadziły sadystyczną pacyfikację[52].

Pomijając te kilka tygodni, Bańska Bystrzyca wiodła cichy i prosty żywot. Austriackie prześladowania przynajmniej wprowadziły Czechy i Morawy do niemieckojęzycznej Europy. Represje węgierskie na Słowacji prowadziły donikąd. Lajos Kossuth, płomienny bojownik o wolność i prawa Węgrów w 1849 roku, nie rozumiał znaczenia tych słów, gdy odnoszono je do Słowaków. Mogli najwyżej oczekiwać szkolnictwa podstawowego w tym ich paskudnym języku – a i to było zapewne stratą czasu i pieniędzy. W latach 1900–1914 ponad 15% Słowaków wyemigrowało do Pittsburga, Bethlehem, Gary, Cleveland i Chicago. W republice Masaryka Słowacja była jakoby równą drugą połową, lecz traktowano ją tak, jak nowojorczycy traktowaliby chłopów z Missisipi, za co trzeba było zapłacić wysoką cenę w chwili, gdy Vaclav Havel został prezydentem.

Nasza podróż wiodła przez Tatry i dalej na północ przez terytorium Polski aż do Somin, kawałek drogi na południowy zachód od Gdańska. Wieś znajdowała się na piaszczystej równinie, a otoczona była szachownicą pól ziemniaczanych i sosnowych lasów, w których mieszkały sarny i dziki. Gotowane ziemniaki i jaja z chlebem stanowiły powszednie menu, natomiast w niedziele podawano mizerię i kawałek mięsa. Papier w wygódce pochodził z gramatyki polsko-rosyjskiej. Bruce wyglądał na zatrwożonego, gdy jego siostra i ojciec przygotowywali się do odjazdu, ale dwóm małym Woźniakowszczankom służył on za dużego, pluszowego misia, który wprawdzie nie wydawał zrozumiałych dźwięków, był za to posłuszny i nie denerwował się, gdy go tarmosiły, i którego imię „Bruczek" można było zabawnie odmieniać: (z) Bruczkiem, (dla) Bruczka.

---

[52] John Erickson, *Road to Berlin*, t. II, Weidenfeld, London, ss. 290–307.

Olomuniec I, 1960, 1964, 1978, 1983

Amy i ja pojechaliśmy na południowy zachód do ciemnopopielatych miast Hohenzollernów – Posen/Poznań i Breslau/Wrocław[53] – i z powrotem przez granicę do Ołomuńca.

***

Celem moich wizyt w tym mieście był duży dom sprzed I wojny, położony wówczas na nieciekawych przedmieściach, który Jiři odziedziczył po teściu. Starówka stanowi środkowoeuropejski *collage*: tu i ówdzie jedenastowieczne pozostałości po Przemyślidach, po nich aroganckie monumenty baroku w rozkwicie, które z kolei ustępują żółtej sztukaterii ulic z epoki Marii Teresy i wygodnemu stylowi habsburskiej prowincji. Kiedy w latach osiemdziesiątych poprzedniego stulecia zburzono fortyfikacje Ołomuńca, uzyskaną przestrzeń zamieniono na parki i ogrody okolone rzędami pelargonii i petunii, ze stawami pełnymi kaczek i łabędzi, alejkami zacienionymi przez kasztanowce – miejsce spacerów i koncertów w niedzielne popołudnia. Na rynku naprzeciw ratusza stały sklepy mieszczan z XIX wieku. Wszystko to wchłonął bez jakichkolwiek widocznych zgrzytów jeden z najsurowszych komunistycznych reżimów w Europie.

Wiele ważnych postaci przewinęło się w tej okolicy. Agenci austriackiego przemysłu mozartowskiego nieustannie produkują materiały reklamowe o Salzburgu i Wiedniu, choć Mozart został naprawdę doceniony w Pradze. A gdyby nie Ołomuniec, jego talent nigdy by nie rozkwitł. W grudniu 1767 roku jedenastoletni Wolfgang razem z ojcem i siostrą uciekł z Wiednia przed epidemią ospy właśnie tutaj. Siostra zachorowała, co zepsuło jej cerę na zawsze, lecz chłopca ochronił przed chorobą medyk biskupa. Lafayette – ukochana maskotka Washingtona podczas naszej rewolucji, lecz człowiek bez znaczenia podczas rewolucji we Fran-

---

[53] Breslau – na północy otoczony przez Polaków, na południu przez Czechów – był miastem o silnej tożsamości niemieckiej, przychylnym nazistom, i został całkowicie zniszczony w straszliwych walkach pomiędzy Wehrmachtem i Armią Czerwoną na początku 1945 roku. Kiedy po Jałcie Polskę przesunięto na zachód, miasto zostało odbudowane jako Wrocław. Ciekawym szczegółem był duży kościół greckokatolicki dla ukraińskich uchodźców zza Buga, którzy zawsze czuli niechęć do Polaków, ale obawiali się Rosjan, więc przeskoczyli rdzenną Polskę i osiedlili się na terytoriach poniemieckich.

WŁOŚCI HABSBURGÓW

cji – był w latach 1794–97 więziony w miejskich kazamatach przez Austriaków. (U l i c z k a Lafayette'a jest krótka, niegdyś zamieszkiwali ją Cyganie). Beethoven dedykował swoje wielkie trio i swoją *Missa solemnis* arcyksięciu Rudolfowi Habsburskiemu (zarazem arcybiskupowi Ołomuńca). Smetana i Dvořak często tu przyjeżdżali. W 1886 roku dyrygentem operowym – równie konfliktowym jak później w Wiedniu – był tu Mahler. Zygmunt Freud, także syn Moraw, w latach osiemdziesiątych był niedaleko stąd na manewrach wojskowych, a długie popołudnia w wojsku austriackim dały mu dość czasu, by wymyślić kompleks Edypa.

Ojcem Masaryka był Słowak, woźnica z pobliskiego majątku królewskiego. Być może, Tomáš zdał sobie sprawę – tak jak Emilio Zapata, inny rewolucjonista, który rozpoczął karierę jako chłopiec stajenny – że konie ceni się tu bardziej niż ludzi, którzy o nie dbają. Jego matka – z rodziny niemieckiej – pochodziła z Brna. Tomáš nauczył się jej języka i choć terminował najpierw u kowala, to okazał się tak zdolnym uczniem, że zdobył stypendium do znakomitego gimnazjum w Wiedniu[54]. (Austria Habsburgów czyniła większe starania, by zachęcić do edukacji zdolnych chłopców z biednych rodzin niż dzisiejsze Stany Zjednoczone. Wybitne umiejętności intelektualne nie są cechą demokratyczną). Masaryk zaczął następnie studiować filozofię na miejscowym uniwersytecie, lecz przeszkodziły mu konflikty narodowościowe i antysemityzm, przeniósł się więc do Lipska. W 1882 roku – w wieku 32 lat – został mianowany profesorem filozofii w nowo utworzonej, czeskojęzycznej części Uniwersytetu Karola, lecz jako syn odległej, morawskiej wioski, wykształcony poza Czechami, żonaty z Amerykanką (Charlotte Garrigue pochodziła z Brooklynu), pozostał na zawsze outsiderem w kręgach akademickich i politycznych Pragi.

Na Wielkiej Scenie Historii Ołomuniec zdołał uniknąć wojen husyckich, które rozdarły Czechy w XV stuleciu. Religijne zawirowania, eksterminacja czeskiej szlachty przez Habsburgów i kontr-

---

[54] W rozmowie z Karelem Čapkiem – pisarzem i przyjacielem ostatnich lat życia – Masaryk zauważył, że chłopcy z Moraw musieli się nauczyć niemieckiego, żeby przyjęto ich do szkoły średniej, byli więc starsi i silniejsi od swoich niemieckich i żydowskich kolegów, a zatem lepsi w piłce nożnej i w bójkach oraz – czym mogli się chełpić – bardziej doświadczeni erotycznie.

208

Ołomuniec I, 1960, 1964, 1978, 1983

reformacja po bitwie pod Białą Górą w 1620 roku nie przebiegały tak krwawo na Morawach. Z drugiej strony, Szwedzi, których uważamy dziś za rozsądny, postępowy naród, gustujący w solidnie zrobionych meblach i „miękkiej" pornografii, w XVII wieku przypominali Mongołów: w okresie wojny trzydziestoletniej złupili Ołomuniec i spalili bibliotekę miejscowego uniwersytetu. Za czasów Marii Teresy miasto otoczono skomplikowanym systemem fortyfikacji w stylu francuskim dla ochrony Wiednia przed atakiem z północy. Toteż kiedy pruskie armie Fryderyka Wielkiego – widzącego w cesarstwie austriackim wieloryba wyrzuconego na brzeg, którego można podzielić na kawałki w dowolnym momencie – obległy je w 1758 roku, doznały niepowodzenia.

W roku 1805, gdy Napoleon zajął Wiedeń po zwycięstwie pod Ulm, armie austriackie i ich rosyjscy sojusznicy, a wraz z nimi cesarz Franciszek i car Aleksander, wycofali się do bezpiecznej twierdzy Olmütz[55]. Mając Tołstoja za przewodnika, inteligentny czytelnik podąża śladami tych armii do Austerlitz; widzi, jak ranny książę Andrzej z dystansem spogląda na miałkość wojny; rozważa konkluzję Tołstoja, iż zwycięstwo nie dostaje się lepiej dowodzonej armii, lecz pierwszej stronie, która zawoła: „Wygraliśmy!". Po bitwie pod bramami fortecy pojawiła się mała, arogancka banda – 50 żołnierzy napoleońskich – i zażądała kapitulacji 10-tysięcznej załogi, ale tego było już Austriakom za wiele.

Później, po upadku rządu Metternicha w 1848 roku, machina dworska przeniosła się właśnie do bezpiecznego i lojalnego Olmütz, by ceremonialnie wymienić bezradnego Ferdynanda Dobrego na młodego Franciszka Józefa. Obserwatorowi przychodzi na myśl biedaczysko Richard Nixon, żyjący u schyłku swojego panowania nadzieją, że znajdzie gdzieś jakiś wzorcowy *college* w cieniu wiązów, gdzie mógłby swobodnie wmieszać się w tłum i zapytać krzepkich studentów, jak im leci w lidze futbolowej.

Nowemu monarsze nie można było zezwolić na zmienianie – on sam nie mógłby nawet o tym pomyśleć – starej Austrii, a militarna machina tej właśnie Austrii została w 1866 roku zmiażdżona pod Sadową, jakieś 40 kilometrów na północny zachód od Ołomuńca.

---

[55] Pisownia niemiecka.

WŁOŚCI HABSBURGÓW

Prusacy von Moltkego byli lepiej wyszkoleni i mieli lepsze dowództwo, podobnie jak sto lat wcześniej za Fryderyka Wielkiego. Mieli też cudownie skuteczny plan mobilizacji, powiązany ze specjalnie zaplanowaną siecią kolejową, dzięki której mogli zgromadzić wojska z całych Niemiec, żeby napaść na Austrię, a w 1870 roku pobić pod Sedanem Francję Napoleona III. Świeżo zakończona wojna secesyjna objawiła Moltkemu znaczenie kolei i telegrafu, był więc w stanie kontrolować z Berlina ruchy swoich trzech armii, które przekroczyły granice Austrii.

Habsburskie rozumienie wojny – archaiczne zastępy w ładnych mundurach pod wodzą książęcych amatorów – ulotniło się w konfrontacji z zegarmistrzowską precyzją von Moltkego. Dzięki Sadowej Prusacy zdobyli doświadczenie i wiarę, by pokonać w 1870 roku Francuzów. To z kolei obudziło w nich wiarę, więcej, pychę rodem z greckiej tragedii, że są w stanie pokonać każdego wroga – tak jak amerykańscy wojskowi, którzy pokonali Niemców i Japończyków, byli pewni, że pokonają Wietnamczyków. Co znaczy, iż najwłaściwszym pomnikiem bitwy pod Sadową były masowe groby pod Verdun i nad Sommą z 1916 roku i upadek dawnych Niemiec. Na dłuższą metę jeszcze bardziej śmiercionośne okazały się koła zębate planu mobilizacyjnego von Moltkego, kopiowanego, w miarę możliwości jak najdokładniej, przez sztaby generalne wszystkich innych narodów: pojedynczy rezerwista odbiera mundur, buty, karabin, naboje; miejscowy batalion dołącza do pułku, dywizji, korpusu; rozkłady jazdy – jako najwyższe osiągnięcie zachodniego umysłu – ułożone tak precyzyjnie, że pociąg wiozący 147 Pułk z 18 Dywizji pruskiej przejeżdżał przez most kolejowy nad Renem w Kolonii (najwęższe gardło: wysadzenie go byłoby bezwzględnie warte zachodu jakiegoś francuskiego bohatera) o 2.14 w nocy 12 dnia od ogłoszenia powszechnej mobilizacji, a nie 4 minuty wcześniej lub później – wszystkie te tryby zazębiały się tak ściśle pod kontrolą absolutnie dokładnych zegarków (każdy oficer trzymał taki w dłoni), że jakakolwiek zmiana była nie do pomyślenia.

Pod koniec lipca 1914 roku Wilhelm II miał przebłysk zdrowego rozsądku: a gdyby Niemcy przegrały nadchodzącą wojnę, gdyby potencjalne zwycięstwo okazało się niewarte poniesionych kosztów? Poruszył tę kwestię z innym Helmuthem von Moltke, niezbyt

210

Ołomuniec I, 1960, 1964, 1978, 1983

wielkim bratankiem wielkiego człowieka, kolejnym szefem sztabu generalnego. Generał wpadł w histerię. Machiny nie da się zatrzymać. W cesarskiej armii zapanuje chaos. Cała generalicja, wszyscy oficerowie podadzą się do dymisji. Cała tradycja, wszystkie wartości, na których opierają się cesarskie Niemcy, legną w gruzach. Nie wyłączając tronu, Wasza Wysokość. Wilhelm zamilkł.

Gdy moja kariera jako dyrektora szkoły dobiegała końca, jednym z powodów mojego sceptycznego nastawienia do programu nauczania była wiedza, jaką zdobyłem dzięki kontaktom z Ołomuńcem. To niezbyt ekscytujące, prowincjonalne miasto, do którego trafiłem przez przypadek i które poznałem dzięki mojemu młodemu przyjacielowi, Jiřiemu Kořinkowi, było typowym habsburskim, środkowoeuropejskim miastem. Poznając gruntownie jego dzieje, zdobywa się zarazem precyzyjniejsze narzędzia do zbadania każdego innego miasta: jego konfliktów etnicznych, zachodzących tam zmian ekonomicznych, powiązań między polityką, kulturą i moralnością. Choć w szkole niektóre przedmioty są ważniejsze od innych, to pierwszeństwo mają nie same przedmioty, lecz jakość nauczania. Poznając Ołomuniec, poznaje się świat.

Jednak przez większość czasu socjolog ma tam więcej do roboty niż tragik.

Na początku była wieś – zacofana i tępa jak u Karola Marksa. Matka prosiła Boga – tak jak w tradycyjnej, czarnej Missisipi – żeby jej syn nie był zbyt sprytny, a córka zbyt piękna, bo on mógłby mieć kłopoty z policją, a ona zostać dziewką dziedzica. Na jednym końcu jedynej ulicy był kościół, na drugim dwór. Może była też gospoda – z piwem, winem, śliwowicą (choć nie wódką, rosyjsko-polskim przekleństwem) – a później szkoła. Tradycyjnymi celami było oszukanie poborcy podatków i sierżanta szukającego poborowych oraz powstrzymanie dziewcząt od zachodzenia w ciążę. Do tego dochodzi bogata tradycja świąt, muzykowania, tańca – choć furiant tańczony w Czechach i na Morawach nie sprzyjał zachowaniu cnoty – ubioru, haftu (pamiętam te stroje z podróży w 1939 roku z Wiednia do Pragi: migały za ciężarówkami wypełnionymi żołnierzami SS). Garść żydowskich handlarzy i Cyganów.

Poza wsią było miasto-twierdza Olmütz pełne kupców, sklepikarzy, rzemieślników, urzędników i garnizonowych oficerów, gdzie

211

WŁOŚCI HABSBURGÓW

wszyscy choć trochę wykształceni mieszkańcy mówili po niemiecku. I jak lubili powtarzać Polacy i Węgrzy, nikt nie dostosował się bardziej lojalnie do wymagań „Kakanii" – zamiłowanie do hierarchii, porządnie prowadzona kartoteka, etykieta i posłuszeństwo wynagrodzone emeryturą – niż Czesi.

Historia, jak zwykle, biegła w dwóch kierunkach. Pierwszy to stopniowe uprzemysłowienie. Młynarstwo i gorzelnictwo, pierwsze fabryki włókiennicze i obuwnicze, wpierw zastępujące, a w końcu eliminujące wiejskie rzemiosło, korzystające z nadwyżki wiejskiej siły roboczej. W miarę jak dawni wieśniacy stawali się fabrycznymi robotnikami, a sam Olmütz zaczął się gwałtownie rozrastać po zburzeniu w latach siedemdziesiątych ubiegłego wieku pierścienia fortyfikacji, połykając sąsiednie wsie, pojawił się drugi kierunek ewolucji, związany z tożsamością etniczną miasta. Jeśli rodziny czeskie chciały dać swoim synom (córki mogły poczekać) średnie wykształcenie, dlaczego miało być ono dostępne tylko po niemiecku? Jeśli robotnik wszedł w konflikt z prawem, dlaczego cała procedura toczyć się miała w nie znanym mu języku? I jeśli Czesi (a wraz z nimi słowaccy chłopcy, których rodziny miały dość kaftana węgierskiego szkolnictwa) zaczęli już zdawać matury w swoich własnych szkołach, to powinni dostawać lepsze posady. (Jedną z pierwszych profesji przejętych przez Czechów – podobnie jak w czarnej Missisipi – było prowadzenie zakładów pogrzebowych).

„Olmütz może jest mały, ale musi być niemiecki!" Która strona przejmie kontrolę nad ratuszem (*Rathaus/radnice*)! Znów powracamy do Missisipi, tym razem w lata siedemdziesiąte i osiemdziesiąte tego wieku. Wprowadzenie powszechnego prawa wyborczego dla mężczyzn w 1907 roku (habsburska wersja amerykańskiego Civil Rights Act z 1964 roku) oznaczało, że niemieckiej mniejszości będzie teraz o wiele trudniej niż kiedykolwiek przedtem utrzymać się przy władzy. W drugiej połowie ubiegłego wieku gmina żydowska w Olmütz rosła i bogaciła się, w roku 1890 Żydzi wybudowali własną synagogę w stylu mauretańskim i – dzięki swojej pozycji finansowej – udało im się wejść do rady miejskiej, gdzie prawdopodobnie głosowali tak jak Niemcy.

Kiedy w 1914 roku wybuchła wojna, pierwszym celem austriackich Niemców było ukaranie Serbów, kolejnym wzięcie w ryzy wszyst-

212

kich mniejszości słowiańskich na ziemiach austro-węgierskich, a dalej spuszczenie batów Rosjanom – nawet jeśli oznaczało to sojusz z luterańskimi Prusakami. Czesi byli posłuszni rozkazom, choć w sposób bierny, ale ponieważ wspólnym wrogiem okazał się austriacki i pruski germanizm, mogli ujrzeć teraz w Rosjanach swoich słowiańskich braci. Od czasu do czasu, kiedy czeskie wojska stały naprzeciw rosyjskich na froncie galicyjskim, całe pułki z podniesionymi sztandarami, przy dźwiękach orkiestr, przechodziły na drugą stronę.

W prowincjonalnym muzeum w Klagenfurcie (Karyntia) widziałem obraz: Franciszek Józef modli się na kolanach za swoich dzielnych żołnierzy, kiedy nad nim – w niebie – gęsty tłum piechurów walczy na bagnety. Ci chłopscy synowie, szarżujący z bagnetami, zostali wymordowani albo zamknięci za drutami w rosyjskich obozach jenieckich, a w każdym razie zostali oderwani od swoich pól, więc w miastach pojawił się głód. Tym razem niemieckojęzyczni Austriacy zachowywali się apatycznie, gdy tymczasem Czesi spiskowali w tajnych organizacjach i urządzali demonstracje uliczne. 11 listopada 1918 roku niemiecka rada miejska w Ołomuńcu rozwiązała się, a tydzień później czeski komitet przejął *radnice*.

Jak stworzyć nowy naród? Cesarstwo miało swoje dobre strony: wspólny rynek od polskiej Galicji po granice Rumunii i Włoch, wspólna sieć kolei i banków. Pod zarządem austriackim, jeśli tylko nikt się nie wychylał, wszystko działało całkiem nieźle. Teraz jednak wszelkie zachwiania gospodarcze w Europie Środkowej musiały mieć dotkliwsze skutki w związku z wprowadzeniem barier celnych. Do Ołomuńca, stolicy przemysłu na środkowych Morawach, kryzys przyszedł później, ale trwał dłużej: w 1935 roku na mniej więcej 60 tysięcy mieszkańców było tu 3200 bezrobotnych. W sudeckich miasteczkach na północnej granicy, gdzie znajdowały się kopalnie węgla oraz huty stali i szkła, kryzys był jeszcze ostrzejszy, a niemieccy mieszkańcy skarżyli się, że rząd w Pradze nie interesuje się ich losem.

Nędza zrodziła ruch sudeckich nazistów Konrada Henleina, pogardzających tym „karłowatym narodem służących, wiejskich grajków i urzędników pocztowych", choć zdecydowanie przeciwstawili się im niemieckojęzyczni socjaliści i komuniści. Po utracie w październiku 1938 roku rubieży S u d e t e n l a n d u wraz z forty-

WŁOŚCI HABSBURGÓW

fikacjami (które wzniesiono ogromnym kosztem w latach dwudziestych dzięki francuskiej pomocy finansowej) w kraju pojawiła się demoralizacja. Beneša zastąpił słaby i chorowity Hacha, Słowacja znalazła się pod kontrolą katolickich faszystów księdza Tiso, w Ołomuńcu i okolicznych wsiach Niemcy doprowadzili do anarchii, co Hitler wykorzystał jako pretekst, by 14 marca ogłosić okupację pozostałej części Czech i Moraw. Państwo uległo dezintegracji. W grabieniu ofiary wzięli udział Polacy, dokonując aneksji granicznego miasta Tešin (Cieszyn), i Węgrzy, którzy zajęli duży pas południowej Słowacji wraz z górskimi dolinami Rusi Zakarpackiej. Niemniej jednak okupacja całej Czechosłowacji przez Hitlera była zgubną pomyłką. Październikowe wkroczenie do Sudetów okryło go chwałą zwycięzcy: Czesi zostali pokonani, zdemoralizowany Zachód skwapliwie ustąpił, słysząc obietnicę, że to już ostatnie żądanie Hitlera. Aneksja marcowa zaszokowała Chamberlaina, dowodząc całkowitej bezsensowności polityki ustępstw. 31 marca dał gwarancje Polakom, że w razie napaści Niemiec Wielka Brytania przystąpi do walki. Wojna i wszystko, co nastąpiło później, stało się nieuniknione[56].

Jak rozpad państwa i zawieszenie życia obywatelskiego wpływały – tydzień po tygodniu – na gminę żydowską w Ołomuńcu? W 1939 roku synagoga została zniszczona. W jakich okolicznościach? Przez kogo? Jak wyglądała sekwencja zdarzeń, które zepchnęły Żydów na margines, a w końcu wypchnęły ich poza obręb społeczeństwa? Większość z tych 2 tysięcy straciła życie w Oświęcimiu, 120 kilometrów na północny wschód. Kto przetrwał? Czy ukrywano żydowskie dzieci, tak jak w Amsterdamie, a nawet w Warszawie? Po żadnej Annie Frank nie pozostał pamiętnik. Świadkowie milczeli. Czeski świat jest ahistoryczny, o czym przekonałem się również podczas pracy nad tą książką. W społeczeństwie, w którym dziennik, zbiór listów, anegdota opowiedziana w obecności niewłaściwej osoby, a nawet dowody poparcia dla polityki państwa, gdy polityka ta nagle się zmienia (ocieramy się o *1984*) ujawniają więcej, niż nakazuje roztropność, o uczynkach i poglądach sprzed 10, 30 lat – bez-

---

[56] Joseph Rotschild, *East Central Europe between the Two World Wars*, University of Washington Press, Seattle 1974, s. 134.

Ołomuniec I, 1960, 1964, 1978, 1983

pieczniej zerwać wszelkie więzy z przeszłością. Rozmawiać o sporcie i pogodzie. Spędzać wolny czas, kopiąc w ogródku. Tak, mieszkali tu Żydzi. Niemcy wysłali ich do Oświęcimia. Podczas jednej z moich wizyt Jiři oprowadził mnie po żydowskim cmentarzu. Widziałem żydowskie cmentarze w Krakowie i w Lublinie; to smutne miejsca, gdyż są ostatnim pomnikiem biednego i zapomnianego ludu, są świadectwem zagłady liczącej 600 lat społeczności i obiektem niszczycielskiej pasji miejscowych chuliganów. Cmentarz w Ołomuńcu był przeznaczony dla ludzi bogatych. Masywne nagrobki, na ogół z napisami w języku niemieckim, były często wykonane z błyszczącego, drogiego, czarnego marmuru. Gdyby to było w Bostonie, ich dzieci chodziłyby do mojej szkoły. Żadnych śladów wandalizmu. Tyle że cmentarz był kompletnie zarośnięty. Wysoka trawa, krzewy, nawet małe drzewka porastały kwatery. Ten hektar ziemi był tabu.

Krok po kroku Czechom, tak jak wcześniej Żydom, odebrano ich miasto. Przy współpracy miejscowych Niemców gestapo wkroczyło do akcji: rejestrując, zamykając w getcie i w końcu deportując Żydów, a zarazem eliminując wszelkie potencjalne źródła oporu. Odpowiedzią było ostrożne gderanie: „Jak mogę zachować posadę i nie wplątać się w kłopoty?". We wrześniu 1939 roku rozpoczęła się i skończyła kampania w Polsce. Pomijając klęskę Jugosławii i Grecji, w Europie Wschodniej aż do napaści na Rosję 22 czerwca 1941 roku panował chwilowy spokój.

Na krótko pojawiły się jakieś akty oporu, sabotaż: piasek w trybach, cukier w baku, przecięta linia telefoniczna. Był to kłopot, ale szybkie aresztowanie, deportacja czy egzekucja przechodniów sprawiły, że bohaterstwo przestało być popularne.

W Polsce zniewolenie społeczeństwa było rezultatem szybkiej i strasznej klęski militarnej: bombardowania, ostrzał artyleryjski, zniszczone mosty, płonące miasta, zabite konie i nie kończące się kolumny jeńców. Rozegrała się wojna i Polska została pokonana. W Ołomuńcu, tak jak w całej Czechosłowacji, ta przemiana dokonała się bez jednego wystrzału. Tabliczki z nazwami ulic zastąpiono niemieckimi, ale ten sam policjant mógł nadal kierować ruchem na rogu. Kiedy opróżniło się mieszkanie Weintraubów, natychmiast zajmował je ktoś inny. Aloys Schmidt, rzeźnik, wykrzykuje *Heil*

215

WŁOŚCI HABSBURGÓW

Hitler, kiedy wchodzisz do jego sklepu, a ty starasz się go nie obrazić. Co robisz?

Maj 1945 roku. Ze wschodu przybywa Armia Czerwona. Ołomuniec to jedno z ostatnich miast wyzwolonych przed jej finalnym wkroczeniem do Pragi. Bitwa trwa zaledwie kilka dni, załamane jednostki Wehrmachtu uciekają, zniszczenia i straty w ludziach wśród mieszkańców są niewielkie. Rosyjskie gwałty i grabieże po wsiach są głównie dziełem – tak jak w Wiedniu – wojsk drugiej linii. W ciągu roku Aloys Schmidt (o ile jeszcze żyje) i jego rodzina – ocaliwszy ze swojego dobytku niewiele więcej poza ubraniem, które mają na sobie – zostają wyrzuceni za granicę do Saksonii, części Niemieckiej Republiki Demokratycznej, albo do Austrii. Czy ten sam los spotka również Hannę Regler – z rodziny niemieckojęzycznej, głosującej niezmiennie na socjalistów – której mąż został aresztowany przez gestapo i zginął w Buchenwaldzie? Odpowiedź może zależeć od tego, jak wpływowi i lojalni okazali się jej przyjaciele.

– Walczyłem przeciw hitlerowskim najeźdźcom – oto moje blizny.

– Ale w jakim celu: za burżuazyjny nacjonalizm czy proletariacką solidarność?

Jakiekolwiek struktury państwowe ustanowił rząd Beneša, jakiekolwiek podjął działania, po lutym 1948 roku przejęli je krok po kroku komuniści Gottwalda. Ale fasada pozostała wciąż ta sama: klomby pelargonii w parkach, urocze uliczki z czasów Marii Teresy, piwosze w piwiarniach. Hitlerstrasse. Ulica Lenina.

Ta nagła zmiana rzeczywistości za nie zmienioną fasadą może wywołać napad szaleństwa. Spalę kościół, wyrwę pelargonie, zastrzelę łabędzie. Podpalę się. Albo włączę radio i otworzę następne piwo.

***

Scena zwęża się, rekwizyty stają się bardziej domowe, a moja znajomość ortodoksyjnego komunizmu ogranicza się do informacji zawartych w listach przychodzących co miesiąc i do dość częstych odwiedzin w domu z szarą sztukaterią na ulicy Žilinskej. Razem z Mary składamy krótką wizytę w 1978 roku, kiedy Jiři i Vera mogą się pochwalić sześcioletnią Janą i trzyletnim Jiřką. Dom jest wciąż zapisany na teściów; gospodarze podają na półmisku atrakcyjnie

Ołomuniec I, 1960, 1964, 1978, 1983

ułożone salami, do tego śliwowicę, którą sączymy z maleńkich kieliszków. Żeby okazać nam gościnność, odwożą nas do Krakowa (3 godziny jazdy) przez przejście graniczne w Cieszynie, ale oboje są w Polsce spięci i mimo naszych nalegań rezygnują z szybkiego lunchu we „Francuskim". Polska ma reputację heretyka. Czy to jest zaraźliwe? Czy ludzie będą ich obgadywać?

Po wprowadzeniu przez Jaruzelskiego stanu wojennego w 1981 roku, po brutalnym stłumieniu prób kontaktu, prób informowania o powstawaniu bardziej wolnego społeczeństwa, Polacy zamknęli się w sobie. Miałem jednak poczucie – mimo pogodnej przyjacielskości, jaką zawsze mi okazywał – że przez całe życie Jiři był otoczony murem milczenia: im więcej znasz ludzi, tym większe szanse, że będziesz miał kłopoty. Kiedy Jana i Jiřka wyrośli na nastolatków – zapragnęli poznać świat i zaczęli kwestionować reguły panujące w domowej fortecy – gnębiące ich ojca poczucie zagrożenia nasiliło się.

Wracam w 1983 roku – krótki wypad z Pragi – i mamy teraz trzy dni na rozmowy. Jiři ma tytuł inżyniera, więc rozpoczął swoją karierę w jednym z zakładów eksportowych Ołomuńca – w fabryce pomp. Jako projektant i świetny negocjator odbył kilka podróży do ZSRR – ponurego kraju, który wzbudził w nim antypatię. Atrakcyjnym celem podróży mogło być Nairobi, gdzie czeska taniocha konkuruje z maszynami brytyjskimi i niemieckimi, ale na delegację jedzie rywal, członek partii, „który nie potrafiłby nawet zapytać o drogę do w.c. po angielsku". Tak bardzo tu typowe chodzenie na skróty, lekceważenie tradycyjnych czeskich standardów dobrej roboty, rozeźliło Jiřiego, więc zwolnił się i znalazł gorzej płatną posadę w technikum, gdzie uczy rysunku. Nie istnieje komunistyczny lub niekomunistyczny sposób rysowania sieci cieplnej. Może zostawią go teraz w spokoju.

Wielkie kompromisy można tolerować. Nikt przecież nie umieścił rozmyślnie Czechosłowacji w Europie Środkowej, pomiędzy Niemcami a Rosją. To rzecz nieunikniona; nie da się jednak uciec od codziennych, małych kompromisów.

Elena przychodzi do klasy z krzyżykiem na szyi. Po lekcji Jiři każe jej zostać. Ma wprawdzie konstytucyjnie zagwarantowane prawo, aby nosić krzyżyk, ale jeśli powtórzy się to kilka razy, fakt ten zostanie odnotowany w jej aktach, nigdy nie przyjmą jej na uniwer-

WŁOŚCI HABSBURGÓW

sytet i dokona żywota jako robotnica albo sprzedawczyni. „Porozmawiaj o tym z rodzicami". (Wysyłałem dzieciom Jiřiego książeczki na Boże Narodzenie – akcja rozgrywa się w angielskim miasteczku w kościele, gdzie cierpliwy rudy kot imieniem Samson odgrywa rolę wymęczonego ojca gromady lekkomyślnych myszy; ciekawe, czy jest to już propaganda religijna, czy ktoś to kontroluje?) Co tydzień obowiązkowe zajęcia z marksizmu-leninizmu, które prowadzi najnudniejszy w całej szkole wykładowca. Kiedy on coś tam mamrocze, uczniowie przygotowują się do lekcji fizyki, piszą listy, rozwiązują krzyżówki, przysypiają. Nie ma w tym nic przypadkowego. Interesujący nauczyciel zachęcałby do zadawania pytań, a wtedy jakiś młodzian mógłby zapytać o różnice pomiędzy socjalistyczną teorią a codzienną praktyką.

Kolega z grona nauczycielskiego opowiada w klasie głupi dowcip o Leninie. Jakiś rodzic wysyła anonimową skargę do dyrektora, uważanego za przyzwoitego człowieka. Dyrektor wzywa nauczyciela do siebie.

– Nie podoba mi się ta praktyka donosów. Proszę mi powiedzieć, że to nieprawda, a podrę list i nie wrócimy już do tego tematu.

Cisza.

– To był głupi żart, ale nie umiem kłamać.

24 godziny później nauczyciel jest pomocnikiem kierowcy ciężarówki. Terror nie jest potrzebny.

Jana Jiřiego ma poważne kłopoty z oczami, potrzebna jest duża operacja. Oczywiście, bezpłatna, dzięki systemowi powszechnej opieki zdrowotnej, ale kto będzie operował: szef oddziału czy nowicjusz zdobywający doświadczenie? Dziadek Jany udaje się do szpitala z miesięczną pensją w zaklejonej kopercie, którą wręcza sekretarce głównego chirurga. W tym czasie Jiřka – ma już 7 lat – skaleczył sobie kciuk zardzewiałym nożem. W przychodni nie mają penicyliny. Przyjaciel mówi Jiřiemu, żeby kupił na czarnym rynku butelkę Johnny Walkera („Red Label") za 35 dolarów (czyli osiem słoików Nescafe), a on wręczy ją, komu trzeba. Następnego dnia jest telefon:

– Panie Kořinek, właśnie udało nam się znaleźć trochę penicyliny. Proszę przysłać zaraz chłopca.

– Można zwariować – komentuje, zmuszając się do opowiedzenia następnych historii.

218

Dyscyplina pracy w jego klasie nie napawa optymizmem. W 17 wiośnie wielu uczniów spędza już wieczory na eskapadach: palą i piją w kawiarniach, słuchają heavy metalu. (Nie ćpają – jedna z zalet państwa policyjnego). Niemniej jednak za dwa tygodnie matura. Przynajmniej teraz powinni się trochę przyłożyć.

– No dobra, popracuję i zostanę inżynierem jak pan. Nie popracuję i zostanę kierowcą śmieciary. W obu przypadkach zarobię tyle samo. Więc w czym kłopot?

Marks i Lenin wyzwolili proletariat od zniewolenia przez system pracy najemnej.

Dzieciaki, które pochodzą z blokowisk na obrzeżach miasta, gdzie wychowały się bez poczucia wspólnoty czy odpowiedzialności, bez rodziców, którzy zawsze są w pracy (może we dwoje zbiorą kiedyś na samochód), mogą mieć kłopoty z przystosowaniem się.

– Coś nie tak? Ostatnio jesteś jakiś strasznie przygnębiony.

Stefan jest zaskoczony. Przez całe życie wydawano mu polecenia i wydzierano się na niego, jeśli ich nie wykonał. Nikt nigdy nie zapytał go, czy ma problemy.

W jakim kraju żyjemy? Z czego możemy być dumni? Co w przyszłości będą miały nasze dzieci? Nasi najlepsi tenisiści są znakomici. Tak samo muzycy. To widać. Partia bardzo dba o fasadę. Ale kto nauczy dzieci mówić prawdę?

Nad dachami rozpościera się
liszaj zmierzchu,
wieczorne Wiadomości
pełzają po fasadach
hamburger śpiewa

Miroslav Holub, *Wieczorna idylla z protoplazmą*

PODRÓŻ

Rozdział szesnasty

BUDAPESZT 1937, 1939, 1964, 1990

Dwa najbardziej radosne wydarzenia lat pięćdziesiątych to ogłoszenie w 1954 roku jednomyślnej decyzji Sądu Najwyższego, któremu przewodniczył Earl Warren, o nielegalności segregacji w szkołach publicznych oraz wybuch powstania węgierskiego w 1956 roku. W obu przypadkach wydawało się, że okopane siły przymusu i kłamstwa poniosły klęskę, a siły rozsądku, przyzwoitości i odwagi zwyciężyły. Tę pierwszą wiadomość usłyszałem w upalne, czerwcowe popołudnie, idąc ulicą w Kirkwood – najbliższe miasteczko w okolicach Szkoły Thomasa Jeffersona, gdzie uczyłem – i pamiętam uśmiech na mojej twarzy, pragnienie, żeby zatrzymywać przechodniów i ściskając ich dłonie wołać:

– Udało nam się! Czy to nie wspaniale być Amerykaninem?

Budapeszt: na początku był poeta. Kiedy tyrańskie rządy Mátyása Rákosiego, szefa partii od 1948 roku, zaczęły wywoływać coraz większe oburzenie, studenci założyli Klub Petőfiego na cześć młodego poety, który w 1849 roku poniósł śmierć na polu bitwy, walcząc o wolność Węgier. (Zapomnijmy na chwilę o Słowakach i Chorwatach). Tak jak Mickiewicz, spoczywał już wprawdzie bezpiecznie w grobie, niemniej jednak podczas recytacji jego utworów wymierzonych przeciw austriackiej tyranii słuchacze wprowadzali własne uzupełnienia. Później pojawiło się żądanie rehabilitacji László Rajka: komunisty, który walczył w Hiszpanii (Stalin nie ufał „Hiszpanom”), i bezwzględnego ministra spraw wewnętrznych w latach powojennych, którego Rákosi aresztował jako agenta Tity i powie-

220

Budapeszt 1937, 1939, 1964, 1990

sił w 1949 roku. Chruszczow poświęcił znienawidzonego Rákosiego w czerwcu, ale to nie powstrzymało fali żądań: domagano się likwidacji bezpieki i utworzenia niezależnych związków zawodowych (na co nalegali robotnicy, tak jak w 1980 roku „Solidarność" w Polsce), a potem Imre Nagy dodał demokrację wielopartyjną i wycofanie kraju z paktu warszawskiego, czemu towarzyszyło zniszczenie gigantycznego pomnika Stalina na jednym ze wzgórz Budy. Każdy nowy szczegół był czymś zupełnie niesłychanym. Ich też można pokonać!

W obu przypadkach, rzecz jasna, obudzone nadzieje musiały spełznąć na niczym. Eisenhower nie był zainteresowany jakimikolwiek zmianami; był wierny poglądom, w których wyrósł w Abilene[57]. Kongres bał się opinii publicznej. Realizacja postanowienia SN w sprawie „Brown kontra Kuratorium w Topeka"[58] okazała się długim procesem, w którym uczestniczyły sądy, uparte lokalne kuratoria oraz Murzyni i ich biali sojusznicy, walczący o to, by kraj traktował poważnie dekrety demokracji. Ale może to i dobrze, że Murzyni musieli walczyć o swoje prawa i nie dostali ich na tacy od uprzejmych białych. Może dzięki temu niektóre Kościoły mogły udowodnić, że chrześcijaństwo ma jeszcze jakąś rolę do odegrania w życiu Ameryki. Na Węgrzech nie należało się spodziewać, że komuniści przystaną na taką listę żądań. Oddziały pancerne Armii Czerwonej powróciły do Budapesztu, poniosły straty od bomb zapalających rzucanych przez chłopców, którzy napatrzyli się na zbyt wiele filmów o wysadzaniu niemieckich czołgów, spotkały się z największym oporem w zakładach samochodowych Csepel, ale finał był od początku oczywisty[59]. Nagy schronił się w ambasadzie jugosłowiańskiej, skąd wywabił go formalną obietnicą zgody na wyjazd János Kádár, jego następca, i zaraz przekazał Rosjanom. Nagy przechodził z rąk do rąk, aż został skazany w tajnej rozprawie i powieszony 17 czerwca 1958 roku.

---

[57] Małe miasteczko w stanie Kansas.
[58] Wspomniana powyżej (przyp. tłum.).
[59] Aleksander Wat w *Moim wieku*, t. II, s. 55, cytuje interesujące, podane (bodaj w 1963 roku) przez Chruszczowa wyjaśnienie rzezi budapeszteńskiej, którą sam nakazał: „Rosyjskie wojska za Mikołaja I stłumiły w Budapeszcie rewolucję 1848 roku. Więc musieliśmy zmyć tę hańbę z naszego honoru i stłumić w Budapeszcie kontrrewolucję".

221

WŁOŚCI HABSBURGÓW

Tukidydes w *Wojnie peloponeskiej* pisze, że na protesty mieszkańców wyspy Melos Ateńczycy odpowiedzieli tak: silni robią to, co uważają za stosowne; słabi muszą znosić to, co im wypadnie. Kiedy w 1964 roku przyjechałem do Budapesztu z Amy i Bruce'em niektóre mury były wciąż jeszcze podziurawione od serii karabinów maszynowych – atrakcja turystyczna. W 1937 roku podczas „Wielkiej Podróży" mojego kuzyna spędziłem tu noc w eleganckim hotelu z widokiem na Dunaj. W 1939 roku byłem w tym mieście dwukrotnie po drodze do Bukaresztu i Sofii. Położony na wschodnim brzegu Peszt – wiele razy niszczony przez Turków, ale przed I wojną światową rozrastający się w tempie ekspresowym w związku z handlową i przemysłową *prosperity* (dzielnica torowisk i doków przyjęła nazwę Chicago) – nie jest pięknym miastem w porównaniu z Wiedniem i Pragą. Jest tu Dunaj ze swoimi mostami, życie hotelowe i restauracyjne (gęsia wątróbka z papryką), kawiarnie i sklepy („światowa stolica prezentów ślubnych") – jeśli masz pieniądze i wiesz, dokąd pójść. (Cygański skrzypek wpatruje się głęboko w oczy niemieckiej turystce, budząc w niej powódź tłumionych od dzieciństwa emocji). W stolicy kraju, w którym nigdy nie zakorzeniła się demokracja, najbardziej majestatyczną budowlą jest neogotycki parlament.

W 1964 roku naszym gospodarzem był Tamás Farkas, młody chirurg ortopeda i autostopowicz, którego dwa lata wcześniej podwiózł autobus, transportujący ładunek commonwealthowców na trasie z Krakowa do Warszawy. Zaintrygowała go amerykańska osobowość, więc razem z naszą grupą odbył pielgrzymkę po stolicy Polski. Teraz był naszym przewodnikiem. Zabrał nas na wycieczkę do Egeru, 100 kilometrów na wschód, do pegeerowskiej winnicy, której dyrektor sprzedawał na lewo butelki wina gościom takim jak my. Dzień upłynął na żartach i cynicznych rozmowach, ale w momencie pożegnania Tamás spoważniał:

– Żadnych artykułów.

– Co takiego?

– Żadnych artykułów w jakichkolwiek pismach, w żadnych!

Państwo węgierskie, tak skorumpowane i niekompetentne, finansuje bardzo skuteczny system radarowy monitorujący wszystkie publikacje na jego temat w dowolnym języku. Kiedy nasz autor

222

Budapeszt 1937, 1939, 1964, 1990

był w Budapeszcie? Gdzie się zatrzymał? Z kim mógł rozmawiać (hotelowi recepcjoniści prowadzą sumiennie książkę meldunkową)? Potem nie było większych kłopotów z lokalizacją krajowca, który wypowiadał się nazbyt swobodnie.

W maju 1990 roku rozpocząłem moją tradycyjną podróż do Ołomuńca i Pragi od Budapesztu, żeby zyskać nową perspektywę. Marny pokój hotelowy kosztuje tu 100 dolarów, wizyta u fryzjera 25 centów. Wśród gazet widzę węgierską edycję „Penthouse'a" – przykład kapitalistycznego *joint venture*. Zakupy w ogromnych delikatesach: słoik pasztetu będzie luksusowym prezentem w Warszawie. Żadna z ekspedientek nie mówi ani po niemiecku, ani po angielsku. Wyprężam się i syczę jak gęś, łapię się za wątrobę, siekam ją na pasztet i pakuję do okrągłej puszki. Tuż przed telefonem po panów w białych kitlach ktoś chwyta, w czym rzecz. Za drogo. Pożywiam się w „Cafe New York" – salami, kawa, tokaj, czekoladowe eklery – gdzie niegdyś panowie siedzący przy okrągłych, marmurowych stolikach nosili sztywne kołnierzyki, meloniki i sumiaste wąsy. W pasażu stoi chuda, zmęczona kobieta z niezbyt ładnym czerwonym haftem na sprzedaż – uciekinierka z Siedmiogrodu. Ten typ haftu pomógł zachować Węgrom narodową tożsamość pod rządami Rumunów.

Spotykam dr. Farkasa, który oprowadza mnie po ładnych uliczkach Budy z czasów Marii Teresy, obok stoisk z rysunkami i akwarelami, gdzie można znaleźć niedrogie prezenty na święta. Z fortecy na szczycie wzgórza spoglądamy przez Dunaj na Peszt. Ogromna czerwona gwiazda wciąż lśni na dachu jednego z ministerstw. Wszyscy chcą ją zdjąć, ale żal wyrzucić na złom tak drogą rzecz. Czy nie ma już lewicowych milionerów w Los Angeles?

Tamás przedstawia mi recepty na sukces „za reżimu", mam wybrać dwie z trzech możliwości: umiejętności zawodowe, legitymacja partyjna, układy. Miałeś pecha, jeśli kwalifikacje twojego chirurga ograniczały się do dwóch ostatnich pozycji, ale same umiejętności w żadnym razie nie wystarczały. Symbolem przemian była powtórna ceremonia pogrzebowa – 16 czerwca 1989 roku, 31 lat po egzekucji – szczątków Imre Nagy'a, ale czasem trudno poważnie utrzymywać, że reguły gry naprawdę się zmieniły. Każda poszczególna komórka społeczna – oddział szpitala, hala fabryczna, szkoła baletowa, drużyna piłkarska – była dotąd zaopatrzona w donosiciela, który składał regularne raporty na każdego z kolegów; ci ludzie nadal sobie spokojnie żyją.

Z drugiej strony, podczas wojny Węgry może i były krajem faszystowskim, ale broniły (nie przestając ich dyskryminować) swoich Żydów. Artyści, dziennikarze, intelektualiści w Budapeszcie dość często zawierali mieszane małżeństwa. Niejeden rozrzutny arystokrata ocalił rodowy majątek, skłaniając syna do ożenku z piękną, ciemnowłosą córką żydowskiego bankiera. Społeczeństwo węgierskie było o wiele bardziej zintegrowane, niż tego oczekiwali naziści. Kiedy w 1944 roku SS przejęło rządy w kraju, funkcjonował już system kamuflażu, więc chociaż tysiące węgierskich Żydów zginęło w Oświęcimiu, przetrwało ich tu więcej niż w jakimkolwiek innym kraju Europy Środkowej. Budapeszt jest jedynym miastem, które zachowało coś ze swojej starej kultury żydowskiej... oraz żywy antysemityzm.

***

Amerykanin nie ma prawa krytykować Niemców, Czechów ani Węgrów za ich potulność. W odpowiednich warunkach Amerykanów można równie łatwo ująć w karby. W 1973 roku razem z żoną wzięliśmy cztery miesiące urlopu na wyprawę z Manili do Istambułu – dość luźno związaną z działalnością Szkoły Zdrowia Publicznego na Harvardzie; spędziliśmy wtedy trochę czasu w Dahranie i w Teheranie. Arabia Saudyjska nie dawała wiz Żydom, więc moja wizyta rozpoczęła się od okazania listu dziekana seminarium, w którym ów stwierdzał, iż Charles i Mary odebrali tradycyjne chrześcijańskie wychowanie. Królewski ród Saudów i jego ministrowie sprawują władzę absolutną, lecz przepisy egzekwuje ARAMCO (Arabian-American Oil Company), którego gośćmi byliśmy (choć nikt nie wiedział dokładnie, dlaczego).

Kadra kierownicza z rodzinami zamieszkiwała w parterowych chatkach rodem z Kalifornii, a przelotni przybysze – tak jak my – byli ulokowani w akademiku przetransportowanym w całości drogą lotniczą z kampusu w Kostaryce. W tym niewyszukanym otoczeniu mechanizmy kontroli działały równie skutecznie jak w Ołomuńcu. Nie wspominaj o Izraelu – w tym miejscu na mapie jest po

Budapeszt 1937, 1939, 1964, 1990

prostu biała plama. Nie spożywaj alkoholu. (Dzięki licznym laboratoriom ARAMCO, rzecz jasna, otrzymywano metodą chałupniczą „jasne" i „ciemne" trunki na przyjęcia). Bądź ostrożny z tekstami drukowanymi, które wybierasz na lekturę w miejscach publicznych. Mężczyźni mogli pogrążyć się w pracy – trafiłem tu na swojego dawnego ucznia, który nauczył się biegle arabskiego – ale życie było koszmarem dla ich żon.

Święty Koran zabrania kobietom prowadzić samochód, więc jeśli chcesz wybrać się z dziećmi na plażę, musisz umówić się z kierowcą Firmy. Zakupy w Hofuf i Dammam są ciekawe, lecz odradzane (lepiej ograniczyć się do supermarketu Firmy – ale sałatę nawet tutaj kupioną naprawdę ostrożne gospodynie myją w Cloroksie). Choć w marcu pogoda jest nadal taka jak w Kalifornii, nie wolno uprawiać ogródka. Kobiety saudyjskie nie wykonują prac fizycznych i irytuje je widok kobiet obcokrajowców z tej samej klasy społecznej, które to robią, więc w urocze, wiosenne poranki żony pozostawały w domu, obserwując przez okno, jak jemeńscy ogrodnicy pielęgnują rabaty kwiatowe. Kilka z nich zainteresowało się archeologią i brało udział w śmiałych wyprawach pustynnych, kilka nauczyło się tkactwa i haftu od Beduinek, niektóre próbowały zgłosić się na ochotnika do pracy w ośrodkach zdrowia. Wszelkie użyteczne prace były jednak wykonywane przez Egipcjan i Palestyńczyków, a chęć uczenia – czegokolwiek – wyrażona przez Amerykankę była traktowana z niechęcią jako przejaw damskiego kolonializmu albo jako niedopuszczalna krytyka saudyjskich wartości. Lepiej pograć w brydża, zaprosić przyjaciół na herbatę, poczytać powieści, walnąć głową w ścianę. Kilka lat po naszej wizycie Amerykanki mogły opuszczać osiedle ARAMCO tylko całkiem zawoalowane.

Dla firmowych dzieci – prócz amerykańskich były też arabskie i kilkoro niemieckich – otwarto szkołę podstawową z rysunkami Snoopiego i króla Fejsala na ścianach. Brak szkoły średniej był zapewne rozmyślny – żeby wyeliminować kłopotliwych nastolatków, których wysyłano do szkół z internatem w Stanach, w Anglii lub też do postępowej szkoły pod Hyderabadem (w południowych Indiach).

Jako historyka zaintrygowało mnie współoddziaływanie władzy i przesądu; jednemu ze starszych rangą Amerykanów wspomniałem o projekcie napisania artykułu o tej niezwykłej wspólnocie.

225

WŁOŚCI HABSBURGÓW

– Wspaniale, będzie panu łatwo dać go do sprawdzenia w nowojorskiej centrali.

Był zdziwiony i trochę urażony, kiedy odparłem, że nie zamierzam tego robić.

Wiele lat później znalazłem właściwe określenie: to, co się robi, żeby uspokoić agresywne psy. Było to społeczeństwo kastratów. Przyzwyczajenia nie znikają. W czasie dżihadu George'a Busha przeciw Saddamowi Husajnowi Amerykanie zgodzili się na monarszą politykę, której celem było oszczędzenie uczuć poddanych dzięki jak najmniejszej reklamie niewiernych najemników. To saudyjskie lotnictwo i kolumny pancerne, a także piechota, złamały opór irackich najeźdźców. Amerykanie uśmiechali się uprzejmie.

Trochę później spędziliśmy z Mary parę tygodni w Iranie. Nie było tu duszącej atmosfery totalitaryzmu spółki Saudyjczycy-ARAMCO – „człowiek ma tu dużo swobody, dopóki nie krytykuje szacha" – ale gra była bardziej niebezpieczna. Szach, kolejny uczeń wielkiego pryncypała, Józefa II, zmierzał do modernizacji, okcydentalizacji, sekularyzacji Iranu i chciał wymazać pojęcie „upokorzenia" i „niższości", zgoła wyrzucić z politycznego słownika te słowa i razem z piękną cesarzową stworzyć naprawdę wspaniałe państwo.

Ropa i ostrożny konserwatyzm Arabii Saudyjskiej, ropa i prężny dynamizm Iranu uczyniły z obu państw podpory polityki amerykańskiej na Środkowym Wschodzie. Szach był obiektem fascynujących plotek. Zapłacił „Time'owi", żeby ten wybrał go Człowiekiem Roku. W 1972 roku wpłacił pół miliona dolarów na konto Komitetu na rzecz Powtórnego Wyboru Prezydenta po to, by Nixon w drodze powrotnej z Pekinu zrobił przystanek w Teheranie i wyraził szacunek świata dla narodu i jego władcy. Co jakiś czas na jego prywatnym lotnisku lądował dyskretnie samolot pełen pięknych, młodych paryżan i paryżanek, aby pomóc mu się odprężyć. Szach świetnie zrozumiał Machiavellego – dobrze, jeśli cię kochają; jeszcze lepiej, jeśli się ciebie boją. Krytyków, którzy zapomnieli o tym, jak niebezpieczny może być gniew monarchy, proszono o wykręcenie pewnego numeru, pod którym mogli sobie posłuchać wrzasków uparciuchów torturowanych przez Savak.

Jeszcze bardziej niż Saudyjczycy szach dostrzegał potrzebę przyspieszonego wykształcenia nowej klasy rządzącej. Na początku lat

226

siedemdziesiątych amerykańskie szkolnictwo wyższe nie było w dobrej formie, pojawiło się więc wielu nie całkiem zatrudnionych profesorów nawet na najlepszych uczelniach, którzy byli zachwyceni ofertą posady w Iranie. Dużo dobrze opłacanej pracy, entuzjastyczni studenci, tania służba, łatwo dostępne narkotyki[60], udział w postępowym marszu dziejów, nowy impuls w karierze. Trzeba było może pamiętać o kilku szczegółach: bądź ostrożny w doborze przyjaciół, nie zadawaj nieodpowiednich pytań. Jeśli jednak cała machina amerykańskiej *Staatsmacht* nie odkryła, jak bardzo gliniane nogi miał ten kolos – korupcja, służalczość, śmiercionośne ambicyjki dworu i jego ordynarny przepych, niedopuszczenie do głosu dużej części społeczeństwa, np. chłopów i muzułmańskich fundamentalistów – to czy można w ogóle winić adiunkta z Cornell University?

A potem, kiedy cały ten system wyleciał w powietrze, wysadzając z siodła szacha i prezydenta Cartera, a nasz kraj stanął w obliczu niebezpiecznej mieszanki islamskiego fanatyzmu i potężnych sił zbrojnych wyszkolonych i uzbrojonych przez Amerykanów, wtedy mędrcy z Departamentu Stanu uznali, że najlepiej będzie poprzeć dla równowagi Irak.

---

[60] Ostrzeżenie przed prywatką: „Jeśli masz ochotę, to śmiało możesz zapalić marihuanę, ale nie mieszaj jej z opium".

PODRÓŻ

Rozdział siedemnasty

OŁOMUNIEC II, 1990, 1991

Gdzie bylibyśmy
gdyby miłość nie była silniejsza od poezji
a poezja silniejsza od miłości?
Miroslav Holub, *United Flight 1011*

Do Bratysławy jadę ekspresem Budapeszt–Berlin przez płaską, nieciekawą okolicę. Na dworcu jakaś dziewczyna sprzedaje naklejki na szybę auta z godłem Słowacji – ładny zarys gór. Spełnione marzenie: flaga narodowa, własne znaczki, ambasady w Bangkoku i Buenos Aires, rodzima bezpieka.

Wynajmuję pokój w nowoczesnym hotelu na wzgórzu. Na każdym piętrze puszczają cichą muzykę rockową – gdzie ja jestem? Na parterze znajduje się kiczowata jadłodajnia przyozdobiona motywami „ludowymi" rodem z katalogu L.L. Beana[61] – rozdział: wschodnioeuropejskie chłopstwo. Po kompletnie frustrującym kontakcie z węgierskim z przyjemnością poddaję się jednak przez czterdzieści minut iluzji, że rozumiem słowacki, oglądając menu i wystawy sklepowe.

Razem z Bruce'em Bartonem zatrzymaliśmy się na lunch w Bratysławie pod koniec sierpnia 1939 roku (łatwiej było przekraczać granice w Europie nazistowskiej niż komunistycznej) w drodze z Budapesztu do Wiednia. Widzieliśmy ruiny synagogi splądrowanej i spalonej nie przez Niemców, lecz przez słowackich katolików-faszystów – rzeczywistość Nowej Europy. Pamiętam sklep z bieli-

---

[61] Firma wysyłkowa z Maine rozprowadzająca ludowe meble, akcesoria i stroje różnych nacji. Np. można u nich kupić nowocześnie wyposażoną kuchnię w słowackim stylu ludowym.

zną damską, gdzie biustonosz na wystawie miał miseczki z obciętymi czubkami, żeby jego właścicielka prezentowała się ciekawiej. Bratysława (Pressburg dla Niemców, Pozsony dla Węgrów) była stolicą Węgier w czasach, kiedy debaty parlamentarne odbywały się po łacinie – *lingua communa* wykształconych delegatów rozmaitych nacji. Tym razem czteropasmowa droga po opuszczeniu mostu na Dunaju przeorała część Starówki, przypadkiem ścierając z powierzchni ziemi pozostałości dzielnicy żydowskiej i ruiny synagogi, niemniej jednak – mimo wieloletniego kontaktu z antysłowacką propagandą w wykonaniu Jiřiego – znajduję tu godne podziwu arystokratyczne i mieszczańskie ulice. Wysłuchałem dziedzińcowego koncertu muzyki XVIII-wiecznej i odwiedziłem winiarnię – lekkie słowackie wino nie ma sobie równych ("Owszem, mają niezłe wino, ładne dziewczęta i przyjemną muzykę ludową, ale...") – żeby uporać się z korespondencją. Poza centrum rozciągają się przedmieścia z rzędami kasztanów, gdzie habsburska elita stawiała sobie fantazyjne budowle z balkonami, z wielospadowymi dachami albo pseudoludowymi strzechami. Ich właścicieli nie można winić za to, że koło historii przetoczyło się w tym miejscu.

Jednak formalnym celem tej wizyty były odwiedziny w bibliotece Uniwersytetu Komeńskiego. Moja podróż do Polski i Czechosłowacji w listopadzie poprzedniego roku przekonała mnie o potrzebie konkretnej pomocy – nieważne, jak ograniczonej – dla umocnienia rozpoczętych w 1989 roku demokratycznych przemian. Maja Woźniakowska zasugerowała mi grupę małych szkół prywatnych w Krakowie, a jeszcze większy pożytek mogłoby przynieść wsparcie okazane jakiejś instytucji ze Słowacji, na której nie skupia się uwaga Zachodu i gdzie panuje tak wielka niechęć do aroganckich i zachłannych Czechów. Fundusze dla Słowackiego Uniwersytetu Narodowego na zakup zagranicznych książek to rozsądna inwestycja. Jeśli uzasadnione roszczenia urażonej mniejszości są brane pod uwagę, grupa ta zaczyna się zachowywać odpowiedzialnie – jedno z fundamentalnych przykazań, które poznałem, ucząc całe życie w szkole.

W piątek o 12.45 dyrektora już nie ma: wyjechał na *weekend* ("typowe"). Jego sekretarki – kilometr od leżącej za Dunajem Austrii – wykazują się jednoprocentową znajomością niemieckiego,

WŁOŚCI HABSBURGÓW

kiedy próbuję im wytłumaczyć swoją sprawę. Mały, niezbyt reprezentacyjny gabinet nie wygląda zachęcająco. Czy dodatkowe fundusze po prostu gdzieś nie znikną? Prenumerata „The National Geographic", komputer – coś jeszcze? Jiři czeka na mnie na dworcu[62] w Brnie. Z jego listów wiem już, jak wiele z listopadowych nadziei zostało zawiedzionych. Nie chodzi po prostu o wyższe ceny i groźbę słowackiego separatyzmu, podsycaną przez ambicje Vladimira Mečiara – *padrone*, który umieściłby swoją żonę na stanowisku ministra kultury, a bratu kochanki dał posadę ambasadora w Niemczech. Nie chodzi też o to, że po Vaclavie Havlu spodziewano się więcej niż po jakimkolwiek innym przywódcy. Czy ma on dość siły charakteru, żeby zdecydowanie podejmować trudne decyzje? U kolegów i sąsiadów pojawiają się nowe emocje: egoizm, lęk, irytacja. Czy Czesi zachowują się rozsądnie tylko w obliczu wspólnego wroga? Komuniści zostali pokonani, lecz to oni właśnie posiadają cierpliwość i dyscyplinę, których brakuje demokratom. Kiedy sprawy pójdą w złą stronę, czy nie uda im się – pod nowym szyldem – wślizgnąć z powrotem do władzy?

Na ulicy Rooseveltovej mam wygłosić przemówienie do ciała pedagogicznego ze szkoły Jiřiego. Jakie cele przyświecały mi w mojej pracy w Commonwealth? Które z nich mogą się w tym momencie okazać wartościowe dla czeskich nauczycieli? Jeśli można mówić bez cenzury, to co należy mówić? Oto pytanie, z którym powracam do domu po każdej wizycie w tej części świata.

Tymczasem uczniowie podnieśli bunt: nie będą się już uczyć rosyjskiego. Myślenie ekonomiczne nakazuje w ciągu lata poddać powtórnej obróbce wszystkich nauczycieli rosyjskiego.

– Gut mornink, litl czildram. I learn you Inglisz jazyk, no?

Nowy dowcip: wściekły ojciec ogląda przyniesioną przez syna kartkę od nauczyciela. „Przecież przed wyjściem do toalety Masaryk był katem ludu pracującego, a kiedy wróciłem, był już ojczulkiem naszego kraju".

---

[62] *Nádraži* – stacja kolejowa, *na zdravi* – na zdrowie. Amerykanie mają kłopoty z rozróżnianiem tych zwrotów. Toteż podczas spotkań towarzyskich Czechów ogarnia zdumienie, gdy ich nowy amerykański znajomy podnosi kielich i oświadcza „Stacja kolejowa".

Jiři umawia mnie na lunch z nowym rektorem Uniwersytetu Palackiego – nazwanego imieniem wielkiego XIX-wiecznego uczonego, Františka Palackiego, którego historia ziem czeskich wywarła ogromny wpływ na rozwój świadomości narodowej. Josef Jarab studiował dziesięć lat wcześniej na Harvardzie. Napisał książkę o XX-wiecznych murzyńskich pisarzach w Ameryce. Był to ciekawy, spostrzegawczy i bezpretensjonalny człowiek, więc od razu znaleźliśmy wspólny język. Czeskie uniwersytety, tak jak reszta kraju, zostały w drugiej połowie tego stulecia odcięte od międzynarodowego rynku. Ich studenci, a nawet profesorowie nie mówią obcymi językami prócz rosyjskiego, którego wszyscy jak najszybciej chcą się oduczyć. Nawet jeśli mój program pomocy bibliotece wypali – powiedział – to i tak tylko niewielu naukowców będzie w stanie sięgnąć po obcojęzyczne publikacje.

Niewiele się tu wie o technikach nowoczesnego zarządzania, a zwłaszcza o zaawansowanych systemach komputerowych, kontynuował dr Jarab. Nie istnieje tu zwyczaj aktywnego pomagania studentom specjalnej troski. Podał przykład zaangażowanej studentki, która mu imponowała: ta dziewczyna złamała kręgosłup w wypadku sportowym i w całym kraju nie było uczelni, gdzie miałaby łatwy dostęp do narzędzi wiedzy.

No dobrze, być może opłaci mi się zmienić kierunek i powiększyć skalę moich projektów. Dr Jarab okazał się dokładnie człowiekiem, jakiego szukałem. (Był dumny z tego, że nie wyemigrował po inwazji wojsk paktu warszawskiego w 1968: „Nie dałbym się wygnać nikomu z własnego kraju"). Wszyscy chcą dokonać czegoś ekscytującego w Pradze, ale na prowincjonalnej uczelni, takiej jak Uniwersytet Palackiego – którą uznawano za bardziej liberalną, gdyż znajdowała się całe 150 kilometrów od partyjnej centrali – rozsądny i długofalowy program mógłby wydać obfitszy plon. Od czego zacząć? Jakie mam kontakty? Na co najbardziej przydałyby się ograniczone środki? Jeśli wyłożę gotówkę na podróż w obie strony z Pragi i dorzucę 1000 dolarów kieszonkowego od osoby, to czy mogę oczekiwać zgody na pokrycie czesnego czekiem, żeby potem negocjować wysokość kosztów utrzymania i opłat? Każdy profesjonalista doceni znaczenie – o czym wiedziałem z własnego doświadczenia – obecności jednego, dwóch studentów na kampusie,

WŁOŚCI HABSBURGÓW

którzy byliby emisariuszami tego nowo otwartego świata. To przedsięwzięcie byłoby obustronnie korzystne.

Było też prawdą – choć zanim to zrozumiałem, upłynęło trochę czasu – że dr Jarab, mimo niedawnego wyboru na rektora przez nauczycieli akademickich i studentów, mógł wprowadzić zadziwiająco niewiele zmian. Komunistyczny kodeks pracy zakazał zwolnień, a skoro fundusze na płace były ograniczone, nie można było zatrudniać nowych wykładowców. Ponieważ sposób prowadzenia zajęć właściwie się nie zmienił, studenci czuli się oszukani. Maleńki program stypendialny Merrilla musiał unieść ciężar symbolu.

Szczęśliwym trafem dla Jitki – niepełnosprawnej studentki – w lutym poprzedniego roku miałem wykład w małym *college*'u w Północnej Karolinie – St. Andrew's Presbyterian: hojna uczelnia o wysokim poziomie akademickim, gdzie dosłownie każda klasa i każdy pokój w akademiku były dostępne dla wózków. Być może, zgodzą się ją zaprosić.

Moje zabiegi zacząłem od Moravian College w Bethlehem (Pensylwania), którego rektora dobrze znałem. Uczelnia ta wyrosła z seminarium założonego dwa i pół wieku temu przez niemiecko- i czeskojęzycznych braci morawskich. Dziś można spotkać więcej czarnych Morawian na Jamajce i na wybrzeżu Bluefields w Nikaragui[63] niż białych Morawian w Stanach i we wschodnich landach, ale *college* ten był mocno zakorzeniony w tradycji i otaczał szacunkiem swojego patrona, wielkiego XVII-wiecznego pedagoga Jana Komeńskiego (Comeniusa). Dr Martin zgodził się przyjąć dwóch studentów. Pani rektor żeńskiego *college*'u Wheelock w Bostonie, specjalizującego się w pedagogice przedszkolnej, zaoferowała dwa dalsze miejsca. Latem 1990 roku wysłałem dwa i pół tysiąca listów z prośbą o pomoc finansową dla Krakowa i Ołomuńca: do rodziny, przyjaciół, dawnych uczniów i tych wszystkich, którzy mieli jakiekolwiek powiązania z którymś z tych krajów – zebrałem około 10 000 dolarów na każdy z tych programów.

Nie bądź niczego pewny. Kiedy Milada i Lucy zbierały się do wyjazdu na lotnisko do Pragi, Departament Stanu wystraszył się, że

---

[63] Ten kościół ma obecnie najwięcej wiernych w Tanzanii i na Karaibach, natomiast wspomniani wyżej prezbiterianie są najsilniejsi w Korei.

Ołomuniec II, 1990, 1991

obie studentki mogą zdecydować się na emigrację, anulował więc ich wizy do Wheelock. Przed wyjazdem do Moravian College David zdobył solidne podstawy w informatyce. Jedna z agencji Departamentu Stanu przyjęła nową politykę wspierania kapitalizmu w państwach postkomunistycznych i pomagała takim studentom; inna agencja trzymała się dawnej zasady, aby rozmyślnie eliminować wszystkich informatyków zza żelaznej kurtyny. W rezultacie pewien kongresmen przychylny *college*'owi musiał się mocno napocić, żeby rozplątać ten węzeł rodem z k.u.k. – David dotarł na miejsce tylko z dwutygodniowym spóźnieniem.

W drugim roku znaliśmy już lepiej reguły gry. Z czeskiej strony dr Jarab mógł się teraz oprzeć na pierwszorzędnej menedżerce – młodej florentynce z amerykańsko-włoskiej rodziny, wykształconej w Swarthmore[64] – która lubiła doprowadzać sprawy do końca i traktowała swoich rozgorączkowanych klientów z praktyczną uprzejmością. Ponieważ jednak żyjemy w trudnych czasach dla amerykańskich uczelni, koszty okazały się znacznie wyższe, niż zakładałem.

Bohumil i Eva znaleźli się w Moravian College, gdzie mieli łatwiejszy start dzięki szacunkowi, który zdobyli tu sobie David i Pavlina. Europejczyków studiujących w dobrym, amerykańskim *college*'u zaskakuje to, że autentyczna przyjacielskość, przywilej zwracania się do wykładowców po imieniu i ich gotowość kontaktu, upewnianie się, czy wszystko jest zrozumiałe, łączy się z twardym żądaniem ciężkiej pracy. Milada i Lucy tym razem dotarły do Wheelock. Sarka trafiła do prowadzonego przez kwakrów Earlham, co umożliwiło jej kontakt z prowincjonalną Indianą i z metropolią chicagowską – gdzie mieszka wiele gościnnych, czeskich rodzin – a dzień spędzony w tutejszej galerii sztuki dostarczył jej najbogatszych przeżyć estetycznych w całym życiu.

Lida i Miriam przyjechały do Atlanty, żeby podjąć naukę w Spelman College. Studia dwóch białych Europejek na całkowicie murzyńskiej uczelni były obciążone pewnym ryzykiem, lecz jej rektor – Johnetta Cole – uznała, że Spelman powinien podjąć ten ważny krok. Dla Lidy rok w Stanach okazał się wymagający, ale zaspokoił jej wewnętrzną potrzebę przygody. Zawarła najbliższą w życiu przyjaźń z koleżan-

---

[64] Bodaj najbardziej prestiżowy *college* na Wschodnim Wybrzeżu USA.

WŁOŚCI HABSBURGÓW

ką z akademika: kobietą z małego miasteczka w Południowej Karolinie, starszą od innych studentów, gdyż fundusze na każdy kolejny rok studiów zdobywała dzięki całorocznej pracy. Miriam poczuła się rozczarowana słabym przygotowaniem i niską dyscypliną zarówno studentów, jak i wykładowców (całkiem możliwe – uczyłem w Spelman) oraz brakiem jakiegokolwiek zainteresowania jej własną kulturą. Po paru miesiącach wyjechała i zapisała się na Georgia State University. Kiedy fala przemocy po majowych zamieszkach w Los Angeles dotarła do południowo-zachodniej Atlanty, Lida została również przeniesiona, gdyż jej murzyńscy przyjaciele obawiali się o jej bezpieczeństwo. Miriam uznała to za dowód naiwności całego projektu.

Jitka przybyła do St. Andrew's (Lida i Miriam pomagały jej w przesiadce na lotnisku w Atlancie, gdzie łatwo się zgubić). Rzeczywiście, do każdego pomieszczenia można było łatwo dojechać, 200 metrów od jej pokoju znajdował się duży basen, nikt nie dziwił się, widząc pannę poruszającą się na wózku. Na zajęciach z niemieckiego koledzy okazali się dość nieciekawi, ale seminaria z religii i filozofii objawiły jej głębię i swobodę dociekań, czego nigdy dotąd nie doświadczyła. Patologia ubóstwa i niepiśmienności w zamieszkiwanym przez trzy rasy[65] Scotland County była nieporównywalna z czymkolwiek w Czechosłowacji.

Dlaczego wyjechało tak wiele dziewcząt? Czy czeskie kobiety są bardziej agresywne? A może mężczyźni, zainteresowani bardziej naukami ścisłymi i inżynieryjnymi, woleli się uczyć rosyjskiego lub zależało im na szybkiej karierze? Albo, z drugiej strony, może program nie okazał się wystarczająco ekscytujący – bez kowbojów i Dzikiego Zachodu. 1992–93: Rostislav i Ondrej uczęszczali do Moravian College. Ten rok przekonał Rostislava, że powinien się zająć polityką i działać w kierunku ponownego zjednoczenia ze Słowacją. The College of the Atlantic – niewielka uczelnia w Bar Harbor (Maine), specjalizująca się w naukach o środowisku i w gospodarce środowiska – przyjęła Dagmar i wysłała swojego studenta do Czech. Uniwersytet w Ołomuńcu p r o w a d z i kursy czeskiej historii i kultury po angielsku. Jeśli początki okażą się zachęcające – a niby czemu biegła znajomość czeskiego nie miałaby być dowodem cenionej inicjaty-

---

[65] Poza białymi i Murzynami mieszka tu znacząca grupa indiańskich autochtonów.

Ołomuniec II, 1990, 1991

wy, jeśli kwalifikacje zawodowe zdobywa się w Ameryce w sposób tak standardowy? – ten program może się rozwijać. Katerina zachęcona przez Lidę (studiującą obecnie na University of Arizona) pojechała do Spelman. Choć *college* ten od dawna wysyła studentów za granicę – nie tylko do Europy, ale ostatnio również do São Paulo, Singapuru, Dakaru, Tokio i Harare – to Curtrice z Chicago, której ojciec jest Murzynem, a matka z pochodzenia Czeszką, będzie jego pierwszą studentką na słowiańskim uniwersytecie. Curtrice obawia się rasizmu. Jiři uważa, że w Ołomuńcu ten problem nie istnieje, ale nie radziłby Murzynce spacerować samotnie po Pradze.

Przez z górą trzydzieści lat pomagałem studentom z Morehouse i Spelman w wyjazdach do Europy, kiedy jeszcze rok na uczelni w Paryżu, Madrycie, Edynburgu czy Wiedniu był szansą zakosztowania wolności niedostępnej dla Murzyna w Ameryce. Zasady się zmieniają.

***

Dr Jarab zaprosił mnie do odebrania doktoratu honoris causa przyznanego przez Instytut Pedagogiki Uniwersytetu Palackiego. Uznałem za stosowne podziękować po czesku: żeby wygłosić to 12-minutowe przemówienie, ćwiczyłem przez ostatnie kilka miesięcy. Jitka Zehnalova z St. Andrew's dopisała pomiędzy szeroko rozstawionymi liniami mojego tekstu wersję czeską. Ten język ma trudniejszą wymowę od rosyjskiego lub polskiego. Zdradliwszy od oczekiwanej pogardy dla samogłosek jest idiosynkratyczny akcent: wystarczająco skuteczna zapora, by niewielu Czechów za granicą kiedykolwiek usłyszało swoje nazwisko wymówione należycie. Tenisistka Navratilova wypowiada pierwszą sylabę swojego nazwiska z przytupem, potem przeskakuje przez następne trzy, żeby wylądować obiema nogami na ostatnim „a". Ceniących precyzję lingwistów przymiotnik posiadający trzy rodzaje i sześć przypadków, liczbę pojedynczą i mnogą zmusza do zapamiętania 36 końcówek. Może zachwyci się tym poeta, ale przeciętny Amerykanin zbierze stadko 50 rzeczowników, dwa tuziny przymiotników, 10 wiernych czasowników w wersji podstawowej, do tego „tak" i „nie", „proszę" i „dziękuję" – wystarczy, żeby dokuśtykać tu i ówdzie.

Dziekanat uniwersytetu mieści się w pałacu arcybiskupa (domaga się jego zwrotu). Dołączam do procesji uczonych w kolorowych

WŁOŚCI HABSBURGÓW

togach i zabawnych biretach, podążających w stronę podwyższenia. Korowody przebranej profesury budzą we mnie mieszane uczucia. Może dlatego, że w Bostonie uczyłem zbyt wiele dzieci naukowców: rozgoryczonych, bo nie skończony doktorat taty, nowa publikacja czy niepokój o posadę są ważniejsze od ich własnych problemów, więc odpłacą mu tróją na szynach z chemii. A może dlatego, że strojne szaty niemieckich (chorwackich, argentyńskich) profesorów, symbol godności uczonego w minionych wiekach, nigdy nie przeszkadzały im pogodzić się z likwidacją żydowskich (lub wszelkich innych) kolegów skazanych przez władzę. Na szczęście wśród publiczności siedzą uczniowie Jiřiego, których rozśmiesza bój życzliwego pana Merrilla z ich własną mową.

Dwoje studentów, którzy wyjechali do Moravian College, jest żywym dowodem pożytków z tego programu. David prowadzi po angielsku kurs zaawansowanych technik komputerowych dla kadry naukowej. Pavlina jest moją tłumaczką podczas godzinnej rozmowy z grupą 40–50 członków rodzin naszych stypendystów. Trzeba być realistą i nie oczekiwać, jak Mauskewitz z Grodna, że w Ameryce nie ma kotów, a ulice są wyłożone serem.

Łatwiej dolecieć z Krakowa i Ołomuńca do Ameryki, niż odbyć trzygodzinną podróż autem między tymi dwoma miastami. Tak jak Szwedzi i Norwedzy, którzy szydzą z siebie nawzajem (a raczej z wzajemnych stereotypów; norweski dowcip: „Czy jesteś Szwedem?" „Nie, jestem Duńczykiem, ale właśnie wyszedłem ze szpitala"), Czesi i Polacy nie zamierzają marnować czasu na uczenie się języka drugiej strony czy poznawanie historii lub kultury sąsiada, a jeśli przydarzy im się pech i trafią za granicę, konwersują techniką „Ja Tarzan, ty Jane" albo rozmawiają po niemiecku lub angielsku. Ceną tej tępoty jest liczba słabych narodów (rosnąca liczba coraz słabszych narodów po wygłupie Słowaków), które gładko połknie rynkowa paszcza Grossdeutschland.

Toteż celem mojej krucjaty – popartej kredytem zaufania, jeśli udało mi się takowy zgromadzić przez te wszystkie lata – jest przekonanie obu stron do świadomego zaangażowania się w projekty wymiany na wzór tych, które prowadzą uniwersytety zachodnioeuropejskie czy odpowiedzialne uczelnie amerykańskie. Czemu nie zaszczepić zwyczaju wymieniania studentów i kadry (nie jednego czy

Ołomuniec II, 1990, 1991

dwóch, tylko jednego lub dwóch tuzinów) pomiędzy Uniwersytetem Jagiellońskim a Uniwersytetem Palackiego? Ba, czemu nie pomiędzy nimi a Uniwersytetem Komeńskiego w Bratysławie, 120 kilometrów na południe? („Słowacy nie są zainteresowani"). Niech liczba gości rośnie, tak jak Murzynów w amerykańskich szkołach, aż zmienią oni atmosferę w instytucji gospodarza. Czemu „Tygodnik Powszechny" Jacka Woźniakowskiego nie miałby zacząć regularnie drukować jednego artykułu na tematy czeskie w każdym numerze („Poświęciliśmy im cały numer w zeszłym roku"), albo zapraszać do współpracy czeskich redaktorów? Rozmówcy zaczynają ziewać.

– Panie Merrill, mamy tu to, o czym pan właśnie mówił! Proszę przyjść na polską wystawę, którą dziś otwieramy!

W galerii na piętrze rozpościera się produkt świadomie tragicznej megalomanii: przestrzenie czerni rozjaśnionej chaotycznymi maźnięciami czerwonej i pomarańczowej barwy. Estetyczna pornografia. „Wy, durni Czesi (Amerykanie etc.), nie rozumiecie – i nigdy nie pojmiecie – rozmiaru cierpień, które nam, Polakom, zadano, duchowych głębi..."

Na pewno są nowojorczycy, którzy by to kupili (Boże mój, polska gospodarka potrzebuje twardej waluty), umieścili w swoich wymuskanych salonach do monologów na temat słowiańskiej duszy i po pewnym czasie zaczęli się zastanawiać, dlaczego ich żony więcej piją, a córki zaszły w ciążę.

– Panie Merrill, ładne?

– No cóż...

Dr Merrill zdejmuje togę, wkłada dyplom pod pachę i wraca na ulicę Żilinską. Jiři uważa, że znajomość angielskiego jest absolutnie niezbędnym pierwszym krokiem, aby jego kraj stał się znów częścią świata, zorganizował więc ponadobowiązkowy kurs języka w wiejskiej szkole za miastem. Jej dyrektor był dziesięć lat wcześniej nauczycielem w szkole przy ambasadzie w Hawanie, rozmawiamy zatem w zaśniedziałym hiszpańskim. Dzieci czeskie i polskie (no dobrze, wszystkie dzieci) są fantastyczne. Dopiero życie je tłamsi.

Jak zacząć?

– Ilu z was ma psy?

Większość rąk unosi się w górę.

– Amerykańskie psy mówią „bow wow". Co mówią czeskie?

WŁOŚCI HABSBURGÓW

– Vaff vaff.
– Czy amerykański pies potrzebowałby tłumacza (Jiři wyjaśnia im to słowo), żeby pogadać z czeskim psem?
Żart. Śmiechy. Potrząsają głowami.
– A koty?
Bez problemu. Miau. Świnki? To wiejskie dzieci.
– Amerykańskie mówią „oink oink".
Czeskie świnie wyrażają się bardziej naturalistycznie. Świnki są bardzo inteligentne. Gdyby je najpierw wykąpać, nadałyby się na domowych przyjaciół. Czy moglibyście nauczyć je pisać? Nie, nie utrzymałyby ołówka nogą. (Nowe czasowniki i rzeczowniki). A co z czytaniem?
– *Pigs not read!* (syn policjanta, syn nauczyciela).
– Czemu nie? (amerykański optymizm). Posadźcie świnkę na kolanach, zacznijcie od prostej książki, z obrazkami. Zobaczycie.

***

Jiři obawia się o swoją pracę. Nie był w dobrych stosunkach ze swoim dyrektorem, komunistą. Teraz szef zmienił skórę i reklamuje się jako patriota, gdy tymczasem Jiři pozostaje staroświeckim socjalistą. Może zrezygnuje z uczenia i zostanie biznesmenem jak wszyscy. W związku z niedawną paniką wywołaną przez informacje na temat zatrucia środowiska przez kopalnie węgla i odpady nuklearne, Czechom i Słowacji może grozić kryzys energetyczny. Może by zająć się energią słoneczną? Co o tym myślę?
„Słońce nie świeci od 1 listopada do 30 kwietnia. Z a k a z a n o ".
Może zostałbym cichym wspólnikiem. Vera ma dobrą głowę do rachunków. Ale nie ma tu infrastruktury, klimatu do interesów. Pomimo przedwojennych tradycji jest to teraz kraj urzędników państwowych, a przedsiębiorcy preferują styl „nachapać się i uciec". Jiři powraca do tematów słowackich. Mečiar i jego klika gangsterów zaczynają przebąkiwać, że Morawy były pierwotnie częścią średniowiecznego królestwa Słowacji.
– Nie masz się czym martwić. Wprawdzie będziecie musieli mówić po słowacku w pokoju gościnnym, ale na pewno pozwolą wam rozmawiać po czesku w kuchni i w sypialni, przynajmniej na początku. Wcale go to nie śmieszy.

Rozdział osiemnasty

PRAGA I, 1939, 1949

Ludzie, którzy przechodzą przez ciemne mosty
obok świętych
ze słabymi, małymi światełkami.
Chmury przesuwające się po szarym niebie
nad kościołami,
których wieże pociemniały o zmierzchu.
Ktoś opiera się na granitowej balustradzie
wpatrując się w wieczorne wody,
jego dłonie spoczywają na starych kamieniach.
Franz Kafka

Praga!
Kto ją zobaczył tylko raz,
temu na zawsze w sercu śpiewa
...i nagle w uchu mi zabrzmiało
mroczne huczenie.
To grzmiały dawne wieki
Jaroslav Seifert, *Wersety z gobelinu* (tłum. Józef Waczków)

Wbrew naszym – Bruce'a Bartona i moim – oczekiwaniom i obawom przekroczenie granicy z Ostmark (nazistowska nazwa Austrii) do Protektoratu Czech i Moraw okazało się zadziwiająco łatwe. Brno, gdzie zjedliśmy lunch w hotelu dla biznesmenów, było niemal niemieckim miastem. Znaleźliśmy się tam jednak w czasie dożynek, więc choć większość ruchu miejskiego stanowiły wojskowe ciężarówki, po ulicach maszerowali, a nawet tańczyli wieśniacy w barwnych niebiesko-czerwono-białych strojach z wiankami splecionymi z pszenicy, chabrów i maków. Zatrzymaliśmy się, żeby popatrzeć, a Bruce wysiadł z auta i na zabłoconym boku naszego renault napisał „Viva Beneš!". Kiedy chłopi zaczęli do nas machać, dostojnie kiwaliśmy głowami.

WŁOŚCI HABSBURGÓW

A potem, biorąc zakręt, prawie zderzyliśmy się z dwoma ciężarówkami SS pełnymi rannych żołnierzy: niektórzy krwawili i jęczeli, leżąc na jezdni. Nasze auto z owym szokującym sloganem zatrzymało się z piskiem opon tuż przed wściekłym sierżantem.
– *Weg damit, ihr Franzosen!* – zawarczał.
Płaszcząc się z przerażenia, wypełzłem z samochodu. Mój styl obrony – zupełne zbaranienie – przystawał do charakteru miejscowej kultury. Napisano tu całą książkę – *Przygody dobrego wojaka Szwejka* – o sprzedawcy kradzionych kundli z fałszywymi rodowodami, który sparaliżował działania armii austriackiej, wykonując bezmyślnie wszystkie rozkazy. Zamiast rzucić pełne godności wyzwanie niemieckiej władzy – robiłem sobie później z tego powodu wyrzuty – przyjąłem najwłaściwszą taktykę.
– Jejku, a niech to, proszę pana, nie mam zielonego pojęcia, skąd to się wzięło. Kurczę, no przecież, ma pan pełną rację! *Danke schön!* A to pech! *Ja, ja, ein zwei drei!* – aż Niemca znudziło i kazał nam odjechać. Gdy zniknęliśmy mu z oczu, zmazaliśmy z auta naszą buntowniczość.
Praga, najpiękniejsze miasto w Europie! – jak od pół wieku powtarzam – ma banalne przedmieścia z typowymi, bliźniaczo podobnymi domami i sunącymi po ulicach tramwajami – dziś zamienionymi na urocze metro. Ponieważ nasze portfele były prawie puste, zatrzymaliśmy się przed nieciekawym budynkiem z napisem „Pensjonat" nad drzwiami. Widok – nie na zamek, rzekę, wieżę kościoła, ale na podwórko ze sterowcem-zabawką; na oknie klatka z ptaszkiem, doniczka pelargonii; młodociany głos wyśpiewuje *Oślą serenadę*, a jego właściciel wali w klawisze pianina. No niech tam, może być. Następnego ranka muzyk dodał do swojego repertuaru *Kto się boi strasznego wilka*, co brzmi lepiej po czesku; trzepano dywany i wywieszano pranie.
Wyszliśmy zwiedzać miasto. Jakiś starszy pan, słysząc naszą angielszczyznę, zaoferował, że zostanie naszym przewodnikiem. Nie ma teraz zbyt wielu turystów, nie zażąda od nas wiele, ale trzeba zawsze uważać. Agenci gestapo przebierają się za cudzoziemców. Prawdziwe informacje pochodzą z ukrytych radiostacji. Ludzie ukrywają broń, żeby po wojnie rozprawić się z Niemcami i kolaborantami. Tak jak niegdyś turyści powracający z Paryża opowiadali ma-

240

Praga I, 1939, 1949

kabreski[66], teraz powtarzają niestworzone historie z nowej Europy. Praga i Warszawa są centrami produkcji.

Niemieccy żandarmi, którzy pojawili się wraz z okupacją w marcu 1939 roku, są zaskoczeni, że opowieści o chaosie i komunizmie okazały się fałszywe, i czują się nieswojo, spotykając się z tak wielką nienawiścią. Przewodnik pokazuje nam pomnik Golema, potwora ożywionego przez rabiego Loewe dla obrony gminy żydowskiej. Czy wyzwoli swój lud z niemieckiej niewoli? Obejrzeliśmy starą synagogę: miejsce w centrum dla modlących się; szpary w ścianach, żeby kobiety mogły przyglądać się nabożeństwu, nie przeszkadzając mężczyznom; poprzewracane płyty nagrobne na cmentarzu.

Przechodzimy przez dostojny Most Karola i przewodnik pokazuje nam pomnik św. Jana Nepomucena, którego Wacław IV wrzucił do rzeki (1393) za odmowę ujawnienia spowiedzi królowej – świętego patrona tych, którzy cierpią w milczeniu. Potem wspinamy się krętymi uliczkami do Zamku na Hradczanach i katedry Św. Wita z jej świetlistymi witrażami.

Gdzieś w pobliżu wzgórza zamkowego mija się dwóch ubranych na czarno esesmanów, ale zamiast szczeknąć „Heil Hitler", syczą jak węże: „Sss-sss", „Sss-sss". Zapamiętałem to na zawsze. Byłem świadkiem zachowania prawdziwych esesmanów, ich świadomej strategii siania paniki wśród podbitych ludów – w przyszłości – całej Europy. Wielokrotnie opowiadałem to zdarzenie; przypomniałem je sobie z goryczą w 1987 roku, kiedy spędzałem tydzień w Jerozolimie. Patrol złożony z trzech izraelskich żołnierzy wyposażonych w karabiny maszynowe minął mnie w arabskiej dzielnicy Starego Miasta. „Jesteśmy tu panami – nie zapominajcie o tym".

Dlaczego wszyscy tak bardzo interesują się gazetami? Stalin podpisał z Hitlerem pakt o nieagresji. Teraz Niemcy mają wolną rękę, żeby napaść na Polskę. Rosjanie zdradzili nas tak samo jak poprzednio Francuzi i Anglicy.

---

[66] Para kłóci się w łóżku o pieniądze. Światła gasną. Żona wraca z bogatym burżujem. Pieniądze przechodzą z rąk do rąk. Zalotnie poprawiając swoje ubranie i jego, kobieta prowadzi go do zasłoniętego łóżka. Odsuwa zasłonę: w pościeli leży blady, martwy mąż. „Nie przejmuj się nim – uspokaja klienta. – Właśnie zbieram fundusze na pogrzeb".

241

WŁOŚCI HABSBURGÓW

* * *

Wojenne dzieje Pragi i Czechosłowacji różniły się całkowicie od losów Warszawy i Polski. Tuż po napaści na Polskę pojawił się tu dość amatorski ruch oporu pod nazwą „Sokoły" – byli podoficerowie byłej armii czeskiej – który szybko zlikwidowano. W RAF-ie służył szwadron myśliwców, którego piloci stali się potem pariasami prześladowanymi przez komunistów aż do nastania Havla. Żydów wyłapano i wysłano do Terezina, a stamtąd do Oświęcimia. Dziesiątki tysięcy ludzi wywieziono na roboty przymusowe do Niemiec. Jeden korpus faktycznie walczył u boku Rosjan. Powstanie na Słowacji zostało krwawo stłumione, a cały naród stał się ofiarą działań wojennych, gdy Armia Czerwona parła na zachód do Pragi. Na froncie włoskim spośród wziętych do niewoli żołnierzy Wehrmachtu kilku Czechów i Polaków (tych ostatnich przenoszono natychmiast do dwóch pułków piechoty generała Andersa) skierowano na pomocników kucharza w kompaniach piechoty. Po ogłoszeniu rozejmu spotkałem paru żołnierzy w czeskich mundurach, którzy należeli do pułku odpowiedzialnego za utrzymanie komunikacji kolejowej w dolinie Padu – ponurzy faceci, lękający się skutków repatriacji.

W sumie jednak cały kraj i stolica były dziwnie spokojne. Bądźcie ostrożni, zachowajcie spokój – takie były instrukcje prezydenta Beneša z Londynu. Kiedy dopiekły mu zarzuty, że Czesi zachowują się biernie, polecił ruchowi oporu zabić Reinharda Heydricha, zastępcę „protektora Czech i Moraw"; miała to być spektakularna akcja, która podniosłaby narodowe morale i zachęciła do oporu. Heydrich został zabity 27 maja 1942 roku, a w odwecie niemieckie siły bezpieczeństwa zrównały z ziemią w dwa tygodnie później dużą osadę górniczą Lidice i rozstrzelały tam wszystkich mężczyzn.

* * *

„Lata 1939–41 były nie tylko sygnałem tymczasowego upadku europejskiej lewicy; stanowiły też kolejny dowód (pierwszego dostarczył rok 1914) prawie powszechnej klęski marksistowskiej teorii polityki. Hitler był sadystą i prostakiem, ale głębiej rozumiał naturę ludzką niż Marks, a narodowy socjalizm okazał się główną siłą polityczną w tym stuleciu"[67].

---

[67] John Lukacs, *The Last European War*, s. 285; najciekawszego materiału – wśród znanych mi publikacji – na temat sprzecznych reakcji na prawicy i na lewicy w związku z polityką Hitlera i Stalina w latach 1938–41 dostarcza rozdział z tej książki *Movements of Politics* (ss. 282–326).

Jeśli skierujemy wzrok w odpowiednią stronę, to pogląd ten może okazać się prawdziwy również w latach dziewięćdziesiątych. Nazizm wymaga tak niewiele poza posłuszeństwem i nienawiścią. Nigdy nie jesteś pozostawiony sam sobie. Ponieważ drabina społeczna posiada tu nieskończenie wiele szczebli, zawsze znajdzie się ktoś pod tobą. Nie istnieje żadne pismo święte, do którego można by się odwoływać, by mącić w głowie maluczkim albo zwodzić nazbyt bystrych. Mamy tu obraz świata bez żadnych znaków zapytania. Prawdą – na dzień dzisiejszy – jest to, co głosi Wódz. Adolf Hitler nigdy nie został zupełnie pokonany.

Liberalizm – przejawiający się w intrygach i targach parlamentarzystów, przekupności i pyszałkowatości dziennikarzy – nie dawał obietnicy pewnej przyszłości. Niewątpliwie też nie zaprezentował się on w Czechosłowacji najkorzystniej w wykonaniu wiekowego eksprofesora, Tomáša Masaryka, który zrezygnował z prezydentury w 1935 roku, mając 85 lat, ani jego następcy i biurokraty w każdym calu, Edvarda Beneša. Przywódcy ówczesnych partii socjalistycznych byli równie wiekowi i sfatygowani: gadatliwi parlamentarzyści, bezwzględni przywódcy związkowi, intelektualiści, którzy od dawna stracili jakikolwiek kontakt z rzeczywistością.

Chociaż faszyzm, tak jak narodowy socjalizm, darzył pogardą demokrację parlamentarną, leseferystyczny kapitalizm i marksizm, to właśnie konserwatyści w Hiszpanii, we Włoszech, w Austrii, na Węgrzech, a nawet częściowo we Francji i w Niemczech stanowili pierwszą grupę, która stawiła jakiś opór nowemu ładowi Hitlera. Dwaj najskuteczniejsi przywódcy w wojnie z Hitlerem to patriotyczni tradycjonaliści: Churchill i de Gaulle. Narodowy socjalizm zdobył największe poparcie, zwłaszcza w Europie Środkowej (Austria, Węgry, Rumunia, Słowacja), wśród robotników (a dopiero potem w klasach średnich). Naziści nienawidzili tych samych ludzi – Żydów, polityków, bogaczy, gadających głów – no i byli młodzi i twardzi. Wszystkie klasy wśród większości ludów Europy Wschodniej obawiały się bardziej dominacji sowieckiej niż niemieckiej, być może – dodaje Lukacs – z wyjątkiem Czechów (archaiczne uczucie do dawnego wroga Habsburgów?). Lukacs stwierdza również, że w nazistowskich Niemczech, pomijając Żydów, panowała większa wolność niż w komunistycznej Rosji, z czym mogę się zgodzić.

WŁOŚCI HABSBURGÓW

***

Praga nigdy nie została zbombardowana przez aliantów. Nazywano ją schronem przeciwlotniczym Hitlera; tu właśnie ulokowano wiele szpitali dla rekonwalescentów z Wehrmachtu. Jedynym przypadkiem prawdziwej przemocy było kilka dni terapeutycznych walk ulicznych pod sam koniec, kiedy każdy Czech posiadający broń strzelał razem z Rosjanami do wszystkich żołnierzy w niemieckich mundurach (w tym momencie głównie do tzw. własowców, zwerbowanych do służby u nazistów przez generała Własowa sowieckich jeńców wojennych), aby oczyścić się wewnętrznie po latach strachu i poniżenia. Mój kolega, *Sudetenländer*, z Bundesrealschule w Wiedniu, gdzie uczyłem w 1951 roku, opisywał, jak złapanego w tamtych dniach niemieckiego cywila przywiązano do lampy ulicznej, oblano benzyną i podpalono.

Naziści panowali nad miastem przy pomocy zadziwiająco małej liczby żołnierzy i policjantów. Ich bronią – tak jak komunistów – były rzędy kartotek z nazwiskami informatorów i nazwiskami, niejednokrotnie tymi samymi, zadenuncjowanych. Jeśli ktoś chciał się czegoś dowiedzieć, miał nazwiska, a dzięki tym nitkom mógł dotrzeć do kłębka. Za jakikolwiek przejaw przedwczesnego entuzjazmu natychmiast płaciła rodzina patrioty i wszyscy z nim związani.

Wojna dobiegła końca. Postarzały, zmęczony Edvard Beneš powrócił na Hradczany, na fotel prezydenta. Swoim pierwszym dekretem wypędził wszystkich Niemców z państwa. Sympatyków reżimu, kolaborantów, lojalnych antynazistów – bez różnicy. Wszyscy mieli się wynieść, natychmiast. Być może, dla człowieka, który przez całe życie zajmował podporządkowane stanowisko – był prywatnym sekretarzem Masaryka – który doświadczył nękającego poczucia bezradności, czekając w brytyjskiej stajni głów państwa na uchodźstwie, oto pojawiła się szansa zademonstrowania światu, że jest się silnym i bezwzględnym, jest się architektem dziejów Europy, a nie po prostu ich ofiarą. Można tym zaimponować generałom Armii Czerwonej, komunistycznym związkom zawodowym, Stalinowi. Jego sojusznicy, którzy – koniec końców – zrównali z ziemią Drezno i Hiroszimę, właściwie nie zwrócili na to uwagi.

Żeby ze swojej dwuznacznej pozycji uczynić cnotę, Beneš zaproponował, iż jego kraj stanie się pomostem między Wschodem

244

Praga I, 1939, 1949

a Zachodem, dzięki któremu kapitalistyczne demokracje i kraje demokracji ludowej będą mogły się lepiej zrozumieć. Ta nadzieja przemawiała do mnie. Kończyłem właśnie pierwszy rok mojej kariery nauczycielskiej w St. Louis w szkole opartej na zasadach zaczerpniętych z VII księgi *Państwa* Platona – wychowanie strażników – które zaproponowano mi na Monte Rotondo ponad San Pietro jako obietnicę przyszłości, mogącej się ziścić. Zaczynaliśmy z jedenastoma chłopcami z Pawhuski i Tulsy, Houston i Manili. Uczyłem o Ibsenie i Szekspirze, wykładałem historię Stanów Zjednoczonych, gramatykę hiszpańską; nagłe objawienie, że rada miejska piętnująca dr. Stockmana we *Wrogu ludu* jest dokładnie taka sama jak ta w Pawhusce, było prawdopodobnie pierwszą analityczną myślą w życiu Melvina. Pracowałem ciężko w mojej wąskiej klasie nad garażem, brałem udział w konferencjach zadufanej rady pedagogicznej, podczas których wyrzucaliśmy chłopców za brak inteligencji albo charakteru, niezbędnych w Szkole Thomasa Jeffersona. Jeśli Ameryka ma przewodzić nowemu, wolnemu światu, musi wychować sobie nową klasę rządzącą, kazaliśmy więc tym młodym mężczyznom uczyć się greki i wkuwać na pamięć Szekspira. Najstarsi czytali *Państwo*, żeby poznać nauki Platona na temat dyscypliny i posłuszeństwa oraz jego argumenty za totalną kontrolą we wszystkich sferach życia i za prymatem Ideału nad fałszywą rzeczywistością poświadczoną przez zmysły – minęło kilka lat, nim zrozumiałem, że otarliśmy się o stalinizm.

Mimo wszystko zajęcie to miało niewielki związek ze zniszczoną Europą, którą widziałem we Włoszech, i z podjętą tam decyzją, że moim obowiązkiem jest pomoc w dziele odbudowy. (Niemniej jednak nasza szkoła jako pierwsza w całych Stanach Zjednoczonych przyjęła jesienią 1948 roku japońskiego ucznia. Jun Sakurai został do nas przysłany przez mojego dawnego pracodawcę z Missisipi, Sama Franklina, który po odbyciu służby w marynarce wojennej na Pacyfiku, w roli kapelana, powrócił do Tokio jako nauczyciel i pastor. Byłem dumny z udziału mojej szkoły w tym pierwszym kroku na drodze do pojednania narodów).

Udałem się więc do Konsulatu Czeskiego w Nowym Jorku. Attaché kulturalny – wrażliwy, młody człowiek (jego los był tak samo przesądzony – pomyślałem później – jak rodziny żydowskiej, którą

245

WŁOŚCI HABSBURGÓW

odwiedziłem w Berlinie; a może okazał się wystarczająco sprytny, by płynąć z falą i dostarczał kolejnych listów z nazwiskami znajomych?) – przyjął ze zrozumieniem moją ofertę nauczania przez rok w Pradze – odpowiedź na nadzieje Beneša.

– Żelazna kurtyna, musi pan wiedzieć, istnieje wyłącznie w wyobraźni amerykańskich dziennikarzy.

Czemu nie?

W lipcu 1949 roku – pozostawiwszy żonę i sześcioletnią Catherine w naszym ponurym hotelu na Václavském náměstí – udałem się do Ministerstwa Edukacji, żeby odnaleźć urzędnika wymienionego przez pomocnego attaché. Od naszego spotkania upłynęło półtora roku. Gottwald przejął ster, jego zdjęcie wisiało na każdej ścianie. Beneš umarł. Czy rzeczywiście miałem do czynienia z ideałem czy tylko z pozorem ideału?

Pewnego słonecznego poranka w małym ogrodzie na wzgórzu obok zamku spędziliśmy godzinkę z Mary, gdy tymczasem Catherine zajmowała się jakąś skomplikowaną grą. Melodia dzwonów z pobliskiej wieży kościelnej, widok wież i wieżyczek miasta rozciągającego się pod nami miały magiczną siłę i sprawiły, że wszystko wydało nam się na powrót możliwe.

Mówiąc w skrócie. Przyjechaliśmy tutaj z Mediolanu, który również przecierpiał swoją wojnę, ale gdzie styl, rzemiosło, wyobraźnię, barwę, precyzję zaprzęgnięto do budowy nowego społeczeństwa. Dla tego szarego miasta odpowiednim słowem było niemieckie *plump* (niezgrabny, nie ociosany, niezdarny). W sklepie, w którym kupiliśmy piękną, wzorzystą pościel, smutny mężczyzna przedstawił mi historię komunizmu w pigułce. Tuż po wyzwoleniu wszystkie przedsiębiorstwa zatrudniające więcej niż 500 pracowników zostały znacjonalizowane, i słusznie, gdyż każda tak wielka firma nieuchronnie współpracowała z Niemcami. Niedługo potem ten sam los spotkał przedsiębiorstwa zatrudniające powyżej 50 ludzi: domy towarowe, średniej wielkości fabryki, duże hotele, firmę ubezpieczeniową, której nieszczęśliwym rzeczoznawcą był Franz Kafka – słowem, fundamenty kapitalizmu. Na koniec padły zakłady z ponad 5-osobowym personelem. Kapitalizm sczezł. Państwo wie najlepiej, jak twierdził już Józef II. Wprawdzie pozostały znajome fasady, ale wszystkie decyzje podejmuje teraz ministerstwo w Pradze, które z kolei otrzymuje polecenia z odpowiedniej komórki w ambasadzie sowieckiej. Raz puszczona w ruch maszyna nie może się jednak zatrzymać. Żaden warzywniak, warsztat szewski, żadna piwiarnia nie są wystarczająco małe, żeby prześliznąć się przez oczka sieci. Nie można ufać żadnemu pozostawionemu sobie obywatelowi. Czemu? Jaki jest ostateczny cel?

To przekraczało moje możliwości pojmowania.

Postanowiłem więc zrealizować drugie w kolejności najważniejsze zadanie intelektualisty – napisać powieść. Ostatniego wieczora zostawiłem w domu żonę z chorym dzieckiem i prawie biegnąc ulicami miasta, minąłem pomnik Husa na rynku Starego Miasta, Golema i znalazłem się nad rzeką, gdzie po lewej wznosiła się sylwetka Mostu Karola, a na wprost mnie sterczał profil zamkowych dachów; próbowałem wchłonąć i zatrzymać w sobie każdy szczegół tego miasta: dźwięki tramwajów, zapachy restauracji, głosy.

Na lotnisku przed odlotem do Londynu milicjant, grzebiąc w naszych ubraniach i suwenirach, wyciągał każdą książkę i szybko ją kartkował.

– Niektórzy ludzie to takie dranie, że każą sobie wysyłać listy za granicą, bo żal im na znaczki pocztowe.

Ta uwaga stała się moim podręcznikowym przykładem komunistycznej argumentacji.

No więc zataszczyłem swoją maszynę do pisania do klasy nad garażem i zacząłem pisać *Złap spadającą gwiazdę*. Nauczyciel Roger, który stracił nogę we Włoszech, zabiera w końcu lata 1948 roku Lucie i trójkę dzieci (najstarsze jest z jej poprzedniego małżeństwa – pierwszy mąż został zestrzelony nad Niemcami) do Pragi na kontrakt. Tymczasem rząd się zmienił, znający jego sprawę urzędnik zniknął, tak naprawdę n i k t go tutaj nie chce, ale on – tak samo jak ja – nie zdaje sobie z tego sprawy. Znajdują mu maleńkie mieszkanko, P a n D i r e k t o r dr Elersiek niechętnie przydziela mu kilka zajęć. Roger zakasuje rękawy, uczy się czeskiego, poznaje paru przyjaciół, zdobywa szacunek swoich nadąsanych uczniów. Lucia przedzierzga się w praską gospodynię domową i uczy się stać w kolejkach z kuponami w ręku. Zalety tego położenia są nieliczne, ale gdy Roger rozgląda się na magicznym moście: łabędzie po jednej stronie, mewy po drugiej, kiedy spogląda w dół rzeki na bryłę zam-

WŁOŚCI HABSBURGÓW

ku, jego wieże i wieżyczki – widzi s w o j ą Europę, za którą zapłacił własną krwią.

Zimą 1944–45, kiedy stacjonowałem pod Florencją, kwestia przetrwania pojawiła się w mojej świadomości: pożywienie; ubranie; ciepło; moralne przetrwanie dziewcząt, które sprzedawały się amerykańskim żołnierzom za dwie puszki fasoli i kostkę mydła; przetrwanie ludzi, którzy czytają książki i malują obrazy; ludzi, którzy stracili całe rodziny w Oświęcimiu.

Roger i jego rodzina przetrzymali jakoś zimę, ale wiosną atmosfera jeszcze się zagęszcza. Na scenę wkracza ordynarny Amerykanin o nazwisku Joe Chorley. Roger jest jego jedynym rodakiem wystarczająco mocno zakorzenionym w społeczeństwie czeskim, żeby wskazać godne zaufania osoby, które można by poprosić o współpracę z CIA. Rozwścieczony Roger każe mu iść precz, zastanawiając się, czy facet kręcący się po drugiej stronie parku mógł mieć wystarczająco mocny podsłuch... Tajna policja (*statni bezpečnost*) jawi się jako organizacja wszechmocna. Roger zostaje aresztowany, zaprowadzony na przesłuchanie, gdzie przywiązują go do czegoś, co wygląda jak fotel dentystyczny, i wpychają mu igłę pod paznokcie – uparcie odpowiada „nie". Dystyngowany pracownik ambasady interweniuje niechętnie, ale doprowadza do wymiany Rogera na czeskiego agenta przetrzymywanego w Monachium. Lucia musi nauczyć się groteskowego zdania: „*Dejte mi nohu meho manžela*" („Oddajcie mi nogę mojego męża"), żeby odzyskać z rąk policji protezę Rogera.

Książka kończy się wyjazdem z dworca kolejowego, na który na początku przybyli. Lucia jest cała we łzach. Roger został pokonany. Ideały miłości i wolności okazały się równie ulotne jak spadająca gwiazda, ale coś z woli, z ducha – być może – przetrwało.

Pisanie i poprawianie tej książki pochłonęło wiele czasu, choć w związku z moją nieporadnością nigdy nie dotarła ona do wydawcy i zniknęła bez śladu na górnej półce mojej pracowni. Przeczytało ją kilku przyjaciół. Jeden z nich – niemiecki socjalista, który w latach trzydziestych był uchodźcą w Pradze – powiedział mi, że powieść oddaje atmosferę miasta; byłem wdzięczny za tę pochwałę. Wyjazd do Austrii dwa lata później, żeby uczyć w szkole, był bardziej realistycznym sposobem urzeczywistnienia moich fantazji.

248

Musiało jednak minąć kilka lat, nim powyższa historia wzbudziła we mnie zażenowanie, a nawet wstyd. Po pierwsze, z powodu naiwności bohatera – ludzie prości, a nie naiwni, są obdarzeni godnością – i autora, któremu wydawało się, że coś takiego mogło się wydarzyć. Potem, w miarę jak poznawałem prawdę o czeskim komunizmie, z przerażeniem zdałem sobie sprawę, że Roger byłby nosicielem zarazy, jego obecność byłaby śmiercionośna. Wszyscy jego koledzy z pracy, którzy zamienili z nim choć słowo; jego ulubiony uczeń Miloš, który odwiedzał go w domu; Milada, córka lokatorki z parteru, która była u nich dziewczyną do dziecka – oni wszyscy padliby ofiarą tej znajomości.

Mimo swoich topornych, „szczerych" rysów twarzy przedwojennego robotnika Klement Gottwald przeprowadzał czystki w swojej partii z szekspirowskim okrucieństwem nie ustępującym stalinowskiemu. Ślepa brutalność takiego ortodoksyjnego towarzysza jak Rudolf Slánský bynajmniej nie uchroniła go przed aresztowaniem, osądzeniem i w końcu powieszeniem jako „trockistowsko-titowskiego, syjonistycznego, burżuazyjno-nacjonalistycznego zdrajcy". Tad Szulc[68] daje opis obsesyjnego działania hermetycznie odizolowanych komórek bezpieki, którym zlecono zadanie zlikwidowania swoich towarzyszy. Komórka B ma uruchomić machinę, która przygwoździ komórkę A – w tym momencie okrytą jeszcze blaskiem chwały. Ale bez ich wiedzy, być może piętro wyżej w gmachu bezpieki na ulicy Bartolomějskiej, komórka C gromadzi „dowody", które pół roku później pogrążą w obliczu socjalistycznej sprawiedliwości aktywistów z B. Gottwald z kolei rozpoczął już wstępne rozmowy z jednym lub dwoma wiernymi towarzyszami, którzy stworzą trzon komórki D.

Ciche przygotowania, przyjazne zapewnienia, nagły skok i błyskawiczna likwidacja tych, dla których nie ma miejsca w długofalowym planie – to wszystko przypomina nieco choreografię walki o władzę w amerykańskich korporacjach.

Na oskarżonych ciążył obowiązek – a cała kariera polityczna nauczyła ich wywiązywać się z niego – uczestniczenia w spektaklu, dramatycznego samooskarżenia za pomocą właściwego słownictwa,

---

[68] *Czechoslovakia Since World War II*, Viking 1971.

WŁOŚCI HABSBURGÓW

by po ciężkim dniu w sądzie mogli zapytać swoich opiekunów, czy zachowali się odpowiednio – choć nie odwlekli w ten sposób dnia swojej egzekucji.

Hemingway i Orwell opisują przeprowadzone z zimną krwią akcje komunistycznej bezpieki w Madrycie – zarówno hiszpańskiej, jak i sowieckiej – której zależało o wiele bardziej na wykończeniu socjalistów i anarchistów niż na utrzymaniu wspólnego frontu przeciw faszystom Franco. Pisarze ci nie przewidzieli jednak, że prawie wszyscy Rosjanie po powrocie do domu zostaną aresztowani i szybko wymordowani. Ani Stalin, ani powojenni przywódcy w Niemczech Wschodnich, Czechosłowacji, na Węgrzech i w Rumunii nie mieli zaufania do członków partii, którzy służyli w Hiszpanii – nawet gdy realizowali zadania czysto wykonawcze. Byli bowiem nastawieni zbyt internacjonalistycznie; ba, intrygowały ich nowe definicje walki klasowej. Tito był oficerem chorwackiego batalionu w międzynarodowej brygadzie w Hiszpanii – fatalna rekomendacja.

Pospaceruj uroczymi uliczkami Pragi: posłuchaj, jak Mozart ćwiczy w jednym z rokokowych domów na Malej Stranie; wychwyć stuk-stuk komputera Kafki na ulicy Alchemików; wpadnij do ulubionej *Bierstube* Dvořaka albo *vinárný* Smetany; spędź wieczór na recitalu kwartetów Brahmsa albo na przedstawieniu Czechowa; pójdź na wystawę dziecięcych akwarel; podziwiaj secesyjny wystrój kawiarni „Europa" albo klasycznego Calvina Coolidge'a z „Alcronu" – cóż za cywilizowane miasto! I nic z tej ornamentyki, dosłownie n i c w najmniejszym stopniu nie wpłynęło na precyzję i okrucieństwo komunistycznej machiny.

Może nawet trzeba by zrewidować niektóre tradycyjne wnioski na temat Josepha McCarthy'ego? Przeraził polityków i producentów filmowych, sparaliżował Departament Stanu, zamydlił oczy ignorantom, uwiódł przekupnych i obnażył miałkość amerykańskich przywódców, jeśli tylko skonfrontować ich z bezlitosnym osiłkiem, który wie, czego chce. Każdy, kto choćby zakwestionował totalitarny konformizm Amerykańskiego Sposobu Życia, narażał się na wielkie niebezpieczeństwo, jak gdyby mieszkał w Pradze. Nieprawda: mógł stracić pracę, ale zapewne nie poszedł do więzienia, a powieszono niewielu.

Amerykanie nigdy przedtem nie natknęli się na kogoś takiego jak Stalin. Hitler łgał w żywe oczy: „Domagam się tylko jednego:

250

Praga I, 1939, 1949

niemieckiego Sudetenlandu"; żeby położyć kres tym kłamstwom, zapłacono straszliwą cenę. Stalin mówił o pokoju i braterstwie mas pracujących; pykając fajkę i gładząc przyjaźnie wąsy, okpił najbardziej pretensjonalnych intelektualistów, którzy woleli wierzyć jego słowom, niż rozejrzeć się za faktami. Gardziłem komunistami, których spotkałem w latach trzydziestych w *college'*u: „Wojska sowieckie zostały zmuszone do przekroczenia granicy fińskiej, aby uprzedzić napaść Brytyjczyków". A w latach sześćdziesiątych maoistami z Berkeley, których nie ciekawiło, jak wygląda spontaniczne podporządkowanie całej osobowości u zwolenników wielkiego Mao. Radykałowie wykorzystują każdy nowy okrzyk bojowy – będę chasydem, wegetarianinem, gitarzystą palącym trawkę – który najskuteczniej skłania ich rodziców do rwania włosów z głowy. Mam wystarczająco dobrą pamięć, bym pamiętał swoje własne pozy. W 18 wiośnie życia zakochałem się w republice hiszpańskiej i gorzko żałowałem, że jestem zbyt młody, by za nią walczyć. Gdy miałem na karku szósty krzyżyk, moje uczucia zdobyli sandiniści i nie mogłem odżałować, że jestem za stary, by zrobić dla nich coś więcej poza wypisywaniem czeków.

A może lepiej przyjmować wszystko bez pytania? To, co jest, jest najlepsze?

Moim najbardziej błyskotliwym profesorem na Harvardzie był Paul Sweezey, który prowadził zajęcia z ekonomii socjalizmu. Pamiętam, jaką pokorę we mnie wzbudzał, jak bardzo czułem się zaszczycony, że uczy mnie ktoś taki. Był rok 1941. Nie można było przewidzieć Ulbrichta, Gottwalda, Ceauşescu, powstania w Budapeszcie i inwazji wojsk paktu warszawskiego, Breżniewa i Kim Ir Sena.

Do tego nikt lepiej poinformowany nie ostrzegł nas, że kłamstwa Stalina, jego dążenie do totalnej kontroli, okrucieństwo jego partyjnych czystek, potrzeba nie tyle zabijania, ile pełnego upokorzenia wrogów, krwawa eksterminacja ukraińskich chłopów (wspominanie o tym to dowód złego gustu) nie tylko stanowiły istotę jego stylu działania, ale były rozwinięciem leninowskich zasad rządzenia. Były nawet nieuniknioną konsekwencją Marksowskiej odmowy tolerowania najmniejszego sprzeciwu. Owszem, terror może być historyczną koniecznością – uniwersyteccy *poputczycy* przytakiwali, lecz nie dopytywali się już, co to oznacza w rzeczywistości,

251

ani nie wspominali, że ich osobiste bezpieczeństwo zależy od posiadania tych pogardzanych francuskich i amerykańskich paszportów. Pamiętam pewien artykuł z 1957 roku o Sartrze i Picassie z „Preuves" – francuskiego miesięcznika finansowanego przez Congress for Cultural Freedom, jak się miało okazać przykrywki CIA – autorstwa Czesława Miłosza. Obaj ci panowie byli gwiazdorami kultury francuskiej, żywymi dowodami potęgi komunizmu na niwie intelektu i sztuki. Jeśli jednak – jak utrzymywał Miłosz – któryś ze zdolnych Rosjan miałby ochotę rozwinąć definicję wolności Sartre'a albo oprzeć swój styl na grafikach Picassa, to konsekwencje dlań mogłyby być zabójcze. Sartre wyjaśnił, że nie chciałby dystansować się w stosunku do francuskiego proletariatu i osłabiać jego lojalności wobec partii, a do tego nienawidzi Ameryki tak serdecznie, że każda alternatywa jest dobra. Choć nie można normalnie żyć w dwubiegunowym świecie, jednakowo nienawidząc obu stron, to można domagać się wyższych standardów, jeśli idzie o mówienie prawdy.

W czasach bez teraźniejszości skupiamy się
na przyszłym obrazie dawnych wspomnień.

Smoldas, *Fotka*

Rozdział dziewiętnasty

PRAGA II, 1968, 1974, 1978

Praga nigdy nie da ci odejść. Ta mateczka ma szpony.
Franz Kafka

Zaskakująca metafora to coś więcej
niż złoty pierścień na palcu
Jaroslav Seifert, *Być poety* (tłum. Marian Grześczak)

Czemu teraz ta wizyta
w środku zimy, w tym mieście
tak długo skutym mrozem.
 W pośpiechu każdy opróżnia swoje usta
 ze zdań i umyka z ulicy
 do cieplejszego miejsca.
 Mała czarna w kawiarni, oczekiwanie
 na przyjaciela, który nie przybywa...
 Ktoś owija twarz szalikiem
 trzask igły
 na wiecznie grającej płycie.
Lutz Rathenau, *Do poety Franza Kafki*

Wróciłem do Pragi dopiero w lutym 1968 roku. Gottwald zmarł w 1953 roku na zapalenie płuc, którego nabawił się na pogrzebie Stalina. Zastąpił go Antonin Novotny: komunista od dziecka, niegdyś robotnik w fabryce zbrojeniowej, przez cztery lata więzień Mauthausen, zagorzały stalinowiec nieskłonny do podporządkowania się napadom chłopskiej złości Chruszczowa, coraz bardziej izolowany i niepopularny. Choć Chruszczow był bezwzględny i często prostacki, to był też człowiekiem: wymagał lepszego zachowania, a nawet minimalnej prawdomówności. Parę lat wcześniej na wieczorze dyskusyjnym w Bostonie ze studentami MIT[69] spotkałem zmęczonego, zabiedzonego gościa z Pra-

---

[69] Massachussetts Institute of Technology – jedna z najlepszych uczelni technicznych świata założona w 1860 roku.

gi pod rządami Novotnego. Był pastorem w kościele braci czeskich i co niedziela w wielkiej świątyni – którą niegdyś wypełniali starannie ubrani parafianie, pozdrawiający sąsiadów, wymieniający uśmiechy z ukochanymi, okazujący szacunek swoim pracodawcom, z myślami biegnącymi ku pieczonej kaczce – prowadził nabożeństwo dla małej, równie zabiedzonej wspólnoty.

– Wie pan, za Austriaków, otoczeni przez katolików, też musieliśmy nauczyć się pewnych sposobów, aby przetrwać.

– Co uważa pan za swoje zadanie? Jaką rolę, ma do odegrania chrześcijański pastor w komunistycznym kraju? – padło poważne, amerykańskie pytanie.

Odpowiedział po chwili zastanowienia:

– Myślę, że zbieramy się po to, aby w poważny sposób rozważyć ważne sprawy. To, o czym czyta się codziennie w gazetach albo słyszy w radio, nie jest ani ważne, ani poważne. Teraz musimy polegać tylko na sobie i na tym, co możemy zaczerpnąć z naszego chrześcijańskiego dziedzictwa. Choć czasem nie bardzo potrafimy w to wierzyć, to w pewnym sensie nasza sytuacja jest lepsza niż w czasach, kiedy wszyscy nazywali siebie chrześcijanami.

„Zbieramy się po to, aby w poważny sposób rozważyć ważne sprawy". Jak wielu amerykańskich duchownych zazdrościłoby mu! A ponieważ policja wiedziała już, kim są, co mówią i czynią, i ponieważ nie wymagali wiele od otaczającego ich społeczeństwa, byli dość niespodziewanie całkiem wolni.

Opozycja wśród studentów i intelektualistów osłabiła jesienią 1967 roku władzę Novotnego; na początku stycznia I sekretarzem Partii Komunistycznej został Aleksander Dubček, Słowak. Dubček chciał złagodzić totalitarny charakter partii, utrzymując jednocześnie jej prymat, lecz społeczna nienawiść do całego systemu była tak powszechna, że każdy dogmatyk, zwłaszcza w Moskwie, mógł się obawiać, czy uda się powstrzymać eskalację żądań.

Dla gościa, który przyjechał właśnie z Bostonu i Zurychu, przemiany te nie rzucały się w oczy. Był luty. Pamiętam moje zmarznięte i mokre nogi na zabłoconych chodnikach, tramwaje, rusztowania na kościele Tyńskim, wypełnione dymem restauracje, moje wyczerpanie – opuściłem szkołę w trudnym okresie – nawilgłe szare płaszcze i szare twarze. I nagle niespodzianka: nieoczekiwany

Van Gogh w Galerii Narodowej: jaskrawy, bujny ogród linii i barw, który znałem z setki innych jego obrazów, rozhuśtał w moim sercu falę radości i przekonał mnie, że jestem w domu. Serdeczny przyjaciel i drogi kolega umierał na raka. Obiecałem jego żonie, że przerwę urlop, by poprowadzić nabożeństwo żałobne ku jego pamięci. Telegram dotarł do mnie dwa dni później, a kiedy wróciłem do Europy, znalazłem się już w Warszawie.

Socjalizm z ludzką twarzą? Komunizm? Przechodzimy od Marksa do Lenina. Socjalizm to interesujący temat: dyskutujemy o ekonomicznych i społecznych priorytetach. Komunizm to kwestia władzy. Leninizm – zapomnijmy slogany zachodnich profesorów i bojówkarzy – to kłamstwa i strach. System ten nie toleruje, i nigdy nie będzie tolerował, jakichkolwiek żądań od kogokolwiek z zewnątrz, by władzę tę podzielić. A jeśli komuś zależy na własnej pozycji, ba, na własnym życiu, to jakakolwiek dyskusja na temat podziału władzy wśród samych zainteresowanych musi się toczyć za pomocą przyjętej frazeologii.

Kronsztad to nazwa, o której trzeba pamiętać. W tym miejscu na wodnym podejściu do Petersburga Piotr Wielki zbudował swoją bazę marynarki. Tutejsi marynarze odegrali szeroko rozreklamowaną rolę w obronie Petersburga przed atakiem kaukaskich wojsk generała Korniłowa i nieodmiennie stanowią element komunistycznej ikonografii w opisie przejęcia władzy przez Lenina w 1917 roku. Niemniej jednak w marcu 1921 roku garnizon w Kronsztadzie zbuntował się przeciw dyktaturze partii. Bunt został stłumiony przez Armię Czerwoną i Czeka. Komunistyczni przywódcy nie zniosą żadnego oporu: jednostek czy grup, z lewicy czy z prawicy.

Reformy ekonomiczne Dubčeka w 1968 roku były rozsądne: decyzje powinni raczej podejmować robotnicy i dyrekcja niż władze centralne. Jego reformy polityczne – rozluźnienie kontroli nad intelektualistami, dziennikarzami i artystami – były ludzkie i od dawna potrzebne. Zarówno Czechom, jak i popierającym ich obcokrajowcom wydawało się oczywiste, że ten rozsądek – nie pojawiły się żądania odejścia od kierowniczej roli partii albo wycofania się z paktu warszawskiego, co nierozważnie uczynił w 1956 roku Imre Nagy – zostanie odczytany przez Breżniewa i jego świtę jako dowód umiaru.

WŁOŚCI HABSBURGÓW

Jednak komuniści posługiwali się leninowskimi miarami: co w danej chwili wydaje się rozsądne, może wkrótce okazać się nieznośne. W nocy z 20 na 21 sierpnia sowieckie czołgi – i oddziały z NRD, z Polski (liberalny w 1956 Gomułka przerodził się w zamordystę) i z Węgier – wkroczyły do Czechosłowacji i ukręciły łeb herezji. W odróżnieniu od Imre Nagya Dubček nie został stracony, lecz przez pewien czas pozostał na stanowisku[70], krótko był ambasadorem w Turcji, a potem aż do przełomu w 1989 roku pracował jako niski urzędnik w słowackim Ministerstwie Leśnictwa. Tak jak w przypadku Węgier w 1956 roku, Amerykanie zdobyli się na ostrożny protest. Postronek był coraz krótszy. Nie wystarczyło już pogodzić się z triumfem komunistów, tak jak Czesi pogodzili się z wiktorią Habsburgów pod Białą Górą w 1620 roku. Jeśli piastowało się jakiekolwiek stanowisko, należało podpisać „lojalkę" z pochwałą działań mających na celu ocalenie Czechosłowacji przed faszystowskim zagrożeniem inspirowanym przez amerykańskie i zachodnioniemieckie tajne policje. W razie odmowy lekarz mył okna, a aktor wywoził śmieci.

Jan Palach, student, nie chciał się pogodzić z nagminną praktyką kompromisu i w styczniu 1969 roku oblał się benzyną i podpalił na placu Wacława. Został pochowany na cmentarzu Olšanskim w Pradze, lecz na jego grób przychodziło tak wiele osób, żeby zapalać świeczki i kłaść wieńce z napisem „Pamiętamy", że Husak kazał przenieść jego szczątki na wiejski cmentarz, gdzie położono nową płytę nagrobną, a w pustym grobie złożono nowe zwłoki nieznanej kobiety[71].

Ludzka pochodnia
mknie przez Pragę
 Dzisiejszym heretykom oszczędzono
 Długiej podróży do Konstancji [72]

---

[70] W opublikowanej pośmiertnie autobiografii Dubček przedstawia następujący scenariusz: w finale Mistrzostw Świata w Sztokholmie fantastyczna drużyna hokejowa z ZSRR przegrywa z Czechosłowacją. W wyniku prowokacji KGB rozradowany tłum obrzuca kamieniami biuro Aerofłotu w Pradze, co dostarczyło pretekstu do wymuszenia rezygnacji Dubčeka w kwietniu 1969 roku.

[71] Por. esej Timothy Garton Asha, *Prague – a poem, not disappearing*, w: Vaclav Havel, *Living in Truth*, Faber and Faber, London & Boston 1989.

[72] Niemiecko-szwajcarskie miasto, gdzie w 1415 roku mimo cesarskiego glejtu został spalony na stosie Jan Hus, czeski reformator i prekursor Marcina Lutra.

Praga, miasto schizmy,
stała się siedzibą Rady Sumienia
martwy student filozofii
zeznaje przed nią głośniej
niż debatujący w Sekretariacie Partii czy w Parlamencie –
ich słowa zwiewa wiatr na śmietnik historii.

Ondra Lysokorsky, *Ballada o Janie Palachu, studencie i heretyku*

Uzasadnienia agresji dostarczyła doktryna Breżniewa: obligowała ona wszystkie państwa socjalistyczne do niesienia braterskiej pomocy reżimom, którym zagraża kontrrewolucja.

Obarczony historyczną pamięcią Amerykanin wzdycha. Gwatemala – 1954: Eisenhower nakazał CIA poprzeć wojskowo-obszarniczy pucz, który obalił rząd Arbenza, gdy ten zagroził interesom United Fruit Company. W ciągu następnych trzydziestu lat junta ta wymordowała ponad sto tysięcy Indios. Kuba – 1961: Kennedy zezwolił CIA poprzeć, w pewnych granicach, inwazję w Zatoce Świń i próbował ze swoimi sojusznikami z mafii zatruć cygara Castro. Wszystkie kolejne administracje naśladowały arabski bojkot Izraela, egzekwując międzynarodową blokadę tego wyjętego spod prawa państwa, i ogarnięte stalinowską paranoją próbowały zakazać indywidualnych kontaktów. Chile – 1971–73: Nixon i Kissinger polecili CIA zdestabilizować rząd Allende; sprowokowane zamieszanie doprowadziło do przejęcia władzy przez generała Pinocheta[73]. Salwador – połowa lat siedemdziesiątych do 1991: Amerykanie wspomagali finansowo i uzbroili wojskowych i obszarników w wojnie domowej równie śmiercionośnej jak sowiecka interwencja w Afganistanie – te same bomby, miny, napalm. Nikaragua – połowa lat osiemdziesiątych: „Managua leży tylko dwa dni jazdy samochodem od granicy Teksasu"; tymi słowy Reagan uzasadnił poparcie contras w wojnie z sandinistami. Rząd Ortegi miał swoje ciemne strony, o których amerykańscy liberałowie woleli nie wiedzieć, lecz contras walczyli z sowiecko-kubańską dominacją na tej półkuli za pomocą niszczenia szkół i szpitali.

---

[73] Henry Kissinger, 15 września 1970 roku: „Nie widzę powodu, dla którego mielibyśmy zezwolić na triumf marksizmu w jakimkolwiek kraju tylko dlatego, że jego naród okazał się nieodpowiedzialny". Walter Isaacson, *Kissinger*, Simon and Schuster, New York 1992.

WŁOŚCI HABSBURGÓW

Departament Stanu piętnował takie porównania jako „moralny neutralizm" (Goebbels i Stalin woleli termin „fałszywy obiektywizm") i odwoływanie się do nich oznaczało utratę pracy. Zasadniczo Breżniew i Reagan mówili to samo: To jest nasza grzęda. Nie będziemy tolerować jakichkolwiek zmian w zarządzie. Nie wolno podważać polityki za pomocą faktów.

Najbardziej śmiercionośnym ruchem rewolucyjnym na półkuli zachodniej jest obecnie peruwiański Sendero Luminoso. Jego ofiarą nie pada społeczna arystokracja, ale kobieta, która prowadzi darmową jadłodajnię; nie bezmyślny turysta, lecz francuski ochotnik pomagający reformować wieś; nie komendant policji, ale tyrający wójt barriady. Ortodoksyjny stalinowiec wie, że pierwszym wrogiem, którego należy zlikwidować, jest ktoś wystarczająco do niego podobny, by wprowadzić w błąd masy i zdobyć ich lojalność. Ponieważ polityka Stanów Zjednoczonych polegała na destrukcji wszelkich form demokratycznego socjalizmu (pojęcie, którego dziś obawiają się w Waszyngtonie równie mocno, jak wczoraj w Moskwie), na placu boju pozostać mogło tylko bezkompromisowe barbarzyństwo.

***

W 1974 roku wróciłem do Czechosłowacji na kilka dni, głównie żeby odbyć pielgrzymkę do Telča: pięknego miasteczka w południowych Morawach, którego rozległy, otoczony arkadami rynek jest perłą architektury miejskiej. W Monachium wynajmowałem auto, dzięki czemu mogłem przekroczyć granicę pomiędzy Passau a Strakonicami. Tylko wjeżdżając do kraju drogą lądową, turysta może docenić monstrualność komunistycznego zarządzania: wysoki na sześć i pół metra podwójny płot z drutu kolczastego pod napięciem ciągnął się w obie strony aż po horyzont, co dwieście metrów wznosiła się wieżyczka strażnicza, a z przodu znajdowało się pole minowe na jakieś 7–10 metrów. Nieważne, czy człowiek próbuje oszacować koszt budowy i utrzymania takiej bariery na całej długości granicy z Austrią i Zachodnimi Niemcami, czy zrozumieć teorię uzasadniającą te kolosalne wysiłki, mające na celu powstrzymanie własnych obywateli przed ucieczką – efekt jest oszałamiający.

W Pradze wędrowałem w obie strony po Václavském náměstí, mijałem hotele i księgarnie, wciąż te same wykopy związane z bu-

258

Praga II, 1968, 1974, 1978

dową metra i rusztowania dokoła kościoła Tyńskiego, przechodziłem przez Most Karola i wspinając się po ulicy Nerudovej docierałem na Hradczany. Można też skręcić w lewo i zejść w dół ulicą Loretańską do pałacu Czerninów z jego potwornymi półkolumnami i wymodelowanymi oknami przypominającymi nagrobki – jeden z najbardziej brutalnych przejawów megalomańskiej *Staatsmacht* (tego nie trzeba tłumaczyć), na jaki pozwolili sobie kiedykolwiek Habsburgowie czy jakakolwiek inna dynastia. Mieści się tu MSZ; 10 marca 1948 roku z jednego z tych okien wyskoczył, lub został wypchnięty, i zginął syn Masaryka – Jan.

Zabawa skończona,
zaczyna się dzień powszedni.
Szara ściana odcina nas od słońca.
Ale nadejdzie kiedyś dzień
Kiedy wyjdziemy z getta,
I życie się do nas uśmiechnie

Anonim, Pieśń na święto Purim w Terezinie 1943[74]

Z powrotem po drugiej stronie Wełtawy idę po ulicy Pařižskej przez Josefov – dawną dzielnicę żydowską nazwaną tak od imienia jej XVIII-wiecznego protektora – jedyny obszar w centrum Pragi, który na dużą skalę unowocześniono: około 1907 roku brudne, malownicze alejki zostały zastąpione secesyjnymi blankami, dachowymi szczytami, kolumnami jońskimi i balkonami jakby rodem z zamków z doliny Loary. Zamożne rodziny żydowskie mogły tu całkowicie bezpiecznie podziwiać swoje perskie dywany. Bliskość bogactwa i śmierci zaprasza do cofnięcia się w XV wiek. Nieproszona, wchodzi do środka grzechocząc kośćmi, przystaje na moment, żeby zapalić hawańskie cygaro i zwraca się do przerażonej, otyłej rodziny: „Chciałabym was zaprosić..."
– Ale jesteśmy już spakowani, wyjeżdżamy do Karlsbadu.
– Żaden kłopot, Oświęcim jest całkiem blisko. Ten cały bagaż nie będzie wam potrzebny. Ojej, cóż za uroczy kapelusz.

---

[74] Joza Karas, *Music in Terezin*, Beaufort Books, New York 1985.

WŁOŚCI HABSBURGÓW

W przecznicy od ulicy Pařižskej znajduje się Alt-Neu Synagoga – pochodząca z XIII wieku – gdzie mieści się małe muzeum z rysunkami i wierszami żydowskich dzieci z Terezina. Terezin – 50 kilometrów na zachód od Pragi, twierdza zbudowana przez Marię Teresę dla obrony przed Prusakami – był przedsionkiem piekła, „miłym" obozem na pokaz, żeby przekonać na przykład Szwedów, że Niemcy nie są wcielonymi diabłami. Łatwowierni inspektorzy przybywali ze Sztokholmu, słuchali dziecięcych piosenek, odwiedzali schludne sypialnie, poklepywali dzieci po głowach, rozdawali im tabliczki czekolady, kiwali na pożegnanie przyjaznym strażnikom i wracali do domu. Następnie strażnicy konfiskowali czekoladę (też mieli dzieci, które lubią prezenty), kazali dzieciarni się spakować i wspiąć na ciężarówki, które zawoziły ich do pociągu jadącego do Oświęcimia. Kiedy moje wnuczki weszły w wiek tych dzieci, nie mogłem już znieść tego muzeum. Zbyt łatwo wyobrażałem sobie ich twarze, gdy goście i strażnicy powiedzieli sobie „do widzenia", i krok po kroku docierało do nich, dokąd zostaną zawiezione. Czy któreś z nich zaczęło wrzeszczeć? Czy wszystkie zachowywały się grzecznie?

Nieproszona myśl: święty Mikołaj z opieki społecznej odwiedza komunalne bloki – też swoisty obóz koncentracyjny – rozdaje dzieciakom dinozaury i pluszowe zwierzaczki, rękawiczki i cukierki, śpiewa z nimi i je rozśmiesza, a potem odchodzi.

I tak jak wszędzie, tablice pamiątkowe ufundowane przez komunistów wyliczają wszystkie narodowości ofiar, nie wspominając jednym słowem, że chodzi o Żydów.

Kto zdecydował o Oświęcimiu? No dobrze, kto wydał rozkaz, żeby zrzucać napalm na wietnamskie wioski? Czy ktoś potem powiedział, że jest mu przykro?

Pewnego razu spotkałem w Peru Niemkę, która mieszkała na przedmieściach Frankfurtu. Kiedy jeździła rowerem do szkoły, amerykańskie samoloty z hukiem przelatywały w obie strony nad ulicą, strzelając do wszystkiego, co się rusza – także do jedenastoletnich dziewczynek jadących rowerem do szkoły.

Nie wieder Krieg – wpis turysty w muzealnej księdze pamiątkowej. Łatwo powiedzieć.

260

Jednakże kiedy wspomnę,
jak się bezsilnie przypatrywaliśmy
wywlekanym z domów Żydom
z płaczącymi dziećmi,
jeszcze dziś przeszywa mnie groza
i mróz przebiega po plecach.
Tutaj się rozpętało piekło
a przecież nikt się nie odważył
odebrać wrogom broń.
Jakby już w nas nie było
ani krzty człowieczeństwa.

Jaroslav Seifert, *Raj utracony* (tłum. Adam Włodek)

***

W 1978 roku wracam tu z Mary w drodze od wiejskich kościół-ków w środkowo-wschodniej Anglii do obrad konferencji w Istam-bule. Zamiast skierować nasze kroki do rzędu nędznych hotelików na Václavském náměstí, wybraliśmy „Alcron" przy bocznej ulicy wiodącej w stronę Nowego Miasta. Ten hotel jest podręczniko-wym przykładem stylu wczesnego Coolidge'a: pretensjonalny modernizm wind i kloszy z rżniętego szkła, łukowate rurkowe balu-strady wzdłuż schodów prowadzących do głównego hallu – przywo-łują nostalgiczne wspomnienia gmachów biurowych i domów towa-rowych przy Michigan Avenue, wesołego towarzystwa odjeżdżającego swoimi pierce arrowami; jeszcze coś? – tak, luksusowy statek pasa-żerski kursujący po północnym Atlantyku. Ginger Rogers ubrana w zwiewne tiule schodzi po wspaniałych schodach do sali jadalnej dla pasażerów pierwszej klasy, kilka kroków za nią w białym kra-wacie i w godnej pozie Fred Astaire.

Czesi, którzy nawet w czasach ck monarchii mieli dość kruchy kontakt z Triestem (tamtejsi urzędnicy mówili po niemiecku, kup-cy po włosku, a przekupki na rynku po słoweńsku), by wybrać się stamtąd na przejażdżkę po Adriatyku, niewątpliwie podpatrzyli te cuda na „Ile-de-France" czy „Aquitani".

Dowodem kosmopolityzmu dowolnej restauracji we Wschod-niej Europie ma być menu w czterech językach (czasem w pięciu,

WŁOŚCI HABSBURGÓW

by dosięgnąć hipotetycznego wysokiego „c" z Paryża), nawet jeśli podają mniej niż połowę dań z karty. Dla delegacji sowieckich, choć pogardzały one skolonizowaną ludnością tubylczą, wizyta w Pradze i obiad w „Alcronie", gdzie obrusy i paznokcie kelnerów są czyste, a w kloszach znajdują się świecące żarówki, były spotkaniem z Kulturą.

Nawet przed wojną rzęsiście oświetlony hall „Alcrona" nie był odwiedzany przez Żydów czy intelektualistów, którzy woleli secesyjne lokale „Europy" z unoszącym się w powietrzu aromatem kawy. Podczas późniejszej wizyty spotkałem tu sporą grupkę roześmianej młodzieży, panowie w smokingach, panie w kolorowych sukniach balowych – biegli alejką niedaleko wejścia do „Alcrona", wyraźnie spóźnieni na cudowne przyjęcie zorganizowane przez F. Scotta Fitzgeralda. Jako staroświecki półmarksista chciałem zatrzymać kogoś z tej *jeunesse dorée* i zapytać o jego pochodzenie klasowe. Czy tylko dzieci działaczy z komunistycznej wierchuszki miały dość pieniędzy i pewności siebie, żeby nosić takie stroje?

Hall „Alcrona", gdzie zamówiłem śliwowicę zamiast martini, mówi o dwóch amerykańskich prezydentach – nie tylko o Calvinie Coolidge'u, ale również o Woodrow Wilsonie. Przed rokiem 1915 Tomáš Masaryk wyznaczył sobie za cel przekonanie Anglii, Francji i Rosji do idei niepodległej Czechosłowacji jako republiki wyrastającej z ruin cesarstwa austro-węgierskiego. Ponieważ nigdy nie było takiego narodu, państwo to trudniej było sobie wyobrazić niż niepodległą Polskę. Do roku 1918 Masaryk coraz bardziej wiązał się z Ameryką, by zyskać poparcie finansowe Czechów z Chicago i Słowaków z Pittsburgha oraz poparcie polityczne prezydenta Wilsona. Tegoż 14 Punktów zawierało wizję Europy demokratycznych państw narodowych, w sposób oczywisty zgodną z marzeniami Masaryka. W rzeczywistości, kiedy osiadł powojenny kurz, Czechosłowacja Masaryka okazała się i pozostała właściwie jedyną demokracją odpowiadającą oczekiwaniom Wilsona. Do tego obaj profesorowie: wysocy, szczupli, dystyngowani – byli do siebie zadziwiająco podobni.

„Potrzebujemy prezydenta, a dostajemy profesora z uniwersytetu" – komentowano. Polacy i Węgrzy mieli klasę ziemiańską. Czesi musieli zadowolić się profesorami. Mogło być jeszcze gorzej, ale

262

i tak prezydent Masaryk miał na swoim biurku wiele problemów, które musiał rozwiązać jednocześnie – i niezwłocznie[75]. Po pierwsze, musiał ustalić relacje pomiędzy Pragą a mniejszościami narodowymi. Sytuacja była paradoksalna: każde z państw utworzonych dzięki 14 Punktom – Polska, Rumunia, Jugosławia, a także Czechosłowacja – okazało się Austro-Węgrami w miniaturze, przy czym niektóre z nich traktowały swoje mniejszości gorzej niż ck monarchia. Masaryk miał do czynienia z Polakami w Cieszynie, Węgrami w południowej Słowacji, co przez jakiś czas oznaczało ciężkie boje z komunistami Beli Kuna, Niemcami w Sudetach i w każdym mieście, Ukraińcami na odległej Rusi, doczepionymi przez przypadek, i Słowakami, którzy właśnie stanęli na nogi po wiekach węgierskiego ucisku – wszyscy oni obdarzyli pewnym zaufaniem osobę prezydenta, ale jego rządowi nie ufali prawie wcale.

Po drugie, musiał odbudować zniszczony przez wojnę przemysł i stworzyć – dzięki pożyczkom Francuzów i Amerykanów – system finansowo-handlowy godny europejskiej stolicy, w tym momencie wyprzedzającej znacznie Wiedeń – wykrwawiony przez rok 1918, *Haupstadt* jedynie maleńkiej republiki... powracamy do hallu „Alcrona".

Po trzecie, musiał skonstruować skuteczny system polityczny. Czesi rozumieli dotąd politykę jako brużdżenie Austriakom, utrudnianie pracy parlamentowi w Wiedniu za pomocą płomiennych przemówień oraz walenia pięściami w blaty. Teraz mieli swój własny parlament, ale nie mieli nowej strategii działania. W latach okupacji hitlerowskiej i komunistycznej łatwo było idealizować ucywilizowanie republiki Masaryka i Beneša, ale na politykę wpływało wtedy 16 egoistycznych partii, w ciągu pierwszych dwunastu lat zmieniło się 10 rządów, pojawił się nieprzyjemny zapaszek korupcji, na ulicach dochodziło do starć pomiędzy policją a studentami i strajkującymi robotnikami, nigdy nie nastąpiło jakieś porozumienie z komunistycznymi związkami zawodowymi. Masaryk zaczął działać ponad parlamentem – podobnie jak Habsburgowie – i rządzić krajem przy pomocy administracji, usiłując za pomocą autokratycznych metod zbudować autentyczną demokrację.

---

[75] Opisując lata międzywojenne, opierałem się na: Z. Zeman, *The Masaryks, The Making of Czechoslovakia*, Weidenfeld & Nicholson, London 1976; oraz Rothschild, *East Central Europe between the Two World Wars*.

WŁOŚCI HABSBURGÓW

Jego pierwszym celem było uczynienie z Pragi miasta czeskiego. Co oznaczało przemianowanie ulic i wymianę tablic informacyjnych, wymóg posługiwania się nowym językiem przez rząd i sądy, w handlu i edukacji. Kiedy rząd w Quebecu zakazał umieszczania napisów w języku angielskim przez sklepy i domagał się, by zebrania robocze odbywały się w języku francuskim, firmy przeniosły swoje centrale z Montrealu do Toronto. Algierczycy wzięli na swoje barki trudniejsze zadanie odfrancuszczenia Algierii i Oranu. Arabski musi stać się językiem elit, a nie tylko służby czy polityków. Zapomnijcie o Europie. Gwarzcie z sąsiadami z waszej ulicy. Kobiety hinduskie zdjęły sukienki i wróciły do sari, zamiast „Rosalyn" zaczęły wołać na swoje córki „Radika", zrezygnowały z podawania baranich kotletów na korzyść curry i wylały szkocką męża do zlewu. To wszystko zaczęło się w Pradze.

Drzewa denerwują Arabów, więc w patriotycznym porywie po wywalczeniu po II wojnie światowej niepodległości wyrąbali w Maroku i Libii lasy posadzone przez swoich byłych – francuskich i włoskich – panów.

Masaryk również czuł się zobowiązany stawić czoło faktom, a te mówiły, że przez 300 lat Habsburgowie rządzili jego krajem nie tylko przy pomocy sierżantów policji i nauczycieli szkolnych, ale również mając oparcie w autorytarnym Kościele katolickim. Jego duchowni doradzali posłuszeństwo władcom namaszczonym przez Boga, a od czasu do czasu byli skłonni zdradzać policji sekrety, które podczas spowiedzi jakaś nieostrożna dzieweczka wyjawiła o swoim nieprzejednanym braciszku. Żeby stworzyć nowy naród – uważał Masaryk – trzeba odrodzić demokratyczne, protestanckie tradycje, wywodzące się od XV-wiecznych husytów, którzy domagali się nie tylko swobody intelektualnej, ale również prawa do poszukiwania własnej prawdy wbrew jakiejkolwiek władzy. Czesi – niekoniecznie wzmocnieni przez anachronicznych, katolickich Słowaków – zawsze będą stanowić mały naród; niemniej jednak mają to szczęście, iż są wolni od dziedzicznej arystokracji i militarnej tradycji, a dzięki edukacji i przyzwyczajeniu do ciężkiej pracy zdobędą sobie miejsce wśród narodów świata[76].

---

[76] Pisząc powyższe uwagi, opierałem się na pracy Candidy Mannozzi, *Masaryk and Havel: The Czechoslovak President as Authoritarian Figure*, John Hopkins University's School of Advanced International Studies, Bologna Center, 1992, ss. 5–13.

264

Przyglądając się Masarykowi, można dostrzec cechy starego pryncypała, Józefa II, który wiedział, co jest najlepsze dla jego narodów, niezależnie od ich własnej opinii. To samo da się powiedzieć o Konradzie Adenauerze, który odbudował zrujnowane Niemcy dzięki swojemu autorytetowi moralnemu. Gdy skończyły się rządy Coolidge'a, skończył się też napływ obcego kapitału. Bankructwo wiedeńskiego Creditanstalt w 1930 roku przetrąciło kręgosłup bankom Europy Środkowej. Wszystkie narody – ukarane teraz za upadek wolnocłowego imperium ck – broniły się podnosząc coraz wyżej bariery celne. W 11-milionowej Czechosłowacji był milion bezrobotnych. W miarę jak pogarszała się sytuacja ekonomiczna, więzy polityczne ulegały osłabieniu. Praskie kawiarnie – czeskie, niemieckie, żydowskie – stawały się hermetyczne. Nikt nie ośmielał się przekroczyć swoich granic. Słowaccy nacjonaliści wycofali swoje poparcie. Niemcy sudeccy, winiąc Czechów za bezrobocie, poparli teraz nazistów Konrada Henleina. Postarzały Masaryk złożył rezygnację w 1935 roku, pozostawiając ster tonącego okrętu w rękach permanentnego nr 2, Edvarda Beneša.

Załóżmy, że w październiku 1938 roku armia czeska nie skapitulowałaby, lecz ruszyła do walki. Stalin złożył Czechom solenną obietnicę pomocy, zdając sobie świetnie sprawę z tego, że brak zgody Polaków na przepuszczenie wojsk sowieckich przez własne terytorium oraz manewry Francuzów, by wykręcić się od realizacji swojej części zobowiązań wynikających z traktatu o wzajemnej pomocy, zwolnią go od złożonych przyrzeczeń. Hitler zaś obiecał zbombardować Pragę i obrócić ją w stertę gruzu. Czy jednak sprawy przybrałyby wtedy gorszy obrót, niż przybrały?

Najcięższe koło przetacza się po naszych czołach,
by ugrzęznąć gdzieś głęboko w naszych wspomnieniach.

Mif, *Terezin 1944*

PODRÓŻ

Rozdział dwudziesty

PRAGA III, 1983, 1985

Przekaż nam wiadomości
o każdym krzyku, którego nie słyszymy
o wszystkich morderstwach, do których się przyzwyczailiśmy.
Pozostań silny w swojej słabości
zezwól słowu na jego ogromną potęgę: żeby było uczciwe
w swojej bezradności, niech nie chlubi się wcale
swoją bezradnością. Pozostań w swoim pokoju
przyłącz się do nas podczas przyszłych bitew: Dodaj nam odwagi
swoim strachem

Lutz Rathenau, *Do poety Franza Kafki*

Hej, ty tam na rogu,
znamy już historię samotności
współczesnego człowieka
Więc nie stercz całą noc
na tym rogu, gdzie hula wiatr!

Peter Handke, *Koniec z nieróbstwem*

Przyjechałem znów do Pragi l lipca 1983 roku, niemal dokładnie
co do dnia w sto lat od narodzin Franza Kafki. Ta data wydawała
mi się szczególna. Czy będzie przemarsz introspektywnych, wyobcowanych młodych mężczyzn – część z nich w wymyślnych,
karaluszych przebraniach – za którymi pójdą rządkiem cierpliwe,
lecz uparcie wymagające kobiety? Czy prezydent Husak – uwięziony za odchylenia w latach pięćdziesiątych przez Gottwalda
podczas czystek po procesie Slánskiego, co mogło obudzić w nim
tolerancję dla nonkonformistów, ale nie obudziło – proklamuje
24-godzinne obchody dwuznaczności na cześć najsławniejszego
pisarza Czechosłowacji? Bez szans. Napomknąłem coś na ten temat taksówkarzowi, który wiózł mnie z lotniska, ale ten wolał
skupić się na krwawej zbrodni popełnionej dzień wcześniej przez
Wietnamczyka.

266

Przed rokiem 1991 sprzedaż turystom koszulek z Kafką stała się metodą zarabiania twardej waluty. W 1983 Kafka nie istniał. Komuniści całkiem chętnie przejmowali XIX-wieczne symbole postępu – mydło, sieć kolejową, piśmienność, prawa wyborcze – ale trzymali się z dala od każdego artysty, takiego jak Dostojewski, który nadawał na obcych falach. Czy niezdecydowany, bezradny Kafka – przeżuwający dokładnie każdy kęs pożywienia, zagrożony widokiem poplamionej i pomiętej pościeli swoich rodziców i wystraszony, że pochwa jego narzeczonej posiada uzębienie – jest totemem naszego nieszczęśliwego stulecia?

W swojej wyczerpującej i pełnej powtórzeń biografii[77] Frederick Karl nieustannie podkreśla, że to niezdolność do rozsądnego reagowania na poniżające dwuznaczności życia – w mieszkaniu rodziców i podczas codziennej harówki w Zakładzie Ubezpieczeń od Wypadków Fabrycznych – pozwoliła Kafce opisać tak przenikliwie alienację naszych czasów. Każdy wkurzony terapeuta, którego: „Weź się w garść, do cholery!" przyniosło pacjentowi poprawę, okaleczyłby artystę tak wrażliwego jak on. *Zamek* odpowiada przecież głuchym milczeniem, kiedy próbujemy poznać jego wolę. Rzadko rozumiemy zarzuty, pod jakimi stajemy przed sądem. Ograniczenia życia codziennego zmieniają nas – o wiele częściej, niż potrafimy to przyznać – w karaluchy. Lęk, uraza, pogarda i wstręt skierowane na jego ojca oraz warianty tych uczuć skierowane na cierpiącą latami narzeczoną dostarczyły Kafce energii, która pozwoliła mu pisać – nawet wtedy gdy powoli padał ofiarą gruźlicy.

Ci wszyscy, którzy wzięli proponowane pozory za dobrą monetę, którzy trzymali się powszechnie przyjętych reguł, zajmując się własną karierą i własną rodziną, po zamachu na Franciszka Ferdynanda w Sarajewie znaleźli się nagle w strefie wojny, której straszliwości i długości nigdy sobie nie wyobrażali. Rodacy Kafki padali jak muchy w Galicji wokół Lwowa i Przemyśla, walcząc z Rosjanami, marli na tyfus w serbskich wioskach, ginęli w Alpach i nad rzeką Isonzo – padali w obronie cesarstwa, którym pogardzali, które stopniowo rozpadało im się pod nogami.

---

[77] *Franz Kafka, Representative Man*, Ticknor and Fields, New York 1991.

WŁOŚCI HABSBURGÓW

Jakiekolwiek poważne studium o s o b y Kafki musiałoby uwzględnić tak wiele czynników, że nie zdobyłby się na ten trud żaden marksista (i tylko niewielu Amerykanów). Kafka był niemieckojęzycznym Żydem w mieście, o które walczyli Czesi i Niemcy. Pomimo pospolitego akcentu „Pragera" pisał czystą niemczyzną godną Goethego – jego idola – lecz to wyrafinowanie nie uchroniło go przed pogardą, jaką wobec wszystkich Żydów odczuwali Austro-Niemcy. Lojalność Żydów w stosunku do cesarstwa Habsburgów była uważana przez Czechów za zdradę; kiedy uciekali pobici przez policję, wyładowywali swoją frustrację, demolując żydowskie sklepy – tak jak amerykańscy Murzyni plądrują podczas rozruchów sklepy chińskie i koreańskie. Sam Kafka – należący do kultury żydowskiej w wersji złagodzonej, zeuropeizowanej – obdarzył swoją lojalnością świat wschodniego sztetłu; świat, z którego jego ojciec tak bardzo chciał uciec i który on sam znał tylko z teorii. Jak komplikacje te potrafi wyjaśnić czarno-biała ideologia? Lepiej udawać, że nigdy go nie było.

Ponieważ Kafka był Żydem, zakres jego politycznych wyborów był, rzecz jasna, ograniczony, niemniej jednak umieszczanie takich nietypowych osobowości jak on w galerii ofiar XX wieku mija się z prawdą. Niejeden nie kochany neurotyk, przegrany pedant, pominięty biurokrata i niedoszły artysta znalazł sens, poczucie celu, koleżeństwo i twórcze zajęcie, nosząc brunatną koszulę i czarne buciory, albo przeprowadzając drobiazgowe śledztwo, czy ostatnie wypowiedzi oskarżonego są zgodne ze słuszną interpretacją całościowego programu Lenina.

Jedyne kwalifikacje, jakich potrzeba, by dostrzec wyraźniej zagrożenia polityki „wielkiego kłamstwa", to poczucie bezsiły.

Milan Simeczka

***

Parę miesięcy przed stuleciem urodzin Franza Kafki spędziłem tydzień w Nikaragui. Poczułem takie obrzydzenie do polityki Reagana, lekceważącej wszelkie zasady sprawiedliwości i odpowiedzialności w obliczu potrzeb Ameryki, że pragnąłem odbyć pielgrzymkę do kraju, którego rząd Reagan tak bardzo chciał obalić. Czy deklarowany chrześcijański socjalizm sandinistów (termin, który w Europie Środkowej oznacza po prostu „Żydzi wara"), okaże się praktyczną alternatywą nie tylko dla sybarytycznego i imperialistycznego kapitalizmu, ale również dla rozkładającego się komunizmu Warszawy i Pragi? Managua – w dużej części zniszczona przez trzęsienie ziemi w 1972 roku – w swojej bezkształtności stanowi mieszankę Los Angeles i Warszawy; ciągnące się kilometrami dzielnice kalifornijskich parterowych domów ukrywały dyktaturę rodziny Somozów – przyjaciół Waszyngtonu: „Może to i bandyta, ale jest n a s z y m bandytą", stwierdził Roosevelt po wręczeniu Anastasio Somozie medalu w 1942 roku – o wiele bardziej zbrodniczą niż komunistyczna na uroczych uliczkach Pragi.

Co można tu zobaczyć? Żelbetowa katedra leży w ruinie, chwasty zarosły boczne nawy. Więcej mundurów i karabinów tutejszej milicji – wiele z nich noszą kobiety – dla obrony ludu, tak jak w Pradze, przed zakusami Stanów Zjednoczonych. To biedny kraj, jak każdy inny w Ameryce Łacińskiej, co zawdzięcza marksistowskiemu gospodarowaniu i coraz silniejszemu pytoniemu uściskowi Stanów. Tłok i gwar na uliczkach obu dzielnic handlowych jest równie męczący jak gdziekolwiek w Istambule, ale odpowiednikiem meczetu jest tu czytelnia Bułgarskiej Republiki Ludowej. Dziwnym trafem Bułgaria została wielkim bratem rewolucyjnej Nikaragui – zwłaszcza w dziedzinie zmechanizowanego rolnictwa na wielkich areałach – a jej cicha biblioteka jest wypełniona tomami w języku hiszpańskim na temat heroicznej walki z faszyzmem, lecz jest tu pusto i można sobie spokojnie posiedzieć.

Przywiozłem listy polecające. Jeden z nich jest zaadresowany do związku studentów, ale nie jestem w stanie zrozumieć akcentu nikogo przed trzydziestką. Drugi do wiceministra kultury – jezuity, którego biuro znajduje się w przebudowanej łazience dawnej willi seniory Somozy. Podciąga nogawkę, żeby pokazać mi pistolet przypięty do kostki. „Żebym nie zapomniał o realiach", żartuje. Trzeci list jest do szwagierki mojego byłego ucznia. Kathleen przyjechała jako ochotnik do pracy w katolickim domu opieki dziennej, ale okazała się tak sprawna językowo, że przeniesiono ją do sekcji historycznej zajmującej się archiwizacją dokumentów rewolucji. Szczerze opowiada o błędach sandinistów i o groźnych naciskach twardogłowych, ale kto oczekuje, że rewolucja będzie łatwa czy bezpieczna?

WŁOŚCI HABSBURGÓW

„Nie załamujesz rąk. Pracujesz bez przerwy. Nikaraguańczycy to inteligentny naród; uczą się, komu mogą ufać, a komu nie".

Najbardziej imponującą wśród spotkanych tu osób jest kobieta po trzydziestce, córka Niemki i Amerykanina wykształconego w West Point, który zginął w Wietnamie w randze podpułkownika. Sarah kieruje pracą sekcji ds. Stanów Zjednoczonych w MSZ, jest bez wątpienia wyczerpana (do jej obowiązków należą nocne warty, niedzielne ćwiczenia z granatami i karabinami maszynowymi oraz sześć 10-godzinnych dni pracy biurowej), mówi błyskawicznie i z ironią o sobie – której powierzono, nie wiedzieć czemu, tak wysokie stanowisko – i o komiczności wiary Nikaraguańczyków, że mogą stawić czoło Ameryce.

„Chciałabym, żebyśmy byli lepiej zorganizowani. Mam też swoje wątpliwości co do komunistów, ale oni przynajmniej przyszli nam z pomocą, kiedy byliśmy w dołku, a wy nie. Zasadniczo zależy nam na prostych rzeczach: chcemy ograniczyć biegunkę wśród niemowląt – to prawdziwy morderca we wszystkich krajach Trzeciego Świata – i pokazać *campesinos* (chłopom), że mogą sobie z tym całkiem dobrze poradzić, kopiąc studnie i latryny, myjąc ręce – zamiast czekać na cud w wykonaniu doktora z czarną skrzynką. Podczas walk z Somozą ponieśliśmy ogromne straty. Nie ma rodziny, gdzie w tamtych latach nie zginąłby syn lub córka (przychodzi mi na myśl Warszawa, a później nasze własne śródmiejskie getta), i nie wydaje mi się, żeby czyjkolwiek standard życia podniósł się znacząco od tego czasu. Ale w zeszłym tygodniu spotkałam na wsi starą wieśniaczkę. Było widać, że nadal klepie straszną biedę, ale uderzyła mnie jej duma. »Czuję, że jestem obywatelką wolnego kraju. Nauczyłam się czytać, mogę głosować. Ludzie mnie szanują. To wszystko dzięki rewolucji«. Dzięki temu moja praca jest coś warta".

Tajna policja jest niebezpieczna, trudno ją kontrolować, ale może jest jeszcze konieczna – często spotykamy się z sabotażem. Komuniści lubią rzucać pogróżki, co zachęca administrację Reagana do podejmowania w odwecie jeszcze ostrzejszych kroków – to symbioza, o której uczą na biologii w szkole. Może twardogłowi po obu stronach umówili się po cichu i wspólnie planują każdy następny krok, żeby nie stracić posad.

Sarah jest dumna, że sandiniści kochają poezję. „Nawet przy kasie można znaleźć te maleńkie tomiki – kupowane i pisane niejednokrotnie przez całkiem prostych ludzi. »Rewolucjonista jest poetą, poeta jest rewolucjonistą« – to oficjalne hasło. Intensywność poezji jest jedynym sposobem dostrojenia się do intensywności naszych czasów. Ona uwalnia ludzi od bierności i rozpaczy; poszukiwanie ekscytującego słowa, nowej metafory ożywia umysł. Poezja dowodzi, że zachowaliśmy człowieczeństwo wbrew wrogim siłom".

Znów przychodzi mi na myśl Warszawa: słowa Czesława Miłosza o poezji rodzącej się podczas powstania i ponurych lat komunistycznych rządów. I o znanych mi młodych Murzynach, często byłych uczniach, których niezgrabne wiersze były aktem buntu, dowodem, że ich autorzy nie poddali się.

Pod koniec tygodnia z ulgą, ale i ze smutkiem, opuszczam pełną napięć Managuę. Ta krucha rewolucja może zostać zawłaszczona przez policję i aparatczyków, a poeci i ochotnicy pójdą do kąta. Albo jej amatorscy przywódcy mogą doprowadzić do nędzy i chaosu, a rewolucję złamią z mściwą wściekłością Amerykanie, mój naród.

***

W małym praskim mieszkanku żyli sobie – jak należało oczekiwać – absolwent Commonwealthu i jego żona Czeszka. Mieli dwa pokoiki: jeden był salonem, jadalnią i sypialnią rodziców, drugi celą, w której kłócili się od rana do wieczora ich dwaj synowie. Tony był gitarzystą jazzowym i pracował dla ambasady jako impresario goszczących tu grup muzycznych i tanecznych. Zamieszkał w Pradze, ponieważ szanował kulturę tego kraju; ponieważ wierzył, że będzie tu robił coś bardziej znaczącego, niż gdyby został kolejnym wykładowcą jakiegoś kalifornijskiego uniwersytetu; ponieważ chciał, żeby jego synowie wyrośli w obu kulturach. Nie podobała mu się izolacja od świata zewnętrznego szkoły międzynarodowej (nauczyciel starszego syna znał zaledwie kilkanaście czeskich słów), ale bał się autorytaryzmu szkół państwowych, do których jego chłopcy również uczęszczali. Czescy nauczyciele nie lubią, kiedy rodzice się wtrącają, w związku z czym chłopcy musieli nauczyć się, jak radzić

WŁOŚCI HABSBURGÓW

sobie z dorosłymi na własną rękę. Największą przeprawą były odwiedziny u babki gdzieś na dalekiej, czeskiej prowincji. – Zajadajcie! Zajadajcie! – starsza pani wołała do dwóch chudych, małych Amerykanów, z ponurą miną przeżuwających zwały knedli i klusków, które im wmusiła. Babka pamiętała jeszcze czasy wielkiego kryzysu: dziecko, które nie zmiatało wszystkiego z talerza, mogło nie dożyć wiosny. Mimo wszystko Tony był zadowolony, że w tej kulturze dziecko może pozostać dzieckiem. Nie wpychano go w przedwczesną dojrzałość seksu i pieniędzy.

Razem z Helen zabrali mnie na występ do klubu jazzowego w Pilznie. To miasto sławnego browaru było jedynym czeskim miastem wyzwolonym przez wojsko Eisenhowera, choć z oficjalnym potwierdzeniem tego faktu rząd czekał do 1990 roku. Była to również siedziba wielkiej fabryki Škody, którą zbombardowano późną wiosną 1945 roku, najwyraźniej żeby nie wpadła w ręce Sowietów, choć – jak się wydaje – nie zrobiono tego wcześniej, kiedy dostarczała broni Wehrmachtowi.

Popularność Stanów Zjednoczonych nie poniosła uszczerbku podczas występu tego zdolnego muzyka. Dla młodych robotników mieszkających w najobskurniejszym mieście Czech był to prawdziwy, amerykański artysta; do tego nie tylko gitarzysta z wielkiego miasta, ale ktoś potrafiący żartować i zupełnie zadomowiony w ich języku. (Tony mówił tak dobrze po czesku, że rezerwując stolik w restauracji, posługiwał się angielskim, żeby ślad obcego akcentu nie został odczytany jako dowód słowackiego rodowodu, co skończyłoby się miejscem przy drzwiach do kuchni).

W drodze powrotnej zatrzymaliśmy się w nowej „chińskiej" restauracji. Dr Husak rozumiał tęsknotę swoich poddanych do kosmopolitycznych przygód, kazał więc przemalować zwyczajną jadłodajnię obok trasy Praga–Pilzno na złoto i cynober, zamienić miejscowe czaple na orientalne żurawie, które przyklejono do ścian, w rogach umieścić zwoje z malunkami, pokroić czeskie jedzenie na malutkie kawałeczki i zaopatrzyć je w chińskie nazwy, co podawała ta sama ponura obsługa w haftowanych czapeczkach – hokus-pokus i oto Szanghaj! 1983 był rokiem przyjazdu do Czechosłowacji bodaj dwustu tysięcy gastarbeiterów z Wietnamu, żeby „wyszkolili się w technikach XX-wiecznego industrializmu", a w rzeczywistości żeby wy-

272

Praga III, 1983, 1985

konywali – tak jak Turcy w Niemczech, Algierczycy we Francji czy Latynosi w Stanach – najbrudniejsze roboty, których gospodarze nie chcieli już przyjmować. Umieszczono ich w barakach na przedmieściach większych miast i wypłacano faktycznie około 20% (nędznej) pensji, a pozostałe 80% koron przelewano na konto – za te pieniądze rząd wietnamski nabywał ciężarówki, motocykle i kałasznikowy, ekwiwalent zaś wypłacał we własnej walucie rodzinom robotników w kraju. Zgrabna teoria, ale widok tych pół tuzina „industrialnych terminatorów", łatających dziurę w praskiej jezdni pod okiem znudzonego czeskiego brygadzisty, przypomniał mi republikańskie karykatury robotników z WPA[78].

Jadąc pociągiem do Ołomuńca, dzieliłem przedział z dwoma Wietnamczykami. Żadna ze stron nie spotkała dotąd przedstawicieli drugiej narodowości, ale wymieniliśmy podstawowe grzeczności za pomocą naszych czeskich słowników. Na którejś stacji jeden z nich wybiegł na peron i wrócił z sześcioma butelkami piwa, które czołobitnie zaoferował pozostałym pasażerom. Ta scenka wzbudziła we mnie smutek – choć miałem tabliczkę szwajcarskiej czekolady na wymianę – bo potrafiłem sobie wyobrazić, ile wynosiła ich pensja, a starali się być mili dla białych, którzy przecież traktowali ich jak śmiecie.

Przyjazd do Pragi czy Warszawy był dla mnie zawsze ekscytujący: znów mogłem spacerować po znajomych ulicach, usłyszeć dawne dźwięki i poczuć dawne zapachy, wystawić na próbę – po raz kolejny – moje umiejętności językowe, których nie byłem w stanie udoskonalić, choćbym nie wiem z jakim poświęceniem udawał, że się uczę. Po paru tygodniach urok pryskał, świeżość blakła, język stawał się raczej udręką niż źródłem dumy, zaczynałem dostrzegać całą tandetność i odczuwać ograniczenia mojego otoczenia. Zawsze z ulgą zajmowałem miejsce w samolocie.

Lotnisko we Frankfurcie jest, rzecz jasna, katedrą wzniesioną w hołdzie XX-wiecznemu konsumpcjonizmowi. Wszystko, na co mógłbyś mieć ochotę – zegarki, alkohol, apaszki, aparaty fotogra-

---

[78] Work Projects Administration (Agencja Robót Publicznych): jeden z elementów demokratycznego „Nowego Ładu", krytykowanego przez republikanów jako podeptanie zasad wolnego rynku i (szerzej) wolnego świata (przyp. tłum.).

273

WŁOŚCI HABSBURGÓW

ficzne, ciekawe zabawki – może być twoje. Spacerujący w parach policjanci – on z pistoletem maszynowym, ona z bronią krótką – dodają smaczku. Czyśćcem dla Czecha nie zasługującego na piekło byłoby umieszczenie go na wieki przed tymi wspaniałymi witrynami, żeby sobie spacerował z garściami niewymienialnych koron. Przybywając tym razem do „Freiheitslandu", ujrzałem jednak najpierw po prawej stronie butik reklamujący „Filmy dla dorosłych 24h na dobę!". Nagle zrozumiałem. Miliardy, które pompujemy w NATO, smukłe rakiety międzykontynentalne i myśliwce, męskie czołgi stanowią gwarancję naszego konstytucyjnego prawa do oglądania – wbrew wszystkim komunistycznym pogróżkom – filmów pornograficznych. Podróże zagraniczne kształcą.

***

Moja podróż w 1985 roku rozpoczęła się od Zurychu. To miasto budzi we mnie żywe wspomnienia – przyjechałem tu z Monachium w ostatnich dniach przed napaścią Niemiec na Polskę. Brunatne koszule i czarne buciory, swastyki i „Heil Hitlery", nastrój „a jutro cały świat" przed wojną, która miała zmiażdżyć Europę, pozostały za nami, gdy razem z Bruce'em przekroczyliśmy tamtej nocy granicę szwajcarską. Następny ranek przyniósł nie tylko widok wschodzącego słońca, ale również poborowych, wciąż jeszcze w cywilnych ubraniach, którzy z karabinami na plecach pedałowali do swoich punktów mobilizacyjnych. Było to przedstawienie średniej klasy, nic porywającego, ale musiało być dobrze zaplanowane, stanowiło dowód zaufania (każdy obywatel trzymał swój karabin w szafie) i wspólnej odpowiedzialności, więc potencjalny najeźdźca dobrze by się zastanowił, nim przekroczyłby granicę. Ten widok przekonał nas, że cywilizowane społeczeństwo może jeszcze istnieć.

Zurych był dumny ze swojej roli strażnika kultury niemieckiej w latach nazizmu i z tego, że dawał schronienie (niektórym) uciekinierom z Niemiec – niełatwo było przekroczyć tę granicę. Szwajcarzy chlubili się swoją świetnie zorganizowaną produkcją świńsko--ziemniaczaną (stada pięknych, brązowych krów były luksusem w czasie wojny), dzięki której kraj mógł się wyżywić. Węgiel importowali z Niemiec w zamian za działka przeciwlotnicze Oerlikon. Inną

Praga III, 1983, 1985

przyczyną niepodległości kraju było to, że tak wielu ważnych Niemców i Włochów złożyło stosy pieniędzy w bankach szwajcarskich. Spoza tych historycznych dywagacji wyziera jednak prawda, iż niewiele jest w Europie miejsc piękniejszych od zuryskiej Starówki. Czemu nie zostałem tutaj, zamiast jechać jak w gorączce do Warszawy? Miejsce rezerwowałem zawsze w „Storchu", wygodnym i bezpretensjonalnym, gdzie zamawiałem pokoik z widokiem na wieżę kościelną i krętą uliczkę albo, za parę dodatkowych franków, na kaczki i łabędzie pływające po wartkim Limmacie. Za rzeką wznosi się szlachetny Herrenmünster z czerwono-niebieskimi witrażami i biblijnymi płaskorzeźbami na drzwiach (Józef odwraca się ze wstydem od narzucającej mu się żony Putyfara). Kilka przecznic dalej znajduje się sympatyczny placyk, okolony skrzynkami pelargonii i sklepikami pełnymi antyków, gdzie na uroczej kamieniczce umieszczono tablicę, że w 1916 roku mieszkał tu Lenin. Czy pobyt w tym gustownym otoczeniu na nic mu się nie zdał? Czy mieszczańskie cnoty, które tu poznał – czystość i uprzejmość, szacunek dla policji – nie mogły zmodyfikować jego niektórych decyzji w następnych latach?

Po przemyśleniu tych kwestii mijam hiszpańską restaurację – teraz coraz droższą – gdzie zawsze jem obiad, i kieruję się w stronę Kunst-Haus. To moje ulubione muzeum, odświeżająco niefrancuskie, gdzie wisi obraz Chagalla z mniejszą liczbą latających panien młodych, za to z płomieniami i tragedią jego żydowskich miasteczek. Zawsze zatrzymuję się w sali Hodlera: studenci zakładają szynele i chwytają karabiny przed bitwą pod Lipskiem, bezszelestne poranki nad Jeziorem Genewskim, portrety – coraz głębsze – jego umierającej na raka kochanki.

Dziewczęta kierujące ruchem przeszły kurs tańca w świątyniach Bangkoku, żeby poruszały się z wystudiowaną gracją. Odwiedzam eleganckie delikatesy, gdzie kupuję koszyczek prezentów do Warszawy: puszki oliwy, paczki aromatycznej kawy, buteleczka koniaku, ananas, kandyzowane morele, *emmenthaler* i *gruyere*.

Ponieważ mój samolot odlatuje wczesnym popołudniem, poranek mogę zużytkować na spacer po Bahnhofstrasse – nieszkodliwy kaprys, skoro ceny są zbyt wyśrubowane nawet dla Teksańczyków. W oknach bankowych wiszą powiększenia banknotów – tysiąc marek, tysiąc franków – bardziej doskonałe od rzemiosła ozdabiającego ściany Kunst-Hausu. Potem futra z soboli i dywany perskie, aż w jednej z witryn staję przed najpiękniejszą piżamą, jaką widziałem w życiu – z najdelikatniejszej bawełny, bladozielona, fiołkoworóżowa w żółte paski, utkana przez księżniczkę.

Nagle mam dosyć – do diabła z tym wszystkim! Tak jak w Kopenhadze po ucieczce z Warszawy, a później w Wiedniu mam napad przesytu. Któż normalny będzie spędzał dzionki na odwiedzaniu sklepów na Bahnhofstrasse, wykładając na ladę banknoty tysiącfrankowe, żeby zabrać ze sobą do domu tę piżamę? To miasto coś znaczyło w 1939, w 1942 roku. A teraz co znaczy? Cóż wartościowego ma do powiedzenia kaznodzieja w Herrenmünster co niedziela?

Eleganckie banki przyjmą każde pieniądze – od dyktatorów, którzy zabrali je wieśniakom; od kokainowych biznesmenów; od Arabów pławiących się w nafcie – podadzą numery tajnych kont i nie będą zadawać żadnych pytań.

Samolot odlatuje do Pragi i dopiero parę dni później, kiedy wylatuję do Warszawy, dociera do mnie, że zostawiłem te wszystkie wspaniałe prezenty w bagażniku taksówki.

* * *

Na lotnisku celnik nie otwiera moich walizek – nie zależy mu? Jedno z wyjaśnień jest takie, że służby celne są rozeźlone, bo dostały mniejszą podwyżkę od pozostałych służb. Ta wyrozumiałość to taki ich strajk.

– Pornografia? Toronto?

(„Panie władzo, nie mam nawet jednego pornografa").

Zakaz pornografii to być może ostatnie z marksistowskich tabu w Czechosłowacji. W połowie lat osiemdziesiątych rozgorzała w Polsce publiczna dyskusja na temat relacji pomiędzy wolnością jednostki a dyscypliną społeczną, choć poetka Wisława Szymborska uznała, że dyskusja ta jest podsycana, by odwrócić uwagę od innych, ważniejszych tabu. Amerykańskim odpowiednikiem tego zjawiska był wielki pocztowy plebiscyt na Elvisa przed pamiątkowymi obchodami w 1993 roku – ma być młody czy stary?

Toronto stało się stolicą czeskiego życia kulturalnego w diasporze. Najbardziej znani rezydenci to Kundera i Škvorecký, ale opu-

276

blikowano tu też utwory Havla. Angielskie tłumaczenia rozpropagowały czeskie pisarstwo na całym świecie. Oryginały przechodzą dość łatwo przez granicę do kraju.

Celem tej wizyty – tak jak w Krakowie – był zakup miniaturowych grafik na polsko-czeską wystawę w bostońskiej galerii. Amerykanie powinni nauczyć się większego szacunku dla rzemiosła i wyobraźni, jakie niesie w sobie tradycja tych narodów, mogliby uzupełnić marne dochody artystów i wspomóc gospodarkę obu krajów. Wspinam się po wiekowej, metalowej i krętej klatce schodowej do ciasnego biura państwowej agencji sztuki, gdzie przyglądam się precyzyjnym, niewielkim grafikom budowli i fantazyjnych przedmiotów. Wchodzi chuda, zgarbiona kobieta i chce odstąpić bogatemu Amerykaninowi subtelny wizerunek kwiatu za 6 dolarów.

– Nie daję mniej niż dziesięć! – epatuję hojnością, a potem jest mi wstyd mojej małostkowości.

***

Vaclav Havel urodził się w 1936 roku w zamożnej rodzinie. Jak musiało wyglądać życie wrażliwego dziecka – od pierwszych przebłysków świadomości – którego ojciec i matka zawsze bali się: Niemców, wkroczenia Armii Czerwonej, komunistycznych rządów, tego, że ich żarty i określenia zostaną przekazane dalej przez sąsiadów i „przyjaciół"? Życie w świecie bez poczucia bezpieczeństwa – bez przekonania, że jutro będzie podobne do dzisiaj – na którym zasadzają się wartości mieszczańskie? Ponieważ jego pochodzenie klasowe nie kwalifikowało go do pobierania nauk na szczeblu uniwersyteckim na koszt państwa (jego proletariacka żona Olga zawędrowała o wiele dalej na akademickim szlaku), jakie lektury i doświadczenia ukształtowały młodego Havla?

Milan Kundera w książce *Living in Truth* („Żyć w prawdzie") – zbiorze esejów Havla i o Havlu – wymienił jeden z czynników „przebudzenia": teatr absurdu i jego mistrz, rumuński dramaturg piszący w Paryżu – Ionesco.

„Dusiliśmy się w atmosferze sztuki podporządkowanej celom wychowawczym, moralnym, politycznym. Dramaty Ionesco fascynowały nas swoim radykalnie antyideologicznym przesłaniem. Zwracały sztuce jej autonomię

WŁOŚCI HABSBURGÓW

i zapraszały ją do powrotu na drogę swobody i wyobraźni (...). Jeśli jednak u Ionesco korzenie absurdu tkwią w głębinach irracjonalnego, to Havla fascynuje absurd tego, co racjonalne. Jeśli teatr Ionesco przeprowadza krytykę języka, to u Havla – świadomego, jakiej parodii języka dokonał totalitaryzm – ogólna krytyka języka stanowi zarazem demistyfikację konkretnej sytuacji społecznej"[79].

W tym miejscu przychodzi na myśl George Orwell i poeci polscy, od Adama Ważyka po Szymborską i Barańczaka: ich obsesyjna anatomia języka zarówno jako fundamentu totalitaryzmu, jak i klucza do jego zniszczenia. Pierwszymi przedstawieniami, jakie Havel wystawił w latach sześćdziesiątych w swoim teatrze „Na zábradli", były *Łysa śpiewaczka* i *Lekcja* Ionesco, które widzieliśmy z żoną w Paryżu w 1956 roku[80].

Wrażliwość Havla na język pomogła mu zrozumieć – kontynuuje Kundera – iż różnica między deklaracjami a czynami nie jest wypaczeniem, które można skorygować za pomocą właściwej terapii, lecz stanowi raczej fundament sowieckiego totalitaryzmu, który został wzniesiony na sprzeczności, i bez niej istnieć nie może. Ta właśnie wrażliwość na uczciwość i nieuczciwość języka była nie tylko głównym tematem jego sztuk, ale również doprowadziła do konfrontacji pisarza z komunistycznym reżimem dr. Husaka i w końcu zawiodła Havla na fotel prezydenta Czechosłowacji.

W lipcu 1975 roku odbył się w Helsinkach szczyt KBWE, w którym wzięli udział przywódcy 35 krajów, w tym ZSRR i Czechosłowacji. Jedna z rezolucji mówiła o nawiązywaniu bliższych kontaktów przez obywateli różnych państw i wzywała do szacunku dla praw człowieka. W 1977 roku Havel stał się jednym z pomysłodawców, organizatorów i rzeczników Karty 77, której program sprowadzał się do stwierdzenia, że skoro rząd czeski podpisał porozumienia helsińskie, to niech ich przestrzega. Ten logiczny wniosek został podważony jako spreparowany „na zlecenie ośrodków antykomunistycznych i syjonistycznych i następnie przekazany pewnym

---

[79] Faber and Faber, London 1987, s. 260.

[80] „Być może jest to element tradycji plebejskiej w kulturze czeskiej, ale jesteśmy tu o wiele głębiej tego, że jeśli ktoś traktuje siebie zbyt poważnie, niebawem stanie się śmieszny, a jeśli zawsze potrafi śmiać się z siebie, naprawdę śmieszny być nie może" (Havel, *Living in Truth*, esej *Anatomia powściągliwości*, s. 182).

agentom Zachodu przez reakcyjną grupkę burżuazyjnych bankrutów (...) oraz bankrutów politycznych, organizatorów kontrrewolucji w 1968 roku". Swoje obsesje lingwistyczne Havel przypłacił aresztowaniem i 4,5-letnim więzieniem na mocy wyroku z jesieni 1979 roku. Tak jak rząd RPA, który zamknął w celi Nelsona Mandelę, również aparat czeski trzymający Vaclava Havla w więzieniu musiał mieć poczucie, ze złapał tygrysa za ogon. Z jednej strony, nie można było okazać zbyt wielkiej ustępliwości, a z drugiej, wszelkie kompromisy dla zachowania twarzy, które przyjąłby każdy rozsądny człowiek – „Proszę tylko podpisać ten świstek, a z prawdziwą przyjemnością pozwolimy panu odbyć tę interesującą podróż do Nowego Jorku, dokąd zaproszono pana na odczyt" – były z uporem odrzucane przez obu więźniów. Stopniowo ku swojemu przerażeniu władze zdały sobie sprawę, że ci dwaj wywrotowcy za kratkami czy w areszcie domowym przedzierzgnęli się z więźniów w głowy państwa na uchodźstwie.

Jak Mozart, którego trzy ostatnie symfonie nie zostały wykonane, jak Beethoven – zbyt głuchy, żeby usłyszeć swoje utwory, tak dramaturg nie mógł oglądać swoich dzieł, choć wystawiano je w pół tuzinie języków – również po polsku aż do wprowadzenia stanu wojennego. Ale autor pisze dalej w swoim wiejskim domu w północnych Czechach, nawet jeśli jest poddany ciągłej inwigilacji, a policja może nagle wpaść do domu i skonfiskować rezultat rocznej pracy. (Havel wymykał się nocą do lasu i chował fragmenty maszynopisu w dziupli). Obawa przed rewizją doskonale zaostrza koncentrację. O wiele skuteczniej niż ostateczny termin ustalony przez wydawcę[81].

„Co stało się z ideą, ze człowiek powinien w pełni korzystać z uprawnień społecznej i prawnej sprawiedliwości, brać twórczy udział we władzy ekonomicznej i politycznej, wychowywać się w wysokich ideałach godności ludzkiej, żeby stać się naprawdę sobą? Zamiast swobody decydowania na wolnym rynku, wolnego uczestnictwa w życiu politycznym i nieskrępowanego rozwoju intelektualnego proponuje mu się w rzeczywistości wolny wybór typu lodówki lub pralki, którą chce sobie kupić"[82].

---

[81] Timothy Garton Ash, w: *Living in Truth*, s. 218.
[82] *Letter to Dr. Gustav Husak* (1975), w: *Living in Truth*, s. 13.

Można pozazdrościć krajowi, którego przywódca potrafi z taką precyzją dać wyraz swojej moralnej wrażliwości. Ale uwaga! Człowiek, który umie posługiwać się tak bogatym językiem, może przystać na to, by słowa zastąpiły pożyteczne działania.

Rozdział dwudziesty pierwszy

PRAGA IV, LISTOPAD 1989, 1990, 1991

Pravda a laska musí zvítězit nad lží a nenavistí
(Prawda i miłość muszą pokonać zło i nienawiść).
Vaclav Havel 1989

Cywilizacja i profity idą ręka w rękę.
Calvin Coolidge 1920

Os ricos são brancos (Bogaci są biali)
Os pobres são prietos (Biedni są czarni)
Przysłowie brazylijskie

Przyjechałem pociągiem z Drezna, przecinając pasma czarnych gór i mijając brzydkie miasta Sudetenlandu, gdzie zaczęły się wszystkie kłopoty. Choć największych odkrywek węgla brunatnego nie widać z okien pociągu, to krajobraz jest tu tak spustoszony, że kiedy wschodnioniemiecka telewizja chciała nakręcić nową wersję *Na Zachodzie bez zmian*, wystarczyło po prostu wykopać okopy i rozciągnąć druty kolczaste po ich stronie granicy, nałożyć aktorom hełmy z 1917 roku i proszę – ziemia niczyja. Statystyki pokazują, że średnia długość życia na tym obszarze jest o 10 lat niższa niż gdzie indziej, że jest tu najwyższy procent rozwodów i alkoholików. Za komuny zatrucie środowiska należało do tematów tabu – jako choroba gnębiąca wyłącznie kraje kapitalistyczne. Prosty lud musi tęsknić za tymi czasami.

Dwójka strażników granicznych – NRD-owiec i Czech – idzie korytarzem, kontrolując paszporty: młodzi, poprawni, nierozróżnialni w swoich czapkach ze sztucznego futra. Żałuję, że enerdowscy policjanci nie wyglądają już na pariasów, jak w 1960 roku. Wiodę długą rozmowę – usiłując rozgimnastykować moją austriacką niemczyznę sprzed 40 lat ze specjalistą od elektrowni wodnych,

281

WŁOŚCI HABSBURGÓW

który często podróżuje pomiędzy NRD a ZSRR. Bez obaw krytykuje rząd: tak chlubiący się swoimi światowymi sukcesami sportowymi, ale gdy tylko któraś z gwiazd przestaje zwyciężać, zaraz wyrzucają ją jak śmiecia.

Pierwszy ck budynek pokryty żółtą ochrą, z białymi sztukateriami wokół okien i drzwi, budzi we mnie poczucie radości, że oto znów jestem w granicach cesarstwa, jadę wzdłuż Łaby, a potem Wełtawy. Tym razem zatrzymuję się w hotelu „Pařiž" zbudowanym w 1907 roku – tak jak „Francuski" w Krakowie, „Bristol" w Warszawie, „George" we Lwowie, gdyż każdy przedsiębiorca z aspiracjami chciał mieć wtedy siedzibę w którymś z Paryżów Wschodu – w szczytowym okresie praskiej secesji: fantazyjne wzory kwiatowe na witrażach nad drzwiami, kobiety Muchy z rozpuszczonymi włosami na ścianach, ażurowa winda pełznąca w górę i w dół. Jestem szczęśliwy jak dziecko. Wyzwolony od „Alcrona" i Coolidge'a, tylko kilkaset metrów od Starówki. Rusztowanie – po 40 latach! – zniknęło z kościoła Tyńskiego, a podstawę pomnika Husa owinięto wielką, trójkolorową szarfą.

Kiedy Jiři odwiedził Boston 4 lipca 1987 roku, uderzyły go nie tylko drapacze chmur, stara Chinka grzebiąca w śmietniku w poszukiwaniu resztek jedzenia, przerażenie młodej murzyńskiej nauczycielki, gdy zapytał, czy może sfotografować jej bawiących się wspólnie białych i czarnych uczniów, ale również flagi przyniesione w sposób najnaturalniejszy w świecie przez wielonarodowy tłum świętujący na pikniku nad rzeką Charles. „Komuniści ukradli nam wszystkie symbole patriotyczne: naszą flagę, nasz hymn, *Sprzedaną narzeczoną*. Kiedy nadchodzi święto narodowe, zostajemy w domu i zajmujemy się ogródkiem".

Na zatłoczonych ulicach odczuwa się napiętą atmosferę. To moment, kiedy coś – nareszcie – się wydarzy. Plakaty *Havel na Hrad* – Zamek na Hradczanach jest siedzibą prezydenta – wiszą na każdej ścianie. *Stop dogmatismu*. Ten zawiozłem ze sobą na zjazd koleżeński do Harvardu. Powinienem zatrzymywać przechodniów i wypytywać o ich losy życiowe. Czy są przygotowani na zmiany? Zamiast tego utknąłem, jak zwykle, na Moście Karola, gdzie samotnie przeżywam chwilę zachwytu: popołudnie pod koniec listopada, bladopomarańczowe niebo na zachodnim horyzoncie, ciem-

282

ny zarys zalesionego wzgórza po lewej, zamek i dachy katedry Św. Wita po prawej. Pomarańczowe refleksy na rzece, po prawej pływają łabędzie, po lewej unoszą się w powietrzu i pikują w dół mewy. Można tylko wykrztusić jakieś bezsłowne dziękczynienie za ten dar, tak samo jak wtedy gdy jeleń przebiegnie nam drogę albo najmłodszy wnuk dokolebie się do naszego fotela i zażąda: „Baw się ze mną". Powiew smutku u Mozarta: ile razy to się jeszcze powtórzy? Jiři z rodziną pojawia się następnego wieczora: Jirka jest teraz wyższy ode mnie, Jana jest uderzająco śliczna. Oboje są bardzo podekscytowani demonstracjami wywołanymi przez studentów, nawet w prowincjonalnym Ołomuńcu. Na ulicach swojego miasta pomagali kształtować historię, zamiast milcząco przyjmować to, co im narzucono: zrzucili stare i brudne łachy, założyli nowe i czyste ubrania.

Z „Pařiža" idziemy w kierunku alei Na přikopě, która przed dwoma tygodniami była miejscem decydujących demonstracji studenckich. W Ołomuńcu władze się nie broniły: po prostu zniknęły. Tu policja wymknęła się spod kontroli i zaatakowała studentów. Nawiązał się rewolucyjny dialog – tak jak w Wiedniu w 1848 roku po usunięciu Metternicha – pomiędzy demonstrantami z Pragi i Berlina Wschodniego, do których kilka dni później dołączył Bukareszt i Sofia; rozwój wypadków przyspieszyła telewizja, ale wszędzie budził zdziwienie fakt, że niewyobrażalne okazało się tak proste. Na skraju chodnika leżą bukiety czerwonych goździków, płoną świece za studentów pobitych i zamordowanych przez policję – tak jak w warszawskich kapliczkach w 1957. W paru miejscach ekrany telewizyjne pokazują na okrągło chaotyczne obrazy, wrzaski i okrzyki tamtej nocy.

Tym razem przebieg wypadków zależał tylko od Czechów. Gorbaczow odwiedził Pragę w lipcu 1987 roku, wszędzie witany entuzjastycznie, gdyż ludzie wierzyli, że przyjechał uwolnić ich od Husaka. Zwycięscy alianci podarowali im ojczyznę w 1918 roku. Może to samo uczyni teraz inny hojny obcokrajowiec. Trzy wieki austriackiego panowania, lata okupacji nazistowskiej i rządów komunistycznych zdławiły w ludziach wiarę, że mogą sami wybrać swój los[83].

---

[83] Mannozzi, *Masaryk and Havel*, w: *Living in Truth*, s. 22.

WŁOŚCI HABSBURGÓW

Dorośli pamiętali serię upokorzeń: kapitulację bez jednego wystrzału wobec zajęcia Sudetenlandu przez Niemców w 1938 roku, pogodzenie się bez walki z przejęciem władzy przez komunistów w 1948 roku, a później z inwazją wojsk paktu warszawskiego w 1968 roku. W ostatnich 50 latach nie zdarzyło się nic, co mogłoby wzbudzić u Czechów poczucie dumy. Amerykanie, którzy noszą blizny wyniesione przez nasz naród z wojny w Wietnamie, powinni umieć im współczuć. Do naszych twarzy przyklejają się pierwsze zimowe śnieżynki. Jiři – belfer – wyjaśnia swoim dzieciom ostatnie wydarzenia. Mówi chyba, że to cierpienie i zwycięstwo, ta walka zostały wygrane przez studentów ledwie kilka lat starszych od jego słuchaczy. To oni właśnie stawili czoło policji, a potem już nikt nie mógł się cofnąć. Myślę, że nam wszystkim zbiera się na płacz. *Chceme Pravdu!* Tyle razy widziałem Pragę milczącą, poniżoną – i oto teraz zwyciężyła. Zwyciężyliśmy. Na usta cisną się słowa modlitwy.

Jadę taksówką na lotnisko: mijam nowe bloki i hotele turystyczne z ich basenami i faksami. Im dalej jestem od centrum, tym mniej flag i plakatów.

– Havel jest na usługach Amerykanów – zauważa taksówkarz.

***

Tvá vláda, lide, se k tobě navrátila!
(Narodzie, władza wróciła w twoje ręce!)

Vaclav Havel, Przemówienie noworoczne 1990
(cytat z inauguracyjnego przemówienia
Tomáša Masaryka w 1918 roku)

Walka z władzą jest walką pamięci i zapomnienia.

Milan Kundera, *Księga śmiechu i zapomnienia*

Maj 1990

Niespodziewanie Praga stała się turystyczną stolicą świata. Modni czescy hotelarze podwajają ceny i wciąż mogą się śmiać z turysty, który szuka pokoju. Poprosisz o wcześniejszą rezerwację, harmonogramy jeszcze niegotowe. Zgłosisz się później, wszystko już zajęte.

Praga IV, listopad 1989, 1990, 1991

Jiři znajduje mi pokój w mieszkaniu u starszej pani Zufničkovej Na valech – nieciekawa alejka za Hradczanami. „Ile chciałby pan zapłacić?" Za 25 dolarów na dobę dostaję również śniadanie: kawa, chleb i ser. „Kruche" to odpowiednie słowo na określenie umeblowania i szczupłej, milczącej wdowy. Wymieniamy ukłony i poranne pozdrowienia. Jej zajęcie to przesiadywanie przy stoliku: z małego zdjęcia wpatruje się w nią mąż, a ona maluje pluton ołowianych żołnierzyków w ck mundurach.

Schodzę ze wzgórza w kierunku katedry, przecinam zadbany park – pysznią się tu wspaniałe kasztanowce i kwitną bzy, stoją fontanny, rosną kwiaty posadzone w geometryczne figury – mijam wartę w typowych środkowoeuropejskich (już nie sowieckich) mundurach. Stadko nastolatków w koszulkach z Singapuru (Snoopy, surfingujące hawajskie piękności) przemieszcza się obok mnie. To m y wygraliśmy bitwę o przyszłość. T y, Jean-Paulu Sartrze, przegrałeś.

U podnóża Václavskiego náměstí stoi nowy pomnik starego profesora, Tomáša Masaryka. On istnieje – nie tylko w nazwach ulic Zagrzebia czy Mexico City. Wzdłuż alei Na příkopě widzę w kioskach duże zdjęcia uśmiechniętych amerykańskich żołnierzy w Pilznie, maj 1945 – następne tabu obalone. Trochę dalej oglądam wystawę tekturowych popiersi komunistycznych przywódców od Stalina i Gottwalda po Mao i Kim Ir Sena. Breżniew otrzymał specjalny model bez górnej połowy czaszki – nigdy jej nie używał. Mijam grupkę Japończyków wchodzących do „Pařiža", żeby zająć „mój" pokój i życzę im wszystkiego najlepszego.

Choć nie lubię tych turystów szwendających się po Champs Elysées w drodze na Piazza San Marco, to dzięki nim ulice są odświętnie zatłoczone, i lubię sobie myśleć, że ich marki, jeny, dolary i franki pomagają w odbudowie czeskiej gospodarki. Wysoki młodzieniec zaczepia mnie przyjaźnie, lecz natarczywie. *„Change money?"* – pyta. „Już zamieniłem" – w taksówce z dworca. Jest Jugosłowianinem. „Dam 30 za dolara" – czyli trzy, a nie dwa razy tyle co kurs oficjalny. Chciwość! Wręczam mu 50 dolarów za plik setek koron i zaczynam sprawdzać. „Nie tutaj, bardzo niebezpiecznie. Policja" – ostrzega mnie i znika. Wślizguję się do bramy, żeby podliczyć mój łup, i oto pod ojcowskim banknotem 100-koronowym znajduję stos dziesiątek. Zostałem ukarany, tak jak należało?

285

WŁOŚCI HABSBURGÓW

Pożyteczna konkluzja z tego minimoralitetu jest jednak taka, że w tym nowym demokratycznym kapitalizmie, o którym mówią naiwni Amerykanie, wystarczające środki na spożytkowanie nowych zasad będą mieli tacy biznesmeni jak ten cinkciarz oraz nomenklatura utuczona na łapówkach wręczanych przy wszystkich transakcjach walutowych. Jeśli dodać fakt, że maluczcy ufają tylko plikowi 5-dolarówek pod materacem, a wyrafinowani otworzą konto w Zurychu, to Vaclav Klaus może ujrzeć mniejszą część tej manny, niż ktokolwiek mógłby przypuszczać.

Ja mam jednak skromną nadzieję, że może ta lokalna *prosperity* przyczyni się do złagodzenia walk na noże, które prowadzą nowi politycy amatorzy. Havel jest przyzwoitym i rozsądnym człowiekiem: wciąż nie dowierza, że to właśnie on trafił z więzienia prosto na zamek; potrafi przeciwstawić się nawet pokusie Platona z *Państwa* („Jedynie władcom przysługuje prawo do okłamywania innych") i odrzucić święty przywilej władzy, zezwalający jej łamać zasady, którym podlegają jednostki. Przede wszystkim władzy nie wolno kłamać. *Pravda vítězí* – to hasło obrał Masaryk na dewizę nowej republiki przeciw *dictum* Lenina: „Prawda to burżuazyjny przesąd". („Nikt nie pyta zwycięzcy, czy mówił prawdę" – Adolf Hitler, *Mein Kampf*). Amerykanie na pewno byliby wdzięczni, gdyby ich prezydenci kłamali rzadziej.

Jeśli jakaś polityka jest moralnie odpowiedzialna, to należy ją realizować, nawet wówczas gdy jej koszty są wysokie. A zatem: skoro rozprzestrzenianie broni po całym świecie jest źródłem nieszczęść, Czechosłowacja powinna skończyć z jej eksportem. Do takiego wniosku doszedł Jiři Dienstbier, wezwany przez Havla na stanowisko ministra spraw zagranicznych prosto z posady palacza w fabryce. Ale jeśli komuniści rozwijali słowacki przemysł, lokalizując tu nowe fabryki broni, to teraz Słowacy zapłacą za spokój sumienia Dienstbiera. Amerykanie zapełnili bez większych skrupułów tę próżnię na rynku światowym, nie inaczej niż byłe republiki ZSRR, które wyprzedawały na potęgę swój militarny złom. (W 1993 zakaz Dienstbiera został uchylony jako donkiszoteria).

Havel czuł się zobowiązany do przeprosin za bezwzględność decyzji prezydenta Beneša o wygnaniu wszystkich Niemców w 1946 roku. Ten przykład – a także fakt, że szeregi informatorów były

286

Praga IV, listopad 1989, 1990, 1991

w Czechosłowacji równie liczne jak w NRD – skłonił Havla do sceptycyzmu w stosunku do masowej czystki (*Epurazione* w pofaszystowskich Włoszech) komunistycznych kolaborantów. To oznaczało mniej wisielców na ulicznych słupach, a więcej tych samych lisich twarzy za tymi samymi biurkami – przy minimalnych zmianach kosmetycznych. Havel poparł dobrych ludzi, takich jak Josef Jarab z Uniwersytetu Palackiego. Ale kiedy jednostki te osiągną masę krytyczną, by intencje i osiągnięcia nowego rządu narodowego stały się oczywiste? Havel natknął się też na problem, przed którym w 1918 roku stanął Masaryk. Czesi prezentują cnoty obywatelskie w opozycji: przeciw Austriakom, przeciw komunistom. Kiedy wzywa się ich do działania n a r z e c z jakiegoś ruchu politycznego, brak im – tak jak Polakom – tradycji współpracy i kompromisu.

* * *

„Wciąż jest bardzo popularny".

Woda jest zmącona, a ludzie myślą, że demokracja jest dana raz na zawsze.

„Możesz mówić, co chcesz, ale i tak nic nie zmienisz".

Choroba Zachodu – tak wcześnie. Polityka demokratyczna to Vaclav Klaus i jego twarda strategia deflacyjna, która wymusi konkurencyjność w przemyśle, nawet kosztem znaczącego bezrobocia. Może spróbuje zdyskontować swój sukces i przenieść się na Hradczany? Demokracja to Vladimir Mečiar i ataki na ten nieodpowiedzialny kapitalizm za jego skutki na słowackim rynku pracy – przejaw tak typowej w dziejach pogardy Czechów dla słowackich interesów, kultury, godności. Nadszedł wreszcie czas, żeby porozmawiać poważnie o niepodległości Słowacji. Mečiar – dumny z faktu, że zaczynał karierę od boksu, ale wściekły, że prasa podchwyciła ten temat – opozycję traktuje z aparatczykowską wrogością. Słowackiej prasie nie zezwoli na wypisywanie kłamstw, a obcokrajowcom na prowokacyjne oświadczenia, które tylko jątrzą. Słowacja musi stać się zjednoczonym narodem. (Żydów już nie ma, więc zadanie jest łatwiejsze). Zezwolenie Węgrom na własne szkolnictwo średnie byłoby zachętą do separatyzmu. On nie pozwoli n a m uczyć się we w ł a s n y c h szkołach!

„To przyzwoity i rozsądny człowiek".

WŁOŚCI HABSBURGÓW

O tym wiemy. Nie pustkowia Warszawy albo Południowego Bronxu, tylko żeby na każdej ulicy znajdowała się piwiarnia, kilka piekarni i ciastkarni – oto jego ideał.

„To nieprawda, że ludzie z zasadami nie nadają się do polityki. Chodzi o to, by zasadom towarzyszyły cierpliwość, rozwaga, poczucie miary i zrozumienie dla innych. To nieprawda, że tylko ludzie zimni, cyniczni, aroganccy, pyszałkowaci i kłótliwi mogą odnieść sukces w polityce. W ostatecznym rozrachunku uprzejmość i dobre maniery znaczą więcej"[84].

Takie słowa powinny rozbrzmiewać wszędzie. Ale szkoda, że w tych więziennych latach, kiedy miał tyle wolnego czasu na lektury, nikt nie przyniósł Havlovi dobrej biografii Franklina D. Roosevelta. F.D.R. postawił sobie szczytne cele – zwalczanie ubóstwa, nierówności, niesprawiedliwości (słowa, które w latach osiemdziesiątych stały się tabu) – ale był realistą, rozumiał znaczenie praktyki i był gotów ciężko pracować. W zasadzie Czesi i Słowacy są skłonni zaakceptować kompromis, żeby utrzymać państwo w całości. Zdają sobie sprawę z zagrożeń ze strony Grossdeutschland i sterty gruzu, jaką jest były ZSRR. Zgodziliby się na ściślejszą współpracę z Polakami i Węgrami, gdyby nowi, autentyczni przywódcy przyznali jej wielkie znaczenie. Havel zdołałby powstrzymać Klausa i Mečiara za cenę wyjazdu w teren (co zrobiłby Roosevelt czy Truman) i przekonywania konkretnych ludzi od Pilzna do Koszyc, że unia może się opierać na sprawiedliwości i wzajemnym szacunku.

19 października 1992 roku „New Yorker" wydrukował obszerny, niepokojący artykuł Lawrence'a Weschlera (którego książka o „Solidarności" i stanie wojennym w Polsce wydała mi się tak przenikliwa) o sytuacji w Czechosłowacji po aksamitnej rewolucji. W odróżnieniu od Polski i Węgier, Czechosłowacja uzyskała wolność tak raptownie, że nikt nie był przygotowany. W odróżnieniu od Polski, gdzie „Solidarność" była ruchem masowym, czeska opozycja antykomunistyczna po 1968 roku to było najwyżej kilka tysięcy osób. W styczniu 1969 roku Jan Palach dokonał samospalenia na znak protestu, lecz protest ten ograniczał się do kilku praskich grup ro-

---

[84] Przemówienie Havla na Uniwersytecie Nowojorskim, 27 października 1991.

288

Praga IV, listopad 1989, 1990, 1991

ckowych, jak Plastic People of the Universe, pieśni o wieloznacznych słowach, książek z Toronto i Havla siedzącego w więzieniu. Skoro Czechosłowacja i NRD wywalczyły wolność tak błyskawicznie, prawie nie napotykając oporu, to dlaczego zdecydowały się tak późno? Czy służby bezpieczeństwa – *Statní bezpečnost*[85] – była tak groźna, czy raczej groza ta była wymówką? Czy wstyd było się przyznać, jak łatwo człowiek poddawał się strachowi?

* * *

Jaki jest amerykański odpowiednik tabu zatruwających społeczeństwa postkomunistyczne, jak np. zaraza donosicielstwa? Być może, nasz system opieki zdrowotnej: nie tylko sparaliżowany przez impas systemu konkurencyjnych interesów, ale również do tego stopnia spowity przez idee, które nie poddają się analizie, i słowa, których nie sposób wypowiedzieć, że równie dobrze mógłby być dziełem stalinistów.

Siostra starego fryzjera – Włocha, u którego obcinam włosy, miała wylew, trafiła do miejscowego szpitala, gdzie położono ją na oddziale intensywnej terapii. Po dwunastu dniach zmarła, nie odzyskując przytomności. Następnego dnia jej córce wręczono rachunek na 140 000 dolarów. Większość tej sumy zapłaciły rozmaite ubezpieczalnie, ale historia ta dowodzi upiornego lekceważenia wartości ekonomicznych, medycznych i moralnych – taka parodia jest możliwa tylko w Ameryce.

Każdy system niesie ze sobą jakieś korzyści. Ten podłączony do prądu płot z drutu kolczastego wokół czeskich granic oznaczał wiele świetnych posad. Niewykwalifikowany personel znajdował uczciwą pracę przy podsłuchu rozmów telefonicznych i lekturze cudzej korespondencji. Amerykańscy urzędnicy przy komputerach, menedżerowie od ubezpieczeń, laboratoryjni technicy i chirurdzy mózgu w żadnym razie nie machną ręką na swoje posady.

1991

Tym razem zatrzymałem się w staroświeckim hoteliku za kościołem Tyńskim – tylko przecznicę od rynku, po którym chodzę

---

[85] W 1993 roku Jiří otrzymał od nich oficjalne zaświadczenie, że nigdy nie nawiązał z nimi żadnych kontaktów.

WŁOŚCI HABSBURGÓW

w kółko, żeby zapamiętać każdą ulubioną fasadę i wieżę. Pomnik Husa jest obwieszony transparentami z wezwaniami do solidarności z chińskimi dysydentami; na świątecznych straganach sprzedają kukiełki i ozdoby choinkowe.

Pielgrzymuję do Bertramki, gdzie mieszkał Mozart, na eleganckie przedstawienie *Cosí fan tutte* w wykonaniu zespołu z Włoch. Tak wysoki poziom kultury jest, rzecz jasna, utrzymywany dla i przez turystów. Bo co, na przykład, dzieje się z teatrami i klubami jazzowymi, z których Praga – podobnie jak Warszawa – była znana, gdyż przypominały ludziom, że tępa i brutalna władza nie zawsze ma ostatnie słowo, i które teraz – w nowym wspaniałym świecie reguł rynkowych – bankrutują?

Wycieczka na Wilsonove nádraží jest wskazana, żeby potwierdzić mój bilet na 7 rano do Wiednia. Po drodze mijam na ulicy Jerozolimskiej orientalną, hiszpańską synagogę z dwoma zakończonymi cebulasto minaretami z Granady i Fezu. Zamknięta, w stanie rozpadu – Praga ma tylko jedną synagogę, którą warto odrestaurować dla turystów. W porze lunchu odwiedzam restaurację z pretensjonalną fasadą – klimat nie skażony przez europejskie maniery (*Euroniceness*). Kiedy już się upewniła, że czekam wystarczająco długo, naburmuszona kelnerka pacnęła tacą, na której spoczywa kostka tłuszczu z różowym robaczkiem „mięsa". Obok niej leży na talerzu garść tłustej kapusty kiszonej. Biedne dziewczę – które wzbudza w powracających do korzeni, podstarzałych Niemcach i Żydach nostalgię, gdyż przypomina im flądry, z którymi mieli pierwsze młodzieńcze przygody – dostanie burę za to, że zapomniała umieścić odcisk kciuka na mojej łyżce. Człowieka ogarnia smutek na myśl, że ta malownicza flejtuchowatość musi nieuchronnie ulec w starciu z McDonaldami i Burger Kingami.

„*Hafe najz dej*".

Po drodze do Mostu Karola z jego bożonarodzeniowymi suwenirami trafiam na sklep, gdzie sprzedają koszulki z Kafką. Witaj w domu! Sporządzam listę znajomych pisarzy i Żydów, bo mają tu koszulki z rabim Loewem i Golemem.

Tego wieczora mijając hotel „Europa" w drodze do opery, spostrzegam po raz pierwszy rasową prostytutkę, superobcisła spódniczka mini, buty na szpilkach, głęboki dekolt, staranny makijaż, karminowa szminka.

290

Kiedy daję wykład z teorii polityki w różnych podrzędnych *college*'ach, rozpoczynam od Lenina jako kluczowej postaci tego stulecia. To on ustanowił państwo totalitarne jako środek (a w końcu cel sam w sobie) do stuprocentowej racjonalizacji życia ludzkiego – wizji wykraczającej poza wszystko, co wymyślili Józef II czy Platon. Hitler i Stalin byli jego uczniami. Alternatywą dla Lenina jest Franklin Roosevelt: pragmatyczny, ludzki, realistyczny w doborze środków i sojuszników, posiadający możliwą do zrealizowania wizję sprawiedliwego społeczeństwa.

Nie tak. To Calvin Coolidge ze swoimi ideałami zysku góruje nad naszym małym światem niczym kolos. Jeśli bogaci się bogacą, to tak powinno być. Jeśli biedni biednieją, to łatwiej ich zignorować. W naszych czasach ten sztandar załopotał wysoko w rękach Ronalda Reagana i jego sympatii, Margaret Thatcher – Lenina i Stalina kapitalistycznej kontrrewolucji – a pewnego dnia świat zrozumie, że hall „Alcrona" był kolebką naszego stulecia.

Prezydent Bush oświadcza: „Zimna wojna się skończyła i my ją wygraliśmy!". Michaił Siergiejewicz Gorbaczow przeszedł już do historii. Vaclav Havel jest przyzwoitym i rozsądnym prezydentem niewielkiego kraju – nie potrzeba nam ogromnych przestrzeni – osobą całkiem odmienną od stajni przywódców, do których się przyzwyczailiśmy, ale jego państwo prześlizguje mu się między palcami. Tylko:

czy wolność będzie umiała śpiewać
tak jak niewolnicy śpiewali o wolności

Branko Miljkovic, *Wszyscy będą pisać wiersze*

Rozdział dwudziesty drugi

WIEDEŃ I, 1937, 1939, 1951

bezimiennie umarłych
zabitych dokładnie
na trotuarach getta
przykrywano gazetą
zanim ich sprzątnięto

odtąd gazety
w zwiększonym nakładzie
nadal wiernie służą
do zasłaniania prawdy
leżącej na wznak

byle nie odetchnęła
nie podniosła głowy
boby się z płacht spłoszonych
zerwały liter chmary
odleciały bzykające
plujki ścierwnice słów
szukać
innej padliny

Jerzy Ficowski, *Z prasoznawstwa*

Był rok 1939, połowa sierpnia, kiedy razem z Bruce'em – po trzytygodniowym objeździe południowego wschodu: Budapeszt, Bukareszt, Sofia, Belgrad – dotarliśmy do Wiednia. „Pszenica zebrana – teraz wojna wybuchnie". Czy Bułgaria i Węgry wspólnie dołożą Rumunii? Czy Jugosławia opowie się za kimś, czy może Chorwaci i Serbowie wezmą się po prostu sami za łby? Czy pułk ochotników węgierskich przygotowuje się potajemnie do walki po stronie Polaków? Na młodych Amerykanach można było wypróbować krążące pogłoski oraz własną angielszczyznę.

Od wyjazdu z Polski zebraliśmy spory koszyk wrażeń. Mówiący po francusku czeski kucharz w małej węgierskiej gospodzie – na ob-

Wiedeń I, 1937, 1939, 1951

szarze, który był kiedyś Słowacją – pomógł nam wypełnić papiery. Wcześniej był kierownikiem dwóch dużych hoteli w Pradze i Bratysławie; pożegnał się z nami słowami: „Spotkamy się znów w okopach podczas wojny z Niemcami". W Siedmiogrodzie czarne woły, pola słoneczników i nasze pierwsze cerkwie z cebulastymi wieżami. Wywieszki w rumuńskich restauracjach: „Nie rozmawiać o polityce". W Bukareszcie bosa wiejska dziewczyna z koszem warzyw na głowie przechodzi obok eleganckiego hotelu, a damulki w samej bieliźnie wychylają się z okna i gwiżdżą na nas. W Sofii żołnierze w czapkach na bakier, z epoletami, pasem na bluzie munduru, w czarnych oficerkach – jakby prosto z Sankt Petersburga. Oficerowie z szablami i podkręconymi wąsami w drodze do salonu madame Kareniny.

W nocy zgubiliśmy się na polnych drogach – w serbskiej wiosce natknęliśmy się na imigranta, który wrócił z Ameryki. „Dwanaście lat w Pittsburghu" – prawie cały zasób słownictwa, jaki mu pozostał. „Mój wuj mieszka w Toledo, znacie go?" Kobieta: „Możecie zostać u nas na noc, jeśli chcecie". Ich oddechy zionęły czosnkiem. Jak będzie wyglądać wygódka? Wykręciliśmy się: jaka szkoda. Później żałowałem.

Nie było gdzie się ukryć. Wykształcony Rumun obwieścił nam doskonałą angielszczyzną: „Wojna z Żydami jest wojną o chrześcijaństwo". Niemniej jednak nawet my, chronieni przez paszporty amerykańskie, odczuwaliśmy trwogę, widząc znów swastykę na granicy austriackiej, słysząc *Heil Hitler*, widząc twarz Führera na ścianie i stając się przedmiotem pogardy: ci głupi Amerykanie w tym ich brudnym, francuskim aucie.

Wiedeń był naszym pierwszym podbitym miastem. Recepcjonista w „Bristolu" (następnego dnia przenieśliśmy się w tańsze miejsce) uśmiechnął się i powiedział: „Jesteśmy teraz Ostmark". Zgrabna tabliczka: *Juden unerwünscht* stała obok jego łokcia.

To była dziwna wizyta. Chciałem pokazać Bruce'owi te wszystkie urocze fragmenty miasta, które zapamiętałem z Wielkiej Podróży sprzed 2 lat, którą odbyłem wraz z moim prawie niewidomym kuzynem i jego wychowawcą. („Wszyscy mężczyźni w mundurach, z wąsikami" – to zapisek w moim dzienniku z 1937 roku).

Podczas tamtej podróży, kiedy zatrzymywaliśmy się tylko w takich hotelach jak „Bristol", odbyliśmy pielgrzymkę do apartamentów Karl-Marx-Hof na zachodnich przedmieściach, których w 1934 roku próbowali bronić heroiczni socjaliści – karabiny przeciw armatom – przed atakiem bezwzględnej armii Engelberta Dollfussa – niemal pierwsze polityczne przebudzenie romantycznego trzynastolatka. Dollfuss był człowiekiem poważnym, ale tak niskim, że prowokował rozmaite dowcipy: „To nie żółw, ale kanclerz w stalowym hełmie". Zimą wyprawiano go na łyżwy na zamarzniętą taflę własnego nocnika. Został zamordowany w lipcu 1934 roku przez austriackich nazistów, ale mobilizacja wojsk Mussoliniego na granicy powstrzymała Hitlera przed przejęciem władzy. Nie wyprzedzaj biegu wypadków!

Dollfussa zastąpił Kurt von Schuschnigg, który rządził jak stary dyktator, aż w 1938 roku złamał go Hitler i doprowadził do Anschlussu. Spotkałem Schuschnigga po moim powrocie z Austrii w 1952 na basenie w St. Louis, gdzie uczył. Zapytał tylko o dzisiejsze ceny butów w Wiedniu.

Bruce i ja obejrzeliśmy dostojną katedrę Św. Stefana oraz elegancki pałac letni (austriackie żółte ściany i zielone okiennice) z francuskim ogrodem w Schönbrunn, spałaszowaliśmy czekoladowe eklery u Dehmela i zatrzymaliśmy się przed pomnikiem Johanna Straussa – ulubiony artysta wygrywał na swoich skrzypcach jakby w środku kamiennego pączka, gdzie sentymentalne panny kładły smętne bukieciki po hitlerowskim przewrocie. Ale ci uprzejmi ludzie karmiący gołębie byli teraz naszymi wrogami. Chłopcy w naszym wieku – rzadziej umundurowani niż ich rówieśnicy w Niemczech – zostaną żołnierzami i będą z nami walczyć. Któregoś popołudnia wybraliśmy się na przejażdżkę wzdłuż Dunaju przez takie piękne miasta jak Dürnstein i Krems: chcieliśmy zatrzymać się w restauracyjnym ogródku pełnym roześmianych ludzi pijących młode wino, ale ogromna tablica, *JUDEN VERBOT*, skłoniła nas do powrotu do auta.

W naszych rozmowach pojawiał się Fritz, nasz kolega z Deerfield, i jego rodzice, którzy byli nauczycielami w Smith College. Zaprosili nas kiedyś w niedzielę na lunch do swojego domu w Northampton – była bita śmietana oraz rolada czekoladowa, dzieło szwajcarskiej kucharki – i opowiadali nam o miastach, które zwiedzali, w których studiowali, dawali koncerty i które teraz, poza Zurychem, należą już do przeszłości. Zawsze towarzyszyła nam myśl, co państwo Jacobi powiedzieliby o tym czy o tamtym.

Pomimo tarć wywołanych przez długą wyprawę, podczas której musieliśmy polegać tylko na sobie, wciąż zadziwiająco dobrze dogadywaliśmy się z Bruce'em. Jego francuski był lepszy od mojego; ja znałem pół setki słów niemieckich. On był bardziej świadomy ludzkiego wymiaru dramatu, którego byliśmy świadkami, ale czasami zapominał, że po roku na Harvardzie byłem od niego o wiele lepszy z historii i kultury.

Formalnym powodem naszego przyjazdu było oczywiście odebranie z kwatery gestapo pozwolenia na trzydniowy pobyt w Pradze, o które zwróciliśmy się w Berlinie. Skierowaliśmy nasze kroki do hotelu „Metropol", odnaleźliśmy właściwe biuro, gdzie wręczono nam wizy. Wszystko poszło gładko, nikt nas nie wystraszył. Ale w drodze powrotnej minęliśmy parę staruszków w czerni, z żółtymi opaskami i gwiazdami Dawida, którzy trzymając się kurczowo pod ramiona, usiłowali wspiąć się po schodach. Kruchość tego starego małżeństwa, bliskość śmierci – tak jak w przypadku rodziny Teichów w ich pustym berlińskim mieszkaniu czy rozgorączkowanego mrowiska w Warszawie; co można na to powiedzieć?

W deszczowe niedzielne popołudnie – znudzeni i podenerwowani, ponieważ nasza praska wiza była ważna dopiero od następnego dnia – błąkaliśmy się po Stadtparku. Dwa rzędy zielonych pustych ławek ciągnące się w nieskończoność, jedna żółta ławka, a na niej cztery osoby. Mogłyby usiąść na zielonej. Nie było tu nikogo, kto mógłby ich powstrzymać. Nie mieli żółtych opasek ani krogulczych nosów, ale powiedziano im, że to zabronione. (Te reguły przypomniały mi się parę lat później, kiedy pracowałem w Missisipi). Trzej mężczyźni i kobieta siedzieli na żółtej ławce w oczekiwaniu – mówiąc dosłownie – aż ktoś zdecyduje się ich uśmiercić.

Poza każdym towarzyskim, domowym okiem
dokonują się prywatne masakry;
Wszystkie Kobiety, Żydzi, Bogaci, Ludzkość.

W. H. Auden, *Yes We Are Going to Suffer*

WŁOŚCI HABSBURGÓW

***

Dwa razy trafiłem na Austriaków, kiedy byłem żołnierzem we Włoszech. 36 Dywizja (Teksaska Gwardia Narodowa) próbowała się przebić przez pasma górskie pomiędzy Neapolem a Rzymem i utknęła wokół miasteczka San Pietro. Zatrzymały nas niemieckie oddziały górskie, wśród nich 44 Dywizja, składająca się głównie z Austriaków. Do kwatery 141 Pułku przyprowadzono jeńca, którego otoczyło półkolem może 40–50 Amerykanów, wpatrujących się w milczeniu w ten okaz zoologiczny, ubrany w niebiesko-zielony mundur i wełnianą czapkę z czubkiem – strój identyczny z tym, który Austriacy nosili w 1917 roku.

Kiedy w maju 1945 roku wojska niemieckie we Włoszech skapitulowały, zadaniem sekcji G-2 w kwaterze głównej był nadzór nad transportem niemieckich pułków do obozów jenieckich. W naszej siedzibie pod Weroną pojawił się oficer sztabowy – piękny arystokrata władający lepszą angielszczyzną niż jego amerykańscy rozmówcy – który przedstawił się jako Austriak, i opowiadał z rozżaleniem, jak to został zmuszony do służby pod dowództwem niemieckim.

> *On był zły i wszystko zepsuł;*
> *oni byli dobrzy;*
> *zawsze, gdy zhańbił i stępił miecz,*
> *oni ostrzyli miecz na nowo*
> *i wręczali mu go raz za razem.*

Michael Guttenbrunner, Hitler i generałowie

***

1951

W 1951 roku, po pięciu latach pracy w szkole, złożyłem podanie o posadę we Francji w ramach programu Fulbrighta. Sądziłem, że to dobry sposób, żeby podładować akumulatory i przetestować moją wiedzę przed innym audytorium. Wysłano nas do Austrii dzięki funduszom – w miejscowej walucie – uzyskanym ze sprzedaży nadwyżek amerykańskiego sprzętu wojskowego; moje skromne uposażenie w Wiedniu i w Grazu było pewnie równowartością używanego jeepa i jakichś 300 koców.

296

Z trójką dzieci – 8, 4 i 2 lata, najmłodsze wciąż w pieluchach – wyruszyliśmy razem z Mary autem na wschód od Cherbourga, co nie zawsze było proste, bo jeśli podróżuje się z małymi dziewczynkami, to każda katedra staje się wspaniałą areną do gry w klasy: „Tylko nie w nawie głównej, kochanie". Dotarliśmy do Wiednia. Urzędnicy Fulbrighta z biura na Rooseveltplatz, poprzednio Goeringplatz, poprzednio Dollfussplatz, pomogli nam znaleźć mieszkanie w Hietzing za Schönbrunnem – staroświeckie przedmieście wysadzane kasztanowcami. Wrześniowe odgłosy w tym miejscu to łoskot pękających łupin, kiedy kasztany spadały z drzewa, a potem stukot lśniących brązowych orzechów turlających się po chodniku – każde z dzieci miało swoją kolekcję. Razem z mieszkaniem pojawiła się Frau Anna – leciwa sprzątaczka – a właścicielka przestrzegła nas, żebyśmy nie płacili jej więcej niż sąsiedzi, choć możemy ofiarować jej coś ładnego przed wyjazdem. Mary opanowała niemiecki dla gospodyni domowej w stopniu wystarczającym, by robić zakupy. Starszy pan w sklepie na rogu, któremu skinęła głową, wydeklamował: „Byłem kiedyś generałem w armii cesarskiej, a teraz sam muszę robić zakupy". Za każdym razem, kiedy go spotykała, powtarzał to samo.

Naszą ośmiolatkę zapisaliśmy do miejscowej szkoły. Przez kilka dni była maskotką, pluszowym misiem dla bardziej towarzyskich trzecioklasistów – miała ładne zabawki, jej mama podawała ciasteczka. Potem im się znudziła – *Du redest so blöd* („Gadasz bez sensu") – i zostawili ją samą. Nasz dozorca miał samotną, jedenastoletnią siostrzenicę, która wpadała do nas na podwieczorek i lubiła pedałować po całym mieszkaniu na trycyklu Bruce'a. W krótkim czasie Irmgard stała się najbliższą przyjaciółką Catherine i niemal członkiem rodziny.

Każdego ranka jechałem kolejką miejską (*Stadtbahn*) do mojego gimnazjum. Praktyka nauczycielska w Szkole Thomasa Jeffersona nie przygotowała mnie do tej pracy. Tutejsze relacje przebiegały ściśle na płaszczyźnie my kontra oni, żadnych amerykańskich złudzeń o współdziałaniu. Nauczyciel był szefem: czasami zupełnie rozsądnym, ale już chwilę później mógł wydzierać się na swoich uczniów niczym sierżant piechoty morskiej. Siedziałem w ostatnim rzędzie, pełen winy, że na mnie nakrzyczano, ale chłopcy nie brali

WŁOŚCI HABSBURGÓW

tego poważnie. Notorycznie oszukiwali: chłopak wezwany do odpowiedzi stawał w ławce, a cała reszta podpowiadała mu szeptem. Jednak dobrzy nauczyciele – pamiętam kilka znakomitych zajęć z *Fausta* – nie mieli kłopotów. Moja rola była marginalna. Nauczyciel spoglądał na zegarek i obwieszczał, że *Herr Professor* Merrill opowie nam o Indianach. Wszyscy uczniowie czytali Karola Maya i jego krzepiące opowieści o Winnetou i Old Shatterhandzie, tak jak polscy chłopcy znali ociekającą krwią *Trylogię* Sienkiewicza, więc wymawiając starannie słowa, opowiadałem im o Nawahach. Potem dodałem zajęcia o życiu ucznia w Kirkwood High i o „Spacerze po Nowym Jorku" – który zaczynałem w niemieckim Yorkville po wschodniej stronie, następnie mijałem irlandzkie bary i włoskie restauracje, ulice polskich Żydów, Chinatown, żeby skończyć na West Side, gdzie wpadaliśmy do „Eclair" na kawę i ciastka.

Wszyscy moi koledzy służyli w Wehrmachcie, większość na froncie wschodnim – owszem, ja też walczyłem w piechocie. Rozwodzili się nad tym, jak ciężko było przetrwać zimę, jak bardzo bali się niewoli sowieckiej. Nie rozmawialiśmy o polityce. Nazistami byli Niemcy – Piefke. Zachowywałem się uprzejmie i słuchałem, tak jak słuchają kobiety w kuchni gospodyni podczas przyjęcia. Po niemiecku nie potrafiłem się irytować ani opowiadać dowcipów.

Chłopcy o słowiańskich nazwiskach – powiedział mi nauczyciel wychowania plastycznego – rysują na czerwono i niebiesko. Chłopcy z niemieckimi nazwiskami używają zielonego, brązowego i żółtego. Czemu wy, Amerykanie, nie byliście w 1945 wystarczająco bystrzy, żeby zrozumieć, kto jest waszym prawdziwym wrogiem? Gdybyśmy mieli za sobą wasze samoloty i czołgi, to Wehrmacht byłby posłuszny amerykańskim generałom i razem odparlibyśmy Rosjan. Jeden z nich dawał korepetycje sporej grupce żydowskich chłopców. „Człowiek zaczyna postrzegać Żydów zupełnie inaczej, kiedy widzi ich w rodzinie". Podczas rocznego pobytu w Austrii (z czego sześć miesięcy spędziłem w Grazu), spotkałem jedną osobę, która wspomniała obozy zagłady. Pewien strażnik nie mógł już znieść służby w takim miejscu i został przeniesiony do baterii przeciwlotniczej na Ukrainie. Od niego mój znajomy dowiedział się o Oświęcimiu.

298

Wiedeń I, 1937, 1939, 1951

Wszyscy poza Żydami, komunistami, niektórymi intelektualistami i reakcyjnymi katolikami byli za Anschlussem. Nacjonaliści byli zadowoleni z przyłączenia do wielkich Niemiec, socjaliści nienawidzili dyktatury Schuschnigga, protestanci stali się obywatelami narodu Marcina Lutra. W Republice Austriackiej nie było pracy. Po Anschlussie młody, zdolny i energiczny mógł zajść dowolnie daleko. Strzępy historii wychodziły na jaw. Zimowe Igrzyska w 1952 roku odbywały się w Norwegii: „Ale Austriacy nie dostają wiz!". Trochę później przypomniałem sobie szpetną przyczynę. Po 1918 roku wielu Norwegów zaprosiło do siebie do domu niedożywione wiedeńskie dzieciaki, żeby doszły do sił. Kiedy w 1940 roku Niemcy napadły na Norwegię, wśród żołnierzy było wielu wiedeńczyków, którzy nadal pamiętali trochę język. W 1952 roku wciąż jeszcze mile widziani.

Tamtej jesieni uczyłem w czterech różnych gimnazjach, w tym jednym żeńskim na Maria-Hilfe-Strasse, gdzie były niegdyś eleganckie żydowskie sklepy. Wśród nauczycieli angielskiego brylowała żywiołowa, ruda Żydówka, która dzięki wyjazdowi do Anglii wyratowała się przed Oświęcimiem i Majdankiem, a potem – nie całkiem racjonalnie – wróciła do Wiednia; tu niektóre z jej znajomych miały jej za złe, że w taki sposób uniknęła ich cierpień.

Ponieważ pracowałem w różnych miejscach, musiałem poznać rozmaite fragmenty Innere Bezirk (Śródmieścia). Choć Wiedeń – znajdujący się w strefie rosyjskiej (przez którą mogliśmy przedostać się tylko jedną drogą) – został podzielony na cztery „zony" (Hietzing znajdował się w brytyjskiej), to Śródmieście było patrolowane przez sławne jeepy z brytyjsko-amerykańsko-francusko-rosyjskimi załogami żandarmów, które zajmowały się aresztowaniem pijanych żołnierzy, ale zasadniczo spełniały rolę ceremonialną – były ostatnim symbolem sojuszu aliantów.

1951 był rokiem inauguracji planu Marshalla – zadziwiająco dalekowzrocznego programu, który w Austrii dobrze nadzorowano i za który wyrażano serdeczną wdzięczność. Jakie zasoby posiadają Austriacy, takie jak góry czy Mozarta, pytali urzędnicy amerykańscy, i w jaki sposób da się je najlepiej zdyskontować za pomocą inwestycji w hotele i teatry, nowe drogi i elektrownie wodne – również w strefie rosyjskiej. Miałem powody do dumy ze swojego kraju.

299

WŁOŚCI HABSBURGÓW

Dwa razy w tygodniu Mary brała lekcje niemieckiego u sudeckiej uciekinierki, Frau Gavory, która podczas wojny wyszła za Słowaka – „katolicki prałat i luterański biskup byli gośćmi na naszym weselu, a wiejskie dziewczyny tańczyły czardasza w swoich kieckach" – teraz zamkniętego w komunistycznym więzieniu w Bratysławie, po drugiej stronie Księżyca.

Dzięki tym lekcjom, moim kolegom, zakupom, a nawet naszym dzieciom poznaliśmy wiedeńskie życie i język – wyrywkowo, jak fragmenty mozaiki. Ponieważ większość ludzi – prócz eksporterów drewna, śpiewaków operowych, przedsiębiorców i hurtowników mięsa – żyła w biedzie i podczas formalnych uroczystości nosiła nadal przedwojenne ubrania, walutą stały się rozmaite odmiany ceremoniałów. Na uniwersytecie zdobycie doktoratu nie było wielką sztuką i nie miało wielkiej wartości, ale każdy jego posiadacz, nawet jeśli sprzedawał krawaty, był odpowiednio tytułowany. *Gnädige Frau* (łaskawa pani) to staroświeckie austriackie wyrażenie, więc Niemcy – a w latach dziewięćdziesiątych również Austriacy – byli rozbawieni, że nadal posługuję się tym archaizmem. Purysta całował kobietę w dłoń albo przynajmniej nurkował głową – tak jak to dobrze wychowani ludzie robią w Krakowie – ale jeśli żona kolegi była nam przedstawiona, to do dobrego tonu (*höflich*) należało, przy pożegnaniu z nim, przekazanie *schönen Handkuss zu Haus* (ucałowania rączek dla żony).

Frajdę przynosiło posługiwanie się innymi terminami, z reguły pejoratywnymi. *Ein blödsinniger Kerl* (głupi cham), a w istocie *ein echter schlampig*[86] *hochnasiger Schlurf* (autentycznie wkurzający gnojek, taki jak ci, którzy szwendali się przed wejściem do mojej szkoły dwadzieścia lat później) mówił *Quatsch* (bzdury) i miał skończyć jako *ein hoffnungslosiger Knecht* (zupełny nieudacznik). Szczególna wymowa i intonacja tych słów – nosowa i pискliwa w przypadku klasy średniej, *grob* (szorstka) u robotników – wydawała się albo sympatyczna, albo nieznośna, zależnie od dawki spożytego ostatnio wina lub kawy.

W listopadzie Wiedeń zrobił się bardziej zimny, deszczowy, biedny, jeszcze mniej atrakcyjny dla turystów, ale za to bardziej jedno-

---

[86] Żaden szanujący się Niemiec, mówiąc o Austriakach, nie mógł obyć się bez *Schlamperei* – wszechstronnej w użyciu „flejowatości".

Wiedeń I, 1937, 1939, 1951

znacznie mój jako „*Staatsangesteltera*" (urzędnika państwowego) w brązowym płaszczu przeciwdeszczowym i zielonym kapeluszu tyrolskim, gdy w przygnębiającej atmosferze *Nachkriegszeit*[87] (czasów powojennych) przemierzałem powoli ulice. Wiedziałem, że jestem u siebie. Miałem tu pożyteczną rolę do odegrania jako nauczyciel tych dorastających chłopców i dziewcząt: mogłem zarazić ich przekonaniem, że mamy ważne zadanie do wykonania, więcej, że oni sami są ważni.

W centrum mojego miasta była katedra św. Stefana – z dachem nadal w naprawie po bombardowaniach w ostatnim miesiącu wojny. (O swoje wschodnie miasta – Budapeszt, Poznań, Wrocław, Wiedeń, Berlin – Niemcy walczyli desperacko). Cisza i półmrok rozjaśniony migotliwymi płomieniami świec, odbijającymi się od złoceń ołtarza, oddzielały każdego gościa od nędzy na ulicach. W dobrych czasach katedra to pocztówkowy cel wizyty, kilka zdań z wykładu z historii sztuki dla pierwszego roku. W trudnych czasach katedra staje się sanktuarium. Myślałem o swoich zimowych odwiedzinach w Duomo we Florencji, kiedy to schodziłem z kwatery oddziału na drogę do Bolonii, i o tym, co tyle razy znajdowałem w mrocznym kościele Mariackim w Krakowie.

Czy Bóg istnieje? Skąd wiesz? Co to zmienia?

Następny krok – już za Ringiem – to barokowa kopuła i dwie wspaniałe kolumny Karlskirche dla uczczenia zwycięstw nad Turkami odniesionych przez wojska Karola VI[88] pod dowództwem księcia Eugeniusza Sabaudzkiego – deklaracja habsburskiego prawa i obowiązku do obrony chrześcijaństwa. W odróżnieniu od Stefansdom, Karlskirche był pławiącym się w świetle kościołem na dobre czasy, a nie miejscem dla skruszonego serca, stosownie do czego graniczył z pomnikiem ku czci bohaterów Armii Czerwonej, wyposażonym w swoją własną kolumnę zwycięstwa oraz solenne

---

[87] Mój wuj Harden, który zaczynał swoją karierę zawodową jako śpiewak operowy, ale stracił głos we francuskich okopach, studiował fortepian w *Nachkriegs* – w Wiedniu. W jego pamięci zapisały się wygłodzone dziewczęta, które oblegały każdego, kto wyglądał na obcokrajowca i nie pozwalały mu odejść, aż obiecał pójść do domu z jedną z nich i dać jej dość pieniędzy na jedzenie.

[88] Karol był ojcem Marii Teresy – która odcisnęła swoje piętno na XVIII-wiecznej Austrii, tak jak Wiktoria na XIX-wiecznej Anglii – i dziadkiem racjonalnego Józefa II oraz niemądrej Marii Antoniny.

301

figury: rosyjskiego strażnika i austriackiego policjanta. Nieco dalej rozciągały się francuskie ogrody i wysypane żwirem alejki eleganckiego Belvédère Palais – podarunku dla księcia Eugeniusza – gdzie słońce świeciło częściej niż w innych rejonach miasta. W pałacu mieściło się teraz muzeum sztuki austriackiej z kasztanowcami i kwiecistymi kobietami Gustava Klimta oraz udręczonymi postaciami aktów Egona Schielego.

Trzeci to wielka bryła Hofburga, centrum habsburskiej *Staatsmacht*, któremu dorównać mógł tylko leżący na południe od Zamku na Hradczanach pałac Czerninów, jeśli idzie o ostentacyjne manifestowanie władzy – reprezentowanej tutaj przez pozującego na Rzymianina Józefa II na koniu. Na skraju Josefplatz znajdowała się restauracja „Zur Stadt Brünn" upamiętniająca czasy, kiedy Brno było miastem austriackim, a czeski językiem pomocy kuchennych. Za 15 szylingów (60 centów) mogłem zamówić tu skromny lunch: gulasz, *Salzstangerl* (twarda bułka z kryształkami soli na wierzchu), szklanka wina, kompot z moreli albo agrestu.

W moich codziennych wędrówkach do i ze stacji Stadtbahnu mogłem łatwo zboczyć do rosyjskiego sektora w robotniczej dzielnicy miasta. Nie było to wprawdzie niezgodne z prawem, niemniej jednak było niewłaściwe. Wojna koreańska weszła w swój drugi rok i zawsze istniał cień obawy, że może się ona przerodzić w III wojnę światową, a Austria i nasza rodzina będą pierwszymi celami Sowietów. Generał Matthew Ridgeway, amerykański głównodowodzący, był oskarżany o użycie broni biologicznej i każdy kawałek ściany, do którego mogli dotrzeć komuniści, nosił wielki napis: *Ridgeway=Pestkrieg*.

Rosyjskim żołnierzom i ich rodzinom zakazano jakichkolwiek kontaktów z cywilami, amerykańskie rodziny bały się ich. Austriackim pracownikom w sklepie koszarowym zabroniono mówić po niemiecku – obco brzmiące słowa działały na nerwy żonom wojskowych. Razem z ośmioletnią Catherine wymyśliliśmy sentymentalną historię o tym, jak w naszym domu mieszka rodzina rosyjskiego oficera. Kiedy jest na służbie, jego żona trafia do szpitala, więc to my musimy zająć się ich dziećmi. Po powrocie rodziców obie rodziny stopniowo się zaprzyjaźniają – inna wersja powieści, którą napisałem o Pradze. Fikcyjne wydarzenia miały wydarzyć się

Wiedeń I, 1937, 1939, 1951

w ostatnich latach stalinowskiego terroru, lecz Amerykanie nie mogli wiedzieć, że jedną wizytę w amerykańskim domu rosyjski oficer przypłaciłby pracą, wolnością, a może i życiem. Jedno popołudnie spędziłem w rosyjskiej czytelni. Białe było czarne. Plan Marshalla był imperialistycznym spiskiem, Amerykanie napadli na Koreę Północną, Rosjanie przynieśli Wschodniej Europie demokrację i dostatek. Znalazłem się w *1984*. Czy był tu choć jeden fakt, który miał coś z prawdy? Przeglądając ilustrowane czasopisma, trafiłem na artykuł przedstawiający błyskotliwe przykłady rosyjskiego modernizmu w architekturze współczesnej Moskwy. Czemu najgoręcej wychwalana budowla wydawała mi się znajoma? Owszem, budynek Wrigleya z Chicago, rok 1912. Nie mogli wyobrazić sobie nic bardziej twórczego. Oto mój fakt.

Dla Mary i dla mnie największym darem tamtej jesieni była opera. Ponieważ podczas niemal ostatniego większego nalotu na Wiedeń przed natarciem Armii Czerwonej amerykańskie bombowce zburzyły wspaniały Opernhaus – *mit Pracht und Prunk* – odwiedzaliśmy mniejszy Theater an der Wien zbudowany przez Schikanedera, impresaria Mozarta. Dwa razy w tygodniu przyjeżdżaliśmy tu Stadtbahnem z Hietzing; nasze miejsca kosztowały po 28 szylingów.

Słuchaliśmy wszystkiego: *Wesela Figara* i *Don Giovanniego*, *Borysa Godunowa* z Georgem Londonem – który przyciągnął rosyjskich oficerów z żonami, *Aidy* – która przyciągnęła Amerykanów. W *Salome* Richarda Straussa i w *Giuditcie* Franza Lehara oglądaliśmy przejrzałą Ljubę Welitsch, która potwierdzała wszystkie ataki krytyków na wiedeńską dekadencję – *Meine Lippen sie küssen so heiss!* Te przedstawienia były tematem rozmów przez cały tydzień.

Naszymi ulubieńcami były *Czarodziejski flet*, *Kawaler Srebrnej Róży* i *Fidelio*. *Zauberflöte* ze swoimi bajkowymi postaciami i kostiumami dostarczał chwil czystego piękna, takich jak duet pomiędzy ptasznikiem Papageno i księżniczką Paminą (Erich Kunz i Irmgard Seefried, którzy nas oczarowali) o miłości pomiędzy mężczyzną i kobietą. Kiedy człowiek dobrze się przyjrzy zajętym sobą intelektualistom – czy to profesorom Harvard Business School, czy planistom Politbiura – nie jest już tak wrażliwy na urok szlachetnego racjonalizmu kapłanów Sarastra. Typowo kobieca wściekłość Królowej Nocy może się okazać na dłuższą metę mniej kosztowna. Maur

WŁOŚCI HABSBURGÓW

Monostatos jest zły i tchórzliwy, gdyż jest czarny, ale jego szloch – czy Murzyn nie może kochać? – jest mniej zabawny, niż to się wydawało w czasach Mozarta. Czy księżniczka Pamina będzie dobrze znosić niestrawną czystość księcia Tamina? Radosna seksualność Papagena i Papageny – zmierzająca do zreplikowania Mamusi i Tatusia w wielu kopiach – jest odświeżająca. Krąży historia, że *Zauberflöte* był wykonywany w noc, podczas której umierał Mozart. Trzymając w ręku zegarek, żeby wiedzieć, jaka aria czy chór były w danym momencie wykonywane, wystukiwał palcem rytm i szeptem nucił słowa pieśni.

Kawalerem Srebrnej Róży zachwycała się Mary. Czas zagraża Marszałkowej i jej miłości do młodego hrabiego Oktawiana (kobiecy kontralt w spodniach), więc wszystkie zegary w jej domu zostały zatrzymane. Innym zagrożeniem jest prostacki baron Ochs von Lerchenau, który chce, żeby Oktawian zaniósł srebrną różę – na znak miłości – Sophie, córce bogatego Herr Faninala, który z kolei chciałby mieć utytułowanego zięcia. Rzecz jasna, to Sophie i Oktawian zakochują się w sobie, baron zostaje poniżony, a Marszałkowa szlachetnie zezwala Oktawianowi odejść do nowej ukochanej. Jak na mój gust, fabuła i muzyka są tu zbyt rozbudowane. Poza tym trudno zapomnieć o córkach niemądrych ojców, które n i e wymknęły się baronom Ochsom w Wiedniu Marii Teresy, ożywionym przez Hugo von Hofmannsthala i Richarda Straussa; niemniej jednak finałowe trio kobiet jest najwspanialszym kawałkiem późnej muzyki wiedeńskiej.

Dla mnie największym przeżyciem był *Fidelio*. Ideały tej opery – wierność, odwaga i wyzwanie rzucone złu – wykluczyły ją z nazistowskiego repertuaru. W anonimowym mroku publiczność klaskała w niewłaściwych miejscach – tak jak w Warszawie po słowach Mickiewicza, piętnujących skorumpowanych starców, którzy biorą łapówki i płaszczą się przed Rosjanami. *Fidelio* był przedstawieniem konsekracyjnym we wszystkich odbudowanych po wojnie operach w Niemczech i Austrii; publiczność mogła na chwilę zapomnieć o okropnościach wojny, powojennej nędzy i własnej moralnej szpetocie.

Fidelio operuje *licentia poetica*. Przebrana za chłopca Leonora zostaje pomocnikiem więziennego strażnika Rocca w nadziei, że

Wiedeń I, 1937, 1939, 1951

dowie się, czy jej mąż Florestan jest potajemnie więziony przez złego Don Pizarra – a w rezultacie wzbudza miłość w Marcellinie, córce Rocca. Oczywiście, żadna kobieta, która jest w stanie wyśpiewać partię Leonory, nie będzie się przebierać za chłopca. Czy Florestan – zawdzięczający życie i wolność swojej żonie – potrafi stłumić męską dumę? Krytycy narzekają na straszliwe wymagania głosowe, jakie Beethoven stawia przed Florestanem i Leonorą, na symfoniczne rozbudowanie orkiestry. To wszystko jest nieistotne. Dźwięk rogu zza sceny, gdy przybywa posłaniec od króla, jest sygnałem nadziei, obietnicą sprawiedliwości. Uwertura – nie przystająca do struktury opery – jest mimo to najszlachetniejszym utworem muzycznym wszechczasów.

Catherine, Amy i Bruce nie narzekali, kiedy rodzice wychodzili wieczorem do opery, wiedzieli bowiem, że przyjdzie do nich Elli – rekomendowana przez biuro Fulbrighta studentka prawa i nasz przewodnik po Wiedniu. Elli mieszkała w zagraconym mieszkaniu matki ze starszą siostrą, poważną studentką medycyny. Obie wychowały się w kulturalnym, zamożnym i katolickim domu. Chociaż Herr Back był „rasowo” Żydem, to miał nadzieję, że przed nasilającymi się nazistowskimi pogróżkami ochroni go nie tylko katolicki chrzest, ale również przeszłość kawalerzysty w I wojnie światowej, nie próbował więc szukać bezpieczeństwa dla rodziny za granicą. Przeliczył się. Wtedy popełnił samobójstwo, żeby jego żona i córki miały trochę większe szanse na przetrwanie. Pierwsze lata wojny rodzina przeżyła na odrobinę bezpieczniejszych Węgrzech, ale gdy linie frontu przesunęły się na zachód, wróciła do Wiednia. Siostra Elli – Hannah – próbowała obsesyjnie zrozumieć demoniczność nazistów: kupowała więc wszystkie książki o Hitlerze i jego świcie. Kiedy Armia Czerwona pojawiła się na wschodnich przedmieściach, trzeba było to wszystko spalić w wielkim piecu kaflowym. Pierwszym rosyjskim żołnierzem, pod którym zatrzeszczały schody do sutereny, gdzie się ukrywały, był chłopak – jak wielu w oddziałach frontowych, często z bandażami na świeżych ranach – który poprosił tylko o szklankę wody.

Hannie przypadło w następnych dniach zadanie zdobywania żywności. Co mogły kupić za pościel, porcelanę, srebro (tak jak wcześniej gospodynie w Warszawie)? A po zawarciu pokoju gdzie

WŁOŚCI HABSBURGÓW

można było dostać paczkę ze Szwecji albo z Ameryki? Przeżycia tamtych dni wycisnęły piętno na jej duszy.

Elli karmiła się niezniszczalnym bogactwem Wiednia. Jacy byli najlepsi śpiewacy i dyrygenci (Karajan – zakazany w Ameryce, gdyż należał do Towarzystwa Przyjaźni Austriacko-Sowieckiej), jakie teatry i restauracje były najlepsze (na które nie było ją stać), jacy pisarze i architekci, jakie plusy i minusy sławnego burmistrza – Karla Luegera? Każda obejrzana opera, niemal każda przemierzona ulica musiała być przedstawiona pod jej osąd.

Wędrując wąskimi uliczkami, za Stefansdom natknąłem się na antykwariat z dużą ilością książek o sztuce na wystawie – zapewne zawartość domowych bibliotek z Ringstrasse albo mienie pożydowskie. Mój wzrok przyciągnął tom o austriackiej architekturze. Za kontuarem siedziała w mroku młoda kobieta, która zapaliła dla mnie światło. Nie miała trzydziestu lat, była brunetką, miała owalną, ziemistą twarz, a jej uprzejmość, spokojny głos i powściągliwy uśmiech zapadły mi głęboko w serce. Rozmawialiśmy o moim zakupie i o innych książkach. Wspomniałem o mojej posadzie nauczyciela w gimnazjum, a nawet napomknąłem, że byłem żołnierzem we Włoszech.

Powracałem do tego sklepu i kupowałem kolejne książki, kupiłem też tajemniczy rysunek tuszem Kubina. Ona o swoim życiu mówiła z rezerwą, ale z ciekawością pytała o moje. Owszem, całą wojnę spędziła w Wiedniu. Było ciężko, a pierwsze lata powojenne były jeszcze trudniejsze. Ludzie nie mają pieniędzy na luksusy takie jak książki, ale może teraz sytuacja się trochę poprawi.

Kiedy wychodziłem ze sklepu – nigdy nie spotkałem innego klienta – wyłączała światło. Jej oczy, jej uśmiech były równie kruche jak kartka papieru w metalowym piecu, ale jednak jakoś przetrwała.

Jaka ona była? W jaki sposób dotknęły ją lata nazizmu, doświadczenia wojny, przybycie Rosjan? Przypuśćmy, że byłbym wtedy żołnierzem. Gdybyśmy się spotkali, co moglibyśmy sobie zaofiarować? W mojej głowie zaczęła rodzić się powieść, od której nie mogłem uciec.

Początek 1946 roku. Sierżant Giles Bauer odbywa służbę w kwaterze głównej przy Rooseveltplatz, ale zgłasza się na ochotnika do pracy w wielkim baraku, gdzie umieszczono wypędzonych

306

z Czechosłowacji volksdeutschów z Sudetenlandu. Ma narzeczoną, Barbarę, która mieszka w miasteczku Isona w Oklahomie, ale ponieważ Giles mówi po niemiecku, poproszono go, żeby został. Razem z przyjacielem, sierżantem Thaelmannem – Żydem z Lipska i cynicznym śledczym frontowym, który pogardza Austriakami, ale z nudów czy dla zabawy pomaga Gilesowi trenować chłopięcą drużynę piłki nożnej z baraku.

Giles trafia do tego samego antykwariatu co ja, kupuje tę samą książkę, spotyka tę samą, siedzącą w zimnie, młodą kobietę. Mrok rozświetla ten sam uprzejmy, powściągliwy uśmiech. Zbiera się na odwagę i zaprasza ją na koncert Mozarta do Musikverein, gdzie razem podziwiają zniszczone, czerwone dywany, łuszczącą się białą i złotą farbę, błyszczące brązem, srebrem i złotem instrumenty. Zostaje przedstawiony ciotce, z którą Irmgard dzieli zagracone mieszkanie na Ringstrasse, i w prezencie daje im ser przysłany przez Barbarę z Oklahomy. Irmgard Oertl jest zakłopotana, że amerykański żołnierz zaleca się do niej za pomocą takich prezentów. Wiadomo, co stereotyp zakazuje ofiarować w zamian. Tak trudno być po prostu Irmgardą i Gilesem.

Jej narzeczony, Witold Kratochwil (wiedeńskie nazwisko), był podporucznikiem artylerii, ale jego bateria została rozbita przez rosyjskie natarcie. Czy jeszcze żyje? Znalazł się po przegranej i do tego niewłaściwej stronie. Oboje wiedzieli o tym od dawna.

„Żyję w pustce i nazywam to moim życiem".

Gilesa zauroczyła mała dziewczynka z niebieską kokardą mieszkająca w baraku. Urządzi dla dzieci przyjęcie karnawałowe (*Fasching*). Wynajduje gdzieś pięknego czerwonego konia na biegunach (Irmgard wcale nie jest zachwycona jego przechwałkami, że służył w kawalerii), wynajmuje chudego staruszka grającego na schrammelu (12- -strunowa gitara z podwójnym gryfem), żeby śpiewał dla dzieci, żebrze o jedzenie i prezenty na zabawę. Przyjęcie skończone. Mrok, chłód i beznadzieja spowijają barak, a w nocy jakaś kobieta dusi swoje dziecko, owija je w koc i podcina sobie żyły.

Giles założy szkołę – Tannenbaum-Schule, zawsze zieloną jak jodła. Nikt nie bierze poważnie tych mrzonek, ale ludzie jakoś mu pomagają – są ciekawi, w jaki sposób to wszystko runie. Niepowodzenie to normalka. Sukces jest zagrożeniem – wniosek podzielany

WŁOŚCI HABSBURGÓW

przez wszystkich bodaj hippisów i Murzynów, których uczyłem w latach wojny wietnamskiej. Szkoła jednak przetrwała, a patronat nad nią – tym przykładem amerykańskiej wielkoduszności – obejmuje wojsko. Irmgard zostaje wreszcie kochanką Gilesa, a kiedy zachodzi w ciążę, biorą ślub. Giles wraca do Isony, a w końcu i ona do niego przyjeżdża. Historia teraz się komplikuje. Powrót do miasta rodzinnego nie jest usłany różami. Giles znajduje wprawdzie słabo płatną pracę w szkole średniej, ale jego energia i idealizm nie znajdują tu ujścia. Uczyłem wystarczająco wielu chłopców z takich miasteczek, żebym nie miał złudzeń co do tamtejszych standardów nauczania. Irmgard jest rozczarowana jego niską pozycją społeczną – czyż wszyscy Amerykanie nie są bogaci? – ale skutecznie rozkręca własny biznes: maluje meble w austriackim stylu „na ludowo". Mają jeszcze dwójkę dzieci. Irmgard przyzwyczaja się do letnich upałów. Nie przeszkadza jej pustka Isony, ponieważ tak naprawdę nie interesuje ją nic więcej poza własną rodziną, domem, pracą, którą sobie znalazła. Choć w tym miejscu książka się kończy, historia toczy się dalej. Irmgard dowiaduje się z rozbawieniem, ale i irytacją, że katolicy w takim protestanckim miasteczku jak Isona są traktowani niczym jakieś tajne stowarzyszenie, zaprzyjaźnia się jednak z Włoszką – żoną przywiezioną z wojny – która zawozi ją do kościoła meksykańskiej wspólnoty w Ponca City. Tak jak Natasza pod koniec *Wojny i pokoju*, Irmgard zaczyna tyć. Pogarda, jaką do senatora McCarthy'ego czuje Giles, nie robi na niej wrażenia. Każdy, kto czuje sympatię do komunistów i Rosjan, to po prostu głupiec.

Irmgard stała się główną bohaterką książki – nie mogłem na to nic poradzić. Giles rozpłynął się w tle. Kiedy biuro Fulbrighta wysłało mnie do szkoły w Grazu – Węgry (i strefa rosyjska) parę mil na wschód, Słowenia i Chorwacja Tity parę mil na południe – zacząłem pisać i poprawiać *A Prize of Value* („Wartościowa nagroda"). Czułem się związany z Irmgard i szanowałem to, jak ułożyła sobie życie. Czy Giles, zamiast narzekać, nie powinien skorzystać z G.I. Bill, umożliwiającego żołnierzom zdobycie wykształcenia wyższego, i przenieść się na uniwersytet? Niech ucieka z Isony!

Kiedy nadeszła wiosna, kasztany pokryły się listowiem, a później kwieciem, zakwitły bzy, zamawiałem w kawiarni filiżankę kawy

308

Wiedeń I, 1937, 1939, 1951

i koniak, co pozwalało mi na dwie godziny pisania przy stoliku. To dlatego Amerykanie przyjeżdżali do Europy. W Grazu wznosi się góra z zamkiem, a przez środek miasta przepływa rzeka Mur – zaczyna swój bieg w Alpach, wpływa do Drawy i w końcu do Dunaju. Na Hauptplatzu przekupki sprzedawały *Wurst*, śliwki z Serbii, *paprika-salat* z Węgier, pomarańcze z Izraela. Graz był wspaniałym miastem dla „Staatsangesteltera" – będącego częścią społeczności urzędników państwowych, a nie turysty. Nasza rodzina stanowiła jedną piątą amerykańskiej populacji 200-tysięcznego miasta. Rok 1913 był ważnym w jego rozwoju: założono wtedy moją Realschule i zakupiono sprzęt laboratoryjny. Wdowy po ck urzędnikach nosiły stylowe kapelusze. Graz był najtańszym miastem republiki. Było to najbardziej wysunięte na południowy wschód niemieckojęzyczne miasto cesarstwa, zatem przed 1914 było zdecydowanie pangermańskie, a przed 1938 zdecydowanie prohitlerowskie.

Piękne miasto i powieść, którą się przyjemnie pisało, choć w końcu nic z niej nie wyszło.

PODRÓŻ

Rozdział dwudziesty trzeci

WIEDEŃ II, 1952, 1960, 1964, 1968, (Graz) 1978, 1991

Jeśliś taki bystry, chłopie, czemuś się nie dorobił?
Powiedzenie teksaskie

Najpierw żarło, potem ideały.
Bertold Brecht

Choć po 1951 roku wielokrotnie wracaliśmy do Wiednia na krótkie wizyty, to n a s z y m miastem – w którym spędziliśmy więcej czasu i którego nie dzieliliśmy z milionami innych turystów – stał się Graz w Steiermarku.

Mój szef, *Herr Direktor Hofrat* Dr Nager, był zwalistym łysym mężczyzną z bujną siwą brodą. Rosyjscy żołnierze brali go za popa i salutowali mu. Jego trzema miłościami były: szkoła, partia socjalistyczna i język angielski. Hitlerowcy nie mieli do niego zaufania, więc zabronili mu uczyć angielskiego, pozwolili jednak ćwiczyć dzieci w łacinie i grece. Większość pracowników tej napuszonej budowli – pomnika twórczej dyscypliny kultury austro-niemieckiej z 1913 roku – lękała się go, lecz w stosunku do mnie był przyjazny.

Nasze mieszkanie w nowej, tandetnej kamienicy za Conrad von Hötzendorf-strasse wychodziło na różowe mury miejskiego więzienia. Dla naszego gospodarza – starszego księdza – te trzy pokoje stanowiły dorobek całego życia. Pewnego razu pojawił się u nas bardzo zdenerwowany, gdyż wydedukował, że w razie wybuchu wojny Rosjanie nie pozwolą nam wrócić do Stanów i już nigdy nie dostanie z powrotem swojego mieszkania. Austriackie prawo lokalowe zdecydowanie faworyzowało lokatorów. Zapewniłem go, że Rosjanie natychmiast wyślą wszystkich Amerykanów na Sybir – może

310

Wiedeń II, 1952, 1960, 1964, 1968, (Graz) 1978, 1991

więc spać spokojnie. Ojciec Friedl wrócił później, żeby przeprosić za ten objaw podejrzliwości. Jego prawdziwa natura była inna. Ponieważ najbliższa szkoła publiczna leżała po drugiej stronie niebezpiecznej zajezdni tramwajowej, zapisaliśmy Catherine do szkoły katolickiej. Kiedy dzieciom polecono odmawiać modlitwy wielkopostne za grzechy popełnione w okresie karnawału (*Faschingszeit*), przeprowadziliśmy interesującą rozmowę na temat grzechu. Catherine lubiła piosenki ludowe, nauczyła się mówić dobrze po niemiecku i patrzyła z pewnym pobłażaniem na Amy, która mówiła w przedszkolu lokalnym dialektem (*steyrisch*). Zimą – kiedy w naszym sklepie na rogu (*Eckegeschäft*) można było dostać tylko kapustę, ziemniaki i jabłka o piwnicznej woni oraz kiszoną kapustę, ser i kiełbasę – mleko przybierało wodnistą barwę, żeby bogaci narciarze w Tyrolu (Amerykanie oraz – w owym czasie – Egipcjanie i Argentyńczycy) mogli pić kawę z bitą śmietaną. Tamtego roku spadło dużo śniegu, więc Bruce miał frajdę, bo robiąc zakupy, mama ciągnęła go na sankach.

Choć Graz posiadał różnorodny przemysł – najbardziej znana była fabryka motocykli Pucha – z bazą metalurgiczną, narzędziową i kolejową, to po odcięciu w 1918 roku od naturalnych rynków zbytu w Jugosławii oraz utracie Triestu na rzecz Włochów miasto zostało wtłoczone w karłowatą gospodarkę austriacką. Nieustający kryzys w latach trzydziestych pogorszył jeszcze fatalną sytuację, a hałaśliwe obietnice nazistów wydawały się wskazywać jedyną drogę ratunku. W czasie Anschlussu ratusz w Grazu był pierwszym w Austrii, na którym wywieszono swastykę. Jugosławia była jednak jeszcze biedniejsza i tańsza od Austrii, więc raz w miesiącu członkowie dowolnych organizacji (Miłośnicy Opery, Przyjaciele Przyrody, Weterani 141 Pułku) wynajmowali autobus, jechali na drugą stronę granicy do Mariboru, gdzie spożywali w ogromnych ilościach jedzenie, wino i śliwowicę, aż pijani w sztok wracali do domu[89].

---

[89] Wiosną 1993 roku członkowie Towarzystwa Wagnerowskiego z Grazu złożyli wizytę nie w Mariborze, lecz w pełnym zamieszek i stojącym na krawędzi bankructwa New York City, aby wysłuchać cyklu *Pierścień Nibelunga* w Metropolitan Opera. Rzecz jasna, ta muzyka jest wykonywana równie dobrze w dowolnym mieście niemieckojęzycznym, ale ci zamożni konserwatyści mieli już dość Wotana jako przemysłowca i Siegfrieda w jeansach – chcieli oglądać Wagnera w tradycyjnych kożuchach.

WŁOŚCI HABSBURGÓW

Choć przez stare miasto wiła się mała alejka o nazwie Judengasse (50 kilometrów od Grazu, w górach, znajdował się Judenburg – wyobraźcie sobie, jak musiał się czuć żołnierz Wehrmachtu z tego miasteczka), tutejsza populacja żydowska była mikroskopijna i nie była napastowana przez tłuszczę, jak Żydzi wiedeńscy w marcu 1938 roku. Napaść na Jugosławię trzy lata później była najstosowniejszym aktem uczestnictwa miasta w wojnie, lecz jego żołnierze zapłacili zań podczas straszliwych zim w Rosji. Nasza opiekunka do dziecka, która pisała właśnie rozprawę doktorską o F. Scott Fitzgeraldzie, była córką zamożnego volksdeutscha ze Słowenii. Niemcy kontrolowali terytorium w dzień, partyzanci nocą (jak w Wietnamie). Kiedy Wehrmacht się wycofał, ojca aresztowali komuniści i więcej go nie widziano, a Ingrid z matką zostały w końcu wyrzucone przez granicę do Austrii; ubrania, które miały na sobie, były ich jedynym dobytkiem.

Kiedy Armia Czerwona zbliżała się do Grazu, miejscowy fanatyczny *Gauleiter* ogłosił, że miasto będzie walczyć – dzielnica za dzielnicą, dom za domem – w obronie ojczyzny (*die Heimat* zastąpiła w 1945 roku *das Vaterland*), a następnie wskoczył do swojego mercedesa i pełnym gazem odjechał, żeby poddać się w Tyrolu Amerykanom. Miasto zamilkło. Tramwaje przestały jeździć. Pojawiły się austriackie flagi. Pierwszy rosyjski żołnierz wjechał do Grazu na galopującym koniu. Potem przyjechały czołgi z piechurami na wieżyczkach, a za nimi wozy konne z zapasami i resztą piechoty.

Austriacy byli przerażeni, lecz zwycięzcy – może dlatego że nie musieli walczyć o miasto – nie zachowywali się tak okrutnie jak w Budapeszcie i Wiedniu. Najbardziej poszukiwanym towarem były zegarki (niektórzy żołnierze mieli po cztery, pięć sztuk na obu przegubach) oraz kurki i klamki.

Po zawieszeniu broni (*Waffenstillstand*) południowo-wschodnia Austria znalazła się w strefie brytyjskiej, co sprawiło, że Amerykanie stali się bardziej popularni, choć większość żołnierzy amerykańskich stacjonowała wokół Klagenfurtu, 150 kilometrów na zachód. Austriaków, którzy w odróżnieniu od Francuzów i Włochów znali Rosjan osobiście, komunizm niezbyt pociągał, a krajem rządziły sprawiedliwie po równo partie socjalistyczna i narodowo-katolicka. Prezydent był socjalistą, premier był z Volkspartei. W na-

312

Wiedeń II, 1952, 1960, 1964, 1968, (Graz) 1978, 1991

szej szkole istniał podobny zestaw par aż do woźnego i młodszego woźnego, zachowany w odwrotnej kolejności w konserwatywnym gimnazjum za rzeką. Konsekwentnie w Austrii obchodzono zarówno święta socjalistyczne, jak i katolickie. Przed 1 maja policja czyniła staranne zabiegi, żeby manifestacje socjalistyczna i komunistyczna nie zderzyły się ze sobą. W trzydniowy weekend w związku ze świętem Wniebowstąpienia (*Christi Himmelfahrt*) polecieliśmy razem z Mary na południowy wschód do Sarajewa – pięknego, cywilizowanego miasta. Rankiem obudziło nas wołanie muezzina z minaretu wznoszącego się przed oknami hotelu; mogliśmy też zobaczyć mężczyzn myjących się w fontannie małego meczetu, zanim udali się na modły. Minęliśmy staroświecki parowy magiel do fezów (z Brünn – Brna), gdzie można było sobie ładnie wyprasować czapeczkę przed piątkiem. Z maleńkich restauracji na otwartym powietrzu dolatywał zapach *sis kebabü* z pieczonej jagniny oraz *raznici* (talarki wieprzowe). Staruszek siedzący na progu domu grał na jednostrunowej guzli. Żydzi, którzy zachowali język *ladino* – przyniesiony z Hiszpanii *via* Maroko i Turcję – zniknęli, ale wydawało się, że mieszanka etniczna miasta jest w stanie rozsądnie koegzystować. Dlatego człowieka ogarnia smutek, gdy widzi, że Sarajewo zamieniono w następną stertę gruzu, gdy słyszy znów o „czystkach etnicznych", gdy okazuje się, że wygodne narody nie potrafią, nie chcą powstrzymać dzieła zniszczenia.

***

Latem 1956 roku wynajęliśmy willę nad Attersee – jezioro w okolicach Salzburga – pośród kasztanowców i drzew owocowych, które uwielbiał malować Gustav Klimt, obok miasteczka Steinbach, gdzie Mahler napisał swoją *III Symfonię*, uduchowioną i głęboką – każda kolejna część jest coraz bardziej uduchowiona i głęboka. Nasza gospodyni smarowała róże pastą do butów, żeby sarny ich nie jadły. 1956 to oczywiście rok powstania węgierskiego przeciw komunistom, a potem przeciw sowieckim czołgom. Słysząc odważne słowa Eisenhowera i Johna Fostera Dullesa, Węgrzy liczyli na amerykańską pomoc, która nigdy nie nadeszła, ale kiedy uciekinierzy przekroczyli granicę Austrii, przywitała ich taka powódź paczek

313

WŁOŚCI HABSBURGÓW

z jedzeniem i ubraniami, że tubylcy zaczęli się lękać, czy w zimowej odzieży nie ma gdzieś ukrytej broni, co wzbudziłoby gniew Rosjan. Razem z Mary wróciliśmy na krótko do Wiednia i Grazu w 1960 roku. W 1964 byłem tu z Amy i Bruce'em w drodze do i z Warszawy oraz Ołomuńca. Wszyscy zagraniczni żołnierze zniknęli. Wiedeń znów stał się drogą, kosmopolityczną stolicą. Z naszych okien w hotelu „Ambassador" na Kärntnerstrasse, z pokojów wyłożonych szkarłatnym adamaszkiem, obserwowaliśmy skromną manifestację młodzieży komunistycznej – w niebieskich koszulach, z udawaną powagą – której celem było zapewne złożenie hołdu przed pomnikiem bohaterskiej Armii Czerwonej. W tym momencie taki przemarsz był już idiotyczny.

Znów razem z Mary odwiedziliśmy oba miasta w marcu 1968 roku w drodze do Jugosławii i – na krótki urlop – do domu mojego brata w Atenach. Podróżowaliśmy z Davidem i Paulem, 14 i 13 lat – wiek wystarczająco dojrzały, by oglądali wszystko z zainteresowaniem, lecz na tyle młody, by wycieczka z rodzicami sprawiała jeszcze frajdę.

W Wiedniu dotarły do nas wieści, że L.B.J. nie zamierza ponownie kandydować do wyborów i że spróbuje doprowadzić do pokoju w Wietnamie. W Grazu zastały nas nagłówki, że Martin Luther King został zamordowany. Mordercy nie złapano, a tłumy rozjuszonych Murzynów plądrują sklepy i palą miasta. Wykupiliśmy wszystkie możliwe gazety, choć relacje były wszędzie podobne – „Ameryka w płomieniach!" – i usiłowaliśmy odgadnąć sens zapomnianych słów prasowego języka niemieckiego. Jednak dla Austriaków było to podniecające wydarzenie, coś na kształt szalonej rozróby po fajowym koncercie rock-and-rolla. Pojawiła się też nuta złośliwej wyższości: ci Amerykanie, zawsze tacy cholernie pewni siebie, teraz skaczą sobie do gardeł. Naszemu hotelowemu portierowi, który wydawał się rozsądnym człowiekiem, usiłowałem trochę opowiedzieć o życiu Kinga (byliśmy razem w radzie patronackiej Morehouse College w Atlancie). „Jaka straszna tragedia, *Herr Professor!*", lecz jego konkluzja była taka, że od Murzynów nie należało oczekiwać nic innego, bo są to – spójrzmy prawdzie w oczy – prymitywy. Oczywiście, w gruncie rzeczy nic go to nie obchodziło. King i płonące miasta niewiele dla niego znaczyły, miał swoje wła-

314

Wiedeń II, 1952, 1960, 1964, 1968, (Graz) 1978, 1991

sne problemy. Ja też nie miałem powodów, żeby się oszukiwać. W Grazu czy w jakimkolwiek mieście Austrii, czy gdziekolwiek indziej byłem turystą, a jedynym krajem, gdzie mogłem powiedzieć i zrobić coś wartościowego, była moja ojczyzna[90]. W kraju mieliśmy Wietnam. Rozpoczął się jako wojna rządu i dziennikarzy telewizyjnych. Oraz chłopców, którzy znosili życie w koszarach, zasadzki i ataki na bagnach, a może szli na śmierć, kiedy cała reszta wydawała się zupełnie nie związana ze sprawą. Ale po pewnym czasie wszyscy w tym tkwiliśmy – nawet Commonwealth School. Nasi chłopcy byli bardzo blisko poboru, z czego zdawali sobie sprawę. Ponieważ byliśmy niezależną placówką, powinniśmy podjąć decyzję, jakie jest nasze stanowisko.

Ci, którzy sami zajęli stanowisko już w pierwszych latach wojny, wydawali się niewinni aż do przesady – obszarpane, długowłose dzieciaki. Jak w latach czterdziestych poprzedniego stulecia oświadczył jeden z abolicjonistów, William Lloyd Garrison[91]: „Nie można winić nas za to, że mądrzejsi, lepsi ludzie nie przyłączyli się do sprawy naszych uciemiężonych murzyńskich rodaków. My, abolicjoniści, nie ukrywamy, ze jesteśmy prostymi mężczyznami, niemądrymi kobietami, więc będziemy sobie radzić tak, jak można tego oczekiwać po takich ludziach jak my".

Nasza najstarsza córka, Catherine, mieszkająca wtedy w San Francisco, została wciągnięta w wir radykalnej polityki. Podczas jej pierwszej poważnej demonstracji najbardziej zaszokowały ją d ź w i ę - k i przemocy: plask uderzającej w skroń dłoni policjanta, wrzaski rannego człowieka, gruchot ciała rzuconego na metalową podłogę – jeden z demonstrantów został pobity, wykręcono mu ramiona,

---

[90] W 1982 roku spotkałem przypadkiem zamachowca, Jamesa Earla Raya. Mój przyjaciel, którego życie stało się krucjatą przeciw karze śmierci, miał dwóch klientów w celach śmierci w więzieniu stanowym Tennessee pod Nashville. Przechodząc przez zewnętrzny hall w kształcie litery „L", minęliśmy posępnego, szarego mężczyznę, który wlókł się, szurając nogami, przez jedno ramię korytarza (12 metrów) i zawracał, żeby przemierzyć drugie ramię (7,5 metra). Trzeba go było umieścić w budynku dla skazanych na śmierć, gdyż każdy Murzyn w zwykłej celi zamordowałby go w ciągu 24 godzin. Wlec się w milczeniu (nikt się do niego nie odzywał) tam i z powrotem przez resztę życia – trudno o straszliwszy obraz piekła.

[91] Żyjący w latach 1805–79 przywódca ruchu na rzecz wyzwolenia Murzynów (przyp. tłum.).

315

WŁOŚCI HABSBURGÓW

w oczy rozpylono gaz łzawiący i wrzucono jak worek kartofli do policyjnej karetki. Potem Catherine położyła się razem z przyjaciółmi – bok w bok – na drodze przed koszarami w Oakland, żeby zablokować konwój wojska zmierzający do portu. Ciężarówki zostały zatrzymane – na pięć minut – przez tych prostych i niemądrych ludzi, a oni zostali wysłani do więzienia, gdzie Catherine zamierzała dawać lekcje tańca nowoczesnego i prowadzić konwersacje z francuskiego. Rzeczywistość Santa Rita Rehabilitation Center rozminęła się z jej oczekiwaniami. Polityczni chcieli rozsunąć zasłony w oknach, żeby było widać wzgórza, a kryminalni – dla których to miejsce było prawie domem – woleli zasłaniać okna, żeby było przytulniej. Dwutygodniowy pobyt w Santa Rita zakończył polityczną karierę Catherine.

W miarę upływu czasu demonstracje stawały się wszędzie coraz bardziej brutalne i wydawały się coraz mniej sensowne. Kiedy w mojej klasie usiłowałem kłaść nacisk na elastyczność i dobrą wolę, przejawiające się tak często w dziejach Ameryki, gdy podkreślałem potrzebę odpowiedzialnego obywatelstwa, musiałem spojrzeć w oczy Richardowi, trudnemu szesnastolatkowi, który znalazł się na Cambridge Common[92] w chwili, gdy demonstracja antywojenna przerodziła się w zamieszki. Ponieważ miał włosy do ramion, był wrogiem i policjant uderzył go w twarz. W jaki sposób rozmawiać z Richardem o postawie obywatelskiej?

Policjanci stali się „świniami" – ofiarami własnego lęku i nienawiści – ale jeszcze bardziej niebezpieczni byli domorośli Robespierzy – dziwaczna mieszanka szlachetności i terroru – wyznaczający sobie cele do zniszczenia i całkowicie lekceważący prawicowe kontrataki, które swoimi działaniami prowokowali.

* * *

No cóż, w 1978 roku spędziliśmy w Austrii dzień przez pomyłkę: spóźniliśmy się na bezpośredni samolot z Warszawy do Istambułu i w zamian polecieliśmy przez Wiedeń. Już wtedy ceny, witryny, eleganccy goście z Mediolanu i Paryża sprawili, że powoli przestawało to być miasto naszych wspomnień, a bilety do opery okazały się zbyt drogie jak na naszą kieszeń. Wróciłem tu dopiero w 1991 roku.

---

[92] Łąki nad rzeką Cambridge w Bostonie (przyp. tłum.).

Wiedeń II, 1952, 1960, 1964, 1968, (Graz) 1978, 1991

W tym czasie w opinii międzynarodowej na temat Austrii zaszła osobliwa zmiana. W latach pięćdziesiątych uwielbiałem Austrię, ponieważ wydawała się ucieleśniać wszystko co najlepsze w kulturze niemieckiej, a jednocześnie nie ciążyło na niej brzemię niemieckiej *Staatsmacht* i hitlerowskich win. W latach osiemdziesiątych argumentowano, że Niemcy do pewnego stopnia – niecałkowicie i z oporami, często dzięki działaniom prostych mężczyzn i niemądrych kobiet, którymi pogardzali – wzięli na siebie odpowiedzialność za hitleryzm i za wojnę. Natomiast Austriacy przyjęli pozę współofiar: „Byliśmy pierwszym krajem podbitym przez Hitlera". Ten niezawodny trick służył uniknięciu odpowiedzialności za tłumy wiwatujące na cześć Anschlussu i pękające z uciechy na widok Żydów szorujących chodniki Wiednia. Nie ujawniona wojenna rola Kurta Waldheima, sekretarza generalnego ONZ, a w owym czasie prezydenta państwa – jego jednostka Wehrmachtu posługiwała się okrutnymi metodami w walce z partyzantami jugosłowiańskimi – była symbolem tego nierozliczenia się z przeszłością. Austriaków rozzłościły nie jego wyczyny wojenne, lecz krytyka ze strony obcokrajowców – nowojorskich Żydów. Smutny, elegancki oficer, który przyszedł do kwatery głównej 5 Armii w Weronie, z pewnością traktował inaczej niż Waldheim Polaków i Serbów.

O czym zapomnieć? O czym pamiętać? Kiedy ze spotkaną w peruwiańskim pociągu Niemką rozmawialiśmy o historii wielkich narodów, opowiedziała mi o swoich próbach przybliżenia własnym dzieciom niemieckiej przeszłości, która momentami była całkiem paskudna. Nie zapominała jednak o tych wydarzeniach w dziejach Niemiec i tych cechach narodowych, które zasługują na szacunek i zaufanie. Nie można wychowywać dzieci obciążonych, okaleczonych przez winę. To ona była tą jedenastolatką pedałującą do szkoły, kiedy myśliwce huczały nad głową, strzelając do wszystkiego, co się rusza. Wybaczyła amerykańskim pilotom. Wybaczyła młodemu oficerowi artylerii na froncie wschodnim, za którego wyszła ostatecznie za mąż. Ta długa rozmowa z Frau Solf pomogła mi wyzwolić się z pęt własnego antygermanizmu.

Chodźcie i spór ze Mną wiedźcie! – mówi Pan.
Choćby wasze grzechy były jak szkarłat,
jak śnieg wybieleją.

WŁOŚCI HABSBURGÓW

Przedtem jednak grzesznik musi zdać sobie sprawę, o czym przypomina mu Izajasz, z własnych uczynków – „Panie, co zrobiłem?". Czy Austriacy zdobyli się na to? Dopiero w ostatnim roku rządów Gorbaczowa Rosjanie przyznali się do tego, o czym wszyscy wiedzieli: że polskich oficerów w Katyniu nie wymordowali Niemcy, lecz NKWD Stalina. Japończycy – w których kulturze nie ma miejsca na otwartą dyskusję o nieprzyjemnych prawdach – dopiero w 1992 roku przyznali się do zniewolenia i torturowania dziesiątków tysięcy koreańskich i chińskich kobiet, które zmuszali do pracy w wojskowych burdelach. Rząd Stanów Zjednoczonych dopiero w okolicach 1994 roku przyznał się do przeprowadzenia badań bez wiedzy zainteresowanych – na żołnierzach i cywilach, m.in. ciężarnych kobietach i opóźnionych w rozwoju chłopcach – nad rakotwórczym poziomem promieniowania; mamy tu przykład fascynacji zachodniego umysłu metodami eksperymentalnymi, tak jak w Belsen, gdzie Niemcy testowali wytrzymałość Żydów na zanurzenie w lodowatej wodzie (cucili ich, umieszczając w łóżku z rozebranymi Cygankami).

Kto prowadzi rejestry? Techników (trudno nazwać ich żołnierzami) w amerykańskich samolotach, którzy zmasakrowali kolumny (w tym momencie na ogół bezbronne) uciekających irackich żołnierzy? Naszych ostrożnych urzędników rządowych, którzy zadbali o to, by żadna twarz zabitego wroga nie pojawiła się na ekranach naszych telewizorów. Jakie nagrody spłynęły na tego niezwykłego geniusza, który zasugerował, że gdyby pancerze bomb zrobić z plastiku zamiast ze stali, to odłamki byłyby równie śmierciononośne, lecz niewidoczne dla aparatów rentgenowskich podarowanych Hanoi przez Szwedów i Rosjan? Który amerykański prezydent – nie wspominajmy o rosyjskich i japońskich głowach państwa – kiedykolwiek przeprosił Amerykanów i Wietnamczyków za bezsens i okrucieństwo tamtej wojny?

Czemu winić Kurta Waldheima i innych młodych dżentelmenów z Wehrmachtu za to, co mogli zrobić w Jugosławii, skoro wyczyny te nie umywają się do tego, co Chorwaci, Serbowie i Bośniacy robią sobie nawzajem?

318

Wiedeń II, 1952, 1960, 1964, 1968, (Graz) 1978, 1991

***

W 1991 roku chciałem spędzić w Wiedniu dwa dni po moim standardowym zygzaku – Warszawa, Kraków, Ołomuniec, Praga – żeby odwiedzić znane z przeszłości uliczki, kościoły, muzea, piwniczki z winem i żeby uciec od przygnębiającego ładunku refleksji. Minione dwa tygodnie pozostawiły mnie w stanie zaskakującego wzburzenia. Dwa lata wcześniej Polacy i Czesi wiedzieli, kto jest ich wrogiem, jakie są przepisy i jak je obejść, mieli przekonanie, że są po zwycięskiej stronie. *We shall overcome.* A teraz kto jest wrogiem? Ludzie, którzy twierdzą, że rządzą, a nie znają się na niczym? Ekskomuniści, Niemcy, Słowacy, sąsiad? Nie ma w ogóle zasad albo codziennie się zmieniają. Zgoda, niektórzy pootwierali małe butiki, restauracje, salony komputerowe i każą sobie słono płacić za swoje usługi – ale to nie my. Można napisać albo powiedzieć wszystko, co się chce. Nikt się tym nie przejmie.

Jakie dobra przyniosła wolność z Zachodu obok kolorowych podkoszulków i „New York Timesa"? Konkursy striptizu w lokalu na ulicy Szpitalnej. Przemoc na ulicach Warszawy i Pragi, bo jest mniej policjantów i mniej pracy, bo skinheadzi i staroświeccy chuligani odnaleźli swoją misję w spuszczaniu manta żółtkom i Cyganom, skoro pod ręką nie ma już Żydów. Nastawionych na szybki zysk rekinów i pseudoartystów.

Tak jak ideały socjalizmu zostały zawłaszczone i sprofanowane przez komunistów, tak ideały demokracji są zawłaszczane przez tych prostaków i naciągaczy. Socjalizm głosił wiele ideałów, poczynając od tego, by każde dziecko miało parę butów. Ludzie nie są przedmiotami, które można wyrzucić, kiedy się zużyją albo wyjdą z mody. Ukuł też powiedzenie: każdemu wedle jego potrzeb, od każdego wedle jego możliwości.

Komuniści posłużyli się stylistyką socjalizmu i zaprzęgli ją do kołowrotu oszustwa, konformizmu, policyjnego nadzoru, a z drugiej strony luksusów na skalę Vanderbilta[93] czy Rockefellera dla leciwego kierownictwa. Grali na nienawiściach i na sympatiach wedle bieżących potrzeb w ramach ustroju pomalowanego w żywe

---

[93] Cornelius Vanderbilt (1794–1877), amerykański przemysłowiec i finansista (przyp. tłum.).

WŁOŚCI HABSBURGÓW

kolory, który budził zaufanie łatwowiernych i głupich, a który wyszydzali i wykorzystywali spryciarze.

Nie da się uciec od Calvina Coolidge'a. „Biznesem Ameryki jest biznes". „Cywilizacja opiera się na profitach". Imponująca wąskość zainteresowań, skromność ideałów, wątłość wyobraźni. Srebrne kubki do przyrządzania koktajli, auta pierce arrow, płaskie dziewczęta w krótkich spódniczkach tańczące charlestona – świat pielgrzymuje do hallu hotelu „Alcron".

Pociąg wyjechał z Pragi o 6 rano i toczył się po ponurej, listopadowej równinie. W wagonie restauracyjnym nie przyjmowali czeskiej waluty – ten system wartości nie uległ zmianie. Granicę przekroczyliśmy w Gmündzie: nie jest to może najciekawsze z miast Austrii, ale widać już wyższy standard życia – po autach, witrynach, ubraniach. Pociąg wjechał do Wiednia obok Karl-Marx-Hof, socjalistycznej siedziby bronionej w 1934 roku przed wojskami Dollfussa, siedziby, która niegdyś wzbudzała we mnie żywe uczucia.

Wynajmowałem pokój w „Der Römische Kaiser" – eleganckim hoteliku niedaleko Kärntnerstrasse, pomiędzy gmachem opery i katedrą. Znajomi mnie ostrzegali, że Wiedeń się zmienił. Disneyland. Tak jak Ronald Reagan i Walt Disney połączyli siły, by stworzyć platońską abstrakcję Ameryki, która nigdy nie istniała, tak tutaj powstał model szczęścia wykraczającego poza wszelką rzeczywistość, które można kupić. Za 160 dolarów mogłem kupić ładną koszulę. Mogłem wyjechać w podróż na tropikalne plaże, skosztować bażanta z endywią, napić się Gumpoldskirchnera i Remy Martina, nałożyć marynarkę tweedową, równie delikatną jak dziewczęce pocałunki. Biedny stary Jan Paweł II, znużony potępianiem nikaraguańskich rewolucjonistów i butnych zakonnic, dziewcząt w ciąży i specjalistów od kontroli urodzeń, wymachuje rękami na zachodni konsumpcjonizm. Traci czas. Polacy i Czesi zaprzedaliby dusze, by tylko móc mieszkać w Wiedniu.

Mijam w pośpiechu ulicznych grajków po drodze do Stefansdom. Sąsiedztwo zostało podrasowane na Mediolan, uliczka z antykwariatem Irmgard poległa w starciu z postępem. I oto jestem: w nocnym mroku kilka płaszczyzn rozświetlonych przez lampy uliczne, te same głębokie cienie, purpurowo-pąsowy odblask świec palących się po drugiej stronie witraży – ale to już nie to samo. Dwie

320

Wiedeń II, 1952, 1960, 1964, 1968, (Graz) 1978, 1991

wychudzone matki z dziećmi – Rumunki? Chorwatki? – wynajęte przez agencję turystyczną, żeby zasiadły przy wejściu i wyciągały ręce. Św. Świętymikołaj. Zważywszy na mój wiek, to zapewne moja ostatnia wizyta w Wiedniu. Co odnajdę tu z mojego miasta? W Creditanstalt mój czek podróżny zamieniono na niewiele szylingów, ale kasjer mówił z nosowym akcentem, którego próżno szukać gdzie indziej. Potem do Karlskirche, wzniesionego dla upamiętnienia zdobycia przez nasze wojska Belgradu w 1721 roku. Miejscowi nie byli tak wdzięczni, jak być powinni, że Austria uwolniła ich od Turków. Karol nie miał syna. Fryderyk pruski zgodził się wprawdzie uszanować prawo Marii Teresy do tytułu cesarzowej, ale złamał słowo, a księcia Eugeniusza Sabaudzkiego nie było już na świecie, by nauczył go dobrych manier. Spacerując po żwirowych alejkach przed Belvédère Palais i odwiedzając po raz kolejny zmysłowe kobiety Gustava Klimta, mogę zapomnieć o witrynach na Kärntnerstrasse.

Na lunch poszedłem do skromnej tureckiej restauracji, żeby zademonstrować solidarność z tymi – teraz już nie chcianymi – intruzami (pamiętacie Żydów z Galicji, wieśniaków z Moraw?), których przekazy pocztowe pozwalają utrzymać się na powierzchni rodzinom w Anatolii. Przemierzając na piechotę jeszcze jedno miasto, mijając plac Hofburg i pomnik Józefa II – pryncypał, który także musiał dawać sobie radę w trudnych czasach – powoli tracę siły, ale udaje mi się dotrzeć do po hollywoodzku imponującego Kunsthistorisches Museum – powoli wspinam się po marmurowych schodach do sali Brueghela.

Oto sala, do której zmierzałem, i oto obraz. *Guernica* jest dziełem naszego stulecia – krzyczące konie i kobiety Picassa na ruinach baskijskiego miasta, które przed chwilą zrównały z ziemią bombowce Hitlera – lecz flamandzka wioska Brueghela i hiszpańscy żołnierze zawsze byli z nami. Król Herod dowiedział się, że gdzieś narodziło się dzieciątko ogłoszone królem Żydów, i nie zamierza ryzykować. Jego pracownicy też nie: chłopcy i dziewczęta, niemowlaki i trzecioklasiści są pracowicie, systematycznie krajani na kawałki, przeszywani mieczem i włócznią, nawet jeśli histeryczne matki i desperacko rozsądni ojcowie niepotrzebnie się tu kręcą. W lewym dolnym rogu elegancki oficer w szkarłatnym płaszczu na ognistym,

321

WŁOŚCI HABSBURGÓW

potężnym rumaku jest oblegany przez dwie kobiety błagające o zaprzestanie rzezi.

„Droga pani, wykonuję tylko rozkazy. Nic na to nie poradzę. Proszę nie mieć do mnie żalu!"

„Popatrz! Zrób coś!" – nie da się powiedzieć nic więcej. Przez ponad pół wieku przemierzałem te miasta, błądząc po krawędzi dziejów, rozglądając się dokoła, rozmawiając ze sobą, poznając historię i poezję, odpowiadając na listy od flamandzkich wieśniaków, którymi są akurat murzyńskie matki z Roxbury i Jamaica Plain. Jakich słów ty byś użył?

Ci, którzy się nie złoszczą na to, na co powinni się złościć, są uważani za durniów.

Arystoteles, *Etyka nikomachejska*, ks. IV

CZĘŚĆ CZWARTA

1993

Rozdział dwudziesty czwarty

LWÓW

Jechać do Lwowa. Z którego dworca jechać
do Lwowa, jeżeli nie we śnie, o świcie,
gdy rosa na walizkach
(...)
Spakować się i wyjechać, zupełnie
bez pożegnania, w południe zniknąć
tak jak mdlały panny
(...)
jeden z moich
wujów pisał poemat pod tytułem Czemu,
ofiarowany wszechmogącemu i było za dużo
Lwowa, nie mieścił się w naczyniu,
rozsadzał szklanki, wylewał się
(...)
Lecz nożyce cięły, wzdłuż linii i poprzez
włókna, krawcy, ogrodnicy i cenzorzy
(...)
i katedra drżała i żegnano się o poranku
bez chustek i bez łez, takie suche
wargi, nigdy Cię nie zobaczę, tyle śmierci
czeka na ciebie, dlaczego każde miasto
musi stać się Jerozolimą, każdy
człowiek Żydem.
Adam Zagajewski, *Jechać do Lwowa*

Jedna atomowa,
Druga atomowa
i dojdziemy do Lwowa
Polska piosenka powojenna

Ta podróż rozpoczęła się w Warszawie, musiałem więc opuścić „Bristol" przed szóstą rano, żeby zdążyć na samolot – jazda pustymi, zamglonymi o świcie ulicami była swoistą przyjemnością. Odlot opóźnił się o godzinę, bo czekaliśmy na pasażerów z Singapuru i Bangkoku (ważni biznesmeni heroinowi?), dzięki czemu starczyło

325

1993

czasu na rozpętanie się gwałtownej śnieżnej zadymki. Przy zerowej widoczności amerykański pilot po prostu wróciłby do łóżka, ale chlubna tradycja polskiej brawury – „A co mi tam!" – wyniosła nas ponad chmury burzowe, a kiedy przekraczaliśmy granicę, było już widać ziemię.

Formalnym celem tej podróży był Lwów. Ponieważ fascynuje mnie historia cywilizacji habsburskiej i polskiej, chciałem się przekonać, co pozostało z obu kultur w ich najbardziej wysuniętej na wschód placówce – zaporze przed barbarzyńcami przybywającymi z równin Azji. Moje wizyty w Polsce zazwyczaj zaczynały się lub kończyły w niemieckojęzycznych miastach, takich jak Frankfurt, Zurych czy Wiedeń, co skłania podróżnika do niepochlebnych porównań, jeśli idzie o standard łazienek i waluty. Nawet krótka podróż na Ukrainę mogła dostarczyć okazji, by ocenić Polskę – z przeciwnego kierunku – jako rozsądnie zarządzany organizm. A wreszcie miałem już dość ujednoliconych miast na karty kredytowe w zachodniej Europie, do których doszlusowały teraz Praga ze swoimi McDonaldami i Warszawa z zadziwiającym luksusem „Bristolu". Być może, Lwów, nie tknięty przez Pięknych Ludzi, zachował jeszcze swoją tożsamość.

Pierwsze uogólnienie na podstawie samolotów śmigłowych „Air Ukraine", nędznego lotniska i mundurów: znalazłem się w Polsce sprzed 30 lat. Drugie: Związek Radziecki zniknął bez śladu. Flagi są niebiesko-żółte, herb – żółty trójząb na niebieskim tle; przez cały pobyt dostrzegłem j e d e n emblemat z sierpem i młotem. Tandetne bloki na przedmieściach są standardowe, takie jak wszędzie, ale samo miasto – przez które zbyt często przetaczały się fronty na wschód albo na zachód i w którym nigdy nie było wystarczających funduszy na rozwój – ma polskie wieże kościelne i fasady renesansowych pałaców zaprojektowane przez Włochów, którzy budowali też w Lublinie i Zamościu, ma pomnik Mickiewicza – rzecz jasna, ale również gmachy państwowe i handlowe, operę, hotel z balkonami przeniesiony żywcem jeśli nie z Wiednia, to przynajmniej z Brna czy Grazu.

„Grand Hotel" to epoka Franciszka Józefa. Poczekaj, a pojawią się ck oficerowie w czarnych butach i obcisłych, białych bluzach, z nawoskowanymi wąsami, szablami i żonami w gorsetach i wy-

326

myślnych kapeluszach. Jeszcze chwila i oficerowie noszą już polowe mundury i rogatywki, a w taką pogodę również płaszcze do kostek. W jakich kapeluszach paradują ich żony? Co z wąsami? Armia polska była pod wpływem francuskiej, więc wąsy ustąpiły miejsca wąsikom. W oknie sypialni czekam na popołudniową paradę orkiestry pułkowej Deutschmeister, a może na kawaleryjski patrol z biało-czerwonymi proporczykami na lancach.

W XIV wieku Lwów został podbity przez Kazimierza Wielkiego, zmonopolizował prawie cały handel wschodni i stał się jednym z najważniejszych miast Polski. Dwa razy oblegali go kozacy Chmielnickiego – w 1648 i 1655 – a w 1704 roku splądrowali go Szwedzi. Miasto otrzymało katedrę katolicką w 1412 roku, ormiańską w 1626, unicką (religia poddanych) dopiero w 1903, natomiast synagogę w 1582 roku. Znaczenie miasta jako ośrodka handlowego bardzo wcześnie uczyniło z niego tygiel narodowości. Mieszkali tu: Polacy i Ukraińcy, Niemcy i Żydzi, Ormianie i Grecy, Węgrzy i Rumuni, Cyganie i Tatarzy, a nawet pewna liczba katolików wygnanych ze Szkocji, którzy znaleźli zatrudnienie w roli samurajów w prywatnych armiach magnatów. Litewskie Wilno było jedynym konkurentem Lwowa. Wschodnia Galicja i Lwów zostały zabrane przez Austriaków po pierwszym rozbiorze Polski (1772), a z czasem do Lemberga (niemiecka nazwa miasta) przeprowadzono dziewięć linii kolejowych i stał się on najważniejszym ośrodkiem przemysłowo-handlowym zachodniej Ukrainy.

Lemberg/Lwów stanowi o wiele bardziej skomplikowany przykład procesów asymilacji i konfliktu niż Ołomuniec z jego dwubiegunową relacją między Austriakami i Czechami. Obecność austriacka we Lwowie ograniczała się w zasadzie do administracji wojskowej i kolejowej, handel był żydowski, kultura polska, a toalety znalazły się w rękach ukraińskich. Kiedy po klęsce powstania styczniowego reżim carski z centralą w Warszawie zaostrzył kurs – chodziło zwłaszcza o bezwzględną rusyfikację całego systemu edukacji – znajdujący się pod bardziej tolerancyjną administracją uniwersytet we Lwowie stał się intelektualnym centrum Polski. Jedynie Uniwersytet Jagielloński posiadał większy prestiż. Zarazem tolerancja Austriaków w stosunku do rodzącego się nacjonalizmu ukraińskiego uczyniła z miasta przystań dla patriotów uciekających przed Rosjanami. Kie-

1993

dy jednak ci tzw. Rusini przekroczyli już granicę, ich głównym przeciwnikiem w walce o narodową tożsamość okazywali się Polacy. Ci bowiem, tak jak Węgrzy Kossutha w stosunku do Słowaków, odmawiali Ukraińcom wolności, której sami domagali się od Austriaków. Austriacy doceniali antyrosyjskie i antypruskie resentymenty Polaków i zatrudniali dystyngowanych arystokratów tego narodu na wysokich stanowiskach ministerialnych. Zgodnie z habsburskimi zwyczajami byli też skłonni udzielać policyjnych subwencji ukraińskim intelektualistom i politykom, żeby trzymać w szachu Polaków. W podobny sposób potajemnie wspierali słowackich i rumuńskich nacjonalistów, żeby bruździć Węgrom.

W miastach oddalonych od centrum, takich jak Lwów czy Poznań, powstaje kwestia, w jakim stopniu oficjalna władza potrafi narzucić swoją własną kulturę przy pomocy funkcjonariuszy policji, przełożonych pielęgniarek, starszych kelnerów, nauczycieli i dyrygentów, a w jakim stopniu, często nieświadomie, przyjmuje kulturę podbitych – tak jak Anglicy w Indiach czy Francuzi w Maroku – spożywając miejscowe potrawy, podziwiając muzykę, naśladując zabawne sposoby zaklinania się służby, podpatrując technikę opieki nad końmi czy wreszcie słuchając nałożnic. A ponieważ Lemberg znajdował się prawie na antypodach, urzędnicy wysłani na tę placówkę tym gorliwiej demonstrowali cywilizacyjne bogactwo Wiednia: w niedzielne popołudnie symfonia Brahmsa, a potem *Sachertorte* z bitą śmietaną w „Grand Hotelu". Podczas mojego jednodniowego pobytu opera w stylu parysko-wiedeńskim pokazała *Carmen*, zapowiadając *Eugeniusza Oniegina* Czajkowskiego i *Księcia Igora* Borodina, natomiast teatr – w którym występowała ongiś Sarah Bernhardt – wystawiał *Makbeta* i *Heddę Gabler*. Kultura ukraińska była reprezentowana przez niewielkie stoisko przed hotelem, na którym sprzedawano bardzo zmyślne drewniane jaja i zestawy matrioszek[94].

Nową kulturą imperialną – co nie oznacza postępu – jest amerykańska. Bar w „Grandzie" sprzedaje wódkę Smirnoff i piwo Miller. CNN – stacja, która przekazała światu relację ze zwycięstwa nad

---

[94] Turyści są już nimi znudzeni, podobnie jak nową ich wersją, od wielkiego Gorbaczowa z czerwonym znamieniem po maleńkiego Leninka. A może by tak połączyć amerykański kapitał z ukraińskim rzemiosłem i wyprodukować nowe zestawy: Bill i Hillary, Bush i Reagan, aż do Nixona i Kennedy'ego?

Irakiem – nadaje na okrągło, puszczając reklamy „Wall Street Journal" i papierosów Marlboro. Przywiozłem ze sobą pół tuzina paczek tej marki na napiwki, ale na ulicy widzę faceta, który niesie w torbie pięć kartonów – ich cena nie jest o wiele wyższa niż w Bostonie.(Drugą stroną obecnego NEP-u jest fryzjer za 8 centów). Po drugiej stronie sali restauracyjnej siedzą trzy młode Amerykanki – w tym jedna Murzynka – pogrążone w ożywionej rozmowie. Pchnięty ciekawością badacza pytam, kim są. Zajmują się monitorowaniem sprzedaży własności państwowej prywatnym inwestorom.

– Przedsiębiorca, który ma wystarczająco dużo twardej waluty na taki zakup, prawdopodobnie zdobył ją nielegalnie – zagajam.

– To nie nasz kłopot.

– No i jest z niego szczwany lis.

– Mamy doświadczenie.

Miło, że komunizm i KGB mamy już za sobą, ale jak czuje się były obywatel radziecki widząc, że rewolucja, która się nad nim przetacza, jest nadzorowana przez amerykańskie panienki? Związek Radziecki zaś, niegdyś postrach całego świata, został sprowadzony do poziomu wiejskiego pijaka?

Żegnaj, nasza Czerwona Flago,
Byłaś naszą siostrą i naszym wrogiem.
W okopach byłaś towarzyszką żołnierzy,
Całej zniewolonej Europy byłaś nadzieją.
Ale jak czerwona kurtyna ukrywałaś za sobą
Gułag,
Pełen skostniałych, martwych ciał.
Czemu to uczyniłaś,
Nasza Czerwona Flago?

Jewgienij Jewtuszenko („New York Times" 24 lipca 1993)

* * *

Ulice wyglądają rzeczywiście tak samo jak Polska przed 30 laty. Na chodniku przed sklepami spożywczymi ciągną się kolejki, tłumek wokół stoiska, gdzie jakaś kobieta sprzedaje jogurt, autobusy zatłoczone do nieprzytomności. W 1957 roku pasażerowie w Warszawie przyklejali się do najmniejszej nawet podpory na zewnątrz

1993

pojazdów; Miłosz opowiadał mi o chuliganach („kowbojach"), którzy łapali ich na lasso, ściągali z autobusu i zaśmiewali się, słysząc ich krzyki. Hotel „George'a" – najpiękniejszy wśród hoteli tego „Paryża Wschodu" i równolatek warszawskiego „Bristolu" – posiada balkony, z których młoda żona kapitana mogła dawać umówione znaki – wyjaśniające, g d z i e i k i e d y – podporucznikowi huzarów stojącemu po drugiej stronie ulicy. Teraz ten gmach to slumsy biur Inturistu, cinkciarzy i tanich sklepów z pamiątkami.

Moim przewodnikiem był student Harvardu z Syracuse (stan Nowy Jork) – ukraińskiego pochodzenia – który przygotowywał doktorat na temat braku swobód religijnych i wolności. Zarówno dla Polaków, jak i dla Rosjan ukraiński Kościół katolicki był jakąś podrzędną hybrydą – podobnie jak tożsamość narodowa Ukraińców – która zawdzięczała swoje istnienie, dowodzili ciemiężyciele, jedynie subwencjom z kas austriackiej i niemieckiej policji. Posługiwanie się ukraińskim poza domem mogło narazić na szwank karierę zawodową – tak jak noszenie krzyżyka w komunistycznym Ołomuńcu. Ponieważ Polacy nie zgodzili się na założenie oficjalnego uniwersytetu ukraińskiego, Masaryk zachęcał tutejszych intelektualistów do studiowania w Pradze, a Uniwersytet Karola zaliczał im przedmioty, których uczyli się na tajnych kursach we Lwowie. Gdy Rosjanie weszli formalnie w posiadanie zachodniej Ukrainy po układach jałtańskich, lwowska katedra unicka została przekazana rosyjskim prawosławnym i dopiero w 1988 roku Gorbaczow oddał ją Ukraińcom. W chwili obecnej na czele narodu stoi ekskomunista, Leonid Krawczuk, inflacja sięga 50–200% miesięcznie, niepodległość jest „zabezpieczona" dzięki arsenałowi nuklearnemu pozostawionemu przez Armię Czerwoną; ale na pewien czas ludzi można zadowolić tym, że w końcu mają swoje własne państwo, język i Kościół.

A więc spacerowaliśmy z Borysem po Lwowie (obecna, ukraińska nazwa to Lwiw) zarzucając się nawzajem faktami. We wrześniu 1914 roku całe to habsburskie panowanie wyparowało w starciu z Rosjanami – prawie bez walki. Oto przewidziane pole bitwy i wróg, z którym rozprawić się miał marszałek polny Conrad von Hötzendorf oraz cała machina cesarskiej *Staatsmacht* (Hegel: „wojna to zdrowie państwa"). Conrad był podziwiany jako strateg „łączą-

Lwów

cy ducha artysty z elastycznością akrobaty" przez Liddella Harta, czołowego historyka I wojny światowej, oraz Churchilla. „Nie miał jednak zmysłu taktycznego, więc jego strategiczna wirtuozeria dyktowała mu plany, do których realizacji jego narzędzie zupełnie się nie nadawało. Kiedy gięło się pod presją rzeczywistości, marszałek po prostu naciskał mocniej – aż pękło mu w rękach"[95]. Abstrakcyjna wojna w rzeczywistości oznaczała bowiem prawdziwą artylerię i ciała rozszarpywane na strzępy. Realnych i bezlitosnych Kozaków. Rosjan, którzy nie uciekali przed atakiem austriackiej piechoty. Potężne fale kawalerii Conrada zostały pchnięte na tak szeroki front, że ich wartość bojowa została roztrwoniona, zanim jeszcze zetknęły się z wrogiem. Jego żołnierze tracili siły w forsownych marszach – zabójczych dla butów i nóg – oficerowie zaś podważali swój autorytet, domagając się wykonania rozkazów, które rozmijały się z rzeczywistością. Austriacy wycofali się[96] do miasta-twierdzy Przemyśla, pozostawiając Lemberg Rosjanom. Conrad stracił na froncie galicyjskim 350 tys. z 900 tys. żołnierzy, a kiedy w 1915 roku Austriacy znów przeszli do ofensywy, ich armia miała przetrącony kręgosłup – usztywniony niemieckim gipsem.

Kiedy w marcu 1918 roku Rosjanie skapitulowali przed Niemcami w Brześciu Litewskim, na arenę historii powrócił Lwów jako jedna ze zdobyczy w trójstronnej wojnie pomiędzy Polakami dowodzonymi przez Piłsudskiego, ukraińskimi nacjonalistami mniej lub bardziej w sojuszu z wojskami Białych oraz bolszewikami – wszystkie trzy armie plądrowały miasta i wsie, mordowały Żydów. Lwów był też bazą wypadową dla iluzorycznej próby zdobycia Kijowa w 1920 roku. A kiedy w lipcu i sierpniu Armia Czerwona przejęła inicjatywę, Lwów stał się fortecą, która położyła kres iluzjom Lenina o wtargnięciu do Galicji, skąd można by przenieść żagiew rewolucji do Czechosłowacji, Rumunii i na Węgry[97]. Po zawarciu stabilnego pokoju pomiędzy Polakami a Rosjanami miasto stało się stolicą polskiego „imperium

---

[95] L. Hart, *A History of the World War*, Faber and Faber, London 1934, s. 147.

[96] „Pułki kawalerii – niczym jeźdźcy apokalipsy, grad i ogień – posuwały się dalej, a przenikliwy fetor jątrzących się końskich odparzelin zdradzał ich obecność z daleka". L. Hart, *A History of the World War*, s. 158 – cytat z oficjalnej *Historii Austrii*.

[97] Richard Pipes, *Russia under the Bolshevik Regime*, Knopf, New York 1993, ss. 190–191.

kolonialnego" – gdzie Ukraińcy, Żydzi i pozostałe mniejszości były traktowane surowiej niż poprzednio pod rządami Austrii. Z drugiej jednak strony Lwów cechowała spontaniczność kosmopolitycznej kultury, której nie miała stołeczna Warszawa. Jak wiele wiedzieli mieszkańcy miasta o straszliwych cierpieniach zadanych przez Stalina pozostałej części Ukrainy? O chłopach, którzy nie podporządkowali się programowi kolektywizacji ogłoszonemu pod koniec lat dwudziestych. Którzy woleli zarzynać bydło i konie niż oddawać je do kołchozów. To z kolei oznaczało głód w miastach i wyzwanie rzucone władzy sowieckiej, czego Stalin nie mógł tolerować. Głód, okrucieństwo, długie transporty wagonami bydlęcymi na Sybir, wyczerpanie i zimno w łagrach – to wszystko sprawiło, że zginęło może pięć, może sześć milionów Ukraińców. Ile z tego cierpienia dotarło do Lwowa? Bo niewiele do Harvardu, gdzie w 1938 roku uczęszczałem na interesujący kurs o faszyzmie i komunizmie.

Lista przykładów podobnej ślepoty ciągnie się do dzisiaj: następne pokolenie lewicowych intelektualistów nie życzyło sobie wiedzieć o chińskim głodzie w latach pięćdziesiątych, pokłosiu Wielkiego Skoku Naprzód Mao, ani o wyniszczeniu i poniżeniu ich własnej klasy podczas rewolucji kulturalnej. Obecnie arabscy intelektualiści nie są skorzy do potępienia zbrodni Saddama Husajna popełnionych na własnym narodzie, natomiast intelektualiści afroamerykańscy nie prześcigają się w krytyce korupcji i megalomanii najnowszego garnituru afrykańskich tyranów – a także bestialskiego zwyczaju obrzezania łechtaczki.

Dwa tygodnie po napaści Niemiec na Polskę od zachodu Rosjanie zajęli całą wschodnią połać kraju „w obronie białoruskich i ukraińskich chłopów przed brutalnym uciskiem polskich panów" i zainaugurowali festiwal czystek w tym naznaczonym przez historię mieście. Ich ofiarą padali oficerowie, ziemiaństwo, przemysłowcy, księża, kosmopolici – np. filateliści i esperantyści, portierzy hotelowi, Żydzi, poeci. Pierwszym celem byli miejscowi lewicowcy, którzy myśleli, że będą bezpieczni, jeśli określą się jako komuniści. „To po prostu pomyłka, do jutra nas zwolnią", upewniali się nawzajem i dodawali sobie ducha śpiewając w kółko *Międzynarodówkę*.

Aleksander Wat – początkowo ideowy komunista, który przesiedział wiele miesięcy w sowieckim więzieniu we Lwowie – opisuje w *Moim wieku*, z jaką gorączkową desperacją ludzie próbowali przetrwać. Ponieważ komuniści unieważnili polskie złote, spekulanci z Warszawy – głównie Żydzi – z narażeniem życia prześlizgiwali się przez granicę, żeby skupować je za bezcen – płacąc złotem lub twardą walutą – a następnie szmuglowali je z powrotem do okupowanej przez Niemców Warszawy. Kiedy po napaści Niemiec na ZSRR 22 czerwca 1941 roku Rosjanie oddali miasto bez walki, nie zapomnieli wymordować swoich więźniów – serią z karabinu maszynowego albo granatem wrzuconym do celi. Zawsze warto zadać sobie trud, by wybić do nogi potencjalnie niebezpiecznych przedstawicieli klas rządzących.

Ukraińcy – którzy nie potrafili sobie wyobrazić nic gorszego od Stalina i którzy nie mieli nic przeciwko wywózce Żydów – powitali Niemców jako wyzwolicieli i na ulicach wywiesili niebiesko-żółte flagi. W Trieście poznałem Włocha (ojca jednego z moich uczniów, którzy przyjechali do Stanów w ramach wymiany) – oficera z oddziałów wysłanych przez Mussoliniego, by walczyły u boku Niemców maszerujących na Stalingrad. Po okolicy rozniosła się w jakiś sposób wieść, że u włoskich żołnierzy odprawia się nabożeństwa, więc mógł mi teraz zaprezentować wspaniałą pamiątkę – zdjęcie grupy wieśniaczek, które szły przez całą noc, żeby uczestniczyć w porannej mszy odprawionej w kompanii podporucznika Chersiego.

Hitler nie widział jednak wielkiej różnicy pomiędzy dobrymi Ukraińcami i złymi Polakami oraz Rosjanami. Cała ta czereda stanowiła rezerwuar słowiańskich helotów, którzy pewnego dnia będą tyrać na wielkich latyfundiach utworzonych przez Niemców na ziemiach wschodnich. Wprawdzie Ukraińcy w mundurach Wehrmachtu walczyli dla Hitlera, ale Führer ani im nie ufał, ani nie traktował ich po ludzku.

Ale dosyć historycznych refleksji. Lwów jest pięknym miastem i z pomocą Borysa mógłbym tu poznać ciekawych ludzi (Jacek zaoferował mi list do katolickiego biskupa), tyle że następnego wieczora musiałem się znaleźć w Krakowie, a pociąg odjeżdżał z Przemyśla – 80 kilometrów na zachód. Teoretycznie mogłem dotrzeć do Polski koleją – „uważaj na strzelaniny mafijnych gangów" – ale

333

1993

wydawało mi się, że rozsądniej będzie wynająć za okrągłą sumkę w dolarach kierowcę zaopatrzonego w odpowiednie dokumenty i zapas benzyny[98].

Jechaliśmy na zachód, mijając po drodze kilka pomalowanych na niebiesko chat z głębokiej przeszłości i nieładne, ale solidne domy z cegły, zaopatrzone prawie co do jednego w sterczącą antenę telewizyjną. Na granicy ciągnęła się nieruchoma kolumna ciężarówek i aut osobowych, ale mój kierowca jechał dalej, krzycząc: *„Amierikanskij pasport!"*, i wymachując moją niebieską książeczką w stronę niezdecydowanych policjantów, aż szczęście nas opuściło i musieliśmy odczekać półtorej godziny, żeby przebyć ostatnie sto metrów. „W Polsce wszystko pójdzie gładko!" – i poszło, bo drugi posterunek przejechaliśmy w parę minut. (50–200 dolarów łapówki ułatwia przekroczenie granicy, ale po zainkasowaniu pieniędzy ukraińscy strażnicy dzwonią do swoich polskich kolegów, że jadą aferzyści).

***

Kierowcy zależało na wyjeździe z Polski przed nocą, więc po kilku bezskutecznych próbach znalezienia w mieście hotelu skłonił mnie do rozpoczęcia poszukiwań na własną rękę.

Przemyśl był dla mnie punktem kontaktowym, gdzie mogłem włączyć się do polskiej sieci kolejowej, ale szukałem tu również śladów jego okresu świetności, kiedy to w 1914 roku stanowił kwaterę główną marszałka polnego von Hötzendorfa. Wokół przedmieść miasta ciągnęły się ruiny fortyfikacji, w których marszałek pokładał wiarę, ale – obciążony trzema torbami wyładowanymi słoikami z marmoladą oraz podkoszulkami z aligatorami i pelikanami (wyruszyłem w podróż z Florydy) – miałem małe szanse, żeby dotrzeć tak daleko. Czy nie ma tu gdzieś jakiejś restauracji albo kawiarni, gdzie marszałek wpadał na sznycla lub szklaneczkę rozgrzewającej brandy?

---

[98] Towar ten pochodzi często od żołnierzy, którzy spuszczają benzynę z baków swoich ciężarówek i pojazdów opancerzonych. Żeby interes lepiej się opłacał, rozcieńczają paliwo wodą, w związku z czym w środku zaśnieżonej głuszy nawali nam silnik. Jak odróżnić towar „chrzczony"? „Trzeba wypić – radzi znajomy. – Jeśli przeżyjesz, towar jest trefny. Jeśli chwycą cię konwulsje, to zapewne kupiłeś od uczciwego". Kto potrafi się oprzeć takiej kulturze?

W mojej wyobraźni kampania rosyjsko-austriacka jawiła się jako walka na młoty dwóch zmordowanych mężczyzn. Mogli wyrządzić sobie nawzajem wielką krzywdę – podobnie jak wioskom, które pustoszyli – ale cała ta wojna miała niewielki związek z wcześniejszymi planami operacyjnymi. Mimo braku wielkich bitew – takich jak ta pod Tannenbergiem we wschodnich Prusach czy ta nad Marną – armia austriacka po prostu się rozpadała. Niemcy pod dowództwem Hindenburga i Ludendorffa roznieśli Rosjan pod Tannenbergiem – biorąc odwet za klęskę Krzyżaków w 1410 roku – i odnosili się do Austriaków z pogardą. „Jesteśmy przykuci do trupa", podsumował Ludendorff. Niemniej jednak to cudownie racjonalne wojsko zostało powstrzymane przez Francuzów nad Marną, a w 1916 roku pod Verdun i nad Sommą armia i naród niemiecki zostały przepuszczone przez tę samą maszynkę do mięsa, która wcześniej przemełła Brytyjczyków i Francuzów.

Moją „prawdziwą" wojnę przeżyłem w San Pietro, późną jesienią 1943 roku. Przed 36 Dywizją postawiono zadanie zdobycia tego miasta, gdyż blokowało ono drogę do Cassino i dalej aż do Rzymu. Pierwszy włoski pułk, który walczył po stronie aliantów, został dołączony do naszego 141, a ich żołnierze łącznikowi korzystali z naszej transzei i proponowali nam wino za papierosy (ja, jako tłumacz w plutonie drugiej linii, miałem taktownie instruować ich w kwestii zachowania higieny w latrynach – bez skutku). Natarcia ze wszystkich możliwych kierunków na to biedne miasteczko załamały się, m.in. samobójczy atak z flanki Włochów na Monte Lungo na południu czy nocne natarcie elitarnego kanadyjsko-amerykańskiego pułku spadochroniarzy przy wsparciu bodaj całej artylerii 5 Armii, aż góra płonęła niczym Chiny w Nowy Rok – nic nie skutkowało. Niemcy pochowali się w starannie wykopanych w skalistym gruncie norach – przykrytych małą skarpą, więc kiedy używaliśmy nowoczesnych i bardzo drogich zapalników zbliżeniowych, które wybuchały kilka metrów nad ziemią, byli całkiem bezpieczni. Niemcy walczyli od dawna i umieli to robić.

Potem porzucili ruiny San Pietro i okopali się w następnym mieście, a moja podjednostka plutonu rekonesansowego 141 Pułku zajmowała się podawaniem kawy pułkownikowi, który dowodził batalionem mającym być otwieraczem do tej puszki. Przedstawie-

1993

nie rozpoczęło się od standardowego ostrzału artyleryjskiego, który nie wywarł wielkiego wrażenia na takich profesjonalistach jak Niemcy. Potem nastąpił frontalny atak pod ogniem karabinów maszynowych i moździerzy nieszczęsnej, powolnej amerykańskiej piechoty. Chłopcy od przygotowywania kawy mogli usłyszeć telefoniczne rozmowy pułkownika: głównie raporty na temat zgonu kolejnych oficerów, w większości znanych mu chyba osobiście. Na mniejszą skalę pułkownik był równie bezradny jak marszałek polny von Hötzendorf i po jakimś czasie zadzwonił, żeby odwołać atak i zarządzić powrót do punktu wyjścia tych, którzy przetrwali.

***

– Proszę pana, gdzie dobry hotel?
– Nie ma.

Prosta, bezpośrednia, głęboko polska odpowiedź. Hipokryci kierowali mnie w różne ulice – które nieodmiennie prowadziły do przypominającego koszary budynku dworca głównego (*Hauptbahnhof*) – aż zdecydowałem się wejść, z braku alternatywy, do przepastnego domu umarłych pod nazwą hotel „Dworzec". Oferował on pusty, wysoki pokój oświetlony przez gołą żarówkę zwisającą na sznurze, drzwi bez zamka, toaletę na korytarzu, gdzie nie dało się spuścić wody, oraz pijaków potykających się na schodach o północy. Nie ma potrzeby dramatyzować: w korytarzu nie odbywały się walki prostytutek, a pod moim łóżkiem nie leżał zdechły szczur. Spożywając kolację składającą się z jabłka, herbatników, czekolady i nieuniknionej buteleczki Remy Martina, podebranej podczas lotu przez Atlantyk, stwierdziłem z wisielczym humorem, że przyjechałem do Przemyśla dobrowolnie, uciekając na chwilę od luksusów „Bristolu". W tym smutnym mieście nadgranicznym żaden szczęśliwy człowiek nie wynajął nigdy pokoju w hotelu „Dworzec". Zatrzymywali się tu uciekinierzy przed policją carską, w 1914 roku Austriacy i Polacy z Lemberga, w latach powojennych mieszczanie wszystkich narodowości uciekający przed chaosem nowych porządków, zbiegowie umykający przed policją Lenina i Stalina, a z przeciwnego kierunku komunista albo Żyd uciekający przed policją Piłsudskiego – pierwszy przystanek, ostatni przystanek.

Ostatnia fala klientów załomotała do drzwi w pierwszych dwóch tygodniach września 1939 roku. W 24 godziny po rozpoczęciu wojny – gdy polskie lotnictwo leżało już w kawałkach na ziemi, a niemieckie czołgi jednoznacznie dowiodły, że nie są zrobione z drewna – nikt, kto miał głowę na karku oraz auto i benzynę, nie mógł się dłużej łudzić. Generałowie, ministrowie, bankierzy, śpiewacy operowi pędzili na Przemyśl i Lwów – w stronę granicy rumuńskiej. Taki Czetwertyński, Zamoyski czy Tyszkiewicz okazywał się tylko starym, wystraszonym człowiekiem (ich synowie byli oficerami kawalerii) i zajmował się uspokajaniem żony, synowej, wnucząt – stłoczonych w mojej sypialni bez zamka i z toaletą na korytarzu, w której nie działała spłuczka.

Czy wystarczy benzyny? Czy zapasowe koło jest w porządku? Czy mleko się nie zsiadło? Miś ma wyższą gorączkę. Ile Żydzi dadzą za twoje kolczyki? (Są przecież po mojej matce). Jeśli jednak Rumuni wpuszczą nas do Czerniowiec, co wtedy? Boję się o Lwów – Rosja jest zbyt blisko. Nonsens, Stalin nie pójdzie na układy z Hitlerem.

* * *

Jednak ci, którzy nocują w hotelu „Dworzec" należą do szczęśliwców. Głównym hotelem miasta jest sam dworzec, gdzie mieszkają znużeni przybysze i ich dzieci – czekają, zastanawiają się, co zrobić dalej. Jeśli przybyli z Ukrainy, Polska jest dla nich krajem szansy: kiedy dodasz tu dwa i dwa, odpowiedź jest zbliżona do czterech – nawet gdy chodzi o zbyt wysoką sumę.

W przedziale pierwszej klasy – na miejscu zarezerwowanym przez biuro podróży w Bostonie – znalazłem się znów w świecie, w którym ludzie tacy jak ja poruszają się wygodnie. Pociąg toczył się przez posypaną śniegiem równinę stworzoną dla Kozaków i czołgów. Szare miasteczko magazynów i ciężarówek nosiło znajomą nazwę „Przeworsk". Rzeczywiście, jakimś sposobem wymieniłem dwa listy z pewną amerykańską księgową, która chciała nadać sens swojemu życiu przez akces do Korpusu Pokoju. Wysłali ją do Przeworska, żeby postawiła na nogi księgowość w radzie miasta i w zakładach naprawczych taboru kolejowego. Ciekawiło ją, dlaczego interesuję się Polską – tym biednym, ponurym krajem. Czy udało jej się jakoś zapełnić tu swój czas wolny (choć na południu, wzdłuż granicy ze Słowacją, rozciągają się Beskidy – niskie, lecz ładne pasmo Karpat)? Oto bohaterka postępowej demokracji i odpowiedzialnego kapitalizmu.

Chęć dotarcia do współczesnego znaczenia obu tych terminów była powodem, dla którego znów znalazłem się w Polsce i w pozostałościach po Czechosłowacji. Mam tu przyjaciół, lubię zagadki, jakie przynosi mi posługiwanie się tymi dwoma językami, lubię spacerować po Krakowie i Pradze, ale co dzieje się z ich światem? Po wizycie w 1991 roku czułem przygnębienie na widok powszechnego cynizmu, zniechęcenia, chaosu.

Londyński „Economist" opublikował artykuł będący pochwałą pragmatycznej skuteczności reform ekonomicznych Balcerowicza: odejście od scentralizowanego przemysłu ciężkiego – kopalnie, huty, zakłady zbrojeniowe – w stronę samodzielnych fabryk mebli, zakładów budowlanych i przetwórczych oraz usług, takich jak warsztaty samochodowe czy restauracje, wycofywanie się z subsydiów i kontroli cen, ograniczanie programów opieki społecznej, które nakręcają inflację. „Warsaw Voice" opisał nową fabrykę koszul w Łodzi, która eksportuje coraz więcej do takich krajów o wysokich kosztach produkcji, jak Niemcy, Holandia i Norwegia. Lecz ten rozkwit przyhamowują podniesione cła zaporowe, wprowadzone przez kraje Zachodu, które ograniczają import możliwy dzięki meksykańskim płacom. Ponieważ bezrobotni w przemyśle włókienniczym to głównie kobiety, Łódź staje się znana ze swoich prostytutek. Obudzona przedsiębiorczość znajduje jednak nowe pole na Ukrainie – dokąd galopują nie kawalerzyści, lecz kapitaliści, żeby zakładać tam zakłady tekstylne o jeszcze niższych płacach. Procter and Gamble otwiera dużą fabrykę pampersów – szczyt luksusu dla wszystkich znanych mi polskich matek. Płacę wygórowaną cenę za pobyt w „Bristolu" – świeżo odnowionym po włączeniu do brytyjskiej sieci hoteli – żeby się po prostu przekonać, jak wygląda ta nowa Polska. Jakie skutki powodują te globalne zmiany w mikroskali?

Dzień w Warszawie spędzam z Anną, młodszą córką Jacka Woźniakowskiego i żoną najmłodszego syna pułkownika Grocholskiego. Jej dwie obserwacje to szybki wzrost cen, któremu towarzyszy wolny wzrost płac, oraz pełne półki, w związku z czym przysyłanie paczek żywnościowych nie ma już sensu. Brakuje tylko pieniędzy.

Anna zabiera mnie na rosyjski pchli targ, gdzie handlowcy z byłych republik sowieckich (wiele azjatyckich twarzy) sprzedają rupiecie – tandetne ubrania, tanie kosmetyki i urządzenia, matrioszki i czapki oficerskie – które niegdyś Polacy wozili za Odrę do NRD. Ci nędzni straganiarze to owi Turcy i Tatarzy, z którymi walczyli bohaterowie Sienkiewicza, ale tym razem przypominają o Czarnobylu, Sybirze i więzieniach we wszystkich niemal miastach Rosji, są ostrzeżeniem, że ta część świata zamieni się w wielkie śmietnisko, jeśli zostanie odizolowana od reszty globu. Ponieważ Niemcy ogłosili, że będą wyrzucać z powrotem przez granicę wszystkich nielegalnych przybyszów, Polska tradycyjnie stanęła przed groźbą najazdu ze Wschodu i z Zachodu.

Najnowsza fantasmagoria to nostalgia za Rosją carów u tamtejszych patriotów: odbierzemy Finlandię, może nawet Alaskę, a tętent kozackich koni znów rozlegnie się na Krakowskim Przedmieściu przed fasadą „Bristolu".

Razem z Anną odwiedzamy nowy pomnik – na który nie zgadzali się komuniści – ku czci Bohaterów Powstania, matka z dzieckiem wynurzają się z kanałów, ksiądz, młody powstaniec z karabinem maszynowym i w zdobycznym hełmie. Odwiedzamy państwową szkołę jej synów, o której mówi z szacunkiem. Dla Amerykanina czymś szczególnym jest spotkanie z zakonnicą – znajomą Anny, która uczy chłopców religii; dla mnie tym bardziej szczególnym, że ta młoda kobieta ma twarz i sposób bycia jednej z nauczycielek w Commonwealth, która przez rok uczyła w Nikaragui na niebezpiecznej wyżynie wokół Esteli i na zamieszkanym przez Kreoli wybrzeżu Mosquito – z tego samego chrześcijańskiego powołania, choć nie użyłaby tego słowa.

W Warszawie, w dowolnym polskim mieście nie można uciec przed wojną. Ściana z polerowanego marmuru w Waszyngtonie z 58 tysiącami nazwisk to pomnik Ameryki, nasz najbliższy odpowiednik sanktuarium – celu pielgrzymek. W Polsce ta liczba wynosi około 6 milionów – pół na pół żydowskich i nieżydowskich. Podczas spaceru po Starówce Anna zabiera mnie do pół tuzina kościołów; w każdym przyklęka i modli się. W jednym z nich ma-

1993

lowidła stropowe są dziełem jej szwagierki – Anny seniorki, 11-
-letniej łączniczki w powstaniu. W innym szukały azylu kobiety
i dzieci, lecz świątynia została wysadzona w powietrze, grzebiąc
wszystkich pod gruzami. Warszawa jest ciągle miastem umarłych.
Idziemy odebrać synów Anny po próbie chóru w kościele para-
fialnym. Henryka pasjonuje historia, Stefana sport – zostanie bogatym sportowcem, żeby wspomagać na starość rodziców. Całe swoje
życie chłopcy mieszkali w tym jednym mieszkaniu, które należało
do ich dziadków i które wydaje się oazą ładu, pełną pogody i po-
wagi, gdzie – jak zaobserwowałem – nie pojawiają się napięcia poza
kwestią opłacenia rachunków w tym miesiącu. Od 45 lat nie było
wojny. Nikogo z nich nie aresztowano. Pierwsza żona Piotra zmarła w połogu. Córka z tamtego małżeństwa omal nie zginęła w wypadku samochodowym. Takie jest życie – lecz Historia nie rzuciła
cienia na chłopców.

Co się zmieniło? Zachodni turyści wracali dotąd z warszawskiego safari z opowieściami o komunistycznej przemocy i dzielnym,
sprytnym podziemiu. Teraz na plan pierwszy wybija się amerykani-
zacja: gigantyczna czerwono-biała zupa skondensowana Campbel-
la na przystanku autobusowym. Pierwszy McDonald. Nowe, ekscytujące restauracje dla smakoszy – odkrywane przez innych, kiedy
ja chrupię zapiekanki z serem u Anny w kuchni. Poza tradycyjnymi
pijakami po Krakowskim Przedmieściu błąkają się teraz chudzi,
o błędnym wzroku, żebrzący n a r k o m a n i. Co zostało z dawnych
stereotypów o zachowaniu tożsamości dzięki wierze w programie
Zjednoczenia Chrześcijańsko-Narodowego, które realizuje swoją
katolickość przez ustanowienie możliwie najsurowszego prawa anty-
aborcyjnego, pozostawiając w spokoju chciwych i okrutnych – żeby
ci mogli skuteczniej wykorzystywać ciężarne kobiety? Inny przepis
nakazuje mediom „respektowanie wartości chrześcijańskich”.
„Prawdziwe” amerykańskie chrześcijaństwo – różne od wątłej wiary liberałów – prowadzące swoje własne święte wojny w duchu
słowackiego czy chorwackiego patriotyzmu, czułoby się tu dobrze.

Pierwsza polska pani premier – Hanna Suchocka (piąty premier
od 1989 roku) – jest uważana za zdolną i uczciwą, ale kiedy w Sejmie
zasiadają przedstawiciele 29 partii, trudno cokolwiek przegłoso-
wać. Taka jest zresztą polska tradycja: w latach dwudziestych zare-

340

Lwów

jestrowano ponad 90 partii. Bezrobocie dla pechowców, a dla szczęściarzy zamrożone płace i rosnące ceny to recepta na narodową eksplozję, ale parlamentarzystom-amatorom demokracja kojarzy się z wolnością długiego przemawiania – nieważne, czy ich wystąpienia są pożyteczne i na temat.

Jesienią w nowych wyborach zwyciężą neokomuniści – pani Suchocka zostanie zastąpiona młodym i agresywnym eksaparatczykiem. Gdyby sądzić po twarzach i życiorysach tych, którzy stracili, i tych, którzy zdobyli miejsca w Sejmie, wybory byłyby smutnym znakiem cofnięcia wskazówek zegara. Ale zatwardziały optymista odczyta je może jako ludzki protest przeciw powrotowi autorytarnego katolicyzmu, ludzką reakcję na triumfy monetaryzmu *à la* Milton Friedman – polityki, która odbiera ludziom pracę, a ich dzieciom wykształcenie. Sprzeciw wobec zbyt szybkiej amerykanizacji na zbyt wielką skalę. Amerykańscy politolodzy z niepełnym pensum przyjeżdżają tu, żeby dawać pożyteczne wykłady na temat demokracji. Może jednak powinni zostać w domu. Prócz umiejętności zdobywania ogromnych sum pieniędzy na telewizyjne reklamówki, które promują fikcję w miejsce rzeczywistości, cóż innego może zaproponować świat amerykańskiej polityki?

Polacy, Czesi i ci inni niech się uczą angielskiego i zaliczają kursy komputerowe. Doskonale, ale po co? To zostanie objawione później.

Na tragifarsę zakrawają wysiłki Sapiehów, Popielów, Radziwiłłów, Czartoryskich i Zamoyskich (piękne nazwiska!), by odzyskać rodowe rezydencje czy dwory, gdzie potem stworzą ośrodki wypoczynkowe czy apartamenty dla bogatych Niemców. To odrębna kwestia, lecz fanatyczni misjonarze nowej wiary wolą nie dostrzegać, że wschodnioeuropejska wersja kapitalizmu jest rajem dla rekinów i kanciarzy – bez zabezpieczeń socjalnych, bez ideałów tolerancji i ogłady, które istniały niegdyś w mocniej zakorzenionych demokracjach Zachodu. „Walczyliśmy o socjalizm z ludzką twarzą". A co z kapitalizmem?

W odróżnieniu od lat osiemdziesiątych, kiedy gwałtowny wzrost stopy urodzeń był reakcją na nędzę stanu wojennego, ucieczką w życie rodzinne, w latach dziewięćdziesiątych mamy katastrofalny spadek liczby urodzeń – prawie o 30%, najgorszy wynik w czasach

341

1993

powojennych – co wraz z najwyższą od 1945 roku śmiertelnością
jest oznaką chorego i wystraszonego społeczeństwa.

chciałby pozostać wierny
niepewnej jasności

Zbigniew Herbert, *Pan Cogito i wyobraźnia*

Trzeba pamiętać, że nieosiągnięcie własnego celu nie jest tragedią
życiową. Prawdziwa tragedia polega na braku celu w życiu.

Benjamin Mays, dyrektor Morehouse College, Atlanta

* * *

Z powrotem w Krakowie: opuszczam pociąg z Przemyśla i kieruję swoje kroki do hotelu „Pod Różą", gdzie z okna sypialni widzę
wieże kościoła Mariackiego i słyszę stłumiony hejnał trębacza, prze-
rwany dawno przez tamtą tatarską strzałę. Nikt jeszcze nie wie, że
przyjechałem, mogę więc do woli spacerować po wielkim Rynku,
napawać się tą majestatyczną urodą, zauważając nowe kolory, nowe
sklepy i owszem, seks-shopy oraz peep-showy. W starodawnych
Sukiennicach mijam małe stoiska, gdzie oferują drewniane pisanki,
ciupagi, szachownice, lniane obrusy i filcowe kapcie. Sprzedawczyni nie miała mojego rozmiaru, więc zaprowadziła mnie do konkurencji, gdzie był większy wybór. W tym kraju człowiek spotyka się
z naturalną uprzejmością. W latach siedemdziesiątych w okolicach
Gdańska wystąpiło interesujące zjawisko: osiedlali się tam amerykańscy emeryci, i to nie po prostu dlatego, że mieli polskie korzenie
czy ich emerytura w pięciodolarówkach była tu więcej warta niż
w New Jersey, lecz dlatego że ludzie starsi są tu traktowani z szacunkiem, którego próżno by szukać w Stanach.

Odgradzam się od wielkich pytań, starając się pomagać ludziom
w małych sprawach. Grażyna Kamińska zebrała pieniądze wśród
osób prywatnych na nowy elektryczny piec kuchenny dla swojej
szkoły w biednej, przemysłowej dzielnicy Podgórze – dzieciaki powinny dostać przynajmniej jeden przyzwoity, ciepły posiłek dziennie. Teraz wzięła na swoje barki trudniejsze zadanie: szuka 25 tysięcy dolarów na budowę sali gimnastycznej. Marne jedzenie, brak
higieny, skutki rosnącego skażenia środowiska – m.in. coraz więcej

urodzeń dzieci z wadami, wysiadywanie przed telewizorem, bezwład ogarniający nieszczęśliwe rodziny – to wszystko sprawia, że dzieci przychodzące do szkoły są niemal kalekie. Klimat jest tu surowy, ziemia w czasie długich zim pokryta błotem albo zamarznięta, a dzieci nie mają dobrych butów, żeby bawić się na dworze. Szkolne zajęcia z wychowania fizycznego są zatem o wiele ważniejsze, niż można by przypuszczać. Za komuny było wiele zajęć pozalekcyjnych dla dzieci z biednych rodzin. Teraz ich nie ma. Po wojnie wprowadzono brutalny system preferencji przy rekrutacji na studia dla dzieci proletariuszy i rolników – nieważne, czy jakiś Woźniakowski albo Grocholski miał znacznie lepsze stopnie. Wszelkie wysiłki, aby zrównoważyć „słuszne" nierówności społeczne, zostały teraz zarzucone – na dobre i na złe.

Koleżanka pani Kamińskiej jest dobrą tłumaczką; jestem pod wrażeniem tego, jak łatwo wymieniamy informacje i wnioski podczas naszego spotkania przy śniadaniu w hotelu. Chaos nowych, pokomunistycznych czasów mocno nadwerężył kruchą społeczność szkoły – w tym nowym świecie społecznego darwinizmu Podgórze nie należy do najlepiej przystosowanych w walce o byt i wysokie stawki. Ale z drugiej strony, w czasach stalinowskich taka osoba jak Grażyna byłaby osobiście zagrożona. Pomińmy to, że prosi o pomoc obcokrajowców – „pan Merrill niebezpieczny, wie za dużo" (i już zapewne układa w pamięci listę hojnych krewniaków, Polaków, lojalnych absolwentów, ludzi, którym pomógł i dla których ofiarowanie niewielkiej sumy będzie stanowić wyraz wdzięczności i sposób na uciszenie sumienia). Teraz za swoje zaangażowanie w polepszenie kondycji szkoły zostanie odznaczona. Niemniej jednak jej zawzięta determinacja i samodzielność (zorganizowała grupy rodziców – co nie leży w polskiej naturze – do odmalowania klas) byłyby alarmującym objawem indywidualizmu – kierowania się własną analizą sytuacji społecznej, a nie enuncjacjami partyjnych przywódców. Na przykład ta sprawa z elektrycznym piecem – niezależnie od intencji pani Kamińskiej – to woda na młyn reakcjonistów mówiących o niedożywieniu w socjalistycznej Polsce – które przecież nie istnieje! Subiektywnie może jest socjalistką, ale obiektywnie jest kontrrewolucjonistką. A jej uczciwość i skuteczność czynią z niej jeszcze niebezpieczniejszy wzór – i trzeba z tym skończyć!

1993

Nietrudno byłoby znaleźć urzędników w amerykańskim systemie edukacji, którzy czuliby się tak samo zagrożeni niezależnością Grażyny.

Potem w drogę do prywatnej szkoły doktor Fiałkowskiej, gdzie dyskutujemy na temat problemów stojących przed reprezentowanym przez nią stowarzyszeniem małych szkół. Pierwsza potrzeba to pieniądze na płace. Nauczyciel dostaje 250 dolarów miesięcznie, a ceny nieustannie rosną. Jak można wymagać od kogokolwiek – jeśli współmałżonek dobrze nie zarabia – by wykonywał ten zawód? Komunizm upadł, ale ci sami nauczyciele siedzą za tymi samymi biurkami i za pomocą nowych słów wytwarzają identyczne nawyki. Jednym z impulsów do zakładania takich szkół po 1989 roku było dopominanie się o prawo do nauczania religii. Teraz religia jest już we wszystkich szkołach, gdzie – zależnie od nastawienia dyrektora – staje się przymusowa i jest często wykładana w autorytarnym stylu kursów marksizmu-leninizmu. Czy prywatne szkoły będą teraz domagać się prawa do n i e u c z e n i a religii?

Wizyta u Krzysztofa Skórczewskiego – chyba najbardziej błyskotliwego pod względem technicznym i obdarzonego największą wyobraźnią grafika wśród znanych mi artystów. Polaków nie stać teraz na kupowanie sztuki w jakiejkolwiek postaci. Wolna gotówka idzie na sprzęt wideo, komputer, samochód. Wśród tematów Skórczewskiego dominują katastroficzne sceny biblijne – arka, wieża Babel, potop – gdzie monstrualny obiekt centralny wyłania się z chaosu i zniszczenia, które towarzyszyły wszystkim ponurym projektom narzuconym temu nieszczęsnemu krajowi przez jego panów. Dziś mam odebrać akwafortę dla dr. Jaraba, rektora Uniwersytetu Palackiego w Ołomuńcu – mój przytyczek wymierzony amerykańskiej hegemonii.

Kolacja z Jackiem i Mają. Tak, jesteśmy wolni, co teraz jest możliwe dzięki nieustannemu kwestowaniu. Prof. Woźniakowski wydaje się szczególnie cenny dla nowej Polski, gdyż dzięki swoim licznym kontaktom znajduje sponsorów dla tego muzeum czy owego sympozjum – znużony pakuje walizki przed wyjazdem na serię wykładów do tuzina amerykańskich miast uniwersyteckich.

U Henryka i Barbary obie dziewczynki – Urszulka i smukła jak leszczyna Justyna – znów są chore na oskrzela. Henryk wygląda na

344

zmęczonego i zniechęconego. Obrona własnej tożsamości – sedno moich refleksji, które jemu często wydają się naiwne – była łatwiejsza kilka lat temu, kiedy był tylko jeden wróg. Czy „Znak" – jego miesięcznik – da się ocalić: nie w walce z cenzurą, lecz w starciu z wielkonakładowymi pismami, borykając się z brakiem nowego sprzętu i z rosnącymi cenami papieru? Czy spółka „Tygodnika Powszechnego" z francuskim wydawcą przyniesie dodatkowy kapitał, nie ograniczając niezależności? Jakie cele powinno sobie stawiać liberalne pismo, gdy jego największymi wrogami stali się teraz religijni fundamentaliści oskarżający katolickich intelektualistów o brak zwykłej lojalności? W czasach stalinowskich najdłuższa przyjaźń mogła okazać się ciążącym luksusem, jeśli tym drugim zainteresowała się milicja; za kapitalizmu sentymenty się nie liczą, jeśli wynagrodzenie naszego przyjaciela obciąża konto firmy. No i – ma się rozumieć – nowa klasa kierownicza, kulturalna i bezwzględna, ze swojego stanowiska dowodzenia w koktajlbarze hotelu „Bristol" nie dostrzega takich spraw.

* * *

Wyklęty powstań ludu ziemi,
Powstańcie, których gnębi głód,
(...)

Międzynarodówka

To dobra pieśń, warta teraz odśpiewania, kiedy sprawiedliwość społeczna stała się słowem zakazanym, a na świecie jest więcej wyklętych i głodujących niż kiedykolwiek.

Czy Polskę ocalą małe, sensowne przedsięwzięcia: sprzątaczka wracająca po miesiącu pracy w Bostonie z 1500 dolarów w banknotach 10-dolarowych; budowa sali gimnastycznej dla szkoły w Podgórzu; starania Henryka Woźniakowskiego, aby uczciwy i poważny miesięcznik przetrwał na rynku? Zważywszy na ogrom problemów, czy te maleńkie osiągnięcia dają nadzieję, czy rodzą tylko złudzenia? Jaka mieszanka tragizmu i komizmu czeka Polskę w przyszłości?

W tym momencie nie jestem pewien, czy będę chciał tu wrócić. W drodze do domu towarzyszy mi poczucie smutku. Spróbuję ze-

1993

brać jak najwięcej pieniędzy dla tego gimnazjum w Podgórzu – przeczytałem gdzieś, że za okupacji był tu obóz tranzytowy dla mieszkańców getta. Ale jakie są szanse na przyszłość? Jak dotąd nikt nie okazał się wystarczająco stanowczy, żeby zamknąć Nową Hutę i obwieścić 30 tysiącom robotników, żeby poszli do domu i zajęli się rozwiązywaniem swoich problemów – co przydarzyło się pracownikom General Motors i Eastern Airlines. Światem nie rządzą już komisarze z partii komunistycznej ani generałowie ze Strategicznego Dowództwa Powietrznego US, lecz bankierzy z MFW. Ich wizja cywilizacji sprowadza się do wypłacalności banków centralnych w Nowym Jorku, Londynie, Zurychu. Polska, Brazylia, Nigeria czy Filipiny zmarnotrawiły większość przyznanych im kredytów – barmani sprzedawali alkoholikom drinki na kredyt. Teraz nałogowcy muszą wieść trzeźwy żywot: zatrzymać maszyny drukarskie wypluwające banknoty o nominale 100 000 000 dinarów czy cruzeiro.

Pieniądze można wydawać tylko na rozkręcenie koniunktury – niech bogaci się bogacą. Import trzeba ograniczać, eksport rozwijać za wszelką cenę: lasy mahoniowe, skóry tygrysie, dorastające dziewczęta. „Zaciskanie pasa”, „odejście od demagogicznego populizmu” – to hasła uzasadniające redukcję budżetów na zdrowie, edukację i ochronę środowiska, nawet jeśli te bardziej zrównoważone bilanse płatnicze zostaną okupione wyższą stopą niedożywienia, niepiśmienności, prostytucji, narkomanii i przemocy. Budżet policji – ma się rozumieć – rośnie. D e m o d e r n i z a c j a to interesujący termin używany w odniesieniu do Nigerii i Nikaragui oraz – tu rzecz jest bardziej skomplikowana – do Polski i miejskich gett Stanów Zjednoczonych i Wielkiej Brytanii.

Ostatnimi laty dostaję co tydzień około 20 listów, głównie od samotnych murzyńskich matek – początkowo z śródmiejskich dzielnic Bostonu: Roxbury, Dorchester, Mattapan – a potem, w miarę jak wieść przekazywana jest z ust do ust kuzynce, bratowej, przyjaciółce, z coraz dalszych okolic: Brockton, New Bedford, Savannah, a nawet Middletown – przemysłowego miasteczka w stanie Ohio, w którym nigdy nie byłem, gdzie w paru schroniskach dla ubogich, daleko na uboczu, mój adres krąży jako rodzaj waluty. W odpowiedzi przesyłam czek, kilka słów współczucia i przeprosiny. Arbitral-

346

na dobroczynność na tym poziomie nie ma większego sensu – na co wskaże każdy socjolog – ale czy w kraju tak nieczułym jak nasz mam jakąś alternatywę? Jeśli marzeniem większości Polaków jest druga Ameryka, to jaka jest – poza wyzwalającym sloganem lat osiemdziesiątych: „Bogaćcie się!" – p r a w d z i w a Ameryka?

Cześć Nazywam się Kenza Jones, mieszkam w schronisku i trudno mi wyżywić siebie i dzieciaki i nasz okres w schronisku prawie się kończy i nie wiem co zrobić czy mógłbyś mi jakoś pomóc bo byłoby okropnie znaleźć się z dziećmi na bruku.

Ojciec dzieci wtargnął siłą do mieszkania. Był pijany i dałam mu 5 $ bo myślałam, że sobie pójdzie, ale on rąbnął mnie w twarz i złamał mi szczękę, a potem przewrócił mnie i skopał i zabrał resztę pieniędzy, a nawet zabrał wszystkie ubrania dzieci chyba po to, żeby sprzedać i kupić więcej wódy. Nie wiem co robić.

Odcięli mi gaz i prąd a w zeszłym tygodniu wodę. Zachodzę do sąsiadki raz dziennie po jedno wiadro dla mnie i trójki dzieci ale boję się, że jeśli poproszę o więcej, to się na mnie zezłości. Wiadro wody na trójkę małych dzieci na cały dzień to ciężkie życie.

Razem z siostrą chodzimy w nocy po śmietnikach przed lokalami żeby znaleźć coś do jedzenia albo z ubrania dla dzieciaków w domu. Czasami zbieram butelki i zanoszę je do skupu, ale czuję się zagubiona i bardzo smutna.

Przepraszam że muszę znów prosić cię o pomoc. Ale tak bardzo potrzebuję pomoc. Moje dzieci potrzebują rzeczy i jedzenia ja nie mogę pomóc im i sobie jestem chora Dostaję tak wysokie rachunki że nie mogę im nawet kupić właściwego jedzenia i ubrania jest tak zimno w nocy Wszyscy leżymy razem żeby nie zmarznąć. Czasami chciałabym już nie żyć ale to by był koniec tylko moich problemów a większy problem dla moich dzieci.

Nie mam pieniędzy i jestem bardzo biedna.

Jestem samotną matką z czwórką dzieci w wieku 24 lat strasznie potrzebująca. Piszę ponieważ mąż jest od maja w więzieniu i zostawił mnie z czwórką dzieci samą. Nie mogę związać końca z końcem. Moje dzieci są dla mnie wszystkim na tym świecie.

Mam piątkę dzieci od 5 do 12 lat. Od 2 miesięcy nie płacę za mieszkanie. Znów mają mi wyłączyć światło i nie mogłam kupić ani jednego prezentu pod choinkę dla moich dzieci. Bardzo im potrzeba butów letnich i zimowych.

Mój syn James został zamordowany w zeszłym roku – za jedną parę okularów przeciwsłonecznych.

Oczywiście, nędza jest straszliwsza w Kalkucie, bardziej groźna w Soweto, w Rio zaś i São Paulo policja rozwiązuje problem dzieci koczujących i kradnących na ulicach za pomocą strzałów z pistoletu. Wiem o tym.

PODRÓŻ

Rozdział dwudziesty piąty

OŚWIĘCIM

Nadzieje wiary filozofie
wywożone na śmietnik oblewane
benzyną na całopalenie
Nadzieje wiary filozofie
gaszonym wapnem przysypane
bo mór z nich idzie i zaraza
Tadeusz Nowak, *Psalm śmietnikowy*

Ile złotych zębów wyrwanych tureckim gastarbajterom potrzeba na zakup gazu w ilości
wystarczającej do zagazowania X Cyganów?
Fragment instrukcji do niemieckiej gry planszowej, 1992

Nasze głowy są ogolone, nasze pięści twarde jak stal,
Nasze serca biją dla naszej Ojczyzny,
Jesteśmy siłą – siłą, która oczyści Niemcy.
  Niemcy, obudźcie się!
Stoerkraft – Siła Zniszczenia (skinheadowa grupa rockowa) 1992

Henryk zaproponował, że będzie moim szoferem: ruszyliśmy na południowy zachód śliskimi, zaśnieżonymi drogami przez ponurą okolicę – ani to miasto, ani wieś. Trasa na Oświęcim jest wyraźnie oznakowana, jakby chodziło o kurort. W rzeczywistości były dwa obozy: Oświęcim, gdzie więźniowie mieszkali w barakach z cegły otoczonych drutem kolczastym pod napięciem – *lebensgefährlich* – taki jaki widziałem w Mauthausen i Majdanku, a kilkaset metrów dalej Brzezinka, gdzie znajdowały się komory gazowe i krematoria z ogromnym kominem.

Przed tą lutową wyprawą wybrałem się do Lwowa – najbardziej wysuniętej placówki polskiej i austriackiej historii – żeby zyskać inną perspektywę na to, czym może być Polska. Przez całe moje dorosłe życie obozy zagłady – wśród których najgorszy był Oświęcim – stanowiły stały punkt odniesienia moich refleksji: kto i jak tam żył, kto przyczynił się do ich powstania, jak ja bym się zachował? A kiedy „rewizjonista" ogłasza, że obozy nigdy nie istniały, mogę nazwać go kłamcą.

Od 1945 roku byliśmy tak często bombardowani opowieściami obozowymi, obrazami i analizami fenomenu obozów, że trudno powiedzieć, jakie wyobrażenia i myśli są naprawdę nasze, co warto przekazać innym, jakie porównania są stosowne. Na pewno Sarajewo, Somalia, wioski wietnamskie, obrzucanie bombami zapalającymi z galaretowatej benzyny (trzyma się lepiej skóry) i białego fosforu, zrzucane przez naszych – jak ich nazywają – „chłopców", do których dołączą we wszystkich następnych wojnach nasze „dziewczęta". Choć obóz zagłady albo zamknięty wagon bydlęcy w drodze na Sybir to los straszniejszy, codzienny żywot samotnej matki utrzymującej się z zasiłku w którymś z miejskich gett Ameryki nie jest czymś zupełnie innym.

***

Rzeczywiście, nad bramą główną był napis „*Arbeit macht frei*". „Przez płomienie do prawdy" było bodaj mottem Dachau. Obóz został zachowany jako wierna makieta edukacyjna: zdjęcie przerażonego dziecka wczepionego w rękę matki powtarzało się w nieskończonej ilości wersji, a w każdym baraku za szklaną szybą piętrzył się stos przedmiotów – butów, walizek, okularów, pustych puszek po cyklonie B, kobiecych włosów, z których wyrabiano skarpety dla załóg łodzi podwodnych i ocieplające wkładki do butów dla robotników kolejowych (tu eksponowano płaszcz – zgrabnie upleciony z tych włosów). Złote zęby były przetapiane, lecz mnie najbardziej uderzył widok stosu pędzli do golenia. Więźniowie chcieli wyglądać schludnie.

Ile wiedzieli Brytyjczycy i Amerykanie? Słyszałem opowieść o Janie Karskim, wysokim oficerze Armii Krajowej, którego – narażając się na wielkie ryzyko i angażując znaczne sumy (Niemcy reagowali na d u ż e łapówki) – przeszmuglowano do warszawskiego getta, następnie do obozu w Bełżcu, po czym Karski przedostał się do Londynu, żeby opowiedzieć o wszystkim Churchillowi. Premier był zajęty, niewątpliwie – tak jak Roosevelt – podzielał poglądy na temat Żydów niedzielnych biesiadników z Southampton[99], a do tego Polacy sprawiali mu – bądźmy szczerzy – cholernie dużo kłopotu.

---

[99] Por. Wstęp autora (przyp. tłum.).

Co można było zrobić? Małe bomby zrzucone z niskiego pułapu zburzyłyby bocznice kolejowe, bramy, elektrownię i zionące śmiercią budynki Brzezinki. Zrzut paru tysięcy stenów na spadochronikach przysporzyłby Niemcom (bardzo tanim kosztem) wielu kłopotów. Alianci nie zdobyli się nawet na ostrzeżenie, że niemieccy autorzy planów i rozkazów oraz ich wykonawcy będą wytropieni i surowo ukarani.

Papież Pius XII, który podczas wojny zachował się całkiem haniebnie, nie tylko nie zainteresował się publicznie losem eksterminowanych Żydów, ale również nie wygłosił słów potępienia, ani w ogóle żadnych konkretnych słów na temat losu Polaków – w tym około 4 tysięcy wymordowanych księży – wyjaśniając poprzez swojego rzecznika, że jakiekolwiek wyraźne protesty doprowadziłyby do tym groźniejszego odwetu.

Wracamy do Miłosza i jego opisu mieszkańców Warszawy, którzy obserwują z dachów, jak niemieckie bombowce nurkują nad płonącym gettem: „Trzeba to przyznać Niemcom – robią w Polsce porządek!" Ten sam duch odżywa w komentarzach białych na temat morderstw popełnianych przez młodych Murzynów na swoich pobratymcach: „To nie nasza wina".

Oświęcim zmusza do coraz to nowych refleksji. Pewien gatunek amerykańskiego samca zapewne zazdrości oficerowi SS, który wybierał sobie ładną Żydówkę, rżnął ją przez całą noc, a rankiem zabijał strzałem z pistoletu. Oto antidotum na wiarę w postęp.

Ciekawe obserwacje na temat ocalonych i przyczyn ich przetrwania pochodzą od niemiecko-amerykańskiego psychiatry Brunona Bettelheima, który sam był więźniem Dachau i Buchenwaldu[100]. Ocalało najwięcej komunistów i adwentystów dnia siódmego, którzy posiadają głęboko zakorzenioną dyscyplinę i tożsamość. Najszybciej padali ofiarą ci, którzy poddawali się całkowicie wpływowi otoczenia, którzy infantylnie podporządkowywali się strażnikom, przestawali odczuwać i rozumieć. W rzeczywistości przemieniali się w żywe trupy; ta śmiercionośna bierność zyskała im przydomek muzułmanów. Ponieważ esesmani uznawali aktywną percepcję za objaw oporu, jakakolwiek uwaga albo nawet wyraz

---

[100] *The Informed Heart*, New York 1960, cytat za: Stanley Benn, *A Theory of Freedom*, Cambridge University Press 1988, ss. 192–196.

1993

oczu zdradzający ruch myśli mógł przynieść wyrok śmierci. *Ditto* w przypadku Murzyna z bostońskiego getta. *Ditto* w dawnych czasach nad Missisipi, gdzie chłopców murzyńskich starannie uczono tępoty. Albo po upadku Komuny Paryskiej w 1871 roku, kiedy siły Wersalu nie były w stanie rozstrzelać tysięcy jeńców, ograniczono się więc do tych, którzy wyglądali na inteligentnych albo odznaczali się czymś szczególnym – np. nosili zegarek. Kiedy w latach siedemdziesiątych Czerwoni Khmerowie urzeczywistniali w Kambodży demokrację narodowosocjalistyczną, zegarek albo pióro były dowodem zagranicznego skażenia i wyrokiem śmierci.

Zajęcie przez karmelitanki jakiegoś budynku tuż obok obozu wywołało przed kilku laty przykrą awanturę – na nutę: „To my wycierpieliśmy więcej" – pomiędzy Żydami i Polakami. Teraz wybudowano kompromisowy klasztor poza obrębem murów i umieszczono tablice z informacją, iż 90% z półtora miliona ofiar stanowili Żydzi – informacja-tabu w czasach komunistycznych. Instytut Historii Żydów w Warszawie został niedawno poproszony przez konferencję biskupów o poprowadzenie zajęć dla nauczycieli religii: „Ależ skąd, kochani, Żydzi nie dodawali krwi chrześcijańskich dziatek do macy". Pewien hollywoodzki milioner zaczął nawet kręcić film o bohaterskim niemieckim przemysłowcu, który ocalił setki Żydów. Zaangażowano 1500 statystów, a Amerykanie z hotelu „Forum" zasilili walutą kasę Krakowa.

Bośnia dostarcza najbliższej analogii. To samo przerażone dziecko. Ci sami oficerowie, dla których miarą jest ilość cierpienia zadanego innym. „Etniczne czystki" są równie dobre jak „ostateczne rozwiązanie". Świat zewnętrzny jest wprawdzie lepiej poinformowany, ale równie nieskuteczny. Serbowie też posługują się Historią jako wierną służącą. „Szkoda, że nie widzieliście, co pięćdziesiąt lat temu Chorwaci zrobili n a m. Niemcy utworzyli dywizję SS z bośniackich muzułmanów [zgadza się] i trzeba było ich widzieć. Turcy wyrżnęli nas w Kosowie w 1389 roku". W Wehrmachcie i Armii Czerwonej gwałty były na porządku dziennym, ale były to gwałty spontaniczne. Oficjalne posłużenie się gwałtami dla podbudowania morale stanowi innowację[101].

Prawie wszystkie miasta, które odwiedziłem, były terenem łownym dla Oświęcimia. W 1939 roku rodzina Teichów w pustym,

---

[101] „Żołnierz, który nie pierdoli, to żaden żołnierz" – generał Patton, 1943.

352

Oświęcim

berlińskim mieszkaniu; cztery osoby na żółtej ławce w wiedeńskim Stadtparku. W Budapeszcie pojawił się zwariowany Włoch podszywający się pod hiszpańskiego konsula, który utrzymywał, iż Żydzi sefardyjscy są potomkami wygnańców z Grenady po 1492 roku, mają więc prawo do hiszpańskiego obywatelstwa i paszportów – tym sposobem wyrwał Niemcom kilkaset osób[102]. W Modenie widziałem wymizerowanych ocalonych z wytatuowanymi numerami na rękach. Nasza komórka śledcza została zakwaterowana w Palazzo Ducale w przeddzień szabatu: na dziedzińcu żołnierze z Żydowskiej Brygady VIII Armii – którzy przetransportowali ciężarówkami tych mężczyzn i chłopców (oraz kilka kobiet) z Austrii – tańczyli jedną horę za drugą. Ekswięźniowie lgnęli do tańczących w wojskowych buciorach Sabrów[103], chwytali ich za ramiona, żeby zaczerpnąć coś z ich siły.

Przez dwa lata mieszkałem z rodziną w Paryżu, który całkiem gorliwie spełniał niemieckie żądania, dostarczając więcej głów, niż od niego wymagano. Amsterdam był rodzinnym miastem Anny Frank, której opowieść trafiła na scenę w sali gimnastycznej mojej szkoły. Wielu żydowskich rodziców naszych uczniów było podczas wojny dokładnie w jej wieku, a ja uczyłem niemało dziewczynek takich jak Anna. Klaustrofobia zamkniętego pomieszczenia przytłaczała nas swoją ciszą aż do ostatniej sceny, kiedy Niemcy załomotali w drzwi. Moja liberalna szkoła jest silnie związana ze środowiskiem żydowskim i wielokrotnie zastanawiałem się, co by było, gdybyśmy byli ulokowani w Paryżu albo Amsterdamie[104].

– Ile macie tu żydowskich dzieci?

– Nie wiem. Nie prowadzimy ewidencji wyznań.

---

[102] W Kownie w 1940 roku pojawił się jeszcze dziwniejszy konsul – japoński – który wydał setki wiz tranzytowych litewskim i polskim Żydom, dzięki czemu mogli oni dotrzeć w bezpieczne miejsce koleją transsyberyjską.

[103] Żydzi urodzeni w Palestynie, wychowani w trudnych warunkach wymagających tężyzny fizycznej (przyp. tłum.).

[104] Niedawno czytałem w żydowskim czasopiśmie artykuł ocalonego z Oświęcimia, który widział przed barakiem nagie ciało Anny – zmarłej z głodu i choroby – i uznał za niebywale ważne to, aby ludzie pamiętali właśnie te żydowskie, żeńskie zwłoki, a nie ukochaną abstrakcję, jaką stała się dla nas Anna. W Kalifornii chrześcijańscy fundamentaliści umieścili *Dziennik* na swoim indeksie: przeświadczenie Anny, że do Boga można dotrzeć przez każdą religię, mogłoby zamącić w głowie chrześcijańskiemu dziecku.

- Tylko bez takiej gadki. Gdzie jest lista nazwisk? Apfelbaum, Goldberg, Hirschfeld, Kaplan. Proszę bardzo! Co wy tu macie za szkołę? A wy sami nie schowaliście gdzieś tu swojej babki, Merrill? Jaki Niemiec pojawiłby się na inspekcji? Zbir? Oficer, taki jak ten z domu dla sierot w Warszawie? Piękny wiedeńczyk z Werony? Co mógłbym wtedy zrobić? Kogo mógłbym ochronić? Moja sekretarka jest blondynką i ma nieżydowskie nazwisko. Na ile lojalne okazałyby się dzieci gojów – czy wytknęłyby palcem kolegów z klasy, których przeoczono? Po tygodniu, około północy, w naszym mieszkaniu rozlega się dzwonek. Sharon.

– Zabrali moich rodziców, ale ja ukryłam się w pralni. Nie mam pieniędzy. Od dwóch dni nie miałam nic w ustach. Co mam zrobić? Pomóżcie!

– Zostań u nas.

Czy mógłbym to powiedzieć? Ściany kamienicy mają uszy. Jutro przychodzi sprzątaczka. Czy nasza dwunastolatka szepnie o tym swojej najlepszej przyjaciółce? Przemiła, pracowita, wylękniona Sharon Haas okazuje się Aniołem Śmierci.

***

A co robił Bóg? Jeśli Abraham przyjmuje Jahwe za swojego pana i władcę, przysięga Jemu tylko być wiernym i posłusznym, to Pan obroni go i pobłogosławi, a jego potomkowie będą tak liczni jak ziarnka piasku na dnie oceanu. No dobrze, Żydzi w Paryżu i Amsterdamie mieli inne rzeczy na głowie. Ale Żydzi w Kasrylewce i Tyszowcach? Nie mieli nic innego poza przekonaniem, że tak jak Jahwe wyprowadził Swój lud z egipskiej niewoli przez Morze Czerwone, tak samo teraz, kiedy jest potrzebny, poprowadzi wiernych Mu w bezpieczne miejsce.

Nie poprowadził.

Dlaczego?

Ta historia nie jest skomplikowana, argumentacja jest oczywista, wszystkie zaś wnioski, do jakich się dojdzie – a jest ich wiele – są druzgocące.

Mój znajomy – były rabin – wydedukował z żelazną logiką, że historyczny Bóg Abrahama umarł, a zatem każda szanująca się teologia musi wyjść od tej przesłanki. Wędrujemy po mrocznej równi-

Oświęcim

nie pozbawionej drogowskazów, dodajemy sobie odwagi, trzymając się za ręce, oddając pokłon symbolom i odprawiając ceremonie, które przypominają nam, kim jesteśmy i skąd przybywamy – na nic więcej nie możemy liczyć.

Któregoś roku dr R. wygłosił właśnie taki wykład w bibliotece Commonwealth – nawet te młokosy, które chełpiły się, że nic to ich nie obchodzi, słuchały w lodowatej ciszy. Jedna dziecina zauważyła – tak jak ją tego uczono – że Holocaust doprowadził przynajmniej do powstania państwa żydowskiego. Wykład dobiegł końca: chłopcy i dziewczęta odmaszerowali w milczeniu do klasy. Miałem wtedy zajęcia z Biblii z X klasą, ale wydawało mi się, że lepiej nic nie mówić.

– Michael powiedz coś – jeden z uczniów poprosił, można by rzec: zaklinał.

Piętnastoletni Michael był myślącym chłopcem – poważanym nie tylko przez Żydów, ale przez wszystkich rówieśników.

– To nie tak. To do mnie nie przemawia. My, Żydzi, przeszliśmy przez wiele. Bóg nas nie opuścił i my go też nie opuścimy.

Wszystkie twarze pojaśniały. Wprawdzie logiką Michael nie mógł konkurować z dr. R., ale nie to było istotne.

Bóg – rzecz jasna – zawsze milczy, choć niektóre ludy utrzymują, że słyszą Jego głos. Co powinienem powiedzieć jako nauczyciel? Że Jego autorytet i potęga są większe niż Lenina, nowego mercedesa, większe od siły AIDS, śmierci twojego dziecka? Piękno każdej żywej istoty odzwierciedla Jego dzieło stworzenia: biegnący jeleń, papugi w locie nad polaną w dżungli – widziałem je w Gujanie w drodze do domu po zakończeniu wojny. Co takiego się dzieje, gdy na miejsce jeleni i pstrokatych papug pojawiają się szczury i karaluchy? Sprawiedliwość – możni zostają poniżeni, źli ukarani. Nie całkiem tak. Wołam do Ciebie, Panie, a Ty mnie nie słyszysz – współczesna refleksja Hioba. Jak poważnie potraktuje ten problem pan Spielberg w swoim filmie o Oświęcimiu?

***

W państwach bloku sowieckiego linia konfliktu biegła przez każdą osobę, bo wszyscy na swój własny sposób byli zarazem ofiarami i sojusznikami systemu.

Vaclav Havel, *Siła bezsilnych*

1993

Na posterunku granicznym w Cieszynie Henryk po prostu podaje przez barierkę moje bagaże Jiřiemu, który czeka po czeskiej stronie. Skończyły się te wszystkie interesujące przeszukiwania i pytania, co sprawia – ma się rozumieć – że przemyt narkotyków, materiałów wybuchowych, broni, kradzionych ikon, a nawet czarnorynkowych jaj stał się banalnie prosty. Jiři wiezie mnie niziną Hany – z jej chmurami-zamczyskami i nagłymi zmianami światła – do wioski pod Přerovem, gdzie mieszka Jitka Zehnalova, tłumaczka na czeski mojego *Roku Emilki*, wraz z mężem Ottonem i dwutygodniową Natalie. Jitkę poznałem jako poważną, skrytą studentkę St. Andrew's Presbyterian w południowo-wschodniej Północnej Karolinie – ten *college* wybraliśmy dlatego, że była to jedyna uczelnia, gdzie wszystkie pomieszczenia są dostępne dla wózków. Siedzimy razem, przyglądając się śpiącej Natalie – ma usteczka na wpół otwarte niczym pączek. „To prawdziwy aniołek!" Mama wskazuje urocze uszko, maleńką rączkę. Tak siedzieć sobie obok młodej matki, przepojonej miłością i trwożliwym zachwytem w obliczu własnego dziecka – to jest jakaś równowaga dla Oświęcimia.

Na ulicy Žilinskiej pod numerem 11 panuje poruszenie w związku ze ślubem Jany w sierpniu. Tom Vlach okazał się godny ich ukochanej córki, ich Słoneczka. Dom jest pełen uśmiechów. W odróżnieniu od taty poprzedniej sympatii przyszły teść nigdy nie był komunistą – nie dojdzie więc do powtórki z historii Montekich i Kapuletów. Jiři zawsze głęboko odczuwał nieszczęście młodych, których nie stać na własny dom, muszą zatem mieszkać razem z rodzicami – jedna z głównych przyczyn rozwodów. Dlatego każdy osobnik płci męskiej, który potrafi trzymać młotek i piłę, został zapędzony do przebudowy strychu na przestronne mieszkanie. Tom i Jana pojadą do Frankfurtu albo Stuttgartu, gdzie zatrudnią się w McDonaldzie, żeby zarobić na kuchenkę i lodówkę. Jana chciałaby prowadzić przedszkole, gdzie dzieci od najmłodszych lat uczyłyby się angielskiego – i mówiły „diz tynks", jak ich nauczycielka, przekomarzam się. Pomaga mi ćwiczyć czeską wymowę wstępu do mojego środowego wykładu, ale jestem już zbyt stary, żeby wypowiedzieć „*čtvrt*" (czwarty).

Cieniem na tym wszystkim kładzie się rozpad ich kraju. Latami Jiři złościł się na – jak to nazywał – szantaż Słowaków, którzy nie

356

Oświęcim

chcą porządnie pracować, a za rezultaty winią wszystkich, tylko nie siebie. (Tak jak większość bostończyków, zawsze uważałem Arkansas za typową Słowację, Clinton zaś ma wiele cech słowackiego polityka). Kiedy narzekania na czeską dominację przybrały na sile, stanowisko Jiřiego uległo radykalizacji: „Niech się starają na własną rękę – wtedy zobaczą, jak świat ich potraktuje".

Argumenty – po obu stronach – nie były całkiem uczciwe. Mečiar obciążył winą ortodoksyjny leseferyzm ministra skarbu, a potem premiera Vaclava Klausa – za wzrost bezrobocia na Słowacji, lecz sam niewątpliwie przymierzał się już do roli przyszłego szefa i obiecywał zemstę tym wszystkim, którzy nieodpowiedzialnie go krytykowali. Już w styczniu pierwsi intelektualiści z Bratysławy znaleźli się na uchodźstwie w Czechach, a spryciarze przenieśli swoje słowackie korony do czeskich banków.

Narodziny nowego państwa to interesujący przedmiot obserwacji. Jednym z pierwszych wydarzeń była wizyta biznesmenów z Hongkongu: czy w zamian za znaczące inwestycje w tym momencie mogą liczyć – w razie potrzeby – na słowackie obywatelstwo po zajęciu przez komunistów ich terytorium w 1997? Przypomina się rok 1939. (Nawiasem mówiąc, obywatelstwo Peru kosztuje 25 tysięcy dolarów). Niepodległość nie powstrzymała bezrobocia. Latem budżet służby zdrowia zostanie obcięty do połowy, a rezerwy na płace nauczycieli wyczerpią się w listopadzie. Nikt wcześniej nie wymyślił w szczegółach, jak obdzielić koleje, banki, system emerytalny i energetyczny bardzo scentralizowanego państwa czesko-słowackiego. W Pradze człowiek czuje się i jest obsługiwany jak w stolicy europejskiej. Bratysława to miasto prowincjonalne. W ramach popularnych kpin z sąsiada czeski przedsiębiorca produkuje nowy gatunek gumy do żucia z opakowaniem w postaci miniaturowej słowackiej stukoronówki.

Znajomy przysyła mi pierwszy słowacki znaczek: zarys trzech wzgórz na granatowo, złoty podwójny krzyż na czerwonym tle. Jak wysoką cenę zapłacono – i będzie się płacić – za możliwość drukowania tych ładnych znaczków? Czy stary naród da się z powrotem skleić? Raczej nie. Z każdym kolejnym miesiącem będzie to trudniejsze (chyba że Słowacja się rozleci), w miarę jak nowa klasa rządząca osiada na swoich stołkach, a obie struktury państwowe krzepną.

357

1993

Klaus ma swoją własną strategię. Jeśli jego polityka deflacyjna przyciągnie zachodnich inwestorów i nie spowoduje napięć społecznych (ponownie duch Pinocheta), to dzięki tak owocnej konsekwencji może w następnych wyborach zastąpić Havla na fotelu prezydenckim. Jeśli zaś – zamiast nawiązywać bliższą współpracę z Polską, Węgrami i Słowacją – wprowadzi Czechy na samotny kurs, jako Austrię drugiego gatunku, może uda mu się ją przyłączyć jako pierwszemu wśród liderów państw postkomunistycznych do EWG, dzięki czemu spłynie nań wszelki splendor.

Smutny element tej opery mydlanej to fakt, że rozwód – aż do samego końca – nie był nieunikniony. Obie strony chciały poprawek i kompromisów; Słowacy – znajdujący się w gorszej sytuacji – domagali się ustępstw, co wymagałoby zręcznych negocjacji, lecz w kolejnych sondażach żadna z połówek kraju nie opowiadała się za podziałem. Tu winię Vaclava Havla. To wymowny, przyzwoity, inteligentny człowiek, ale leń. A ponadto nie słuchał Machiavellego: trzeba nagradzać przyjaciół i karać wrogów.

Havel mógł też zaangażować się o wiele głębiej w próby wyegzekwowania cywilizowanych zasad zachowania w rozpadającej się Jugosławii. Żaden przywódca w Europie Środkowej nie był większym autorytetem moralnym. Havel przejął dziedzictwo Tomáša Masaryka, który wyrobił sobie nazwisko w parlamencie habsburskim jako namiętny obrońca praw Serbów i Chorwatów. Wszyscy winią wszystkich za horror w Bośni, ale Havel znajdował się bliżej areny wydarzeń niż przywódcy w Bonn, Londynie czy Waszyngtonie, mógł więc zażądać, by tym razem Europa nie tolerowała bestialstwa – tak jak tolerowała Hitlera i Stalina. By powstrzymano nowe akty przemocy wobec Cyganów, Turków i innych przybyszów z zewnątrz. Był jedynym człowiekiem w Europie Środkowej, który mógł zadziałać skutecznie – ale nie zadziałał w ogóle.

Tamtej nocy,
kiedy w siedmiu
zgwałcili mnie w obozie,
modliłam się do Ciebie, żebyś wyplul
z mojego łona nasienie tych psich synów,
dlaczego nie wysłuchałeś moich modłów, Panie,
gdy ja nigdy Cię nie skrzywdziłam?

358

Oświęcim

Modliłam się do Ciebie,
żebyś uwolnił mnie, choć na chwilę,
od czujności moich prześladowców,
abym mogła paznokciami
wyskrobać moje łono.

Enes Kišević, *Prośba Havy*, Bośnia

***

Pobyt w Ołomuńcu był pełen obowiązków. Pierwszy przystanek w szkole dla dzieci głuchych w Kopečku, w budynku poklasztornym (zakonnice chcą go z powrotem) na wzgórzu za miastem. Jiři natrafił na tę placówkę jako inspektor szkolny (jego nowa posada), zaimponował mu jej dyrektor i zapytał mnie o szansę wysłania jednego z pracowników na specjalistyczne szkolenie do Clarke School w Northampton (Massachusetts) – lidera w tej dziedzinie w Stanach. Koszty wynosłyby ponad dwadzieścia tysięcy dolarów, więc choć umówiłem się na rozmowy z dwoma potencjalnymi kandydatami i zastanawiałem się nad nazwiskami ewentualnych sponsorów, to całe przedsięwzięcie było sprzeczne z rachunkiem kosztów i zysków. Ponadto dwie godziny spędzone w ośrodku – obejrzałem zaawansowaną technologię; uczniów w małych grupach; starannych, cierpliwych i pogodnych nauczycieli, którzy potrafili zmienić małe zwierzątka, chrząkające i bulgocące, w istoty ludzkie zdolne do praktycznych rozmów i zadbania o siebie w codziennym życiu społecznym – skłoniły mnie do zmiany stanowiska. Jedna dziesiąta rozważanej sumy wystarczy na dodatkowe zajęcia i wyposażenie, na podniesienie kwalifikacji nauczycieli. Potrzeba niewiele, bo to dobra szkoła.

Następny dzień spędziłem w Rektoracie Uniwersytetu Palackiego – ten pochodzący z wyrafinowanej i uroczej epoki Marii Teresy gmach to jeden z pałaców arcybiskupa (który domaga się go z powrotem). Wpierw spotkanie z dwoma paniami, które nadzorują program stypendialny. We wrześniu do Stanów pojedzie następnych 13 studentów – może by tak uruchomić kontakty dr. Jaraba na Carleton University w Ottawie? Wariant kanadyjski byłby interesujący. Nie jestem przecież agentem Departamentu Stanu. W jaki

359

1993

sposób uczelnia może pomóc amerykańskim studentom przyjeżdżającym do Ołomuńca lepiej przystosować się do tutejszych warunków? W zeszłym semestrze była tu Curtrice ze Spelman College i Chicago – córka Murzyna i Czeszki – samodzielna i natarczywa (wystarczająco jasna, żeby nie dosięgły jej uprzedzenia jednego rodzaju, ale wystarczająco ciemna, by padła ofiarą innych – antycygańskich; czeskie społeczeństwo jest równie jednorodne jak mydło Ivory). Była pierwszą taką podróżniczką i pozostawiono ją w zasadzie samej sobie. Jak znaleźć więcej chętnych do przyjazdu o wykształceniu ścisłym, zwłaszcza w dziedzinie ochrony środowiska? Znam nawiedzonego ekologa z Ankary – obszaru klęski ekologicznej równie straszliwej jak gdziekolwiek na Śląsku. Turek miałby wiele do przekazania poważnym studentom z Palackiego (kolejna próba nawiązania kontaktów, które nie muszą przechodzić przez kanały amerykańskie). Opuszczając garnizon w Ołomuńcu, Rosjanie – dzięki połączeniu wrodzonego niechlujstwa z chamską złośliwością – pozostawili za sobą skażoną pustynię: złom i drut kolczasty, zużyte paliwo i kwas akumulatorowy.

Wiara w sens wymiany studentów jest dość staroświecka. Czy młodzi ludzie, którzy przez rok mieszkają i pracują razem, zaczną sobie ufać, czy zdobyte doświadczenia pozostawią w nich trwały ślad, czy będą umieli przeciwstawić się globalnej eskalacji coraz krwawszych konfliktów: rasowych, narodowych, religijnych? Jako chłopak wierzyłem, że jeśli młodzi zerwą z pokoleniem swoich rodziców, to świat będzie rządzony „postępowo". Niezupełnie. Młody bojownik jest dumny z tego, że nienawidzi (tego czy owego). W porównaniu z nim dr Jarab ze swoją wiarą w rozum wydaje się eksponatem z XIX wieku – jak lokomotywy parowe, które wyznaczają tempo muzyce kameralnej Dvořaka.

Moje kazanie wygłosiłem w auli przed całkiem licznym audytorium: „Przez te lata, kiedy ta część Europy znajdowała się pod panowaniem komunistycznym, wszyscy śniliśmy o wolności: wolności jednostek, wolności społeczeństwa. Teraz jednak przekonujemy się – wszędzie – że wolność (*svoboda*) może być jeszcze bardziej niepokojąca niż czasy minione... Celem tych stypendiów nie jest po prostu nauka angielskiego (*Angličtina*) czy obsługi komputera, lecz poznanie od wewnątrz innego społeczeństwa, dzięki czemu będzie-

360

Oświęcim

cie mogli spojrzeć na nowo na swoją własną kulturę i na wasze życie – *vaše vlastni kultura a život*".

Poprzedniego wieczora zaniepokoił mnie protest Jany, że trzy czwarte jej zajęć (prowadzonych przez Amerykanów) dotyczy amerykańskiego systemu prawnego i gospodarczego, amerykańskiej kultury, a ona nie ma przecież zielonego pojęcia o swoim własnym kraju – nikt nie chciał marnować czasu na komunistyczne wykłady z historii czy socjologii. A zatem w anglojęzycznej części mojego wystąpienia spróbowałem zirytować widownię za pomocą tezy, że w XIX wieku dobry Czech był Austriakiem drugiej kategorii, że za Gottwalda, Novotnego, Husaka i S-ki był Rosjaninem drugiej kategorii, a teraz wystarczy wam, że jesteście...? Poczucie tożsamości narodowej nie musi się opierać na wulgarnych resentymentach takiego Mečiara.

Mówca próbuje być dowcipny: „Ameryka wytwarza najlepszy papier toaletowy na świecie, ale czy to wystarczy?... Hillary Clinton, jak większość kobiet, jest sprytniejsza od swojego męża".

Głucha cisza. W całych dziejach Czech nikt nigdy nie wygłosił czegoś takiego.

Pod koniec dnia dr Jarab odprowadza mnie z pałacu Marii Teresy – po drodze mijamy habsburskie fasady śródmiejskiego Olmütz – na ulicę Žilinską. Rozmawiamy o sponsorowanym przez Uniwersytet Palackiego czeskim wydaniu książki, którą dziesięć lat wcześniej napisałem o Commonwealth – *The Walled Garden* („Ogród za murami"). Zgoda, w tym momencie opis utrapień i małych zwycięstw jakiejś maleńkiej szkółki w Bostonie jest najodleglejszy od potrzeb Czech, ale właśnie dlatego, że wszystko w tym kraju – systemu edukacji nie wyłączając – znajduje się w stanie chaosu, może nawet to... Nie interesuje mnie dyskusja na temat związku pomiędzy ideologią a programem nauczania – zajęcie każdego ministra edukacji. Pierwotnie planowałem, że głównym językiem obcym uczonym w Commonwealth będzie rosyjski (żeby nasi absolwenci umieli przesłuchiwać sowieckich jeńców wojennych i dyskutować z przechodniami na placu Czerwonym), jednak ku mojemu przerażeniu ciągle zatrudniałem lepiej wykwalifikowanych nauczycieli łaciny, a nasi uczniowie wybierali raczej ten martwy język.

Kim są ci młodzi ludzie, ich nauczyciele i rodzice? W co wierzą? Jak mogą mówić do siebie szczerze? Gdy inne cele zbledną – moja szkoła miała początkowo wykształcić elitę, która zmieni kształt społeczeństwa amerykańskiego – czy będą umieli kierować się ideałem starego doktora Freuda (miłość i praca)? W jaki sposób autorytet dorosłych może wyswobodzić młodzież spod tyranii ich rówieśników? Po której stronie ma się opowiedzieć szkoła w nieustającym sporze pomiędzy sprawiedliwością a miłosierdziem? Wolnością a odpowiedzialnością? Czy zbawienie osiąga się za pomocą łaski czy uczynków?

Do czeskiego wydania książki dodałem nowe zakończenie: komentarz dotyczący przesłania książki w tym okresie rozczarowań i cynizmu, pogłębionych jeszcze przez blichtr amerykańskich wzorów. Dr Jarab nakłania mnie, bym napisał coś innego – mój wywód jest zbyt podobny do argumentacji komunistów. W tym momencie Czechów nie stać na luksus całkowicie swobodnej krytyki. Ludzie są tak przygnębieni, iż trzeba im pomóc dojrzeć własne atuty, żeby mogli je potem rozwinąć. Rozumiem jego stanowisko, ale pamiętam też, że komuniści posługiwali się identyczną retoryką dla usprawiedliwienia „tymczasowej" cenzury.

Prezydent Havel obwieścił, że będzie prezydentem edukacji, zdrowia i ochrony środowiska, a następnie obciął budżety w tych wszystkich trzech ministerstwach. Brzmi znajomo? Niemniej jednak dr Jarab jakoś umie znajdować pieniądze na kolejne nowe przedsięwzięcia: wykłady z kultury żydowskiej (niegdyś temat tabu), nauka języka chińskiego i japońskiego, Instytut Afroamerykanistyki, krytycznie nastawiona nowa szkoła nauk o środowisku.

Te nowości budzą w jego społeczności poczucie zmiany i rozwoju, ale nie one są najbardziej potrzebne. Nie wystarczy rozmontować system marksistowsko-leninowskiego nauczania i centralistycznego zarządzania (znów Józef II) w edukacji. Komunistyczna indoktrynacja określała treść przekazu, ale również – co ważniejsze – metody uczenia się i nauczania. Równie ważne jak propagowanie własnych dogmatów o prawdzie absolutnej było powstrzymywanie uczniów od wyrabiania nawyku krytycznego myślenia, a nawet od zrozumienia, na czym polega niezależne myślenie. Jeśli ten amputowany naród Czech i Moraw ma zdobyć choć trochę wiary w siebie, musi wykształcić poczucie godności oparte na szacunku dla prawdy.

Maszerujemy tak sobie z Josefem Jarabem lutowymi uliczkami Ołomuńca, przypominając słowa Vaclava Havla, a nawet starego profesora Masaryka, że fundamentem dla nowego narodu może być tylko zasadnicza zmiana wartości moralnych.

Jiři konkluduje z goryczą, że nie można grać uczciwie i zachować nadziei na wygraną. Ale może nie musi tak być.

***

Wyjeżdżam do Pragi rannym pociągiem, którym podróżowałem już pół tuzina razy. Przykryta świeżym śniegiem, spowita mgłą stolica wygląda równie romantycznie jak na pocztówkach. Jednak w zeszłym tygodniu zmiana frontu atmosferycznego przyniosła nad miasto z kopalni północy wystarczająco dużo dwutlenku siarki, by ogłoszono je obszarem klęski ekologicznej: pozamykano szkoły i ostrzeżono ludzi – tak jak w Ankarze – że powinni przestać oddychać. Mimo wszystko mam tu dla siebie dwa i pół dnia – żadnych wizyt, żadnych spotkań.

„W Pradze mieszka 50 tysięcy Amerykanów!"

To trzy dywizje piechoty: cała ta zgraja, która koczowała niegdyś w Paryżu i Amsterdamie, przeniosła się teraz tu, gdzie jest taniej. Niemniej jednak nie spotykam ich wielu, w przeciwieństwie do grupek Niemców – często dosyć *grob* (wulgarnych). Dr Jarab: „Nie mogę patrzeć, jak moi rodacy płaszczą się przed tymi Niemcami, którzy – prawdę mówiąc – nie są zbyt hojni".

W hotelu „Paříž" trwa hałaśliwy remont, co obniża cenę horrendalnie drogich pokojów, ale odbiera mi nadzieję na ciszę i spokój, bez których nie będę w stanie sformułować wniosków na temat tego kraju ani zdecydować się, co chcę powiedzieć w tej książce. A więc z powrotem na ulice miasta, gdzie spaceruję powolutku wokół najpiękniejszego na świecie rynku, gdzie – tak jak w Krakowie – robię przegląd wszystkich zapamiętanych detali: Jan Hus zamiast Mickiewicza, wieże kościoła Tyńskiego, majestatyczne kamienice bogatych mieszczan. Na drugą stronę rzeki przez Most Karola, pod górę krętą ulicą Nerudy do zamku i katedry, skąd roztacza się widok na wciąż ośnieżone dachy, wieże i kopuły. W Národní Galerie podziwiam wspaniałe pszeniczne pole namalowane przez Van Gogha w jego ostatnim gorączkowym roku

1993

w Arles – za każdym razem odwiedzam ten powszechnik, wyniesiony poza czas i miejsce.

Tego wieczora trafiam na przedstawienie *Balu maskowego* Verdiego – emocjonujący, rewelacyjny spektakl. Na widowni częściej słychać niemiecki, a nawet angielski niż czeski; to dzięki nam, obcokrajowcom, muzycy wiążą koniec z końcem (ci, którzy nie przekwalifikowali się na specjalistów komputerowych). Według zachodnich standardów, ceny są rozsądne, ale dla miejscowych – po odebraniu subsydiów – prawie nieosiągalne.

Droga do domu z Opery Narodowej wiedzie wzdłuż Václavskiego náměstí – dowodu, że Praga weszła w XX wiek; mijam zadymioną secesyjną kawiarnię hotelu „Europa", podniszczony czterogwiazdkowy hotel „Ambasador" służący w latach dwudziestych nuworyszom, a później ważnym delegacjom sowieckim. Obok stoi McDonald, który przyciąga inną klientelę, a na chodniku szereg starzejących się prostytutek. „Uważaj, na ulicach zdarza się wiele przestępstw" – rezultat rosnącego bezrobocia, pędu do szybkich pieniędzy na narkotyki i luksusy, obecności rosyjskiej i włoskiej mafii, spadku liczebności i prestiżu policji.

Szerząca się nędza – tu i w Warszawie – napędza przestępczość, ale nowe bogactwo może jeszcze pogorszyć sprawę, budząc zazdrość i złość u tych wszystkich, którzy zdają sobie sprawę, że zawsze będą na szarym końcu. Poszukując dobrej strony we wszystkim, Jacek Woźniakowski mawiał, że państwo policyjne powstrzymuje przynajmniej ekspansję narkomanii, a polska bieda ogranicza liczbę pijanych kierowców. Teraz i to pocieszenie przepadło.

W maju Jiři został wysłany do Amsterdamu, gdzie miał się szybko zapoznać z holenderskim systemem szkolnictwa podstawowego – to wspaniale. Amsterdam był zawsze moim ulubionym miastem: harmonijnym, eleganckim, wystarczająco zdyscyplinowanym, by przetrwać trudne czasy, pielęgnującym tradycje tolerancji i obywatelskiej odpowiedzialności. Jiři wrócił zbulwersowany: zaśmiecone ulice, plaga narkomanii, nieskrępowane *vitrineuses*[105]. Wystarczy wyjść z dwor-

---

[105] „Panienki z okienka": w rozległej dzielnicy czerwonych latarń profesjonalnie ubrane prostytutki – coraz częściej Czeszki i Polki – wysiadują w swoich oknach, uśmiechają się do potencjalnych klientów i opuszczają story w czasie pracy.

ca kolejowego i popatrzeć w stronę pałacu królewskiego, żeby po prawej stronie ujrzeć tablicę „Panowie do towarzystwa dla gejów". W latach sześćdziesiątych jego znajomej (starszej osobie, której ojciec był pułkownikiem brygady pancernej) zaproponowano wyjazd do Korei Północnej. Przeraziło ją odczłowieczone, pasywne, konformistyczne oblicze Phenianu: czy ten mrówczy komunizm zapanuje w jej własnym kraju? Czy Praga zmieni się w Amsterdam? Już samo tempo upadku komunizmu, raptowne zniknięcie jego symboliki (choć nie zwolenników) budzi lęk. W żadnym miejscu nie wolno było zakwestionować ani jednego słowa Lenina; nie można było nazwać idiotą lub chamem ani jednego szefa, który wydawał polecenia w jego imieniu; nie można było podać w wątpliwość wiecznej przyjaźni z naszymi starszymi braćmi w Moskwie – i nagle to wszystko się ulotniło. Czy jest więc cokolwiek, czemu można ufać?

W 1945 roku, w powojennych Włoszech, zauważyłem, że szeregowi faszyści najłatwiej przedzierzgali się w komunistów: gesty i kostiumy były inne, ale duch bardzo podobny. W latach dziewięćdziesiątych, od Francji i Niemiec po Ural, komuniści stawali się faszystami (w znaczeniu uogólnionym). Nic wielkiego – Hitler wygrał.

***

Drugiego wieczoru ryzykuję przedstawienie *Króla Leara*. W ten sposób mogę odwiedzić Teatr Narodowy – Národní Divadlo – który powstał w latach siedemdziesiątych XIX wieku w wyniku eksplozji dumy narodowej: kultura wcale nie musi być niemiecka. Choć zaraz po ukończeniu budowy w 1881 roku gmach spłonął, to w przypływie zawziętej determinacji błyskawicznie go odbudowano i umieszczono tu galerie czeskich wyobrażeń natury i kobiecości. Szekspir był zawsze popularny w Pradze, a ja czytałem, uczyłem i oglądałem *Leara* wystarczająco często, by rzucić wyzwanie językowi i przekonać się, ile do mnie dotrze.

Kostiumy i scenografia pochodzą z czasów późnego komunizmu – pasują do tych wszystkich lękliwych, zajętych sobą starców u władzy, do wysłużonych aparatczyków, jak Gloucester (który być może został spałowany przez policję Masaryka albo uwięziony przez nazistów i przez czterdzieści lat odcinał od tego kupony), do knujących karierowiczów, takich jak Edmund i złe córki, do rycerzy królewskich w czarnych skórzanych kurtkach. Szekspira pasjonował konflikt lojalności i zdrady; istnieli komuniści, podobni do Kenta, którzy wierzyli w uczciwość systemu i w przysięgę złożoną przywódcom – co często przypłacali własnym życiem. Każdy Lear pokazywany w Pradze musi wciąż przypominać dr. Husaka: niegdyś dość uczciwego człowieka, więzionego w latach pięćdziesiątych, a w 1968 roku umieszczonego przez Breżniewa na wierchuszce, gdzie wytrwał dwadzieścia lat – dwóch wymęczonych, cierpiących emerytów, którzy nie pragną nic więcej niż wytrwać od rana do wieczora. Pojawienie się Gorbaczowa i tych wszystkich zbędnych nowinek było przyjęte z wielkim niepokojem na Hradczanach.

U Szekspira tragedia kończy się rozwiązaniem. W akcie V złych spotyka zasłużony los i przed śmiercią wyznają swoją winę – z pokorą albo butnie. Ład zostaje przywrócony. W Czechosłowacji po 1989 roku – w powszechnej aurze kolaboracji – nic nie zostało porządnie rozwiązane, co przystaje do teatru absurdu Havla, ale nie do potrzeb publiczności.

Na widowni jest wielu dziadków i babć, którzy wierzą – tak jak komuniści – że klasyka to klasyka, że posiada uniwersalną wartość, jak witaminy, więc przyprowadzili ubrane w aksamity dziewczyneczki i podlotki w spódniczkach mini; raczej nie dla takiej publiczności Szekspir opisał scenę, w której książę Kornwalii i Regana wydłubują oczy staremu Gloucesterowi:

Wyskocz, marna galareto!
Gdzież twój blask teraz?

Szekspir, Król Lear, akt 3, sc. 7 (tłum. Józef Paszkowski)

Na scenie ma miejsce więcej pokrzykiwań i przebieżek, niż potrafię odcyfrować, więc podczas przerwy w połowie spektaklu przyznaję się do klęski.

„*Sex & Drugs & Rock'n'Roll*" – oto napis na uliczce prowadzącej na Hradczany, który pokazuje, kto wygrał. Na ścianie w innym miejscu: „*Wir kommen wieder*". Czy to przyjacielskie zapewnienie, iż goście tu powrócą, żeby zakupić więcej piwa i suwenirów, czy może raczej przypomnienie, że w systemie Wielkiej Racjonalności ten naród-karzeł jest skazany na niemieckość?

Ile może zyskać gospodarka narodowa na sprzedaży pocztówek i koszulek, kukiełki dla mojego wnuczka i zgrabnej słowackiej wazy dla mojej siostry? No cóż, bazar to tysiące miejsc pracy, zapłacone podatki, podpora niedojrzałego kapitalizmu, zachęta dla tysięcy turystów, którzy odwiedzają to piękne, stare miasto. Jaki wpływ na tożsamość miasta ma tak zażarta konkurencja o obcą walutę? W Wenecji, Paryżu i Rzymie – na przykład – wypracowano pewną równowagę, natomiast Pragę chroni język i marne restauracje. Czesi upodabniają się do Meksykanów. Jiři opowiada mi, że w miastach przygranicznych nauczyciele i inteligencja wyjeżdżają na soboty do Austrii i Niemiec, żeby zamiatać ulice. Z kolei niemieckojęzyczni turyści w drodze do Karlsbadu robią sobie przystanek w Chebie – tak jak Kalifornijczycy w Tijuanie – na miłość w burdelu.

W życiu każdej instytucji – czy chodzi o naród czy o małą szkołę prywatną – obszar dla poważnego myślenia jest zaskakująco wąski. Kiedy wszystko idzie dobrze, ktokolwiek kwestionuje przyjęte procedury, jest nieodpowiedzialnym krytykantem. Kiedy zaś mamy kłopoty, kwestia znalezienia gotówki na wypłatę dla woźnego w czwartek czyni z myślenia luksus. Słowacja jest już prawie w takim miejscu. Sprzedaż koszulek da może Vaclavovi Havlovi trochę więcej czasu, jeśli będzie postępował ostrożnie.

Co robić? Havel i Klaus próbują wciągnąć obywateli w prywatyzację i w proces przenoszenia na rynek kapitałowy mastodontów – przedsiębiorstw państwowych. Każdy dostaje pewną ilość udziałów i w ten sposób powstaje zalążek giełdy, gdzie inwestorzy mają przyglądać się, jak wzrastają i spadają kursy akcji, oraz marzyć o tym, jak wydadzą swoją 10-dolarową dywidendę. Pewien pół-Amerykanin, rekin z harwardzkiej firmy inwestycyjnej, zdołał już za pomocą ekscytujących reklamówek telewizyjnych stworzyć znaczny fundusz powierniczy, który gwarantuje inwestorom „bogactwo". W pierwszym roku odsetki wynoszą 28%, które pokryją, jak przypuszczam, kolejni udziałowcy – tak jak w przypadku amerykańskich kolei w XIX wieku – co podbije cenę akcji, a nim ktokolwiek zda sobie sprawę, że za fasadą nie odbywa się żadna działalność handlowa, finansista wyjedzie do Istambułu.

Nawet gdyby na korytarzach „Pařiža" nie było ani jednego hałaśliwego robotnika i gdyby hotelowy bar serwował małą śliwowicę (na zmęczenie, kiedy pieką już oczy), to i tak trudno byłoby wyciągnąć porządne wnioski z tej podróży. Z mojego pokoju nadal można dotrzeć w dziesięć minut do Mostu Karola, by podziwiać widok zamku z poziomu rzeki, ale to wszystko straciło już dla mnie swój urok – tak jak *Eroica*, tak jak Boże Narodzenie.

***

Nazizm, o którym przypomina podróż do Oświęcimia, i komunizm miały trwać wiecznie. A teraz oba zostały – mniej więcej – zdławione. Czemu w rozmowach, które przeprowadziłem w ostatnich dwóch tygodniach, tak mało jest radości? Czy demokratyczna alternatywa policyjnego państwa totalitarnego nie jawi się wystarczająco jasno? Te ponure myśli to wynik dręczących mnie frustracji w związku z Commonwealth i uczącymi się tu Murzynami. Szkoła, którą założyłem 35 lat temu, od początku miała być nie tylko wymagającą, pogodną, ludzką placówką, ale miała też wykształcić uczciwych przywódców, którzy pogodzą obie rasy; nasi absolwenci byli nie tylko dziećmi czarnych lekarzy i nauczycieli, lecz także stolarzy i dozorców.

Mijające lata – wbrew naszym oczekiwaniom – nie ułatwiły nam zadania. Choć sporo dziewcząt miało wystarczająco praktyczne nastawienie do życia, by skorzystać z oferty Commonwealth, zawsze mieliśmy kłopoty z przyciągnięciem chłopców. Pogorszenie się poziomu szkół w centrum Bostonu[106], walka o murzyńską tożsamość (czy jak to nazwać), odrzucenie już nie tylko systemu edukacji białych, ale nawet przekonania, że szkoły mają cokolwiek do zaoferowania, co może dotykalnie pomóc w życiu – to wszystko bardzo skutecznie zniechęciło chłopców. Trzeba też dodać strach.

Młodym ludziom z klas niższych – bez wątpienia, nawet Masarykowi – nie było nigdy łatwo, w jakiejkolwiek kulturze, skorzystać z szansy ubiegania się o awans do klas wyższych. „Myślisz, że jesteś lepszy od nas wszystkich!" Nawet wiwatujący przyjaciele i krewni żywią ukrytą nadzieję że śmiałkowi się nie powiedzie. Nieodmiennie musiał przebiec pod pręgierzem szyderstw i drwin. Lecz

---

[106] Śródmieścia wielkich aglomeracji amerykańskich są zamieszkiwane głównie przez Murzynów – lepiej sytuowani biali przenieśli się na przedmieścia (przyp. tłum.).

w murzyńskich miastach dzisiejszej Ameryki, gdzie ambitny chłopak może zdobyć pieniądze jedynie sprzedając narkotyki, a jego pozycja zależy od posiadania broni, każdy jego rówieśnik, który okazuje swoim strojem, chodem, spojrzeniem (wracamy do Oświęcimia), że ma nadzieję na sukces w sposób tak haniebny jak uczęszczanie do białej szkoły, jest zdrajcą i zasługuje na śmierć. I śmierć go czeka.

Marksizm oferował pewne pożyteczne, zapomniane metody, jak na przykład zwyczaj doszukiwania się podstawowych przyczyn ekonomicznych. Ci uliczni mordercy nie są po prostu bestiami. Znajdują się w ślepym zaułku, gdzie kapitalizm na obecnym etapie rozwoju proponuje niewykwalifikowanym tylko niewielki procent posad, które niegdyś oznaczały przetrwanie i szacunek do siebie. Obrzydliwe, rozpadające się otoczenie, które każdym swoim szczegółem przekonuje mieszkających tu ludzi, że nie są nic warci, a także pogarda i strach ze strony społeczności białych otaczających te getta uniemożliwiają jakąkolwiek ucieczkę. Społeczeństwu białych nie opłaca się szukać dróg wyjścia, choć to ono płaci przecież za więzienia. Marksizm określił pewne minimalne kryteria: każde polskie dziecko ma mieć parę butów. Twoje własne zbawienie jest mniej ważne od zbawienia twojej klasy. Twoimi wrogami są kapitalistyczni ciemiężyciele, a nie sąsiedzi innej rasy czy narodowości.

Kłamstwa, korupcja, paraliż, upokorzenie, jakim był przymus wychwalania godnych pogardy przywódców, ciągły strach przed milicją (choć uparty historyk powtarzał sobie, że żaden wyczyn czeskich i polskich komunistów nie był aż tak okrutny jak zrzucanie napalmu na wietnamskie wioski czy równie sadystyczny jak tortury stosowane przez naszych latynoamerykańskich satelitów) – to wszystko dowody zbrukania idei socjalizmu przez komunistów.

Jaka jest alternatywa? Jakie mamy powody do optymizmu? Bezskutecznie próbuję opierać się słabości do prostych, sentymentalnych przykładów – jak ten, kiedy razem z Jitką Zehnalovą obserwowaliśmy śpiącą Natalie. Matka prawdopodobnie nie będzie już nigdy chodzić, ale udało jej się zdobyć to, o czym marzyła – wspina się po ostatnich szczeblach edukacji i rozpocznie karierę zawodową. Rozmawiałem i śmiałem się z Janą Kořinkovą, którą ogarniają najbardziej staroświeckie uczucia: radość, nadzieja, obawa, pew-

1993

ność – w związku z małżeństwem i przyszłym życiem u boku Toma w nowiusieńkim mieszkanku, zbudowanym przez ojca, gdzie w pokoju narożnym zamieszkają za czas jakiś dwa rozsądne niemowlaki. To wszystko są drobne, bezsporne, pozytywne fakty.

Do tego, opierając się na jednym zestawie kryteriów, można stwierdzić, że ta nowa Republika Czeska radzi sobie całkiem dobrze. To jedyny kraj w Europie Wschodniej, który nie doświadczył upadku waluty. Budżet jest zrównoważony. Skala bezrobocia – 3,5% – jest po Luksemburgu najniższa w Europie. Ta liczba niepokoi, nawet denerwuje amerykańskich ekonomistów, którzy interpretują ją jako objaw słabej dyscypliny, braku słusznej etyki wyrzeczeń. (Czy amerykańscy ekonomiści nie są towarem luksusowym z importu?)

Każdy, kto próbuje pisać o tej części Europy, wpada w irytujący nałóg równoczesnego moralizowania na obie strony. Ostrzega przed staroświeckim, katolickim autorytaryzmem polskich przepisów anty-aborcyjnych i zarazem przed relatywistyczną etyką Amsterdamu i Los Angeles. Wzywa do respektowania ludzkich i obywatelskich praw outsiderów – Murzynów, Węgrów, Wietnamczyków – a jednocześnie do zachowania godności w obliczu groźby amerykanizacji. Uwolnijcie gospodarkę z paraliżujących pęt, ale pamiętajcie o potrzebach zdrowego społeczeństwa: o matkach, dzieciach, skrzypkach i leśnikach.

Czego broni demokracja? Z jakiego powodu należy się jej szacunek? Czy musi być sprzężona z amerykańskim, wolnorynkowym kapitalizmem, który pożera swoje dzieci tak jak stalinizm? To wcale nie przedsiębiorstwa najbardziej partackie – jak uczono nas na wstępnym kursie z ekonomii – ale Raytheon, IBM, Pan American, Kodak przeżuwają swoich robotników przy taśmie montażowej, urzędników z kartoteki i wicedyrektorów, żeby potem ich wypluć. W Wielkiej Brytanii socjalizm zdobył sobie poważanie, gdyż w czasie wojny racjonowanie żywności było przeprowadzone tak sprawnie i sprawiedliwie, że mimo łodzi podwodnych dzieci z najbiedniejszych rodzin dostawały więcej pomarańczy i mleka niż podczas pokoju. Po czterdziestu latach zabalsamowane struktury biurokratycznej i związkowej kontroli wytworzyły narodowy etos przeciętności, na tle którego pani Thatcher wyglądała jak wyzwoliciel.

Mądrość, albo po prostu dojrzałość, oznacza umiejętność pogodzenia się z paradoksem – z faktami, które istnieją, choć są wzajem-

370

nie sprzeczne – bez utraty zdolności do podejmowania praktycznych decyzji. Trzeba przyjąć nasze ograniczenia, zachowując umiar i realizm; nie wolno brać zbyt poważnie sukcesów i porażek, ale trzeba wiedzieć, kiedy należy wpaść w gniew i domagać się działania, natychmiast: nie niszczcie lasu, nie dręczcie dziecka.

CZĘŚĆ PIĄTA

WIOSNA
1995

Rozdział dwudziesty szósty

POSŁANIE

Głównym zadaniem nadchodzącej epoki jest radykalne odrodzenie poczucia odpowiedzialności. Nasze sumienie musi dogonić nasz rozum – w przeciwnym razie będziemy zgubieni.

Vaclav Havel, przemówienie podczas inauguracji
roku akademickiego na Harvardzie, 8 czerwca 1995

Warto było posłużyć się tym ostatnim rozdziałem jako wymówką, żeby pojechać do Pragi i pospacerować po Moście Karola. Hradczany symbolizują naturalnie najwyższą władzę państwową (*Staatsmacht*), a mniej więcej nowy „Intercontinental" na drugim brzegu – siłę Mojego Niezbywalnego Prawa do bogacenia się i wydawania pieniędzy na cokolwiek.

Podróż była zaplanowana na listopad – uczciwy miesiąc na wizytę w Warszawie, gdy dni są zimne i krótkie, a powietrze wilgotne i ciężkie od dwutlenku siarki. Pod koniec lata trzeba ją jednak było odłożyć po lekkim ataku serca, na który zaordynowano – bo Amerykanie tak lubią – zestaw kosztownych gadżetów i pełną dawkę wszystkich możliwych medykamentów. Ostrzeżenie dane przez Naturę? Przez Boga? Trudno o jednoznaczną interpretację. Czy przyjmując postawę skromnego realisty, obniżamy swoje aspiracje? „W Twoje ręce oddaję ducha mego". Jeśli budżety wszystkich państw Zachodu są coraz bardziej obciążone przez roszczenia starców, którzy oczekują emerytur, opieki medycznej, mieszkań i rozrywek kosztem ograniczenia możliwości własnych wnuków, to czy nie jest obowiązkiem sędziwego Dobrego Obywatela przenieść się na tamten świat? Tylko kiedy? Jak?

A może raczej wykorzystać w pełni każdy pozostawiony nam rok, każdy tydzień, wyrwać się z paszczy przemysłu medycznego – i pojechać do Warszawy!

WIOSNA 1995

Dzięki zmianie terminu mogłem być świadkiem wielkiej rzezi liberałów w wyborach 1994 roku. Co się popsuło? Czy Nasza Strona nie ma już nic wartościowego do zaoferowania? Czy liberalna idea odpowiedzialnego społeczeństwa, opartego na uczciwych podatkach i rozsądnych przepisach, prowadzi jedynie do kolejnej wersji polityki kajzera Józefa II, który znał potrzeby swoich poddanych również wtedy, kiedy oni ich nie znali? Nucąc „Chcemy wiary ojców naszych!" w drodze do urn, wystraszeni wyborcy zażądali powrotu do znanych pewników i znanych straszaków. Będzie teraz więcej policji na ulicach, prawa będą bardziej rygorystyczne, a sędziowie bardziej surowi, by więcej czarnych charakterów (o ciemnej karnacji) trafiło do coraz liczniejszych więzień, nawet jeśli trzeba będzie ograniczyć fundusze na szkolnictwo. Samotne matki na zasiłku i ich dzieci zostaną „zniknięte" – od niedawna czasownik przechodni po wydarzeniach w Argentynie i w Chile. Jeśli liberałowie mają hysia na punkcie wycinania lasów i zatruwania atmosfery, należy usunąć problem, usuwając liberałów. Sprytne.

Warszawa

Broszura na pokładzie samolotu KLM z Amsterdamu, reklamująca nowy polski klub nocny – „Arena" – gdzie można sobie popatrzeć, jak młode damy uprawiają zapasy w smarze albo – na zamówienie – jak artysta stryptizowicz rozbiera się przy naszym stoliku. „Po wieczorze pełnym odprężającej rozrywki gość zostanie dyskretnie odprowadzony do oczekującej taksówki, która odwiezie go do hotelu". Na osoby o innych gustach czeka kawiarnia w „Bristolu" – najbardziej elegancki punkt tego Paryża Wschodu – gdzie przez chwilę intensywny aromat kawy, luksusowe mosiądze, marmury, obrusy są nawet przyjemne, a jedyne polskie słowa padają szeptem pomiędzy dwiema kelnerkami.

Pojawiła się nowa, budząca otuchę waluta: jeden nowy złoty (około 45 centów) to dziesięć tysięcy starych; są nawet monety, które pobrzękują. Nowe pizzerie, chińskie restauracje, dziecięce ubranka o żywszych kolorach, erotyczne pisma. Kierowca wiozącej mnie z lotniska taksówki narzeka jednak, że emerytura ojca wystarcza tylko na opłaty, a matki – na jedzenie. Inne wydatki pokrywa on i siostra.

Czym jest Polska? Mam poczucie, że powinienem odwiedzić Muzeum Wojska Polskiego. Plac zastawiony starzejącą się artylerią, czołgami i myśliwcami; w gablotach wystawowych wiszą hełmy, szable i medale; stoją konie i karabiny maszynowe; wiszą malowidła przedstawiające nasze wielkie wyczyny: ocalenie Wiednia przed Turkami, chłopi biegnący z kosami na Rosjan pod Racławicami, szarża kawaleryjska dla Napoleona w Hiszpanii, Tobruk i Monte Cassino, kanały w Warszawie. Są też nowe eksponaty, dotyczące żołnierzy z sowieckich więzień (tych, którzy ocaleli, widziałem we Włoszech). Czy mali chłopcy nadal chcą być kawalerzystami, kiedy dorosną?

Pomimo pojawienia się w mieście wieżowców z reklam – „Marriott" i jemu podobne – oraz towaru z międzynarodowymi etykietami w sklepowych witrynach nadal wyczuwam coś z tej Warszawy, którą odwiedzam od półwiecza: może to fasady kamienic albo twarze młodych kobiet w wiosennych sukienkach. Spaceruję po Starym Mieście, sympatycznie zatłoczonym w ciepły sobotni wieczór; oto kawałek miasta odbudowany z wojennych ruin: z detalami, barwnie, profesjonalnie i na ludzką skalę. W „Europejskim", gdzie nocuję, goście weselni przy akompaniamencie dwóch gitar i akordeonu tańczą sprinterskie walce; mieszczańskie upodobanie do rozrywek, które zawsze doprowadzało marksistów do wściekłości.

Kraków

Przed wyjazdem z Bostonu moi polsko-żydowscy znajomi polecili mi podczas lunchu, bym zwrócił uwagę na ponury napis na murze obok torów – „Żydzi do gazu" – i na krakowskie graffiti: gwiazda Dawida wisząca na szubienicy.

– Władze powinny coś z tym zrobić!

– Może jednak nie. Nie ma już tam zbyt wielu Żydów do obrażania – padła trzeźwa odpowiedź – a tak Polacy mają przed oczami pożyteczne *memento*.

Z okna hotelowego pokoju widzę wieżę kościoła Mariackiego – ponad przesłaniającym widok dachem – i słyszę ten sam hejnał, którym trąbka przypomina nam co godzina o Tatarach z 1241 roku. Gnam na mój ukochany rynek, ale po drugiej stronie Sukiennic muszę się przedzierać przez wielki festyn koszykówkowo-obuwiowy, który firma Adidas zorganizowała dla nastolatków – a nie historyków sztuki.

Pierwszy przystanek to wizyta w Znaku u Henryka Woźniakowskiego. Sterta książek o polityce, ekonomii, filozofii i teologii to najbardziej namacalny dowód nowej wolności w Polsce, nawet jeśli nakład wynosi teraz dwa tysiące, a nie dziesięć czy pięćdziesiąt tysięcy jak w starych, dobrych czasach, kiedy nie było nic innego do czytania, a komuniści subsydiowali książki. Henryk narzeka, że dowcipy polityczne – te dwuznaczne konstrukcje o Ruskich i Czerwonych, które nadawały życiu smak – wyginęły (to samo usłyszę w Ołomuńcu). Kto jest w stanie wymyślić dowcip o zahamowaniu tempa wzrostu stóp kredytowych?

W mieszkaniu Henryka w roli pianistki występuje teraz Urszula – wygrywa solidnego Bacha – a Justyna jest wyczerpana przygotowaniami do egzaminów na studia. Czym zostanie: historykiem sztuki czy socjologiem?

Spacerując po mieście – wystarczająco małym, by większość chodziła piechotą – i odwiedzając znane kościoły i dziedzińce, obserwując na każdym rogu ulicy kąty dachów, płaskorzeźby i okna, przypominam sobie Florencję. Tu i tam ta sama patyna wiedzy i dziejów, ale nieodmiennie za mało zamożnych miłośników sztuki i turystów, zbyt niewiele samotnych panien z Londynu albo Bostonu, które wynajęłyby pokój z widokiem i zachęciły do remontów i schludności.

Ważnym przystankiem jest Szkoła Podstawowa nr 116 – po drugiej stronie Wisły, w niezbyt zachęcającej dzielnicy Podgórze. Duże wrażenie wywarła na mnie dyrektorka Grażyna Kamińska: zarówno podczas mojej pierwszej wizyty, jak i w czasie długiej rozmowy w 1993 roku. Jeśli Polska ma odnaleźć właściwy kierunek, to sto szesnastka nie jest złym punktem startowym; za pieniądze, które udało mi się zebrać, odremontowano fasadę, zbudowano małą salę gimnastyczną dla maluchów, wymieniono kanalizację. Znajduję tu też dwójkę przyjaciół z New Hampshire, Amy i Noaha, którzy uczą angielskiego i wuefu, bo popełnili ten błąd, że zwrócili się do mnie z pytaniem, gdzie mogą znaleźć większy sens życia. W nowej sali gimnastycznej miły Amerykanin, potykając się o polskie słowa, odczytuje małą mowę o potrzebie ciężkiej pracy, o potrzebie mówienia prawdy i budowania demokracji przez wspólne podejmowanie decyzji, a nie proste wykonywanie poleceń. Potem wszyscy się odprężają, gdy maluszki w krakowskich strojach tańczą i śpiewają; następnie przedstawiciel każdej klasy recytuje wierszyk i wręcza mi

Posłanie

pluszowe zwierzątko, aż wreszcie honorowy gość, słaniając się na nogach, wraca do hotelu z naręczem misiów i dinozaurów.

Rzeczywistość jest bardziej skomplikowana niż czytanki, a ostatnie dwanaście miesięcy okazało się trudniejsze, niż Noah i Amy kiedykolwiek sobie wyobrażali. Ich własna edukacja przebiegała w przyzwoitych szkołach dla klasy średniej – nie mieli nigdy do czynienia ani z dziećmi, ani z dyrektorami szkół w śródmieściu Bostonu. Życzliwością i oczywistym zaangażowaniem Amerykanie podbili serca wielu dziewczynek; ale kiedy oboje rodzice muszą pracować albo – co gorsza – kiedy ojciec właśnie stracił pracę i topi gniew w wódce (albo podsyca go wódką), a zajęcia pozalekcyjne organizowane przez komunistów przestały istnieć, dzieci są wychowywane przez ulicę albo telewizor (brzmi swojsko?), a ostatecznym rezultatem – zwłaszcza w przypadku chłopców – jest apatia i mętlik w głowie. Co oznacza: rzucanie przedmiotami, bijatyki na korytarzach, wyzywanie wroga od Żydów albo odpowiadanie na pytania za pomocą przekleństw w nadziei, że nauczyciel odpowie tym samym i się zbłaźni.

We wszystkich znaczeniach tego wyrażenia amerykańscy i polscy nauczyciele mówią różnymi językami. Goście mają wrażenie, że ich koledzy nie chcą poświęcić trochę dodatkowego wysiłku, żeby zadbać o lepszą dyscyplinę i wymyślić jakieś twórcze zajęcia, które wypełniłyby straszliwą próżnię w życiu ich uczniów. Gospodarze z kolei postrzegają Amerykanów jako ignorantów i wichrzycieli, których niesprawiedliwie chroni status gościa. Noah zdążył już rzucić pracę i zarabia na utrzymanie domu, dając prywatne lekcje i ucząc w nowej, prywatnej szkole małe klasy dobrze wychowanych dzieci. Amy pracuje nadal w sto szesnastce z lojalności wobec jednej z klas, gdzie nauczyciel i uczniowie nauczyli się nawzajem troszczyć o siebie.

Potem dostaję zaproszenie od Anny – artystki, którą znam od pewnego czasu – do nowego domu, który razem z Markiem zbudowali na przedmieściach. Mają mało pieniędzy, a prócz tego dobrzy majstrowie wyjechali zarabiać do Niemiec, więc większość umiejętności musieli zdobywać sami. Anna wprost emanuje dumą z tego solidnie zbudowanego domu i z drzewka zasadzonego na podwórku. Mają przyjaznego sąsiada, który hoduje krowę. Nie uzyskali

WIOSNA 1995

jednak zezwolenia na budowę, więc oficjalnie ich dom nie istnieje. Bogaci ludzie rozwiązują swoje problemy za pomocą łapówek. Biednymi ludźmi nie warto zawracać sobie głowy. W nowej Polsce klasa średnia stanowi wygodny cel dla złośliwych urzędników.

Ołomuniec

Uśmiechnięty Jiři pokazuje mi swoją nowiuteńką škodę, która ma bardzo czeską historię. Dziadek Very był wieśniakiem ze wschodnich Moraw. W 1948 roku kazali mu wstąpić do kołchozu, ale odmówił, więc został wysłany do przymusowej pracy w kopalniach uranu nad granicą ze Śląskiem. Po siedmiu latach – później niż większość więźniów – zmarł na białaczkę. Prezydent Havel, który wierzy w sprawiedliwość, podpisał ustawę, na mocy której krewnym należy się 110 dolarów za każdy miesiąc takich robót, więc Babcia (89 lat) dostała około 10 tysięcy. Ponieważ odłożyła już pieniądze na pogrzeb i żyje jej się wygodnie z emerytury (na drugim piętrze domu Kořinków), ten niespodziewany prezent nie jest jej potrzebny, tak samo zresztą jak jej córce, która ma mieszkanie obok niej, więc pieniądze trafiły do Very, a ona kupiła ten elegancki, nowy samochód.

To moja pierwsza wizyta w Ołomuńcu wiosną: wszystkie drzewka w pracowicie utrzymanym ogrodzie Kořinków są okryte kwieciem. Pojawiły się już pierwsze zdyscyplinowane szeregi szparagów, grządka młodocianej sałaty, graniczny szpaler tulipanów. Jiři i Vera dostają gęsiej skórki na myśl o czekającej ich tu robocie, do której muszą się natychmiast zabrać. Na kolacji jestem u Jany i Toma w ich prawie wykończonym mieszkanku na strychu. Jana czuje się dumna, że jest gospodynią we własnym domu. Przeszli już etap pracy w McDonaldzie: kiedy ona będzie kończyć studia w kraju, Tom pojedzie do Lipska pracować jako czeladnik w fabryce obrabiarek. Brat Jany będzie się przygotowywał do zawodu biznesmena, kierując swoim zespołem hokeja na trawie.

Jadę z wizytą do szkoły dla dzieci głuchych na wzgórzu Kopečka za miastem. Dyrektor jest jeszcze bardziej przytłoczony niż ostatnim razem, zbliża się bowiem rok 2000, kiedy zakonnice odbiorą swoją własność. Wypruwa sobie żyły, próbując zebrać pieniądze na nowy budynek. Zamknięcie tej szkoły, żeby stworzyć dom dla trzydziestu starych kobiet, będzie czymś straszliwie smutnym.

Jiři chce mi pokazać nowy Ołomuniec, iskrzący się neapolitańskimi barwami: pistacjowy bank, pomarańczowy hotel, lazurowy sklep z odzieżą. Ekipy robotników krzątają się przy renowacji ulic przed wizytą – nikt nie wie dokładnie, z jakiego powodu – papieża Jana Pawła II za trzy tygodnie. W sobotę muszę iść na rynek. Tego dnia wieśniacy przywozili tu niegdyś płody rolne, mięso, sery, ale teraz rynek należy do Wietnamczyków – niedobitków po owych trzystu tysiącach „robotników gościnnych", których Czesi importowali na początku lat osiemdziesiątych; Azjaci prowadzą stoiska razem z czeskimi sprzedawczyniami. Chociaż odzież jest z Turcji, a gadżety z Tajlandii, to większość towaru pochodzi z Chin: wszystkie możliwe gatunki tanich urządzeń i tandetnych ubrań mają amerykańskie znaki firmowe. Amerykanów martwi japońska ekspansja, ale ten rynek jest ostrzeżeniem, z czym świat będzie miał do czynienia za 20, 30 lat.

W południe rodzina Kořinków i ja znajdujemy się w osiemnastowiecznej sali recepcyjnej Uniwersytetu Palackiego na lunchu wydanym dla mnie oraz przeszłych i przyszłych stypendystów amerykańskich uczelni. Kilku z nich spotkałem, część pamiętam z listów. Zaimponowali mi swoją samodzielnością, pragnieniem przeżycia przygody, uznaniem dla amerykańskiej wolności i przyjacielskości, rozsądkiem, który nakazuje odrzucić zbytnią pomoc. David Skoupil – stypendysta Moravian College w pierwszym roku funkcjonowania programu – organizuje wspólną szkołę letnią ze studentami informatyki z dwóch uczelni Midwestu[107]. Jest dumny z tego, że Czesi i Amerykanie będą się uczyć od siebie nawzajem – Amerykanie nie będą już tylko oświecać wdzięcznych ekskomunistów.

Jedną ze studentek, Sarkę Tulcovą z Ostrawy – beznadziejnie zatrutego miasta nad granicą z Polską – spotkałem podczas moich wykładów w Spelman College w lutym tego roku. Była naszą pierwszą prawdziwą proletariuszką: jej ojciec pracował w przemyśle stalowym, a matka w przędzalni. Ojciec wszedł jednak w konflikt z kierownikiem organizacji partyjnej w swojej fabryce, więc, naturalnie, jego córka nigdy nie dostałaby się na uniwersytet, gdyby we właściwym momencie nie dokonała się rewolucja Havla. Sarka jest niewątpliwie bardzo inteligentną osobą i mówi niemal doskonałą angielszczyzną.

---

[107] Obszar amerykańskich prerii (przyp. tłum.).

WIOSNA 1995

– Jak to możliwe, że dziecko robotnika zostało inteligentem? – pytam uprzejmie, jak przystało na bostończyka.

Jej odpowiedź jest równie czeska jak historia nowego auta Jiřiego. W trzeciej klasie Sarka miała fenomenalną nauczycielkę, która z uczelni – po konflikcie ze swoim szefem POP – trafiła do tej nieszczęsnej Ostrawy. Nauczycielka zachwyciła się pilną, zdolną dziewczynką o kasztanowych włosach, powiedziała jej, że jest błyskotliwa i wyjątkowa. „Więc stałam się wyjątkowa". Po 1989 roku nauczycielka wróciła na uczelnię, gdzie jest jej miejsce, ale być może komuniści mieli trochę racji, wysyłając ją na ośmioletnie zesłanie do Ostrawy. W odróżnieniu od nich amerykański uniwersytet zmusiłby ją do publikowania artykułów na temat marksistowskich implikacji postmodernistycznego dekonstrukcjonizmu.

A ponieważ edukacja lingwistyczna Sarki była tak gruntowna, Spelman płacił jej, żeby pomagała swoim amerykańskim kolegom w nauce angielskiego.

Po spożyciu lunchu – salami i kakaowe eklery (cóż za wspaniały kraj dla bezrobotnych kardiologów!) – proszą mnie, żebym zabrał głos. Czesi muszą się nauczyć polegać na sobie i szanować siebie, a nie tylko spijać popłuczyny po Amerykanach i zmieniać swój kraj w drugi Meksyk. Może nawet dowiedzieliby się czegoś ciekawego, gdyby przyjrzeli się trochę sąsiedniej Polsce, której kultura i gospodarka są podobne, a jednocześnie zupełnie inne. Mogliby dotrzeć na unikatowy rynek w Zamościu albo na nadbałtyckie ulice w Gdańsku. Znaleźć polskich przyjaciół. (Zero reakcji). Zamiast martwić się tylko o własną przyszłość, może mogliby – kiedy wreszcie skończy się ta straszliwa wojna – pomóc w odbudowie Bośni? Nauczyć się dobrze chorwackiego (*Hrvatski*), co dla Czechów nie jest trudne. Opanować rzemiosła potrzebne do odbudowy szkoły, szpitala, domu. I odbudowy dziecka: jako Bośniaka, jeśli będzie trzeba – muzułmanina, a nie tylko Czecha w miniaturze; żeby nauczyło się znów kochać, ufać i uśmiechać. Troska o inną osobę pozwoli każdemu znaleźć własną tożsamość. (Głucha cisza). Mimo wszystko przyjemnie znaleźć się w tej grupie zdolnych i przystojnych młodych ludzi.

Spotkanie na tym szczeblu oznacza prezenty w postaci albumów, a nie pluszowych zwierzaków. W Warszawie dostałem album z malarstwem specjalisty od szarż kawaleryjskich; w Ołomuńcu al-

382

Posłanie

bum fotografii portretujący zakłady obuwnicze Bat'a w sąsiednim Zlinie[108]. Bat'a był nie tylko największą manufakturą butów w międzywojennej Europie, ale również najbardziej postępowym przykładem totalitarnego kapitalizmu. Ruchy każdego robotnika były zaplanowane równie starannie jak na liniach montażowych Henry Forda: „Gdybyście wsadzili mi szczotkę w tyłek, mógłbym jeszcze zamiatać podłogę". Wpływ fabryki na kształt miasta był nawet bardziej totalny niż w przypadku Detroit Forda. Architektura linii prostopadłych to identyczne bloki dla wszystkich rodzin i podobne do siebie budynki publicznej użyteczności: sklepy, szkoły, hala sportowa i basen, dwa kościoły – protestancki i katolicki, teatr, dom kultury. Obywatele Zlina przemieszczali się bez zakłóceń z przedszkola do klubu seniora i krematorium, ale na fotografiach nie ma zbliżeń poszczególnych osób. Czy ich żywot był równie zgeometryzowany? Seks w sobotę o 10.30? Architektura Zlina znudziłaby Józefa II, ale oświecona racjonalność przedsięwzięcia musiałaby wzbudzić w nim zazdrość.

Pomijając bombardowanie przez aliantów w sierpniu 1944 roku, być może jako wsparcie dla powstania na Słowacji – oko z satysfakcją notuje anarchiczną chmurę czarnego dymu na fotografii – historia nie wkracza tu na scenę. Nie dochodzi do konfliktu z Niemcami po 1939 roku – maszyny po prostu przestawiają się na produkcję butów dla Wehrmachtu – ani do sporów, kiedy w 1948 roku komuniści przejmują władzę.

Wszystko to dygresja, ale fascynuje mnie, jak łatwo większość ludzi – w Zlinie czy gdziekolwiek indziej – posłusznie przestawia się z jednego systemu na drugi. W których momentach czują się niewygodnie? Kiedy zaczynają sprawiać kłopoty?

Brno

Za Habsburgów wiedeńczycy patrzyli z niechęcią na artystyczne i polityczne ambicje Pragi. Brünn natomiast był porządnym, prowincjonalnym miastem. Tak jak Manchester, było to przemysłowe koło napędowe cesarstwa ze swoimi zakładami włókienniczymi, fabrykami maszyn, browarami, cukrowniami – wszystkim, co prozaiczne

---

[108] Przemianowanym przez władzę ludową na Gottwaldov (przyp. tłum.).

383

i użyteczne. Po raz pierwszy zetknąłem się z marką tego miasta w pewien czwartkowy wieczór w Sarajewie, kiedy mieszkaliśmy z żoną w Grazu. Bośniaccy muzułmanie, którzy w piątek chcieli prezentować się schludnie w meczecie, korzystali z usług antycznego urządzenia z etykietką „Brünn 1913", stojącego obok naszego hotelu: ich fezy wkładano pomiędzy dwa cylindry, buchała para i okrycie głowy wyłaniało się, lśniąc nowością. Cesarstwo dbało o wszystkie swoje ludy.

Nawet w Ołomuńcu ludzie ziewają na wspomnienie Brna, ale zarówno tam, jak i w Krakowie mój czas był pokrojony na tak cienkie plasterki, że cieszę się z cichego pokoju naprzeciw dworca. Fakt, ulice nie prezentują się zbyt dramatycznie, ale można być wdzięcznym za fronton kościoła z epoki Marii Teresy, spojrzeć tolerancyjnie na pomniki dla uczczenia ładu i hierarchii oraz na niewinną, podobną do chicagowskiej, arogancję nowobogactwa z ostatniej dekady ubiegłego wieku: dachy ze szczytami, balkony i wieżyczki, perskie dywany, cygara, landszafty z krowami. W mieście tym idea postępu – powszechniejsze prawa wyborcze i dłuższe linie kolejowe, piśmienność, używanie mydła – wyraziła się w prostych, manchesterskich i chicagowskich, kategoriach. Do tego doszło zdyscyplinowanie morawskiej klasy niższej, by słuchała poleceń wydawanych po niemiecku. Inne zjawiska tego stulecia – dehumanizacja Zlina, sterta gruzów w Dreźnie i w Warszawie, nie kończąca się męka Sarajewa – każą spoglądać z mniejszym krytycyzmem na miasto rządzone przez staroświeckich biurokratów i przemysłowców. Naprzeciw tego mieszczańskiego centrum wznosi się jednak austriackie więzienie-twierdza Spielberg, które później wykorzystali powtórnie naziści, oraz ciągnące się kilometrami powojenne bloki z wielkiej płyty.

Praga
Szosy amerykanizują się bardzo łatwo, ale koleje pozostają wciąż europejskie: pociąg toczy się obok lasów sosnowych, zieleniących się powoli nagich pól, kwitnących sadów, wiosek – pokryte czerwoną dachówką domostwa okalają kościół z wieżą o cebulastej kopule – które nie różnią się aż tak bardzo od tego, co z okien tego samego pociągu widział Dvořak.

W Pradze moim pierwszym obowiązkiem jest wizyta w urządzanej właśnie szkole dla nauczycieli religii, która znajduje się w maleńkiej wiosce, 15 kilometrów na południowy zachód od miasta. Niedługo po upadku komunizmu pani profesor Jana Fellnerova pojawiła się w telewizji i poprosiła rodziców zainteresowanych religijną edukacją swoich pociech o list – otrzymała 25 kilogramów odpowiedzi pozytywnych. Za zgodą Ministerstwa Edukacji pani Fellnerova wraz z mężem – profesorem ekologii – zaczęli się przymierzać do urządzenia szkoły dla nauczycieli religii (w szkołach kościelnych) w zrujnowanym klasztorze benedyktyńskim, zamkniętym naturalnie przez Józefa II, a przez komunistów wykorzystanym na więzienie dla byłych posiadaczy ziemskich, później zaś na szkołę policyjną. Cóż, jeśli Fellnerom uda się zamontować hydraulikę, elektryczność, ogrzewanie, łóżka, kupić szkolne meble i książki, to we wrześniu otworzą „Świętego Jana pod Skałą” (klasztor znajduje się u podnóża potężnego urwiska) dla pół setki uczniów obojga płci i dowolnego wyznania, którzy będą się tu uczyć muzyki, ekologii, pedagogiki, studiować Stary i Nowy Testament. Uczniowie – docelowo szkoła ma ich przyjąć 130 – przyjdą wprost po szkole średniej; chociaż mam wątpliwości co do rekrutacji tak młodych ludzi, nie doświadczonych przez historię i cierpienie, na przyszłych nauczycieli religii, to będą przecież mieli do czynienia z dziećmi, które o religii nie wiedzą zgoła nic. Oto przykład drogi, jakiej ciągle szukam: młodzież, której zależy nie tylko na komputerach i angielskim. Czy dowiem się tu wystarczająco dużo, żeby zacząć rozglądać się za pomocą finansową na Harvardzie i gdzie indziej?

Na poziomie elementarnym – tak jak w przypadku Szkoły 116 w Krakowie – każdy dolar zainwestowany w nowe rury oznacza pracę, a demokracja, żeby się sprawdzić w krajach postkomunistycznych, musi dać ludziom zatrudnienie – nawet jeśli nie jest w stanie tego osiągnąć w Stanach. W Czechach seminarium może działać w klimacie tolerancji, nie zrodziło się tu bowiem oczekiwanie – widoczne w Polsce – by religijność przejawiała się tylko w ramach Kościoła katolickiego. Mimo to, spacerując po pustych salach, chciałbym nie dostrzegać podobieństw pomiędzy tą ekumeniczną życzliwością a połykaniem w gigantycznych dawkach witaminy C: tak czy owak, pomoże – przekonanie żywione przez konserwatystów, którzy domagają się wprowadzenia modlitwy (za kogo?) do amerykańskich szkół. Antychryst pojawia się w niezliczonych przebraniach, ale Czechom objawił się w postaci najbardziej zgubnej: jako najmądrzejsze posłanie wcielone w życie przez wszechpotężne państwo. Pomimo narzekania pod nosem i strategii uników, 99% obywateli okazało posłuszeństwo. Co takiego może dać poszukiwanie Bożego istnienia i Bożego celu tym młodym, sympatycznym ludziom (niesympatyczni nie poszliby do takiej szkoły jak Svaty Jan), żeby potrafili przeciwstawić się temu posłuszeństwu?

***

Londyński „Guardian" (4 listopada 1994) ostrzegł mnie przed zmianami w czeskich modach: heroizm, idealizm, energia nuklearna, wieczory poetyckie, krzyże w klasach, popularność Amerykanów w y s z ł y z mody. W modzie s ą: nostalgia, cynizm, szmugiel materiałów rozszczepialnych, niechlujność na pokaz, kondomy w klasie, przestępczość, ręcznie malowane ogródkowe krasnale. Vaclav Klaus, bystry i pracowity, chce oprzeć gospodarkę na fundamentach monetarnych i skupić władzę w rękach swoich i swoich zwolenników – j e s t w modzie. Liberalni intelektualiści wraz ze swoim prezydentem, którzy nie wykazali się, trzymaną w karbach, żądzą władzy, jednoczącą społeczeństwo ideologią i – podobnie jak inteligencja rosyjska w 1917 roku – jakimkolwiek doświadczeniem w zarządzaniu – w y s z l i z mody.

Fellnerowie odwożą mnie do mojego małego, eleganckiego hotelu obok Mostu Karola – „Pod Trzema Strusiami" (*U Tri Pstrosu*); jego nazwa pochodzi od osiemnastowiecznego kupca, zajmującego się handlem strusimi piórami. Z okna widzę cienki skrawek odległej rzeki, ale głównie hałaśliwy tłum – tak jak podczas meczu Red Soxów w Bostonie – przetaczający się w jedną i w drugą stronę po moście. Ale kiedy sam znalazłem się na moim moście nad Wełtawą i przed moimi oczami po obu stronach rzeki eksplodowały wieże, wieżyczki i kopuły, a nade mną – zamek, wtedy znów byłem w najpiękniejszym mieście świata.

Pielgrzym mija ulicznych grajków, sprzedawców pocztówek i trafia na Rynek Starego Miasta, żeby jeszcze raz popatrzeć na arkady mieszczańskich kamienic i pnące się nad nimi wieżyczki kościoła

Tyńskiego. Składa uszanowanie pomnikowemu Janowi Husowi, którego spalono na stosie, bo głosił rozsądne, demokratyczne, uczciwe chrześcijaństwo.

Na placu Wacława (Václavské náměstí) wiek dwudziesty zaczyna się w secesyjnej kawiarni hotelu „Europa". Powinienem był tu przyjechać w dwudziestym siódmym. W roku praskiego apogeum. Francuskie banki – rozczarowane finansowymi perspektywami nowej republiki – zaczynały już wprawdzie wycofywać swoje depozyty, ale czescy, niemieccy i żydowscy intelektualiści, dyskutujący w chmurach tytoniowego dymu i w aromatycznych oparach kawy (czarna z cukrem), nie byli świadomi tego faktu. Czy *Jenufa* Leoša Janáčka uwolni nas od pasteli Smetany i Dvořáka? Jakie jest zdanie Milady o tym nowoorleańskim jazz-bandzie z „Alcrona"? Czy ustawa socjalistów o ubezpieczeniach zdrowotnych ma jakieś szanse? Jak skrupi się na nas porozumienie Francuzów i Niemców?

W latach trzydziestych widocznym znakiem zawężenia horyzontów praskiego ducha było rozejście się tych trzech grup do własnych kawiarni. Nikomu nie zależało, nikogo nie zachęcano do przekroczenia granic cudzego terytorium. Rosnące z miesiąca na miesiąc bezrobocie, coraz głośniejsze echa niemieckich gwałtów, coraz mniej skuteczny rząd starego profesora Masaryka – to wszystko sprawiło, że samo gadanie przestało być w cenie. Po zajęciu Pragi przez nazistów w marcu 1939 roku klientela „Europy" znalazła się w pierwszych transportach do Dachau.

Do końca wojny Żydzi zniknęli, potem prezydent Beneš wypędził Niemców, a komuniści Gottwalda dokonali sprawnych czystek wśród pozostałych czeskich intelektualistów. Kawa bardzo podrożała, a gazety przestały się nadawać do czytania. Choć komuniści też zniknęli, nie dostrzegłem powrotu do publicznej lektury gazet, co pamiętam z Wiednia lat pięćdziesiątych. Czy wszystkie wiadomości pochodzą teraz z telewizji? Czy kawę na placu Wacława piją tylko obcokrajowcy?

Pół wieku temu, dokładnie co do dnia, Rosjanie przełamali niemiecki opór wokół Ołomuńca i pognali na Pragę. 5 maja 1945 roku wybuchło samorzutnie powstanie przeciw garnizonowi Wehrmachtu – w owym czasie składającemu się głównie z Ukraińców – którego celem było odebranie okupantowi miasta, zanim dokona

WIOSNA 1995

on masowych zniszczeń, i udokumentowanie tezy, że prascy Czesi – po latach upokorzeń – walczyli o swoje wyzwolenie tak samo jak obywatele Paryża i miast północnych Włoch – autoterapia.

Zbliżający się Dzień Zwycięstwa budzi nostalgiczne wspomnienia w Anglii, Francji, Rosji, nawet w Niemczech, a tutaj – głucha cisza. W Ołomuńcu żadna ze spotkanych osób nie wspomniała o tej dacie ani słowem. W Warszawie zetknąłem się z autentycznym gniewem, że Polacy – którzy przecież byli pierwszymi ofiarami Hitlera, którzy wycierpieli najwięcej – nie zostali uznani za godnych uczestnictwa w obchodach tej rocznicy w Niemczech. Na pewno nie zależałoby im na zaproszeniu od Rosjan. W każdym razie, ich przeszłość i wspomnienia są czyste.

Może dlatego, że lata wojny budzą tyle wspomnień o zdradzie, Czesi nie palą się do obchodów. W 1938 roku Francja i Anglia odmówiły pomocy w obronie sudeckich granic, a Roosevelt błagał w liście Beneša, żeby poszedł na ugodę z Hitlerem[109]. Rok później ani jeden żołnierz w Pradze czy Ołomuńcu nie wystrzelił choć raz w proteście przeciw całkowitej kapitulacji kraju. Doszło wprawdzie do aktów oporu – okupionych prześladowaniami – i do stłumionego powstania na Słowacji, ale wszystkie prawa do bohaterstwa ukradli komuniści. Żołnierze, którzy walczyli we Francji w 1940 roku, a później w 1944–45, piloci latający w RAF-ie zostali przez nich potraktowani jak kolaboranci.

Komuniści przywłaszczyli sobie każdy szczegół dziejów narodowych. Wigor *Sprzedanej narzeczonej* Smetany jest wyrazem ducha czeskiego chłopstwa; nie można było ciągle pamiętać – i pozostać przy zdrowych zmysłach – że kilkadziesiąt lat wcześniej ci barwni wieśniacy musieliby wstąpić do kołchozu albo pracować do rychłego zgonu – jak dziadek Very – w kopalniach uranu. Zwyczajny zdrowy rozsądek nakazuje zapomnieć o przeszłości.

Kawiarnia jest miejscem, gdzie pisze się listy do przyjaciół – było już prawie ciemno, kiedy wyszedłem z „Europy”. Parę budynków dalej przy tej samej ulicy jest McDonald, a chodnik przed lokalem służy za wąskie łowisko praskim prostytutkom. Człowiek nie wie, jak zareagować – czy była to przyzwoicie ubrana kobieta, która

---

[109] Havel, 8 czerwca 1995.

388

Posłanie

sącząc kawę, wlepiała wzrok w niemłodego turystę, czy zdenerwowana panienka, która poprosiła mnie o papierosa. Następnego ranka przed odjazdem na lotnisko mam dwie godziny na spacer na Hradczany i podziwianie panoramy miasta. Prezydent Havel będzie głównym mówcą podczas inauguracji roku akademickiego na Harvardzie w czerwcu. Będzie się dyskretnie dowiadywał o szansę zatrudnienia (mniejsze ryzyko utraty posady) na wydziale nauk politycznych? Na pewno nie zniósłby obowiązującego w Cambridge[110] zakazu palenia.

Na początku ulicy Nerudovej widzę naiwny napis: „Kocham wszystkie ładne dziewczyny na całym świecie", a zaraz obok amerykański okrzyk zwycięstwa: *„Sex & Drugs & Rock'n'Roll"*. Mija mnie jakiś łobuz z napisem „Wszystkich Pozabijać", wydrukowanym na czarnej koszulce. Wsadzić go do więzienia. Jeśli mówi poważnie, to będzie mniej kłopotu, gdy wyląduje za kratkami już teraz. Jeśli chce tylko zaszokować rodziców, to byłaby to dlań pożyteczna lekcja, że słowa mają skutki. Mógłby czyścić toalety w szpitalach dla chorych na AIDS – tu doprecyzowałbym sobie, do czego właściwie czuje nienawiść.

Oksford

Znalazłem się w domu mojego syna Davida niemal w Dzień Zwycięstwa, co nadało szczególne znaczenie temu szeregowcowi z cegły wzdłuż Hill View Road z maciupeńkimi, wiosennymi ogródkami przed każdym segmentem i dziecięcymi wózkami stojącymi przed drzwiami. Na filmach wojennych żołnierze wychodzili z takich właśnie domków; ich zdrowy rozsądek i przyzwoitość to było właśnie to, o co walczyliśmy.

Szkoła mojej wnuczki Lottie (ma teraz 5 i pół roku) przygotowała dla siedmio- i ośmiolatków specjalne zajęcia na temat wojennej ewakuacji miejskich proletariuszy. Podwójny szereg dzieci zamienia się w pociąg: „Oowce i kroowy, oowce i kroowy, świnki-świnki, świnki-świnki" to ich kolejowy rytm, kiedy jadą na wieś. Potem dystyngowany służący prowadzi ich do Pani na Włościach z Zadartym Nosem. „Możecie zostawić szczoteczki do zę-

---

[110] Siedziba Uniwersytetu Harvarda (przyp. tłum.).

389

WIOSNA 1995

bów w łazience – Nie mamy, psze pani! – i wasze czyste ubrania
w szafie – Nie mamy, psze pani! – a teraz zjemy doskonały wiejski
lunch: mleko i świeże warzywa". „Rybę z frytkami, rybę z frytkami!" – wykrzykują niewdzięczne dzieciaki, a wszyscy wybuchają
śmiechem. Taśma z piosenkami wojennymi doszła do „Anglia będzie zawsze i zawsze będzie wolna, jeśli..." Zalewam się łzami.

***

Dlaczego? Nie wiem dokładnie. W 1940 roku wszystko było
prostsze. Reszta świata została pokonana albo schowała się za bez-
pieczną linią boczną. Ich własna armia została rozbita. Mieli tylko
siły myśliwskie RAF-u (słabsze niż ludzie sądzili: nie można było
zastąpić strąconych pilotów i maszyn), niszczyciele Royal Navy oraz
nieugięte przekonanie, że nigdy się nie poddadzą. Inni w końcu
przyłączyli się do nich, w tym 141 Pułk Piechoty w południowych
Włoszech. Prosta opowieść zaczyna się komplikować. RAF, który
ocalił Anglię, stał się RAF-em, który zmasakrował Drezno. Dumny
upór, który kazał odrzucić wszelką myśl o kapitulacji, stał się uporem, który przez zbyt wiele lat nakazywał ostrożność przed włącze-
niem się w budowę zjednoczonej Europy.

Potem Amerykanie i Rosjanie walczyli ze sobą o wolność, socjalizm, czy co to było, zrzucając miny w Nikaragui, Angoli i Afganistanie, żeby urwać nogi pięciuset tysiącom dzieci. Męstwo 1940
roku zostało zaprzepaszczone.

„U źródeł edukacji znajdziecie alienację" – zwykłem mawiać
swoim uczniom. Jedynie dzięki nabraniu dystansu w stosunku do
banałów, miar i wartości świata, w którym wyrośliście, zdobędzie-
cie dość swobody, by nauczyć się czegokolwiek ważnego. Dopiero
później będziecie mogli spróbować odbudować mosty, które pozwolą wam tam powrócić.

Jako kiepski sportowiec w szkole, w której talenty sportowe
były miarą wartości własnej i innych, potem jako student na Harvardzie, jako szeregowiec 141 Pułku Piechoty i tak dalej, aż do 75
roku życia miałem wiele doświadczeń z dystansem. Pielgrzymki
do „mojej" Europy pozwoliły mi spojrzeć z dystansu, inaczej, na
mój własny kraj, a nie tylko na to, co działo się w Warszawie czy
Ołomuńcu. Jeśli Amerykanie mają swobodę działania w polityce,

390

w gospodarce, w edukacji, w życiu religijnym – w przeciwieństwie do Czechów, Polaków i Węgrów – to jaki użytek czynią z tej wolności?

No cóż, „wolność" nadeszła. Nasza strona „zwyciężyła". Chciałbym nie musieć używać cudzysłowu. Dystans myślących Polaków i Czechów w stosunku do komunistycznej władzy pozwolił im zachować zdrowy obiektywizm w sprawach społeczeństwa, gospodarki, intelektu. Czy teraz będą umieli zachować dystans w stosunku do sukcesu? Przyjemnie jest dostać dobrą posadę w nowym biurowcu korporacji, której siedziba główna znajduje się we Frankfurcie albo w Chicago, ale skąd pewność, że jest się kimś więcej niż tylko posłusznym trybikiem?

Gdy tylko skończyła się – mniej więcej – wojna pomiędzy Zachodem i Wschodem, na plan pierwszy wysuwa się niezwłocznie wojna między Północą a Południem. Elity władzy industrialnej, zasadniczo mieszczańskiej i demokratycznej, Północy postrzegają Południe jako rezerwuar taniej siły roboczej i surowców (ropa) oraz jako obszar nowych rynków (w Brazylii komiwojażerki z firmy Avon chodzą od drzwi do drzwi po amazońskich wioskach, żeby sprzedać kobietom krem do skóry, który sprawi, że będą młode i godne pożądania). Banki centralne w Nowym Jorku, Londynie, Zurychu czy Tokio pożyczają pieniądze dyktatorom i rządom, a ich klienci wpadają – niczym muchy na lep – w pułapkę zadłużenia.

Kiedy niezdyscyplinowani Południowcy zachowają się gdzieś zbyt nieodpowiedzialnie, Stany Zjednoczone w końcu zaprowadzą tam prawo i ład. Czasem tubylcy mają dość bezwzględności, nienawiści i odwagi, by zwyciężyć; koniec końców, Algierczycy przepędzili Francuzów, a Wietnamczycy, na których zrzuciliśmy dwa razy więcej bomb, niż spadło na hitlerowskie Niemcy, pokonali Amerykаnów – ale koszty są wysokie.

Czy Polakom i Czechom pozostały jeszcze jakieś ślady wspomnień o helotach Hitlera – hodowcach kapusty, górnikach, babciach klozetowych, prostytutkach, urzędnikach pocztowych – by odczuwali choć trochę sympatii do tych, którzy są na dnie? Choć Rosjanie i ich agenci posługiwali się nieco innym słownictwem, to przecież los – lęk i poniżenie – zgotowany miejscowym przez „naszych przyjaciół" był bardzo podobny.

Na wspomnienia – jakiekolwiek by były – rzadko spoglądamy z moralnym dystansem. Dawni przegrani chcą się przyłączyć do zwycięzców. Praski premier – Vaclav Klaus – jest tak wyrachowanym i nieprzejednanym thatcherowskim monetarystą, że – jeśli tylko uda się w porę rozwiązać problem obywatelstwa – będzie świetnym kandydatem republikanów na prezydenta w 1996 roku. Jest bystrzejszy od konkurentów i nie ma fiksacji w kwestii aborcji.

Polityka w krajach Europy Środkowej i w Stanach jest skupiona na kwestiach przygnębiająco trywialnych, ale jeśli przez pomyłkę pomyślimy o prawdziwych problemach, to nawiedzi nas paraliżujący pesymizm. Bestialskie okrucieństwo Serbów w stosunku do Bośniaków pozbawia złudzeń, że przynajmniej Europejczycy nauczyli się odnosić do siebie w sposób cywilizowany. Europa stacza się do poziomu krajów Afryki. Wszystkie międzynarodowe mechanizmy mediacji, na których jakoby polegamy, okazują się czczą gadaniną, a my nabieramy pewności, że każdy następny kryzys będzie potraktowany z równą obojętnością i tchórzostwem.

Amerykanie byli zapewne pierwszymi, którzy musieli stawić czoło nie kontrolowanej groźbie: młodym ludziom, pozbawionym wykształcenia, zawodu i pracy, w miejskich gettach. Nikt ich nie potrzebuje, nikt im nie ufa. Niejeden z nich zaczyna jako przypadkowy rabuś, potem staje się gangsterem. Nie ma nic do stracenia. Jeśli ktoś – nieważne kto – straci życie, to nie jego sprawa; on sam też niebawem zginie. A jeśli jest biały, to może ogolić sobie głowę i zgłosić się do skinheadów. Jest w tym jakaś nostalgia: biedak przyszedł na świat 60 lat za późno, żeby załapać się do magicznego królestwa marszów, pieśni, honorów wojskowych, stukotu butów na chodniku, przywileju – nie, obowiązku poniżania, maltretowania i zabijania słabych, gorszych ludzi. Lecz w Paryżu, Berlinie, a teraz także w Pradze nowy nazista może nadal spuścić manto ciemnoskórym intruzom, a w Ameryce kupić sobie wojskowy karabin i oddać się fantazji, iż to on broni swojego niewdzięcznego kraju przed wojskami ONZ-etu i policją Clintona.

Dziś nasze są Niemcy
A jutro cały świat!

Mimo wszystko nie musimy się godzić na apokalipsę. W 1940 roku wszyscy rozsądni ludzie byli pewni, że Hitlera nie można pobić. Parę lat później zwyciężyli komuniści. Później – Amerykanie. Niezupełnie. W jaki sposób społeczeństwo potrafi się zjednoczyć? W jaki sposób umie pokonać lęk i znosić cierpienia? Gdzie biją źródła prawości, gdzie rodzi się duch przebudowy i przebaczenia – równoważący nienawiść i samoułudę? Mam nadzieję, że w tej książce znajdują się jakieś odpowiedzi na te pytania; że jest tu rzeczywistość, którą można zobaczyć i której można dotknąć, odległa od wielkich słów i abstrakcyjnych teorii.

Samolubna krótkowzroczność dzisiejszej Ameryki może paradoksalnie dodać otuchy Europie Wschodniej po komunizmie. Jeśli Wielki Wzorzec tkwi po uszy w bagnie, to jego rady niewiele już znaczą. Byli uczniowie będą więc musieli poszukać własnych odpowiedzi. Jedyną wartą zapamiętania lekcją polityki jest chyba ta, że jeśli przegrałeś, naucz się przerabiać swoje argumenty, znajdować nowych sojuszników, śpiewać nowe pieśni, cieszyć z dobrego starcia. Każde pokolenie przynosi ze sobą własną interpretację świata – dopóki żyjemy.

Właściwie powinienem coś zrobić, jakoś ich
przestrzec, biec na ratunek, machając rękami, krzyczeć
stójcie to nie ma sensu, ale kiedy widzę
jak w szarym marcowym parku, w szpalerze nagich akacji
idący przede mną chłopak, dwa razy ode mnie
młodszy i rzeczywistszy, kładzie nieśmiało, zuchwale
dłoń na biodrze dziewczyny, jakby nigdy nic
nie miało im zagrozić, jakby się nie zbliżali
również w tej chwili, również oni, do –

wtedy wydaje mi się, że może jednak jest jakaś nadzieja

Stanisław Barańczak, *Może jednak*

Rozdział dwudziesty siódmy

OSIEM LAT PÓŹNIEJ

Pierwsze wydanie tej książki kończy się na opisie wydarzeń z 1995 roku. Co ważnego zdarzyło się potem? Życie autora „skurczyło się" wraz ze śmiercią brata Jamesa – poety, siostry Doris, drugiej żony ojca – Hellen, której głos rozsądku towarzyszył mi od piątego roku życia, siostrzeńca Stephena, a przede wszystkim żony Mary, z którą byliśmy razem przez 58 lat.

Jeśli udało mi się pozbierać, to głównie dzięki Julie Boudreaux – młodej osobie z Nowego Orleanu, która pracuje w Nowym Sączu. Julie zawsze interesowała się Europą Wschodnią, więc po roku studiów w Belgii postanowiła odpowiedzieć na ofertę pracy w Polsce – szkoła w nieznanym mieście szukała nauczyciela angielskiego i francuskiego. Julie polubiła swoich uczniów, kolegów, dyrektorkę i została na jedenaście lat. Jej praca miała znaczenie. Polskie szkoły, tak jak cały kraj, przechodziły trudny okres przejściowy. Kobieta z wyobraźnią, pełna energii miała tu wiele do zrobienia, a dzięki nowej posadzie znalazła poczucie celu i nieoczekiwane wyzwania. W okresie strasznej wojny domowej w Kosowie rząd polski wysłał do Nowego Sącza trzystu uchodźców z tego regionu. Miejscowi przyjęli ich gościnnie, a Julie przekonała się, że Amerykanka może uczyć polskiego Albańczyków.

W tej książce nieodmiennie patrzę na świat oczami Amerykanina. Dla mnie najstraszniejszym wydarzeniem ostatnich lat był oczywiście zamach z 11 września 2001 roku na World Trade Center. Dwa samoloty pasażerskie ze zbiornikami pełnymi paliwa wbiły się

394

w dwa drapacze chmur, które następnie zawaliły się w morzu płomieni na ekranach telewizorów całej planety. Losy uczestników tych wydarzeń są porażająco proste. Jakiś mężczyzna płacze przed kamerą (mężczyźni nie płaczą). Tego dnia jego czteroletni synek poszedł pierwszy raz do zerówki (pierwszy dzień w szkole jest strasznym przeżyciem – pamiętacie?) i w rezultacie ojciec spóźnił się do pracy. W trakcie tych czterdziestu minut jego biuro zamieniło się w dymiącą stertę gruzów, a wszyscy koledzy, z którymi pracował od sześciu lat, zginęli. Teraz potrafił tylko szlochać.

Inny mężczyzna był dyrektorem i miał biuro na ostatnim piętrze. Wiedział, że nie ma już przejścia przez płomienie. Mógł tylko zadzwonić do żony przez komórkę i powiedzieć jej: „Boję się, że to już koniec. Nie ma stąd żadnej ucieczki. Opiekuj się dziećmi. Kocham cię".

W drugim wieżowcu na ratunek uwięzionym pospieszyła duża grupa policjantów i strażaków, ale po chwili cały budynek zawalił się i wszyscy zginęli. Takich funkcjonariuszy młodzi liberałowie, w tym także moi uczniowie, wyzywali od „świń".

Dręczyła mnie przykra myśl, jak wielu mieszkańców świata odczuwa teraz cichą satysfakcję, że Amerykanie dostali wreszcie to, co dotąd ich bombowce serwowały innym. Tym bardziej więc wzruszyły mnie wyrazy współczucia czeskich kolegów z Uniwersytetu Palackiego. Parę dni później mijałem długi szereg mieszkańców Cambridge, którzy chcieli wziąć udział w nabożeństwie ku pamięci ofiar. Owego wieczora czytałem ten list wielokrotnie kolejnym grupom, a słuchacze przyjmowali z wdzięcznością płynące z serca słowa otuchy.

Prezydent Bush stwierdził, że atak jest czystym przejawem tchórzliwego zła. Nie dostrzegł, że zdesperowani Arabowie mścili się za swój beznadziejny los, uderzając w symbol amerykańskiego bogactwa i potęgi. W ten sposób zmusili aroganckich Amerykanów, by ci ich wysłuchali. Ale Bush to człowiek prosty. Najpierw ukarze Osamę bin Ladena. Potem zniszczy arsenał broni nuklearnej i biologicznej będącej w posiadaniu Saddama Husajna, dokonując inwazji Iraku przy pomocy 200 tysięcy żołnierzy i przy jednogłośnym poparciu opinii światowej. Irakijczycy powstaną przeciwko tyranowi, by poprzeć Amerykanów, którzy przynoszą im wolność!

Historia, rzecz jasna, jest bardziej skomplikowana. Jak dowiedzieliśmy się później, piloci-samobójcy nie byli zdesperowanymi wieśniakami. Należeli do klasy średniej i w większości przeszli szkolenie pilotażu na kursach w Stanach Zjednoczonych; wraz z przyjaciółmi mieli nadzieję zabić naprawdę bardzo wielu ludzi. Z kolei pewnego amerykańskiego pilota patrolującego Afganistan zaniepokoiły strzały wiejskich weselników – lokalny zwyczaj, który zinterpretował jako ogień przeciwlotniczy; zrzucił więc bombę, która zabiła 40 Afgańczyków. Przez krótką chwilę rząd amerykański był zakłopotany. Takich przypadków musi być bardzo wiele.

Saddam Husajn nie jest postacią sympatyczną. Niemniej jednak świat islamu może uznać go za męczennika. Każdy muzułmanin, który żywi do siebie choćby odrobinę szacunku, uzna za swój święty obowiązek zabicie pierwszego napotkanego Amerykanina.

Rygory bezpieczeństwa bywają irytujące, ale czasem są po prostu głupie. Na lotnisku w Houston odebrano Julie jej pincetę do brwi – wielkości małego palca. Za pomocą tej broni miałaby przejąć kontrolę nad samolotem, zmusić pilota do międzylądowania w Hawanie, by napełnić zbiorniki paliwem, a potem kazać mu lecieć do Bagdadu. Z głośników płynęły ostrzeżenia, że niestosowne żarty podczas kontroli bezpieczeństwa mogą skończyć się aresztem.

W minionych latach na Ameryce odcisnęła swoje piętno jeszcze jedna historia. Wielkie korporacje – przeświadczone, że kraj słusznie im się należy – jedna po drugiej stawały pod pręgierzem, kiedy na jaw wyszły przypadki rażących zaniedbań i zwyczajnej nieuczciwości, dotąd maskowane przez „kreatywnych" księgowych. Prezesi Enronu, potężnego koncernu energetycznego, nadal sprzedawali wiernym pracownikom akcje firmy po 60 centów sztuka, choć wiedzieli, że za 24 godziny Enron ogłosi bankructwo, a wartość akcji spadnie o połowę.

W ten skandal był zamieszany nawet Merrill Lynch – założona przez mojego ojca firma inwestycyjna, niegdyś największa na świecie, której obecnego prezesa „Fortune Magazine" określił mianem „najważniejszego czarnego menedżera w Stanach Zjednoczonych" (ciekawe, co powiedziałby na to ojciec z jego małomiasteczkowymi przesądami Południowca?). Doradcy inwestycyjni, których zadaniem było informowanie klientów o najlepszych ofertach na rynku, otrzymali polecenie, by polecać firmy przyjazne wobec Merrilla Lyncha, a nie te, które były po prostu odrobinę bardziej opłacalne. Prezydent Bush obiecał wprawdzie, że winni zostaną surowo ukarani, ale czy naprawdę potraktuje tak swoich znajomych?

* * *

Latem 2002 roku przyjechałem do Polski dwukrotnie, w tym raz przez St Petersburg, w którym ani Julie, ani ja wcześniej nie byliśmy. W 1702 roku Piotr Wielki uparł się, by po środku fińskich mokradeł wyrosło miasto. St Petersburg stał się rosyjskim oknem na Zachód. Swoje rezydencje wznosili tu arystokraci, którym, po letnich miesiącach spędzonych w majątkach ziemskich, brakowało życia w eleganckim mieście; była to również siedziba kupców i powieściopisarzy; twierdza, która wytrzymała bohatersko dwa lata oblężenia przez armię Hitlera; miasto, którego obawiała się zarówno carska policja, jak i komunistyczna milicja.

Kulminacyjnym punktem wizyty jest śniadanie w Grand Hotelu „Europa". Z miasta zniknęły pomniki i słowa Lenina. Nowymi ikonami są seks i pieniądz.

Przez wiele godzin doświadczamy tradycyjnego rosyjskiego bałaganu, kiedy zamiast bezpośredniego połączenia do Sofii (w związku z przekładem na bułgarski jednej z moich książek) wciskają nam lot z przesiadką w Moskwie. Czterdzieści minut czekania na właściwy autobus, a potem męka sardynki, która próbuje wepchnąć się z powrotem do puszki. Mijamy długi szereg stojących ramię w ramię ulicznych handlarzy, oferujących używaną odzież. Można też kupić najświeższe wersje „matrioszek": Putin zastąpił Gorbaczowa, a wśród nowych twarzy są Bill i Hillary Clinton.

Po tych przejściach wizyta w Warszawie i Krakowie to niczym powrót do domu – przyjaciele, znajome ulice, place, kościoły, mgliste wspomnienia sięgające 1939 roku, kiedy byłem w Polsce po raz pierwszy. Okrutna statystyka: bezrobocie 18 procent, w tym 30 procent wśród osób przed 30 rokiem życia; można jednak na chwilę o tym zapomnieć, widząc świeżo odnowione fasady i atrakcyjne wystawy sklepowe.

Ambasada francuska przyznała Legię Honorową Jackowi Woźniakowskiemu. Ta nowina nie jest żadnym zaskoczeniem. Jeśli „honor" nadal oznacza odwagę, uczciwość, niezależność, a nawet skromność, to swoją decyzją Francuzi przysporzyli sobie tylko chwały.

Podróż wrześniowa rozpoczęła się w Paryżu – najpierw, rzecz jasna, na pustkowiu, jakim jest Lotnisko Charles de Gaulle'a i jego okolice. Czyżby te pozbawione zieleni i smaku, nagie hotele, biurowce i fabryki były zapowiedzią przyszłości, którą przygotowują nam ludzie władzy i pieniądza? Dopiero kiedy taksówka minęła Etoile, dostrzegliśmy mansardowe dachy i żaluzje w oknach, upewniające turystów, że naprawdę dotarli do Paryża.

Nasz hotel znajdował się w jednej ze starszych dzielnic na lewym brzegu Sekwany, naprzeciw Luwru. Kiedy razem z rodziną mieszkałem przez parę lat w Seizième Arrondisement – w nieciekawym otoczeniu w pobliżu Place de la Concorde – czymś odświętnym była zawsze wizyta w katedrze Notre Dame. To dla mnie ciche miejsce pielgrzymek, podobnie jak Stefansdom w Wiedniu czy St. Paul's w Londynie. Myślę tu o strasznych bombardowaniach z 1940 roku. Armia brytyjska poniosła klęskę, jej francuski sojusznik ogłosił kapitulację, ale Churchill zapowiedział: „My nie poddamy się nigdy!". Wierzył w te słowa – tak jak cały naród. Pewnego dnia, przyrzekłem sobie, stanę u ich boku. W pewnym sensie tak się stało.

Tym razem jednak Notre Dame była tak zatłoczona, że o ciszy można było tylko pomarzyć. Zacząłem się zastanawiać, co w latach 40. mógł odczuwać żołnierz Wehrmachtu – katolik czy protestant, w każdym razie chrześcijanin – który potrzebował uczciwej rozmowy z Bogiem, ale wiedział, że nikt go tu nie chce czy nawet, że nie ma prawa się modlić w świątyni pokonanego nieprzyjaciela. Dokąd mógł pójść?

Polska w tamtym roku znalazła się w cieniu historii Jedwabnego – wioski na północnym wschodzie, gdzie podczas okupacji niemieckiej okoliczni mieszkańcy napadli na miejscowych Żydów: najpierw zabijali ich pojedynczo, a tych, którzy pozostali, spędzili do wielkiej stodoły i podpalili. Winą za te zbrodnie obciążono, rzecz jasna, Niemców – w tym celu wzniesiono niewielki pomnik. Wszyscy milczeli. Zaczęto mówić dopiero w 2001 roku, kiedy Jan Gross, amerykański Żyd polskiego pochodzenia, wydał książkę o tych wydarzeniach. Przeprowadzono szczegółowe śledztwo oraz ekshumację masowego grobu; wina Polaków została potwierdzona. Prezydent

Kwaśniewski odbył wizytę pokutną, ale bardzo wielu księży i biskupów zachowało milczenie. Nie ma przecież sensu rozdrapywać ran. Męczy mnie już wewnętrzny przymus porównywania zbrodni niemieckich czy polskich z tym, co wiadomo mi o Amerykanach, ale co powiecie na zrzucanie napalmu na wietnamskie wioski i spalone żywcem dzieci? Albo na miny na polach Nikaragui, urywające nóżki i rączki dzieciom podczas zabawy, by nadszarpnąć morale sandinistów?

Ogólna ocena sytuacji politycznej i gospodarczej Polski – niezależnie od obserwatora – jest tak przygnębiająca, że czuję się zmuszony szukać iskierek nadziei. W Lublinie powstaje polsko-ukraińska instytucja edukacyjna, którą nazwano uniwersytetem. Tuzin przyjętych doktorantów studiuje w istocie na różnych lubelskich uczelniach. W przypadku dwóch narodów, które tradycyjnie się nie znoszą, taka instytucja może być zachętą do współdziałania: Ukraina – państwo odizolowane od świata – zyska okno na Zachód, a władze polskie dowiodą odpowiedzialności w stosunkach ze Wschodem. Niemniej jednak sama nazwa, biuro i nadzieja na przyszłość nie wystarczą – nie ma tu nawet biblioteki. Czyżby uczelnia-widmo?

Tego lata region nawiedzają powodzie, wywołując największe szkody w Pradze i Dreźnie. Duża, świecka agencja humanitarna w Warszawie zaoferowała znaczącą pomoc obydwu miastom (odbudowała też szkołę plastyczną i muzyczną w zniszczonym przez wojnę Kabulu). Polacy niosący pomoc Niemcom w potrzebie – fakt historyczny, który chce się pamiętać.

Problemem, z którego zdaje sobie sprawę każdy myślący obywatel Europy Wschodniej, są Cyganie albo Romowie. Bezrobocie sięga wśród nich 80 procent, niewiele niższy jest procent niepiśmiennych, a do tego dochodzi często zawzięta odmowa przyjęcia szans i obowiązków mieszkańca Europy, a nawet nieznajomość języka miejscowych. Tymczasem przyrost naturalny w tej grupie etnicznej skłania słowackich narodowców do przypuszczeń, że za dwadzieścia lat Romowie będą stanowić większość populacji. Choć nikt nie lubi skinheadów, to przynajmniej potrafią przegonić Cyganów. „Trzeba mu to przyznać..." – powiadają niektórzy o Hitlerze, bo chciał wymordować Cyganów.

Polskie Ministerstwo Edukacji nie jest zbyt pomocne. Ponieważ dzieci Romów mają problemy z językiem, na ogół trafiają do szkół specjalnych. Większość nie podejmuje nauki w szkole średniej. W Nowym Sączu pierwszą romską absolwentką liceum została – nie bez trudności – Iza Gabor. Alicja Derkowska, dyrektorka tej szkoły i najbliższa przyjaciółka Julie, zaprosiła nas na spotkanie z Romami w zajeździe pod Nowym Sączem. Rozpoczyna się chaotyczna i nieprzyjemna dyskusja – „Polacy nie mają szacunku dla naszych tradycji!" – która prowadzi donikąd. Jeśli Romowie oczekują wsparcia finansowego z zewnątrz, muszą nauczyć się normalnie księgować i porzucić zwyczajową praktykę przekazywania żywej gotówki szefowi (albo „królowi"), który rozdziela pieniądze wedle własnego uznania, pozostawiając część na alkohol i dziewczyny.

Niestety, rasizm jest ciągle obecny. Pamiętam wczesne lata 70. w szkole Commonwealth – najsmutniejsze lata mojej kariery nauczycielskiej. Dla murzyńskich bojowników – którzy podporządkowali sobie resztę i swoimi pogróżkami budzili postrach wśród naszych liberałów – wszystko, czego próbowaliśmy nauczyć, było po prostu „białe", czyli bez znaczenia dla każdego szanującego się Czarnego. Pewna Murzynka przyszła ze skargą, że jej córka jest źle traktowana przez kolegów, bo ma zbyt dobre stopnie z geometrii – przedmiotu, który nie cieszył się popularnością wśród innych Czarnych. „Przez nią mamy jeszcze gorzej!" Ciężka praca, czytanie „białych" książek było po prostu przejawem kapitulacji. Postępowe szkoły w Polsce zaczynają wprawdzie przyjmować romskie dziewczęta po kolegiach nauczycielskich, dając im status i nowe umiejętności, ale wysiłek kobiet i tak nie ma wielkiego znaczenia.

Alicja Derkowska zainicjowała więc proces tworzenia międzynarodowej koalicji kobiet romskich. Ponieważ ich mężczyźni traktują je pogardliwie, kobiety podchodzą z dystansem do tradycji jako wartości najwyższej. Spotkania w gronie kobiet ze Słowacji, Węgier, Serbii, Bułgarii, Rumunii i Polski, które znoszą podobny los i mają podobne nadzieje, pozwalają im zdobyć pewien dystans. Pierwszym krokiem Derkowskiej było kupno dwudziestu używanych maszyn do szycia, by dziewczęta romskie nauczyły się czegoś, co zapewni im niewielki dochód i być może uchroni przed zajściem w ciążę w 14 czy 15 roku życia. Potem przyszła kolej na kampanię mającą na celu wsparcie liderek wśród kobiet romskich, na którą Unia Europejska przyznała grant w wysokości 186 tysięcy euro z Phare Access.

Wszelako głównym celem Alicji Derkowskiej i Julie Boudreaux jest stworzenie przy pomocy Małopolskiego Towarzystwa Oświatowego międzynarodowej federacji organizacji pozarządowych, które w pierwszym rządzie pomagają rozwijać się szkołom. Na przykład: czy w miejsce zwyczajnej dyrektorskiej autokracji można rozszerzyć procedury demokratyczne wśród nauczycieli, rodziców, a czasem nawet uczniów? Czy szkoły mogą służyć potrzebom wspólnoty lokalnej, otwierając biblioteki i pracownie komputerowe, organizując dodatkowe zajęcia dla dzieci z trudnych środowisk? Czy szkoły są w stanie nawiązać współpracę międzynarodową – taką jak zorganizowana przez Splot wymiana nauczycieli i uczniów między Polską, Serbią i Słowacją?

Dalsze cele to np. wspieranie organizacji kobiecych i projektów ekologicznych. Czy na gruncie sprawnych, ale niewielkich stowarzyszeń można stworzyć w krajach postkomunistycznych jakąś funkcjonalną formę demokracji wykraczającą poza „seks, narkotyki i rock'n'roll", zasypującą przepaść między bogatymi i biednymi? Polska to nie Rosja, gdzie Lenin był bogiem, a bez niego naród się rozpadł i pozostała już tylko wiara w Pieniądz. „Jeszcze Polska nie zginęła, póki my żyjemy" – to najbardziej wzniosły początek hymnu, jaki znam. W miejsce „Polski" można podstawić cokolwiek innego, w co warto wierzyć. Nawet jeśli zostaliśmy pokonani, to nadal ciąży na nas obowiązek pracy i walki – niezależnie od tego, gdzie się akurat znajdujemy.

* * *

Podczas tej podróży spędzamy parę dni w Albanii w związku z publikacją albańskiego przekładu *Roku Emilki* (tak jak wcześniej trafiliśmy do Sofii w związku z tłumaczeniem tej książki na bułgarski). Jest to ciepła opowieść przeznaczona dla inteligentnych nastolatków, ale popularna również wśród ich babć, która miała już wydania polskie, czeskie, francuskie i serbskie, niebawem ukaże się w Niemczech i ponownie we Francji, a za rok w Rumunii. Tytułową postacią jest siedemnastoletnia Amerykanka o polskich korzeniach z robotniczej rodziny katolickiej, zamieszkałej w małym mia-

Osiem lat później

steczku w Massachusetts, która zgadza się zjechać na linie głową w dół na dno studni, by wyciągnąć stamtąd kanadyjskie dziecko. Emilka zostaje bohaterką miasteczka – dzwoni do niej z gratulacjami sam prezydent Reagan. Ta opowieść o dorastaniu, o woli kształcenia się – w której tle znajdziemy rodzinę Emilki, jej chłopaka, szkołę, Kościół i pieniądze – ukazuje ludzki obraz życia w Ameryce – kraju, który budzi w świecie coraz mniej sympatii. Przekład tej książki stanowi nie najgorszą pracę zleconą dla coraz liczniejszego zastępu nauczycieli angielskiego.

Albania, jak się wydaje, nie jest krajem jednolitym: w 1912 roku Turcy przyznali Albańczykom niepodległość, lecz prowincja pozostała we władaniu konserwatywnych tureckich posiadaczy ziemskich, a w Tiranie wykształciła się zróżnicowana etnicznie, na poły zokcydentalizowana społeczność kupiecka. Około 70 procent ludności to nominalnie muzułmanie, 20 procent – katolicy, a 10 procent – prawosławni, lecz religia nie jest tu traktowana zbyt poważnie. Lata 70. były okresem gwałtownego przyrostu populacji; migracja ludności wiejskiej do Tirany była tak silna, że jeszcze dziś w niektórych dzielnicach stolicy szkoły pracują w systemie czterozmianowym.

Ten kraj jawi się jako rewir łowiecki dla korporacji międzynarodowych z drugiego szeregu, które akceptują niższe zyski, oraz rynek siły roboczej dla włoskich firm i gospodarstw domowych, które zatrudniają nielegalnych imigrantów. Tirana przypomina miasto z Ameryki Łacińskiej: tu i ówdzie z pretensjami, ale ogólnie w marnym stanie – rozpadające się chodniki, dziury w jezdni tak głębokie, że kierowcy muszą lawirować między nimi niczym baletnice, żeby nie połamać zawieszenia. Tak jak w przypadku słoni w Afryce, auta, którym pora umierać, przybywają do Tirany, a ich pozostałości bielą się na poboczach. Z drugiej strony, obok naszego hotelu (prowadzonego przez Austriaków) znajdował się niewielki, elegancki meczet z uroczym, białym minaretem, mimo że Hodża burzył świątynie bez opamiętania.

W 1939 roku Albania wpadła w ręce Mussoliniego, który w następnym roku uczynił z niej bazę wypadową do inwazji na Grecję. Po wojnie krajem rządziły różne frakcje stalinowskie, lecz od 1961 roku – pod dyktaturą Hodży – Albania stała się antymoskiewską

402

Osiem lat później

maskotką Mao. Hodża, tak jak Ceauşescu, torturował swój kraj z fantazją i niepowtarzalnie. Przyszło mu do głowy, że pewnego dnia rosyjscy rewizjoniści, być może w sojuszu z amerykańskimi imperialistami, będą chcieli go unieszkodliwić, nakazał więc, by na całym terytorium wybudowano 700 tysięcy betonowych, zakratowanych bunkrów. Każdy miał otwór, przez który patrioci mogliby strzelać do napastników – przynajmniej dopóty, dopóki nie rozerwie ich pocisk czołgowy albo granat wrzucony od tyłu przez podstępnego wroga.

Poproszono mnie, bym mówił o swojej książce podczas niedługiej trasy promocyjnej; u mojego boku tłumacz mamrotał po iliryjsku (język, który nie przypomina bodaj żadnego innego), a ja miałem swoje pięć minut jako „zagraniczny literat" – spełnienie moich chłopięcych marzeń.

* * *

Po Tiranie przyjazd do Ołomuńca jest niczym powrót do domu. Uniwersytet Palackiego to miejsce, które znam od kilkunastu lat. Program stypendialny, który uruchomiłem za namową dr. Jaraba, wysyła w tym roku 14 studentów do 8 czy 9 amerykańskich uniwersytetów. Są dobrze przygotowani, zaradni i gotowi zrobić dobry użytek z wyprawy za ocean. Chwalą kontakty z amerykańskimi administratorami, którzy są sympatyczni i pomocni w razie kłopotów. Na czeskich uniwersytetach personel nie narzuca się z pomocą: „Za słabo mi płacą, żebym się jeszcze uśmiechał". Studenci amerykańscy są przyjaźni, ale tylko naskórkowo. Nie ma co na nich liczyć.

Zainteresował mnie nowy kierunek na uniwersytecie – studia latynoamerykańskie. Profesor Czerny, dyrektor zakładu, współpracuje z uczelniami portugalskimi i hiszpańskimi, ale jego energiczna, młoda administratorka – Zuzana Burianova – uwielbia Brazylię. Być może właśnie ten kraj, a w nim przede wszystkim okropne São Paulo – tak jak Mexico City – jest zapowiedzią przyszłości naszej planety. Niesamowite tempo wzrostu – milion mieszkańców w 1940 roku, a w 1980 już 20 milionów – bogactwo dla nielicznych i straszna nędza dla wielu, indolencja i korupcja, ruina i rozpacz – oto, co czeka większość rejonów świata. Jeśli Czesi chcą się dowiedzieć

403

Osiem lat później

czegoś o przyszłości, zamiast do przyjemnych miasteczek uniwersyteckich w Ohio powinni jeździć do São Paulo. Tylko mężczyźni, bo dla kobiet to zbyt niebezpieczne.

Dwa lata wcześniej Ołomuniec został wypucowany na wizytę papieża – fasady nadal lśnią świeżością. Ostatni okres był trudny dla Jiřiego Kořinka, mojego przyjaciela od 40 lat. Wcześniej uczył rysunku technicznego – przedmiotu, który nie jest ani marksistowski, ani niemarksistowski – w gimnazjum przy ulicy Roosevelta. Ponieważ miał reputację kompetentnego, rozsądnego i zaangażowanego nauczyciela, został dyrektorem dużej szkoły zawodowej.

Lepsi uczniowie idą do liceum i na studia, słabszych przygotowuje się do zawodu fryzjera, sprzedawcy, hydraulika. Ci drudzy też są obywatelami, przyszłymi ojcami i matkami, po prostu ludźmi, których poczucie godności i prawo do nadziei trzeba traktować poważnie. Dlatego należy podnosić poziom nauczania i okazywać większą troskę tym młodym ludziom. Nauczyciele nie mogą spóźniać się na lekcje, przychodzić podchmieleni czy wysyłać uczniów na posyłki.

Nic z tego. „Nikt mi nie będzie rozkazywał, jak mam prowadzić m o j e lekcje. Pracuję tu od 30 lat, a za 5 idę na emeryturę. Od 10 lat dyktuję uczniom to samo – mają zapisać, zapamiętać i to wystarczy". Nauczycielki-weteranki składały skargi tak długo, aż pan Kořinek stracił posadę.

Może ma wyemigrować do Australii?

Vera, jego była żona, awansowała po latach na dyrektora Zakładu Gazowniczego, niedawno połączonego w spółkę z dużą korporacją belgijską. „Musimy redukować koszty. Proszę się pozbyć 20 procent załogi. To polecenie służbowe, a nie prośba, pani Kořinkova".

„Nie mam zamiaru zwalniać ludzi, z którymi pracowałam przez 25 lat! Składam wypowiedzenie".

Vaclav Havel, który pięknie pisze i przemawia, ale nie był szczególnie dobrym prezydentem, kończy swoje urzędowanie. Kto zajmie jego miejsce? Żaden kandydat nie jest wprawdzie tak niebezpieczny jak Mečiar na Słowacji, ale Vaclav Klaus, środkowoeuropejski odpowiednik Margaret Thatcher, który jest na czele stawki i może nawet okaże się bardziej zdyscyplinowanym, pracowitym i sprawnym administratorem niż Havel, wszedł w niebezpieczne związki z rekinami biznesu. Czy można mieć nadzieję, że będzie walczył z plagą korupcji, która, jak się wydaje, jest wszechobecna?

Zawsze, kiedy wygłaszam mowę na Uniwersytecie Palackiego, powtarzam tę samą radę: „Polacy i Czesi muszą się nauczyć ściślej współdziałać. Trzeba organizować wymianę wykładowców, studentów, zespołów teatralnych, muzycznych, wystaw. Jeśli średnie i małe kraje nie chcą być połknięte przez NATO, Unię Europejską, McDonald'sa, Wall Street, Hollywood, jeśli chcą być słyszane, to muszą częściej mówić jednym głosem". Nudy na pudy.

Samochód uniwersytecki zawozi mnie do hotelu „Ambasador" w Pradze – szacownego gmachu na Václavskich náměstíach. Na chodniku po lewej stronie po odzyskaniu wolności pojawiły się pierwsze praskie prostytutki – zmęczone kobiety w czerwonych spódniczkach mini. Teraz jest tam McDonald. Po prawej otwarto wystawne kasyno. Żadnej obsługi poza jednym pracownikiem, który sprzedaje żetony. Pół tuzina klientów próbuje wygrać z jakimiś skomplikowanymi i na pewno kosztownymi automatami. Kto to wszystko finansuje? Pięć razy z rzędu wypadło czerwone. Muszę postawić na czarne.

Jadę taksówką na Hradczany, idę do katedry, którą odwiedzam od 60 lat, spaceruję na dziedzińcach wokół pałacu Havla. Potem w dół na stary rynek – najpiękniejszy w Europie. Wchodzę do sklepiku, gdzie sprzedają piękną ceramikę ludową z Moraw. Kupuję bilet na *Tańce słowiańskie* Dvořaka – miejsce w pierwszym rzędzie gwarantuje pełną ekspozycję na łup-łup dwóch fortepianów. Jeden dzień na zwiedzanie Pragi. Czuję, że każda wizyta może się okazać ostatnia.

* * *

Lato 2003

Żeby skończyć ostatni rozdział do nowego wydania *Podróży*, wybieram się na Kazimierz – do starej dzielnicy żydowskiej w Krakowie. Według wszelkich standardów nasz trzygwiazdkowy hotel jest po prostu marny, ale dla historyka fakt, iż w tym straszliwie naznaczonym miejscu pojawiło się j a k i e k o l w i e k nowe życie, napawa optymizmem. „Póki my żyjemy"... Rzeczywiście, dwie główne synagogi zostały odrestaurowane, znajduję kamienne tablice z napisami po hebrajsku, drugiego dnia pobytu w okolicznej kawiarni przez dwie

Osiem lat później

godziny słuchamy występów klezmerskiego trio i spędzamy sporo czasu w sklepiku pełnym książek, akwarel, rzeźb oraz misternych wycinanek, którego bystry i sympatyczny właściciel jest artystą. Z przyjemnością wydałem kilkaset złotych, by wesprzeć proces odnowy tego miejsca. Odwiedzam przyjaciół, kupuję w Sukiennicach pamiątki dla wnuków, siedzę w milczeniu w kościele Mariackim. Boga można szukać zarówno w dostojnej, pozbawionej ozdób wiejskiej świątyni kongregacjonalistów w New Hampshire, gdzie mieszkam, jak i w złoconym przepychu tego katolickiego gmachu. Nie ma tu żadnego „albo-albo". To nic, że nie znam polskiego – przynajmniej mogę się skupić. Lepiej, że jestem sam.

Przed wejściem stoi zmęczona, zniszczona kobieta z wychudzonym dzieckiem. Szukam w kieszeni paru groszy, ale Julie ciągnie mnie za rękaw: „To Cyganie. Jej mężczyzna wysłał ją na żebry. Po powrocie do domu pobije ją, a za te pieniądze kupi wódkę". Nie mogę dyskutować w takich warunkach, więc rzucam pieniążek kalece.

U przyjaciół rozmawiamy na ogólne tematy. Wypielęgnowany ogródek Anny Kulczyckiej bardzo potrzebuje deszczu. Szkoła Wyższa im. Józefa Tischnera, którą zakłada Henryk Woźniakowski, przyjmie pierwszych studentów w październiku. Jego córka Justyna pracuje w uczelnianym biurze kontaktów zagranicznych. Zachęcę moich współpracowników z Uniwersytetu Palackiego, żeby się z nią skontaktowali. Prócz tego jest jeszcze Hampshire – nowy *college* z zachodniego Massachusetts; znam dość dobrze rektora, który chce nawiązać kontakty z uczelniami wschodnioeuropejskimi. Obie strony na tym skorzystają.

Co można powiedzieć o Polsce jako sojuszniku Stanów Zjednoczonych w Iraku? Saddam Husajn jest potworem. Bush to prosty, niezbyt uczciwy facet, ale być może argument siły jest w tym przypadku bardziej stosowny niż słowa Francuzów i Niemców (doceniam fakt, że obydwie nacje występują *unisono*). Czy Bush pokona terroryzm, czy działania Ameryki jako światowego żandarma rozbudzą raczej obawy i nienawiść, co tylko pogorszy sytuację? Czy zmierzamy do wojny z Syrią, Iranem i Koreą Północną?

Kontakty Polski z Irakiem są dłuższe, niż wyobrażają to sobie Amerykanie. Polska udzielała azylu intelektualistom, którzy uciekli przed Saddamem. Polska wysyłała do Iraku wyposażenie naukowe i technicz-

406

ne, które jakością dorównywało produktom niemieckim, a było o połowę tańsze. Po wojnie w Zatoce Polska reprezentowała tam Stany Zjednoczone w sferze gospodarczej i dyplomatycznej – o czym wie niewielu Amerykanów. Podczas odbudowy Iraku Polacy – w przeciwieństwie do Amerykanów – będą mogli liczyć na zaufanie Irakijczyków.

Zastanawiam się nad honorową rezygnacją Turcji z wielkiej łapówki oferowanej przez Amerykanów, żeby siły koalicji mogły dokonać inwazji Iraku od północy, skąd o wiele łatwiej dotrzeć do Bagdadu. Julie jest oburzona. Politycy jeżdżący limuzynami rozprawiają o honorze. A przecież Turcja jest w fatalnej sytuacji ekonomicznej. Kiedy w kraju jest tylu bezrobotnych, przyda się każdy dolar: na nowe miejsca pracy, szkoły, szpitale. A gdyby tak McDonald's zaoferował Warszawie 26 miliardów dolarów na leczenie dzieci za zmianę nazwy kraju na McPolska? Czy Polacy mają wystarczająco silne poczucie tożsamości narodowej, żeby się nie oburzyć? (Julie uważa, że ta uwaga jest nieodpowiedzialna i głupia).

Brytyjczycy i Amerykanie nie znaleźli broni masowego rażenia, której obecność obydwaj przywódcy podawali za główny powód przystąpienia do wojny. Końca rozlewu krwi nie widać (jeśli w Iraku zginie wielu żołnierzy, demokraci mogą zwyciężyć w wyborach w 2004).

* * *

Jesteśmy w Nowym Sączu, gdzie Julie wydaje niewielkie przyjęcie. Jako niepoprawny pracoholik pytam każdego gościa, z czego jest dumny w Nowej Polsce, a co budzi w nim obawy.

Gabriel powtarza za socjologiem z UJ: „Mamy teraz wolne wybory. Reszta jest jak za komuny".

Magda, pracuje w muzeum etnograficznym: „Mogę teraz wystawiać, co tylko chcę. Żaden cenzor nie zagląda mi przez ramię. Czuję się jednak głęboko rozczarowana, bo ludzie u władzy dbają tylko o interes własny i partyjny. Ludzie, którzy za „Solidarności" walczyli o wolność, teraz się zdemoralizowali i skorumpowali".

Ewa, architekt i artystka: „Młodzi ludzie, tacy jak moje dzieci, otrzymali szansę studiowania za granicą, ale zazdroszczą pokoleniu swoich rodziców, bo nie mają już o co walczyć. Walka o wolność nadawała sens naszemu życiu, a w ich życiu nie ma idealizmu. Poza tym biurokracja jest teraz jeszcze gorsza niż za komuny".

Ala, szefowa Małopolskiego Towarzystwa Oświatowego, próbuje szerzyć ideały demokracji i internacjonalizmu w szkołach Polski i państw ościennych: „Nigdy w życiu nie czułam się tak wolna. Nie jestem na niczyjej łasce. Martwi mnie coraz większa przepaść między bogatymi a biednymi. Ponieważ młodzi myślą, że wszyscy politycy są skorumpowani, nie ciągnie ich do polityki, do przyjmowania odpowiedzialności za kraj".

Julie, pracuje w organizacji pozarządowej: „Doceniam wpływ uczciwych i profesjonalnych fundacji, które wypełniają lukę w polskim życiu politycznym. Tak jak wszyscy mam dość powszechnej korupcji, którą się toleruje – winni są skazywani na mikroskopijne kary".

Rozmawiamy z wykładowczynią teatrologii z Uniwersytetu Łódzkiego, która przygotowała program zajęć dla dzieci umierających na raka. Część z nich wyzdrowieje, ale większości pozostały tylko tygodnie życia. Pani Sobczak wyszkoliła grupę studentów (w większości kobiet, lecz nie tylko), którzy opowiadają dzieciom historyjki, mówią wierszyki, odgrywają sztuki o zdrowych i chorych zwierzątkach lub ludziach, organizują wspólne zabawy; dzieciaki ożywiają się, śmieją, czasem płaczą. Mali pacjenci mają na ogół świadomość, że pobyt w szpitalu nie skończy się dobrze. Jest to przejmujące doświadczenie dla studentów, dla których uśmiech na ustach dziecka jest największą nagrodą.

Przyszło mi na myśl, że nawet jeśli życie w Polsce, tak jak w Ameryce, opiera się nazbyt często na fantazjach i iluzjach – zarówno nieszkodliwych, jak i zgubnych – to ci młodzi ludzie, próbujący pomóc umierającym dzieciom, stają w obliczu prawdy absolutnej. Za parę tygodni albo nawet dni przyjdzie śmierć. Ale te uśmiechy obudzone przez prawdziwą miłość i troskę też są prawdą. Do końca życia wolontariusze będą wiedzieli, że wartość i moc ich działań jest absolutnie rzeczywista. Wyzwolili się od wielu próżnych iluzji.

W ciągu sześćdziesięciu lat moich podróży po Czechach i po Polsce byłem świadkiem wielu takich sytuacji, których pewnie nie miałbym okazji doświadczyć u siebie. Trudniej też byłoby mi uświadomić sobie, że pojedyncze przypadki indywidualnej dobroci i roztropności mogą odkupić płynący wartko potok egoizmu i głupoty.

PODRÓŻ

AUTOR O SOBIE

Urodziłem się w 1920 roku w New Jersey, ale wychowałem się w Nowym Jorku. Ojciec był ważnym finansistą i prowadził tryb życia odpowiadający jego pozycji; stąd wyjazdy na Florydę, do Missisipi i Amherst oraz pobyt w pięknym domu ojca w Southampton na Long Island stanowiły zasadniczą treść mojej młodości, a przeciwwagi dostarczyło kilku pierwszorzędnych nauczycieli, na których udało mi się trafić. Harvard przyniósł szok – moi koledzy byli lepiej wykształceni w przedmiotach, które uważałem za swoją mocną stronę, jak muzyka i polityka, a do tego byli zdecydowanie bardziej lewicowi. Najważniejszym wydarzeniem tamtych lat była zapewne podróż latem 1939 roku do Berlina, Warszawy, Bukaresztu i Pragi, która obudziła we mnie trwające do dziś zainteresowanie Europą Wschodnią i problemem przetrwania jednostki pod dyktaturą.

Po ataku na Pearl Harbor zgłosiłem się do armii kanadyjskiej (właściwy sposób, żeby przeciwstawić się hitlerowskiemu imperializmowi), ale po roku przeniosłem się do wojska amerykańskiego i 9 września 1943 roku jako szeregowy 141 Pułku Piechoty 36 Dywizji brałem udział w lądowaniu pod Salerno. Nie byłem szczególnie odważnym czy pożytecznym żołnierzem, lecz strzelano do mnie wystarczająco często – to, czy stałeś tu, czy też metr dalej, było kwestią życia lub śmierci – bym z wdzięcznością przyjął przeniesienie do dowództwa 5 Armii, gdzie przez resztę wojny służyłem jako rysownik na polu G-2, gigantycznej mapy przedstawiającej pozycje wszystkich jednostek niemieckich na froncie włoskim. Drugą zimę

Autor o sobie

spędziłem w okolicach Florencji i otoczenie to narzuciło mi pytania, które towarzyszyły mi później w Austrii i Polsce: pytania o kruchość i siłę cywilizacji.

Po zakończeniu wojny pomogłem starszemu przyjacielowi założyć szkołę z internatem dla chłopców, opartą na zasadach z VII i VIII księgi *Państwa* Platona – zasadach edukacji strażników. Mieszkaliśmy z żoną przez osiem lat na przedmieściach St. Louis, gdzie przyszła na świat większość z piątki naszych dzieci, z roczną przerwą na wyjazd do Austrii, gdzie pracowałem jako nauczyciel Fundacji Fulbrighta; kultura tego kraju sprawiła, iż był to najbogatszy rok w naszym życiu. W 1955 roku przeniosłem się z rodziną do Paryża, żeby napisać – w końcu – powieść-bestseller (nieprawda), ale te dwa lata pozwoliły mi uświadomić sobie, że mogę założyć własną szkołę. Dały mi też możliwość spędzenia tygodnia w Warszawie, do czego przyczyniło się wiele długich rozmów z Czesławem Miłoszem, które wywarły na mnie wielkie wrażenie: jakie są namacalne różnice między życiem w społeczeństwie wolnym a w społeczeństwie poddanym kontroli, jakie obowiązki niesie z sobą wolność?

Osiedliliśmy się w Bostonie, gdzie w 1958 roku otworzyłem Commonwealth (Szkołę Wspólnoty), którą prowadziłem przez 23 lata. Jej herbem stała się warszawska Syrenka – w ten sposób chciałem okazać szacunek wartościom, które poznałem w Polsce. Od samego początku staraliśmy się kłaść nacisk na wysoki poziom nauczania, przyjmować zdolnych i ambitnych uczniów, nawet jeśli nie mogli płacić czesnego, stworzyć szkołę, która przyczyniłaby się do reformy społeczeństwa. Kiedy liberałowie doszli do władzy, można było osiągnąć te cele, ale w radykalnych czasach po 1968 roku – czasach narkomanii, konfliktów rasowych i wiecznie zmiennego nihilizmu kultury młodzieżowej – czułem się jak stary iluzjonista, wyciągający coraz mniejsze króliki z cylindra. Próbowałem nadal działać na rzecz Murzynów: przez dwanaście lat przewodniczyłem radzie szkolnej Morehouse College w Atlancie (gdzie moim kolegą był Martin Luther King) i założyłem Fundację ABC, która przyznawała stypendia młodzieży kolorowej na naukę w szkołach prywatnych na północy USA. Nie zerwałem też swoich związków z Polską i Czechami, stopniowo nawiązując przyjaźnie, dzięki którym mogłem zajrzeć nieco głębiej w ten świat.

410

Autor o sobie

W 1981 roku odszedłem ze szkoły na emeryturę – czas było odejść, kiedy przestałem wierzyć, że zapewnienie naszym „najlepszym" uczniom miejsca na Harvardzie jest czymś niesłychanie ważnym – i razem z żoną, tkaczką zafascynowaną kulturą prekolumbijską, odbyłem kilka podróży po Ameryce Łacińskiej, napisałem trzy książki, w wielu szkołach i *college*'ach wygłaszałem wykłady głównie na temat Europy Wschodniej.

W „moich" krajach zajmowałem się oświatą: w Krakowie związałem się z paroma szkołami podstawowymi, prywatnymi i państwowymi, a w Ołomuńcu ufundowałem program stypendialny dla studentów Uniwersytetu Palackiego. Teraz, we wrześniu 1994 roku, program ten wchodzi w swój piąty rok z czternastoma stypendystami w dziewięciu amerykańskich *college*'ach – przedsięwzięcie, na które właściwie mnie nie stać, ale zbyt ważne, żeby je okroić.

Moje główne troski: jak w świecie o kurczących się zasobach naturalnych, gdzie maleje liczba miejsc pracy i rośnie liczba ludności, w świecie chaosu, nędzy i przemocy, jak w takim świecie zapobiec katastrofie inaczej niż przez rozszerzenie uprawnień policji? Jak zachować i rozpropagować normy kultury, niezależność, odpowiedzialność i współuczestnictwo w rządzeniu?

E P I L O G (2018)

„Charles, co myślisz o zrobieniu wycieczki do...?" „O, to brzmi ciekawie/fascynująco/pociągająco/... Może zatrzymamy się w Krakowie lub ponownie w Pradze?" I tak rozpoczynała się kolejna podróż. Charles zaczynał czytać o wybranym miejscu i znajdować muzea, katedry, synagogi, miasteczka i zakątki, których nie powinniśmy przegapić. I zabierał się do poznawania jakichś nowych, dziwnych języków (albańskiego albo tureckiego), przypominał sobie kluczowe słowa w tych, z którymi się zetknął, albo odświeżał rzadko używany, ale dobrze znany niemiecki, francuski, hiszpański czy włoski. Od 2005 roku mieszkaliśmy zarówno w Bostonie, jak i w Nowym Sączu. Nauka polskiego należała do jego codziennych zajęć.

Czasami podróżowaliśmy do odległych miejsc po prostu dla przyjemności lub dla przygody: australijski Anzac Day (Dzień Weterana), długa podróż samochodem przez środek Australii, przelot helikopterem nad nowozelandzkimi Alpami Południowymi, jazda psim zaprzęgiem i zjazd po linie na Alasce, przejazdy samochodem przez całe Stany Zjednoczone, żeby odwiedzić przyjaciół i rodzinę, jego pierwszy *Mardi Gras* w Nowym Orleanie, w wieku 96 lat. Czasami wyprawy zawierały element „biznesu", na przykład do Earth University w Kostaryce. Charles wspierał tę uczelnię i skontaktował ją z Palacký University w Ołomuńcu, którego studenci przez lata korzystali z programu stypendialnego Charlesa Merrilla. Lub uczestnictwo w zjeździe Światowego Ruchu na rzecz Demokracji w Limie (Peru). Gdziekolwiek byliśmy, zawsze potrafiliśmy docenić piękno krajobrazu czy choćby gwarnych ulic. Kieliszek wina, kawałek czekolady i towarzystwo przyjaciół.

Najczęściej podróżowaliśmy w związku z moją pracą w Małopolskim Towarzystwie Oświatowym (MTO). Nauczyciele, dyrektorzy

412

Epilog (2018)

szkół i młodzież z Bałkanów oraz krajów byłego ZSRR byli przez MTO zapraszani do Nowego Sącza na warsztaty dotyczące rozmaitych programów wychowania obywatelskiego, a potem jechaliśmy do nich, żeby na miejscu przekonać się, jaki robią z tego użytek. Charles uwielbiał spotkania z nimi. Rozdawał dyplomy i – co ważniejsze – swoje książki (tłumaczone na dziesięć języków). Wspaniałomyślnie wspierał liczne programy MTO. Przekonanie, iż przekazywanie małych kwot ściśle określonym grupom na konkretny cel daje najlepsze rezultaty, skutkowało setkami minigrantów dla szkół, lokalnych organizacji i grup młodzieży, które najczęściej są nie dostrzegane przez wielkich sponsorów. Jednak najważniejszy jego wkład to nie był wkład finansowy. Wizyty w wiejskich szkołach, poza uczęszczanymi szlakami, od Albanii do Azerbejdżanu, dawały mu szansę bezpośrednich rozmów i inspirowania młodzieży. Rozjaśniał się na myśl, że będzie mógł wygłosić krótką mowę do uczniów – bez względu na wymagające wysiłku dotarcie do klas w budynkach pełnych barier architektonicznych. „Być tu dzisiaj z Wami jest dla mnie ogromną przyjemnością..." Każde słowo było szczerą prawdą. „Stary pan Merrill" – jak mówił o sobie bez względu na miejsce pobytu czy język danego kraju – dzielił się swymi poglądami na edukację, politykę i uniwersalne problemy, z którymi młodzież będzie musiała się zmierzyć, jeśli obecni dorośli nie mogą lub nie chcą ich rozwiązać. Nigdy nie wyjechał bez podarowania jednej ze swych oprawionych w ramy akwareli i bardzo kolorowych kalendarzy, żeby ożywić bezbarwne i niszczejące ściany klas i szkolnych korytarzy.

Po wielu podróżach – Charles zawsze chciał być w ruchu, gdzieś jechać, robić coś pożytecznego – wracaliśmy do jego drugiego domu. Ze szczerą radością wykrzykiwał „Nowy Sącz!" na widok znaku oznajmiającego, że jesteśmy już w „NASZYM" mieście. Jego miłość do Polski była żywa i niezmienna. Był na równi przerażony dojściem Trumpa do władzy („Czym Ameryka zasłużyła sobie na takiego odrażającego prezydenta?"), jak i postępującą destrukcją demokracji w dzisiejszej Polsce. Zapisał się do KOD-u i uczestniczył w demonstracjach w Warszawie, Krakowie, Gorlicach i oczywiście w Nowym Sączu. Z dumą śpiewał *Jeszcze Polska...* i *Odę do radości*, powiewając flagą Polski lub Unii Europejskiej. 11 listopada 2017 roku, niecałe trzy tygodnie przed śmiercią Charlesa, braliśmy udział w demonstracji KOD-u w Krakowie, w towarzystwie jego przybyłej z Anglii wnuczki.

Zawsze pamiętający historię Polski, cierpienia i zniszczenia spowodowanie drugą wojną światową, był wyczulony na przerażający wzrost antysemityzmu i ksenofobii. Wspierał finansowo wiele organizacji

413

Epilog (2018)

pozarządowych promujących wartości, których był orędownikiem: OKO.press, HejtStop, Fundację im. Stefana Batorego, Otwartą Rzeczpospolitą, Centrum Edukacji Obywatelskiej, Otwartą Przestrzeń, Midrasz, Nomina Rosae... Pośmiertnie został mianowany Ambasadorem Sądeckiego Sztetla za wspieranie tolerancji i pamięci o żydowskim dziedzictwie tego regionu.

W 2002 roku Charles został odznaczony Krzyżem Oficerskim Orderu Zasługi RP, wysokim polskim odznaczeniem przyznawanym cudzoziemcom.

W 2016 roku, po odkryciu jego korespondencji z Jerzym Giedroyciem z lat 1950–1960, Charles ponownie – podobnie jak w latach pięćdziesiątych i sześćdziesiątych – wsparł Kulturę Paryską. Podczas otwarcia wystawy poświęconej tej korespondencji opowiedział zebranym o swych związkach z Kulturą. Decyzją jury XVII edycji Nagrody im. Jerzego Giedroycia przyznawanej przez „Rzeczpospolitą" został uhonorowany wyróżnieniem specjalnym – za całokształt zasług.

Charles był przede wszystkim urodzonym nauczycielem. Głęboko wierzył, że każdy, kto chce się uczyć, powinien mieć dostęp do edukacji na dobrym poziomie. Jego książka *Walled Garden*, przedstawiająca krok po kroku proces tworzenia Commonwealth School, zawierająca przemyślenia o tym, czym jest szkoła, i opisująca problemy, z którymi się mierzył, była wielką pomocą i inspiracją dla ekipy tworzącej SPLOT, pierwszy w Nowym Sączu i jeden z pierwszych w Polsce Zespół Szkół Społecznych. Nie jest więc niespodzianką, że traktował SPLOT jak trzecią swoją szkołę, po Thomas Jefferson School (TJ) i Commonwealth. Dzięki ustanowionemu przezeń stypendium od ponad dwudziestu lat jeden uczeń SPLOTU spędza rok szkolny w TJ. Także dzięki pomocy Charlesa powstała w 2017 roku pierwsza w Nowym Sączu szkoła podstawowa Montessori.

I tak 29 listopada 2017 roku jego podróż łagodnie dobiegła końca w naszym mieszkaniu w Nowym Sączu. Kiedy umierał, dwóch jego synów, David i Paul, córka Amy wraz z dwiema swoimi córkami, Emmą i Meg, oraz nasi polscy przyjaciele byli z nami. 2 grudnia odbyła się ceremonia pożegnalna w Nowym Sączu, a 6 stycznia 2018 w Bostonie. Charles z pewnością patrzył, słuchał i uśmiechał się na widok setek przyjaciół, absolwentów, uczniów oraz członków rodziny zebranych, by go pożegnać muzyką, którą kochał, i słowami tych, których losy ukształtował w ciągu swego długiego i niezwykłego życia. Słowa pożegnania od Amy Merrill, Billa Whartona, Bernata Rosnera, Marian Wright Edelman i Henryka Woźniakowskiego najlepiej opisują, kim Charles był, co cenił i co wynikało z jego przekonań.

414

Oto słowa Hillela Starszego (ok. 100 p.n.e–10 n.e.), które Charles często cytował:

> Jeśli nie ja dla mnie – kto dla mnie?
> A gdy ja tylko dla siebie – kim jestem?
> A jeśli nie teraz – to kiedy?

Julie Boudreaux i Alicja Derkowska

Charles Merrill był postacią nietuzinkową. Lista inicjatyw, które wspierał, i osób, które otaczał opieką, jest długa. Podczas spotkania zorganizowanego ku jego pamięci o przyjaźni z nim opowiedzieli jego bliscy – przyjaciele, rodzina i ludzie, których życie odmienił. Wypowiedzi te – obszerne, szczere świadectwa – zostały na potrzeby tego posłowia znacznie okrojone.

BERNAT ROSNER

Najlepszym chyba sposobem przekazania Wam tego, jakiego rodzaju osobą był Charles Merrill i ile dla mnie znaczył, będzie opowiedzenie historii – mojej własnej.

Urodziłem się 85 lat temu w rolniczym regionie Węgier, w rodzinie żydowskiej. Podczas drugiej wojny światowej, w 1944 roku, kiedy miałem dwanaście lat, Holokaust dosięgnął węgierskich Żydów. Pewnego dnia na początku lipca 1944 roku wraz z pozostałymi Żydami z mojego miasteczka znalazłem się na rampie kolejowej słynnego obozu koncentracyjnego Auschwitz. Nim dzień dobiegł końca, reszta mojej rodziny: ojciec, matka i mały brat, zginęła w komorze gazowej. Mnie się udało przeżyć, a na początku maja 1945 roku zostałem wyzwolony przez Amerykanów.

Po wojnie, wiedząc, że nie mam do kogo wracać na Węgrzech, trafiłem do obozu dla uchodźców we włoskim mieście Modena. Miałem niewiele ponad trzynaście lat, byłem sam, obdarty i głodny. Nie musiałem się już martwić, że zostanę zabity albo umrę z głodu czy chorób, ale życie było dość nędzne. Tysiące podobnych do mnie dzieci kombinowały, jak zdobyć dodatkowy kawałek chleba albo, gdy naprawdę dopisało nam szczęście, jakiś cukierek czy gumę do żucia. Jedynym źródłem tych dóbr byli amerykańscy żołnierze, którzy stacjonowali nieopodal naszego obozu. Nic więc dziwnego, że przez większość czasu kręciłem się w pobliżu ich kwater. Któregoś dnia, gdy czekałem tam

Epilog (2018)

na dobrą sposobność, zajechał jeep wiozący czterech wojskowych i ich brezentowe worki podróżne. Natychmiast podbiegłem do samochodu, oferując na migi najbliższemu żołnierzowi swoje usługi jako tragarz. Uśmiechnął się i wskazał ręką na jeden z worków. Ten był prawie tak duży jak ja, a mój zleceniodawca powiedział mi później, że idąc za mną, widział tylko wystające spod worka dwie bose stopy drepczące z ogromną energią. Kiedy dostarczyłem bagaż na miejsce, żołnierz dał mi czekoladę i próbował nawiązać ze mną rozmowę. Odkryliśmy, że możemy się porozumiewać wyłącznie łamaną niemczyzną. Zrelacjonowałem mu zwięźle swoją sytuację: *„Vater, Mutter kaput”*. Był wyraźnie poruszony. W ciągu kolejnych pięciu dni spędzał ze mną każdą wolną chwilę; zabierał mnie do kina i do restauracji – wspaniałych miejsc, w których nigdy wcześniej nie bywałem. Dużo też spacerowaliśmy i rozmawialiśmy. Pięć dni po tym, jak go poznałem, został przeniesiony gdzie indziej. Wkrótce potem i ja zamieszkałem w bardziej ludzkich warunkach, w sierocińcu na północy Włoch.

Postanowiłem wtedy napisać do niego na adres, który mi zostawił. Po paru dniach dostałem odpowiedź (mam ją do dziś), mówiącą, że wrócił do obozu uchodźców, próbując ustalić nowe miejsce mojego pobytu, co mu się nie udało, dlatego bardzo go ucieszył mój list. Odtąd stale już korespondowaliśmy. Kiedy Amerykanie zostali zdemobilizowani i wrócili do Stanów, otrzymałem list, w którym żołnierz pisał, że wciąż myśli o mnie i mojej przyszłości, że rozmawiał o tym z żoną i chciałby mnie sprowadzić do Ameryki i przyjąć do swojej rodziny. Pewnie się już domyśliliście, że tym amerykańskim żołnierzem był Charles Merrill. (…)

Wszyscy, którzy w swoim życiu zetknęli się z Charlesem Merrillem, znają jego niewyczerpane współczucie, człowieczeństwo i szczodrość, a także jego ujmujące dziwactwa.

To, co uczynił dla mnie i dla wielu innych, pokazuje, że pojedynczy człowiek naprawdę może zmienić świat.

MARIAN WRIGHT EDELMAN

Charles E. Merrill junior otworzył przede mną świat – bezcenny dar dla osiemnasto- czy dziewiętnastoletniej czarnej dziewczyny z podzielonego rasowo miasteczka w Karolinie Południowej. Jako Merrillowska stypendystka Spelman College po raz pierwszy poczułam – w Europie – co to znaczy być wolnym człowiekiem, poznawać i smakować nowe miejsca i kultury; wiedzieć, że mogę bez przeszkód żeglować po świecie, dogadywać się z ludźmi wszystkich ras, kultur i wyznań. Równie bezcenna była jego troskliwa przyjaźń, przewodnictwo i przykład na przestrzeni

416

lat. Wpływ Charlesa będzie trwał w moich dzieciach i wnukach, które już dziś przemierzają świat, kwestionując bariery w dostępie do sprawiedliwości i otwierając przestrzeń dla indywidualnych dążeń, wolną od niesprawiedliwych tworów społecznych. Dziękuję mu z głębi serca za oddanie sprawie upodmiotowienia młodzieży, za skromność i zdolność do trwającej całe życie przyjaźni. Modliłam się o jego spokojne odejście, wiedząc, że wiele z tego, co zasiał, żyje nadal w ludzkiej wdzięczności. (...) Nigdy nie zapomnę swojego strachu, kiedy jako osiemnastolatka, na drugim roku żeńskiego Spelman College w Atlancie w stanie Georgia, zostałam wezwana do gabinetu dyrektora Alberta Manleya, zastanawiając się, za jakie przewinienie dostanę burę. I nigdy nie zapomnę swojego radosnego niedowierzania, kiedy usłyszałam, że jako jednej z dwóch osób przyznano mi stypendium Merrilla – największe wyróżnienie uczelniane – obejmujące rok studiów za granicą. Ze łzami pobiegłam do akademika, żeby zadzwonić do mamy i podzielić się z nią tą ekscytującą nowiną, która z szybkością ognia rozeszła się po moim rodzinnym Bennettsville. (...) Charles Merrill nie tylko dawał stypendia; on dawał samego siebie w długich rozmowach, listach i wizytach. Stał się przyjacielem na całe życie, którego zaufaniu i oczekiwaniom chciałam sprostać i za które chciałam się odwdzięczyć. I nadal chcę. (...)

Wiele osób pyta dzisiaj, czy czarne dzieci i młodzież mogą, z pożytkiem dla siebie, mieć wzorce osobowe i mentorów o innym kolorze skóry. Oczywiście, że mogą. Dzieci, rzecz jasna, potrzebują przewodników, z którymi mogą się utożsamiać jako osoby dzięki wspólnym doświadczeniom na gruncie rasy, płci i warunków ekonomicznych, ale potrzebują również, aby im pokazywano i aby je uczono, że wartości ludzkie i troska o drugiego człowieka nie znają granic rasowych ani granic płci; że wszyscy ludzie mogą się czegoś nauczyć, ale też mają coś, czego mogą nauczyć innych; że rasa i klasa społeczna nie muszą przekreślać wspólnoty i wzajemności; i że każda osoba jest naszym bliźnim, a każde dziecko naszym podopiecznym. Charles Merrill otworzył mi oczy na te sprawy, za co mu z głębi serca dziękuję.

HENRYK WOŹNIAKOWSKI

Charles Merrill. Na początku to nazwisko było dla nas, dzieci, opowieścią, legendą.

W 1958 roku mój ojciec został zaproszony do USA przez Departament Stanu jako niezależny intelektualista żyjący w kraju komunistycznym. Kiedy wrócił z tego pierwszego powojennego wyjazdu za

Epilog (2018)

granicę, wiele miejsca w jego opowieści zajmowała postać dziwnego Amerykanina, z którym zaprzyjaźnił się podczas jakiegoś seminarium w Harvardzie. Dziwnego, bo zafascynowanego Polską, którą odwiedził tuż przed wojną, w lipcu 1939 roku. Lewicowego, a zarazem antykomunisty; radykalnego krytyka polityki Stanów Zjednoczonych – i amerykańskiego patrioty; pacyfisty – i ochotnika w drugiej wojnie światowej, człowieka majętnego – i żyjącego bardzo skromnie. (...)
Charles, pojawiwszy się, pozostał w naszym życiu na stałe. (...) Sześć tygodni w szkole językowej w Dublinie opłacone przez Charlesa pozwoliło mi zdobyć rudymenty angielszczyzny, nieodzowne w mojej pracy wydawniczej i późniejszej politycznej. Mój brat dzięki Charlesowi studiował w harvardzkim Divinity, dzięki czemu po latach mógł współtworzyć muzeum historii Żydów polskich. Wspominam tu tylko o naszych rodzinnych długach względem Charlesa, nie mówię o tym, co zawdzięczają mu uczniowie, którym dawał stypendia, Katolicki Uniwersytet Lubelski, powstające w latach dziewięćdziesiątych prywatne szkoły, artyści, których wspierał zakupami. Ani co w latach pięćdziesiątych zawdzięczał mu – między innymi – Czesław Miłosz, przyszły laureat Nobla, i paryskie wydawnictwo Kultura – najważniejszy emigracyjny ośrodek polskiej kultury i myśli politycznej. (...)
Nasza rodzina i inni Polacy wiele zawdzięczają Charlesowi. Także jako historykowi, który potrafił spojrzeć na naszą część świata z zewnątrz i przez wiele zaskakujących choć ryzykownych porównań: Franciszek Józef – Ronald Reagan, hitlerowska Norymberga – Disneyland, Rosjanie w Polsce – Amerykanie w Nikaragui i Wietnamie, itp., kwestionując tak polskie, jak i amerykańskie stereotypy. (...)
Zarówno w Remigiuszu Grocholskim, jak i w Jacku Woźniakowskim znalazł Merrill żywe przykłady postaci, które nie tylko przetrwały dwa totalitaryzmy, ale które stawiały mu opór, raz z bronią, a raz z piórem w ręku, a gdy i to nie było możliwe – przekazywały posiadany kapitał kulturowy i moralny tym, którzy dzięki niemu mogli dalej trwać, bronić się, a w stosownej chwili – kiedy? w którym pokoleniu? – zacząć tworzyć nową rzeczywistość. Polscy przyjaciele Charlesa byli dobrą ilustracją i zarazem uzasadnieniem jego misji pedagogicznej: dobre wykształcenie to świadomość różnorodności świata, a zarazem mocne przywiązanie do powszechnych wartości – do życia bez zbędnych cierpień, do prawdy, do godności.
(...)
Demokracja była dla Charlesa dobrą sprawą. „Demokracja zaczyna się od działania we wspólnocie, w jakiej akurat się znajdziemy" – pisał.

Dlatego pokładał nadzieję w „małych sensownych przedsięwzięciach", które wspierał. „Czy one ocalą Polskę?" – pytał. Charles widział ryzyko wielkich projektów społecznych, które potrzebują ideologicznych uzasadnień, a ideologia niemal nieuchronnie staje się narzędziem zaślepienia i przemocy. Sam dzięki swej chęci autentycznego zrozumienia i nieuprzedzonej ciekawości świata nie dał się nigdy uśpić ideologicznym opium i z ironią mówił o lewicowych intelektualistach zamykających oczy na zbrodnie Stalina czy Mao.

BILL WHARTON

Nazywam się Bill Wharton i jestem dyrektorem Commonwealth School, którą założył i którą przez blisko ćwierć wieku kierował Charles Merrill. (…) Commonwealth była drugą rodziną Charlesa, a ci z nas, którzy oddali serce temu miejscu, są w pewnym sensie jego przybranymi dziećmi, z całą złożoną grą emocji, jakie wywołuje to słowo. (…)

Przez ostatnie dwa dziesięciolecia uczniowie Commonwealth znali Charlesa z jego corocznych przemówień wygłaszanych jesienią na forum szkoły – ostatniego z nich wysłuchaliśmy zaledwie rok z górą temu. W tych późnych latach życia był już tak kruchy, że Julie i ja zastanawialiśmy się za każdym razem, czy nie jest to aby ostatnia wizyta. Ale co roku, gdy uczniowie zaczynali zadawać pytania – o cel, jaki mu przyświecał przy założeniu szkoły, o wybór warszawskiej syrenki na jej godło, o jego zdanie na temat bieżącej polityki, o powód, dla którego w latach sześćdziesiątych kazał chłopcom ścinać włosy – Charles młodniał w oczach. (…) Spoglądał w górę, szukając odpowiedzi na wymagające namysłu pytania, albo kierował wzrok ku ziemi, kręcąc głową w geście ubolewania, gdy na pytanie nie sposób było odpowiedzieć. (…)

Charles był skomplikowanym człowiekiem, który rozkwitał w skomplikowanych, trudnych sytuacjach. Nie bał się wyzwań, po części chyba dlatego – jak pisał – że wiedział, iż jego własne możliwości dają mu swobodę działania, jaką inni się nie cieszyli. Był niezachwianie uczciwy, jeśli chodzi o podejmowane wyzwania i swoją własną zdolność stawiania im czoła. Budził nabożny szacunek, ale wyraźnie dawał do zrozumienia, że nie chce stać się emerytowanym, otoczonym czcią bożkiem. Świętość go nie interesowała, po części, jak myślę, dlatego, iż wiedział, że praca, jakiej potrzebował – i wciąż potrzebuje – świat, jest raczej zadaniem dla wojowników, a nie dla świętych.

I nakreślił wizję, której klarowność i siła przetrwały zwycięsko ponad sześćdziesiąt lat.

Chciał szkoły, w której uczniowie wiele wymagają od siebie, zgłębiają własne możliwości i mierzą się z wyzwaniami z pozoru przekraczającymi ich siły, słowem: umieją w pełni oddać się każdemu zadaniu, jakie niesie z sobą szkoła czy życie – zamiast szukać wygodnych ścieżek, będących nagrodą za zwykłe posłuszeństwo. (...) Przede wszystkim jednak – i na tym polegała jego wielka odwaga – chciał szkoły, która umożliwiałaby to wszystko uczniom z ignorowanych i pozostawionych samym sobie środowisk społecznych.

AMY MERRILL
(...) W dniach krótkiej choroby mojego ojca i bezpośrednio po jego śmierci w Nowym Sączu, 29 listopada 2017, otrzymałam od bardzo wielu absolwentów Commonwealth liczne telefony, ręcznie pisane kartki i e-maile o treści „On zmienił moje życie".(...)
Tato inspirował.
Tato wierzył w potencjał osoby. Nie tylko wierzył w drugiego człowieka, ale swoją wiarę w niego popierał edukacją w Commonwealth School, stypendiami, tworzeniem sposobności podróżowania – nikt bardziej od niego nie wierzył w sens odbywania podróży. Później były książki, kalendarze, pocztówki. (...)
Oboje rodzice nauczyli mnie, że starzenie się nie oznacza spowolnienia. Moja matka utkała swoje najlepsze prace po sześćdziesiątce i siedemdziesiątce, a tato po prostu ciągle szedł do przodu.
Kiedy w 1999 roku moja matka zmarła, Charles odnalazł wielkie szczęście w małżeństwie z Julie Boudreaux, która nie tylko podzielała jego fascynację Polską, ale przewyższała go w tym sensie, że mówiła biegle po polsku i była polską obywatelką. Nadal podróżowali – czasem dla przyjemności, czasem w związku z pracą Julie, początkowo po Europie Wschodniej, później po Australii, Japonii i nadmorskich prowincjach Kanady, gdzie w końcu kupili dom w Cap Lumiere, w Nowym Brunszwiku.
Dzień po tym, jak Charles umarł spokojnie w ich mieszkaniu w Nowym Sączu – przytulnym miejscu, pełnym jego obrazów, pamiątek z podróży i wielu, wielu ich wspólnych, tchnących szczęściem fotografii – Julie powiedziała Davidowi, Paulowi, Emmie, Meg i mnie: „Zaznaliśmy razem mnóstwo radości". (...)

tłumaczenie Mieczysław Godyń
(z wyjątkiem tekstu Henryka Woźniakowskiego)

1. Powstanie w getcie warszawskim, maj 1943

2. Żydzi przed Wielką Synagogą w Mukaczewie, początek XX wieku

3. Ofiara pocisku rakietowego na ulicy Jasnej w Warszawie, sierpień 1944

4. Powstanie Warszawskie, barykady na ul. Marszałkowskiej

5. Katedra św. Stefana w Wiedniu

6. Most Karola w Pradze

7. Kamienice i fasada kościoła Tyńskiego w Pradze

8. Ulica Kanonicza w Krakowie

9. Józef II (1741–1790)
Wstąpił na tron w 1765 roku,
mentor autorytarnych racjonalistów
wszelkiej maści

10. Józef Piłsudski (1867–1935)
Żywioł, który kształtował Polskę przez niemal trzydzieści lat.
Trzeci od lewej pułkownik Grocholski

11. Tomáš Masaryk (1850–1937)
Prezydent Czechosłowacji w latach 1918–1935,
przez jakiś czas „filozof-król" Europy

12. Rodzina Kořinków na wakacjach we Włoszech

13. Jedenastoletnia Justyna i dwuletnia Urszulka Woźniakowskie w Krakowie

14. Jacek Woźniakowski (1920–2012)
Historyk sztuki, pisarz, wydawca, prezydent Krakowa
i redaktor naczelny Wydawnictwa Znak

15. Charles Merrill w Hiszpanii, 2013 rok

16. Autor z żoną Julie Boudreaux, 2010 rok

17. Charles Merrill w Suboticy (Serbia) podczas wizyty we wspieranej przez niego szkole, 2011 rok

18. Autor z Mają Woźniakowską, Anną i Piotrem Grocholskimi oraz żoną podczas demonstracji KOD-u w Warszawie, 4 czerwca 2016 roku

SPIS ILUSTRACJI

1. Powstanie w getcie warszawskim, fotografia z raportu Jürgena Stroopa do Heinricha Himmlera z maja 1943, [CC PD] via Wikimedia Commons.
2. Żydzi przed Wielką Synagogą w Mukaczewie, początek XX wieku, [CC BY-SA 3.0] via Wikimedia Commons.
3. Ofiara pocisku rakietowego na ulicy Jasnej w Warszawie, sierpień 1944, [CC PD] via Wikimedia Commons.
4. Powstanie Warszawskie, barykady na ul. Marszałkowskiej, [CC PD] via Wikimedia Commons.
5. Miguel Mendez, zdjęcie katedry św. Stefana w Wiedniu, [CC BY 2.0] via Wikimedia Commons.
6. Chosovi, *Charles Bridge in Prague*, [CC BY-SA 2.5] via Wikimedia Commons.
7. *Kamienice i fasada kościoła Tyńskiego w Pradze*, [CC BY-SA 3.0] via Wikimedia Commons.
8. Ulica Kanonicza w Krakowie, [CC BY-SA 3.0] via Wikimedia Commons.
9. Józef II (1741–1790), [CC PD].
10. Józef Piłsudski (1867–1935), [CC PD].
11. Tomáš Masaryk (1850–1937), [CC PD] via Wikimedia Commons.
12. Rodzina Kořinków na wakacjach we Włoszech, archiwum rodzinne.
13. Jedenastoletnia Justyna i dwuletnia Urszulka Woźniakowskie w Krakowie, archiwum rodzinne.
14. Jacek Woźniakowski, fot. Danuta Węgiel.
15. Charles Merrill w Hiszpanii, 2013 rok, fot. Alicja Derkowska.
16. Charles Merrill w Subotticy (Serbia), 2011 rok, fot. Alicja Derkowska.
17. Charles Merrill z żoną Julie Boudreaux, 2010 rok, fot. Alicja Derkowska.
18. Charles Merrill z Mają Woźniakowską, Anną i Piotrem Grocholskimi oraz żoną podczas demonstracji KOD w Warszawie, 4 czerwca 2016 roku, fot. Alicja Derkowska.

SPIS TREŚCI

Czesław Miłosz, Słowo Wstępne 7
Czym jest *Podróż*? 13
Podziękowania 19

Część pierwsza
POZNAWANIE NIEMIEC 21
Berlin 1939, 1960 23
Danzig/Gdańsk 1939, 1968 30
Norymberga 1939, 1945 39
Wojna I, 1941–1943 45
Wojna II, 1944–1945 59

Część druga
POLSKA 75
Warszawa I, 1939–1945 77
Warszawa II, 1957 89
Warszawa III, 1960, 1964, 1968 106
Warszawa IV, 1978, 1985 120
Warszawa V, 1989, 1990, 1991 132
Lublin 1960, 1985 143
Kraków I, 1939, 1960, 1964, 1968, 1978 160
Kraków II, 1985, 1989, 1990, 1991 174

Spis treści

Część trzecia
WŁOŚCI HABSBURGÓW 189
K.U.K. – CK Monarchia 191
Ołomuniec I, 1960, 1964, 1978, 1983 202
Budapeszt 1937, 1939, 1964, 1990 220
Ołomuniec II, 1990, 1991 228
Praga I, 1939, 1949 239
Praga II, 1968, 1974, 1978 253
Praga III, 1983, 1985 266
Praga IV, listopad 1989, 1990, 1991 281
Wiedeń I, 1937, 1939, 1951 292
Wiedeń II, 1952, 1960, 1964, 1968, (Graz) 1978, 1991 310

Część czwarta
1993 323
Lwów 325
Oświęcim 349

Część piąta
WIOSNA 1995 21
Posłanie 375
Osiem lat później 394

Autor o sobie 409
Epilog (2018) 412
Spis ilustracji 430